应用型高级法律人才系列教材

经济法实务教程

主　编　岳彩申　卢云华

撰稿人　(以撰写章节先后为序)

岳彩申　肖顺武　王怀勇　李永成

张　波　甘　强　黄茂钦　陈　治

邓　纲　叶　明

中国人民大学出版社

·北京·

编审委员会

总 序

法学是研究法律现象及其规律的科学。法学的实践性、技术性要求法学教育密切关注社会现实，尤其要与法律职业形成衔接与互动机制，以更好地实现法学的社会功能，推进社会发展。社会分工的不断细化对应用型法律实务人才应具备的能力提出了更高的标准——熟练运用法律解决社会问题、化解社会纠纷、平衡利益冲突，进而维护社会秩序、实现社会公正。这种在应用法律的过程中融汇法学知识与社会现实的法律实务能力，既要求法律人才对法学知识精准理解，对社会、人性、案件细节等准确把握，更需要综合法律规范与事实情况，将职业技能和品质融会贯通。因此，作为法学教育的重要目标之一，法律实务能力培养必须以法律职业为导向，使知识结构、职业技能、职业伦理的学习与训练统筹兼顾，为经济发展和社会管理输送优秀的应用型高级法律实务人才。

近年来，各高校、科研院所及法律职业培训机构在应用型高级法律实务人才培养方面进行了有效探索。西南政法大学作为全国法学教育的重要基地，六十余年的法学教育经验积淀成型"论辩文化"和"实务人才培养"两个鲜明的办学特色；不断丰富和完善法律实务教育内涵的课堂教学与社会实践，初步构建具有西政特色的法律实务教育体系。以此为基础，西南政法大学在法律硕士研究生的教育培养中进行大胆实践。2010 年，西南政法大学作为教育部首批确定的 19 所高水平法律硕士培养单位，参与了国家专业学位教育综合改革试点工作，在深化应用型高级法律实务人才教育改革、探寻应用型高级法律实务人才培养需求、开拓具有鲜明特色的法律实务教育模式等方面进行了有益的探索与创新：

——为丰富课堂教学手段，学校将课堂教学改革与考试制度改革紧密结合，通过"模拟法庭"、"法律诊所"、"案例分析报告"、"实践调研报告"等多样化的日常实务性教学内容，将真实案例纳入课堂教学，引导学生进行思考、讨论和演练，并聘请实务专家进行指导。

——为开拓学生的法律实践视野，学校广邀实践经验丰富的法律专家举办"律师面对面"、"实务课堂"、"法官论坛"、"律师周讲课堂"、"实务大讲堂"等系列讲座，聘请法律实务专家担任校外兼职导师，邀请他们实质性地参与学生培养方案制定、课程设置和日常教学工作等培养工作。

——为弥补学院派法学教育在实务教学方面的不足，学校坚持学生到一线实践，通过与地方基层法律实务部门合作，建立了规模化法律实务实习基地，确立了“律师助理制度”、“法官助理制度”、“检察官助理制度”、“警官助理制度”等具有创新价值的实习制度。

——为增强人才培养的针对性和适应性，学校与法律实务部门深入合作，开展联合订单培养工作试点，不仅为学生提供了较高的法律实践平台，还为法律实务部门建立了稳定的专业人才储备。

霍姆斯说：“法律的生命从来不是逻辑，而是经验”。应用型法律实务人才教育应当侧重于实务能力的培养，既要掌握扎实的法学“知识”，更要具备丰富的法律“经验”。在教学过程中充分体现实务的理念，将法学原理与法律实践密切结合，将学生对法律实践的零散认知升华为系统的法律实务能力训练，成为实务课程教学的重要任务。为此，急需一套能简明扼要地阐明法律精义、条分缕析地叙述法律逻辑、深入浅出地讲授实践案例的优质教科书，作为课堂教学的重要载体。

针对目前实务性法学教材比较匮乏的问题，我校结合长期培养经验，充分发挥师资力量雄厚与实务经验丰富的优势，将教材建设作为定位人才培养、凝练教学特色和强化实践环节的重要途径，组织编写了这套“应用型高级法律人才系列教材”，旨在为法律硕士专业研究生、法律实务工作者及重视实务教学的法学本科生提供一套理论与实务并重的特色教材。

与其他法学教材相比，本套教材主要有以下几个特点：

第一，多方合作、体系完整。本套教材分为两类：必修课教材和选修课教材。必修课教材涵盖了法律硕士专业学位研究生培养的全部学位课程，选修课教材则主要精选西南政法大学教学效果优良、师资力量雄厚、学科体系成熟的特色研究生课程。教材原则上实行双主编制，主编分别由来自实践部门和教学研究机构具有高级职称以上的专家、学者担任，编委成员中 1/3 来自法律实务部门，1/3 为其他法律硕士培养单位院校的教师，西南政法大学校内编委成员不超过编委总人数的 1/3，力求最大限度地保证教材体系的完整性、内容的充实性与学习的实用性。

第二，立足基础、突出应用。本套教材对于一些与基本知识关系不大的内容（如性质、特征、意义、历史沿革、中外对比等），或简述要领，或略而不谈，以突出重点、突出应用。同时，为透彻讲述知识的关联性、逻辑性，增强文本的形象性、可读性，在教材中适当使用了实务图表，如票据背书的举例图片、知识列举性的表格等，更便于学生理解和把握知识框架结构和内部逻辑关系。

第三，案例丰富、融会贯通。本套教材运用了丰富的实践案例，将知识讲授与案例评析有机结合，避免“两张皮”。真正做到以案说法，用案例突出、引导和解释重点知识，突出案例与知识的互动。

第四，启发思维、侧重能力。本套教材重视实务思维和实践能力的专门培养，每章设疑难问题、延伸阅读等板块，引导学生进行法律思维训练。

第五，立体多元、新旧并重。本套教材将配套建设背景知识、延伸阅读、图片音像、法律法规等网络资源，为教学、研习提供多元化、全方位的立体化服务。

第六，篇幅适中、便于使用。本套教材篇幅严格控制，一般不超过 30 万字，个别课程内容较多的也控制在40万字以内。每本教材各章的篇幅内容也较为均衡。

本套教材得以面世，首先要感谢校内外多位主编、编委和作者们的精诚合作和辛勤笔耕；还要感谢中国人民大学出版社的大力支持，特别感谢郭虹编辑对教材编写和出版的精心策划和宝贵建议。西南政法大学副校长孙长永教授、法律硕士学院院长李燕教授在教材设计和编写方面做了大量的开创性工作；西南政法大学研究生部（法律硕士学院）培养管理办公室的各位工作人员，在教材编写和出版过程中做了大量耐心细致的工作。还有很多为本套教材默默付出辛劳的人员，教材编委会一并表示诚挚的敬意和谢忱。

是为序。

付子堂　谨识

2012年初春

主编简介

岳彩申，男，法学博士，1998—1999 年在美国梅西大学（Mercer University）法学院进修，现为西南政法大学副校长、教授、博士生导师，西南政法大学经济法研究中心主任、西南政法大学金融创新与法制研究中心主任、重庆市首届高校创新团队带头人、中国法学会银行法学研究会副会长、中国法学会经济法研究会常务理事。主要研究方向为经济法理论、金融法和农村经济法制。先后获重庆市优秀博士论文奖，重庆市优秀教学成果二等奖，重庆市第四届哲学社会科学优秀成果三等奖，四川省第九届、第十一届哲学社会科学科研成果三等奖等奖励。

卢云华，男，国务院法制办公室政府法制协调司司长，兼任中国仲裁法学研究会顾问、中国国际经济贸易仲裁委员会副主任、中国海事仲裁委员会副主任、中国国际商会调解中心副主任。先后担任北京市中级人民法院书记员、助理审判员、办公室副主任、主任、国务院法制办公室处长、副司长等职务。1985 年获北京市首届哲学社会科学优秀成果一等奖。

作者简介及写作分工

（以撰写章节先后为序）

岳彩申 西南政法大学教授、博士生导师，“西南政法大学经济法研究中心”主任，“西南政法大学金融创新与法制研究中心”主任，重庆市首届高校创新团队带头人。主要著作有：《论经济法的形式理性》（独著）、《跨国银行法律制度研究》（独著）、《合同法比较研究》（独著）、《中国农村金融法制创新研究》（主编）、《经济法理念研究》（合著，国家社科基金项目成果）、《中国改革发展成果分享法律机制研究》（合著，国家社科基金重大项目成果）、《金融经营体制改革与金融控股公司法律制度的构建》（合著，教育部人文社科项目成果）、《新农村建设中的经济法制创新研究》（合著）等；在《中国法学》、《现代法学》、《法商研究》、《法学》、《法学评论》等刊物发表论文五十余篇；主编《金融法学》等教材多部。撰写第一章。

肖顺武 西南政法大学副教授、硕士生导师。主要著作有：《公共利益研究》（独著）、《新农村建设中的经济法制创新研究》（合著）等；在《现代法学》、《社会科学家》、《理论与改革》等刊物发表论文十余篇；参编教材三部。撰写第一、五章。

王怀勇 西南政法大学副教授、硕士生导师，台湾东海大学访问学者，企业法和竞争法教研室主任，中国法学会社会法学会理事。主要著作有：《公司自治及其限度研究》（独著）、《全球化背景下金融监管法律问题研究》（合著，“第三届全国法学教材与科研成果二等奖”）等；在《社会科学研究》、《求实》、《法学论坛》、《政治与法律》、《法制日报》等报刊发表论文三十余篇；参编《经济法》、

《金融法学》等教材多部。撰写第二章。

李永成 西南政法大学副教授、硕士生导师。主要著作有：《经济法人本主义论》（独著）、《经济法理念研究》（合著，国家社科基金项目成果）、《中国改革发展成果分享法律机制研究》（合著，国家社科基金重大项目成果）、《新农村建设中的经济法制创新研究》（合著）等；在《现代法学》、《社会科学研究》、《理论与改革》等刊物发表论文二十余篇；参编《经济法》等教材多部。撰写第三章。

张　波 西南政法大学副教授、硕士生导师。主要著作有：《经济法主体研究》（独著）、《全球化背景下的金融监管法律问题研究》（合著，"第三届全国法学教材与科研成果二等奖"）、《新农村建设中的经济法制创新研究》（合著）等；在《甘肃社会科学》、《当代法学》、《理论月刊》、《金融理论与实践》等刊物发表论文二十余篇；参编《经济法》等教材多部。撰写第四章。

甘　强 西南政法大学副教授、硕士生导师。主要著作有：《经济法利益理论研究》（独著）、《中国改革发展成果分享法律机制研究》（合著，国家社科基金重大项目成果）、《新农村建设中的经济法制创新研究》（合著）、《"需要国家干预说"对国家主义的克服》（合著）等；在《现代法学》、《法学家》、《经济法论坛》、《经济法论丛》等刊物发表论文近二十篇；参编《经济法》、《金融法》等教材多部。撰写第六章。

黄茂钦 西南政法大学经济法学院副院长、副教授、硕士生导师。主要著作有：《经济法现代性研究》（独著）、《经济法理念研究》（合著，国家社科基金项目成果）、《中国改革发展成果分享法律机制研究》（合著，国家社科基金重大项目成果）、《需要国家干预：经济法视域的解读》（合著）等；在《现代法学》、《社会科学研究》、《理论与改革》、《经济法论坛》等刊物发表论文二十余篇；参编《经济法》等教材多部。撰写第七章。

陈　治 西南政法大学副教授、硕士生导师。主要著作有：《福利供给变迁中的经济法功能研究》（独著）等；在《现代法学》、《当代法学》、《上海财经大学学报》等刊物发表论文二十余篇；参编《公司法》、《税法》、《经济法》、《税法案例教程》等教材多部。撰写第八章。

邓　纲 西南政法大学教授、博士生导师，德国汉堡大学访问学者，中国法学会银行法分会理事、重庆市发展和改革学会会员、重庆市政府立法评审专家委员会委员、重庆市仲裁委员会仲裁员。主要著作有：《非关税措施的理论立法和实践》（独著）等；在《现代法学》、《社会科学研究》、《经济体制改革》等刊物发表论文三十余篇；参编教材多部。撰写第九章。

叶　明　西南政法大学经济法学院副院长、副教授、硕士生导师，中国法学会会员、重庆市发展与改革学会会员、国家审计署重庆特派办法律顾问、重庆市沙坪坝区科学发展研究会会员。主要著作有：《行业协会限制竞争行为的反垄断法规制》（独著）等；在《现代法学》、《社会科学家》、《经济体制改革》等刊物发表学术论文三十余篇；参编《经济法》、《竞争法》等教材多部。撰写第十章。

编写说明

在市场经济制度的形成及发展过程中，经济法始终发挥着举足轻重的作用。从美国 1890 年颁布《谢尔曼法》，到最近欧洲和美国的金融监管制度改革，都证明经济法是市场经济法制的核心部分。在中国建立市场经济法律制度和推动经济发展方式转变的进程中，经济法同样发挥着越来越重要的作用，成为社会主义法律体系的一部分。自中国的改革开放以来，经济法学一直是高等院校法学专业主干课程之一，也是经济学、管理学等专业的必修课程，是高校中开设最广泛的法学课程。与之相适应，国内出版了许多版本的经济法教材，包括专门用于法律硕士培养的教材，推动了经济法教学水平和教学质量的提高。然而，如何编写一本适合应用型高级法律人才使用的教材，仍然面临不少的困难。首先，法律硕士的培养目标确定为高层次应用型法律人才，自 1996 年开始招生以来，已经走过了 15 个年头，但在实际培养过程中，其培养方法、手段与措施，包括使用的教材，与传统法学硕士的区分度并不大，甚至大同小异，培养效果不够理想，导致法律硕士的培养质量受到社会尤其是法学界的质疑。其次，经济法作为一门新兴的法律部门，具有较强的时势性、开放性及回应性，理论体系包含了法学、经济学、政治学、社会学等多个学科的知识和原理。与传统法律部门相比较，经济法的体系化程度与规范性程度存在明显的差异。最后，目前已经出版的一些经济法教材，虽然冠以经济法的名称，实际上却包含了其他部门法的内容，并非真正的经济法教材，更谈不上用经济法的理论统领全书的内容，不仅增加了学生研习经济法的难度，而且导致一些人对经济法产生了误解。

本书确定为实务性教材，针对市场经济发展的规律、经济法制建设的重点以及经济法教材普遍存在的问题，由高校学者和实务部门专家担任双主编，聘请中央政法委员会、国务院法制办公室、中国银行业监督管理委员会、中国证券业监督管理委员会、国家工商管理总局、陕西省高级人民法院、重庆市发展和改革委员会、北京中伦（成都）律师事务所、中国政法大学、华东政法大学、中南财经政法大学、西北政法大学及西南政法大学的专家组成编委会，组织西南政法大学经济法学院的教师，在充分考虑法律硕士培养目标和经济法特点的基础上编写而成，力求在以下方面实现创新和突破：

首先，采用更加实用的体系框架。该教材紧扣市场经济运行的规律和经济法制建设的特点，以国家（政府）与市场的均衡为框架，以经济法律规范体系的内在联系为标准，分为经济法基本原理、现代企业法、消费者权益保护法、产品质量与安全法、反垄断法、反不正当竞争法、金融服务与金融产品法、税法、金融监管法以及劳动与社会保障法。在基本原理部分，比较简要地阐明了经济法学的理论体系，着重从法律技术的角度讲述了经济法的功能、体系及责任制度，为学生应用经济法奠定了法理基础。在具体制度部分，根据法律硕士专业知识的特点，选择针对性强、实用性强、关联性强的法律制度进行讲解。

其次，采用更加实用的编写方法。现有的经济法教材多采用较为理论化的编写方法，容易存在理论与实践脱节、总论与分论脱节、原理与实例脱节的现象。该教材根据应用型高级法律人才的培养定位，突出编写体例的实务性特点，将建构主义与经验主义两种教学方法结合起来，采用知识要点归纳、案例分析、法律法规、实务训练、练习及延伸阅读的体例，实现了知识与案例相结合、理论与实践相结合、问题与现实相结合。

最后，突出经济法知识和理论的特色。许多经济法教材为了照顾理论体系的逻辑性，理论框架追求大而全。该教材紧紧围绕经济法的核心知识和原理，不搞大杂烩，也不搞大而全，彰显维护实质正义和社会公共利益的价值追求，力求较为透彻地阐述经济法的核心知识和基本原理。根据这一编写思路，教材安排的十章内容都是经济法最具有代表性的知识，不仅相当实用，而且能体现经济法的现代理念，便于学生从整体上把握经济法的理论特质，掌握实践操作技术。

在教材的编写过程中，来自中央政法委员会、政府部门、司法机关、律师事务所及高校的编委会成员提出了有益的意见和建议，在此一并表示感谢。由于时间关系，教材的编写难免存在一些缺陷和不足，欢迎读者批评指正。

编　者

2012 年 5 月 16 日

目　录

第一章　经济法基本原理

【内容摘要】

经济法是调整需要由国家干预的经济关系的法律规范的总称。经济法的价值具有明显的多元性和层次性，不同的价值组成了一个统一的价值体系。经济法的基本原则是制定和实施经济法的出发点，包括资源优化配置原则、国家适度干预原则、社会本位原则、经济民主原则、经济公平原则、经济效益原则和可持续发展原则。经济法具有克服市场失灵和政府失灵的基本功能。市场主体规制法、市场秩序规制法、宏观调控法以及社会分配法构成了经济法的基本体系。经济法的调整方法则可根据不同标准划分为不同类型。经济法律关系是国家干预社会经济生活的过程中所形成的关系，包括主体、行为及内容三个基本要素。

一、经济法的概念

【知识要点】

经济法作为典型的现代法，产生于19世纪末20世纪初，具有与民法等传统法律部门不同的特征。据考证，法国著名空想社会主义者摩莱里（Morelly）在1755年出版的《自然法典》中最早使用经济法这一概念，但摩莱里所指的经济法的调整范围仅限于分配领域。1843年，法国著名空想社会主义者德萨米（Dezamy）在《公有法典》一书中将“分配法和经济法”列为专章加以论述。法国思想家普鲁东（Proudhon）在《工人阶级的政治能力》一书中认为经济法是政治法和民法的补充和必然产物。1916 年，德国法学家赫德曼（Hedmen）在《经济学字典》中也使用了经济法概念，认为经济法是经济规律在法律上的反映，从深层次上揭示了经济法产生的客观必然性。

对于经济法的概念，有人认为经济法就是与经济有关的法律。这种认识较为朴素，但容易使人陷入认识上的误区，因为每个部门法都或多或少地与经济具有相关性，例如，合同法是一个与经济有关的法律，但我们通常认为合同法不属于经济法。因此，不能简单地认为经济法就是与经济有关的法律。在法学理论中，调整对象与调整方法相结合是确定部门法及其概念的重要方式。根据这一方式，经济法是国家为了克服市场失灵而制定的调整需要由国家干预的具有全局性和社会公共性的经济关系的法律规范的总称。具体而言，经济法的这一定义内涵如下：

第一，经济法是市场自治与国家干预的平衡之法。国家对社会经济关系的干预是经济法的本质属性。“干预”一词包括了介入、调整、协调、调控、管理等全部内容，但国家干预并不泛指国家对社会生活的全面介入。经济法意义上的国家干预属于市场经济的特有现象，以尊重市场配置资源的机制和规律为前提，与完全的自由市场经济和计划经济相对立。经济法的一系列制度就是维持和促进市场自治与国家干预间的平衡，建立市场运行与国家干预间的良好互动机制，促进资源优化配置和社会经济的持续、协调和稳定发展。经济法以克服市场与政府双重失灵为基本边界，在确定国家通过干预克服市场失灵合法性的同时，也设定了国家干预经济的范围、权限、行为、程序、责任，从而克服政府失灵。从这个意义上讲，经济法既是授权法，也是限权法。

第二，经济法是维护公平竞争之法。市场经济是竞争经济，竞争是市场配置资源的基本机制，也是市场的动力所在。公平竞争是现代市场经济的基本要求，每个市场中的经营者不论大小、主体类型、法律形式、行业类别，都必须参加竞争，并通过公平的竞争获得交易机会和相应的利益。经济法中的反垄断法、反不正当竞争法、政府采购法、招投标法等法律制度，确立并维持公平竞争秩序，为所有主体提供公平竞争的条件和机会。因为在市场经济条件下，市场成为人们创造和获得财富的主要场所。因此，从这个意义上讲，经济法是保障人们在市场经济时代公平创造和获得财富的法律。

第三，经济法是社会共同富裕之法。经济法调整的多是带有全局性和社会公共性的经济关系。此类经济关系无法由民法等传统法律部门来调整。全局性和社会公共性问题通常无法由市场自身解决，国家依靠其经济职能和管理职能可以较好地解决市场自身无法解决的公共性问题。因此，国家对社会经济进行干预是以全局性和社会公共性作为基本的限定条件，核心是维护市场经济条件下的公共利益。经济法维护公共利益有三个特殊的现实意义：一是通过宏观调控等制度促进经济的持续、协调和稳定发展，实现社会财富和福利的增长，惠及每个社会成员；二是通过建立合理的利益分配制度，实现共同富裕，让广大消费者、中小企业、劳动者等弱势群众获得合理的利益；三是通过建立市场监管制度，防止市场中的强势群体侵犯弱势群体的利益，实现市场各方主体的共赢。从这个意义上讲，经济法在促进效率的同时，也致力于促进社会共同富裕，是市场经济条件下的共同富裕之法。

第四，经济法是市场及市场主体安全保障之法。市场在本质上是逐利的，一些主体为了获得利益会不择手段，损人利己，或不尽责经营，违反道德和法律的行为大量存在，如生产或销售有危害的产品、操纵市场、欺诈客户等。这种现象在金融市场、消费领域容易发生，而一般消费者及投资者无力消除这种现象，经济法通过建立市场安全监管制度，由国家机关对金融、食品卫生等领域的市场进行监管，及时发现、查处上述行为，从而保障广大投资人和消费者的利益。从这个角度讲，经济法是市场中一般投资者和广大消费者的保护之法。

【案例评析】

经济法已成为中国特色社会主义法制体系的重要组成

1. 案情简介[①]

2002 年 10 月 9 日，时任全国人大常委会委员长的李鹏在全国人大常委会法制工作委员会和司法部在人民大会堂共同举行的《中华人民共和国法典》首发式上的讲话指出，我国已形成了以宪法为基础，以民事、刑事、经济、行政和诉讼等方面的基本法律为核心，以各种不同层级的法律、法规、规章为内容的法律框架，初步形成了有中国特色的社会主义法律体系。此外，《中华人民共和国法典》涵盖了宪法、民商法、行政法、经济法、社会法、刑法、诉讼与非诉讼程序法七个方面。据此可见，经济法作为与民法等部门法相平行的独立部门已得到了国家认可。

2. 基本问题

在国家明确认可经济法独立性的情况下，对于我国尚未制定出一部形式意义上的经济法的现实情况，如何从繁多的经济法律中总结提炼出我国经济法的内涵与外延，以及我国经济法的特征等内容？

3. 知识内容

对于我国经济法内涵与外延，以及特征的归纳是一项复杂的工作，不仅需要恰当的方法论支撑，而且离不开对经济法本质以及国内外经济法发展史的正确梳理。读者可在本课程教学的基础上从方法论、本体论以及经济法的发展史等方面作深入探讨。

【疑难问题】

1. 经济法的界定，势必涉及一个前置性的问题，即经济法的产生。对此，不同

---

① 参见李鹏：《我国初步形成有中国特色社会主义法律体系》，见 http://news.xinhuanet.com/newscenter/2002-10/09/content_590422.htm。

的学者从不同视角得出了不同的结论。如有学者认为，经济法是随着国家的产生而产生的，即存在古代经济法；另有学者提出，经济法产生于经济发展的资本主义阶段；还有学者认为，经济法产生于19世纪末20世纪初，特别是20世纪30年代的资本主义世界经济危机时期。对此，如何合理确证经济法产生的历史时期自然成为经济法概念界定的必要内容。

解答思路：对此问题的回答，可从两方面着手：一方面，经济法作为法的重要组成，自然离不开法的基本要义，即法的形式理性与实质理性的统一；另一方面，经济法的产生，需真正把握经济法的实质。

2. 目前，我国经济法学界对经济法的界定主要存在“需要国家干预说”[①]、“纵横统一说”[②]、“国家调制说”[③] 等。在学派林立的情况下，如何把握各种观点的差别，区分每种观点的长处和不足，成为正确理解经济法的一个重要前提。

解答思路：尽管我国现行经济法主流观点较多，但只有从经济法现象作归纳，继而总结提炼出经济法的本质性内容，才能弄清各种观点的利弊，从而更好地指导经济法实践。如果通过仔细的比较，归纳出各种观点的共性后，会发现有关经济法的几种学说或观点虽然提法不同，但基本内容大同小异，没有多少实质性区别。有人曾认为对经济法的认识众说纷纭，按照我们的理解，这种观点难以成立。

二、经济法的价值

【知识要点】

（一）经济法价值的概念

马克思主义经典理论认为价值是人们所利用的并表现了对人的需要的关系的物的属性。美国社会法学家庞德认为：“价值问题虽然是一个困难的问题，但它是法律科学所不能回避的。”[④] 正是基于这样一些考虑和判断，有学者认为，“法的价值是以法与人的关系作为基础的，法对于人所具有的意义，是法对于人的满足，也是人关于法的绝对超越指向”[⑤]。经济法的价值就是经济法的存在对于人类的意义，是以利益（不限于物质利益）为载体的由经济法所供给的对人的满足程度和意义。经济法价值的展现，标示着经济法的目的与经济法存在的必要性。正如有学者指出的：“经济法价值从哲学的高度概括了经济法的目的与宗旨，决定了经济法的调整对象、特征、原则与它们密切相连并统一在整个经济法律体系中”[⑥]。此外，法的形式理性扩张的后果之一是规则与价值的分离。在多数情况下，法的价值判断与词语技术是

① 李昌麒：《经济法——国家干预经济的基本法律形式》，18页，成都，四川人民出版社，1995。

② 肖江平：《中国经济法学史研究》，294页，北京，人民法院出版社，2002。

③ 张守文：《经济法理论的重构》，212页，北京，人民出版社，2004。

④ ［美］庞德：《通过法律的社会控制——法律的任务》，55页，北京，商务印书馆，1984。

⑤ 卓泽渊：《法的价值论》，10页，北京，法律出版社，1999。

⑥ 欧阳明程：《整体效益：市场经济条件下经济法的主导价值取向》，载《法商研究》，1997（1）。

恰当地结合在一起的，但在一些情况下，经济法的价值与规则可能是背离的。这是我们认识经济法的价值时需要注意的。①

（二）经济法价值的基本特点

经济法价值一方面反映和体现了经济法所调整的社会关系所具有的本质特征，另一方面体现了经济法的目标和根本取向。具体而言，经济法价值具有三个基本特点：

首先，经济法价值具有历史性。虽然经济法主要产生于19世纪末20世纪初的垄断资本主义发展时期，但经济法在不同时期始终呈现出特定的历史性或称阶段性的特点。国家干预经济必须首先遵循市场经济自身的规律和要求，经济运行和国家干预往往具有阶段性的特征，即不同历史时期呈现出较大差异性，这决定经济法的价值也必然随之具有一定的阶段性。例如20世纪80年代以来，自由主义成为资本主义市场发展的基本需求，因此，自由主义成为金融监管法和宏观调控法的主导理论。然而，2008年由美国次贷危机所引发的全球金融危机，又彰显了市场对加强金融监管的需求，安全则再度成为金融监管法的重要价值追求。

其次，经济法价值具有相对性。经济法价值的相对性主要体现在两个方面：一方面，经济法的价值是经济法作为独立法律部门所具有的、不可替代的价值，与民法、行政法等法律部门的价值具有较大差异性，但这种差异是相对的而非绝对的；另一方面，经济法价值存在整体与部分的相对性，即经济法部门内部某一具体法律之间以及具体法律与作为整体的经济法之间存在价值的相对性，并非完全吻合。例如，消费者权益保护法所彰显的是实质公平价值，而反垄断法则强调秩序价值。

最后，经济法价值具有客观性。经济法价值虽然属于主观范畴，但具有更加明显的客观性，更加直接反映了市场经济规律自身的要求，其实现必然以市场规律的客观要求为前提。经济法的制定和实施都反映出经济法价值的客观性。

（三）经济法的基本价值

目前，市场秩序规制法律关系、宏观调控法律关系、社会分配法律关系作为经济法的调整对象，已然被学界普遍接受。在市场秩序规制法律关系中，无论是消费者权益保护法、产品质量法、反垄断法、反不正当竞争法，还是金融监管等市场规制的特别法律制度，均以实现秩序价值为主要目标，以满足市场对市场秩序的有序性需求。财税法等宏观调控法律制度则正视市场经济中由于经济人有限理性以及市场自身缺陷而无法实现的整体效益问题，侧重经济效益价值。而社会分配法则通过实质公平价值的建立与运行，促进了改革发展成果的公平分享。足见，贯穿于经济法调整对象中的秩序、整体效益、实质公平等价值，自然成为居于经济法最高价值之下的基本价值。

---

① 参见岳彩申：《论经济法的形式理性》，8～11页，北京，法律出版社，2004。

经济法的价值究竟是什么，这在学术界是一个有争议的问题，不同的经济法学者给出了不同的回答。本书认为经济法的价值主要包括这样几个方面：

（1）经济法的秩序价值

秩序往往与安全、稳定、公平、自由等词语联系在一起，是法律的基本价值目标之一。秩序具有多种内涵，其中一个重要内容便是经济秩序。在不同的法律部门中，民商法、行政法与经济法均是建立和保障经济秩序的重要法律部门。相比较而言，民商法关注以个体权利和个体交易为重点的微观秩序，经济法则更关注市场的整体秩序，以社会公共利益为价值本位，强调国家通过间接手段构建和保障经济秩序。我们认为，经济法的秩序价值主要指建立于微观秩序基础上的整体秩序，包括整体利益、经济安全、共同富裕、实质正义等。一方面，经济法的秩序价值以社会公共利益为本位思想，从社会的整体视角对个体间的交易秩序进行适度干预；另一方面，经济法的秩序价值更强调市场经济的整体秩序，如市场安全、危机防控、公平的投资环境、公平的竞争环境等。

在此必须强调，从根本上讲，经济法的基本价值仍然是维护市场主体的自由与平等，但经济法并不直接维护无差别的抽象主体间的自由与平等秩序，而是维护市场主体在现实条件下更为具体的自由和平等，强调结果公平和代际公平。实质公平是经济法秩序价值的重要部分。不论是经济法的利益本位，还是经济法的目标，都体现了实质公平。另外，经济法重点不直接维护交易自由和平等，而是确立和维护自由和平等交易的条件及环境。经济法的自由和平等价值可表述为，以尊重个体自由和平等为基础，保障每个市场主体自由、平等竞争及发展的现实条件和环境。

（2）经济法的效益价值①

经济效益是指经济活动中占用、消耗的活劳动和物化劳动与所取得的有用成果的比较。经济效益包括微观经济效益和宏观经济效益。微观经济效益应当符合宏观经济效益的要求，而宏观经济效益又是微观经济效益的总和。提高经济效益是经济活动的重点和归宿，同时也是国家加强经济立法所要追求的重要价值目标。经济法通过以下制度追求效益价值：一是建立宏观调控法律体系，指导和促进企业提高经济效益，使企业生产符合社会需要，保障经济整体效益的提升；二是建立现代企业法律制度，转换企业的经营机制，充分发挥企业的主动性和积极性，为社会创造更多的财富；三是建立市场竞争法律制度，逐步培育和发展市场体系，创造平等竞争的法律环境，为企业营造一个统一、开放、公平竞争的环境；四是建立多层次的社会保障体系，使企业从沉重的社会负担中解放出来，同时，以此为契机，消除企业职工的后顾之忧，使企业职工为全力提高企业的经济效益而忘我奉献。总之，无论是市场主体规制法、市场秩序规制法、宏观经济调控和可持续发展保障法，还是社会分配调控法，都将提高企业及市场的整体效益作为基本价值目标。

---

① 参见李昌麒主编：《经济法学》，82页，北京，法律出版社，2007。

【案例评析】

重庆房产税所体现出的经济法价值

1. 案情简介

2011 年以来，经国务院及其相关部门的默许，重庆等城市开始了房产税试点工作。根据重庆市的房产税征收方案，纳税主体缴纳时间为每年的 10 月份。该税主要针对的是独栋别墅等高端物业。经过几个月的实施，截至 2011 年 5 月，重庆市已经完成对 3 400 多套独栋商品房住宅的清理工作，重庆部分开发商已经开始调整户型结构，减少高档房的比重，大户型供给量明显减少，应税商品房成交占比下降 27%，房价下降 10%。

2. 基本问题

2011 年以来，重庆等部分城市开始的房产税试点，体现了经济法中的何种价值？房产税的征收，虽然有利于房地产市场结构的调整与优化，但对作为市场经济主体的开发商和部分高档房消费者的利益产生一定影响。从经济法的价值原理分析，开发商的利益诉求与房产税的价值目标之间是否存在价值冲突？如若存在，则如何协调？

3. 知识内容

首先，重庆等部分城市为了调控房地产的发展开征房产税，充分体现了经济法所追求的效益价值。房产税作为我国政府调控房地产市场的重要手段，其目标指向于房地产市场的整体效益，包括经济效益和社会效益。其次，房产税既然是实现整体经济效益的重要举措，必然在一定程度上对开发商、高档房消费者等利益相关者产生影响。一般来讲，市场整体效益与开发商的利益（包括自由经营）之间存在一定的冲突。在此种情况下，需要根据经济法价值的层次性理论进行理解和认识。

【疑难问题】

1. 目前，学界有关经济法价值的观点较多，且因角度不同而呈现出较大差异。如何对待有关经济法价值的不同观点，成为我们认识和运用经济法不可忽视的一个问题。

解答思路：一方面，需要遵循经济法价值的基本判断标准或称为限定条件；另一方面，应借鉴各种观点的合理内容并加以比较，从而归纳出符合经济法本质属性和实际情况的价值体系。

2. 从理论上讲，任何一部法律都存在多层次的价值，且价值之间可能存在冲突。因此，如何平衡不同价值的追求，化解冲突，成为经济法价值理论研究的重要主题。不论如何理解经济法的价值，也不论主张什么样的经济法价值论，都必须重视并解释价值目标间的冲突与协调，并在制度中反映出来。

解答思路：任何一种经济法价值理论的建构必须注重经济法价值的限定性和层次性等基本要素。经济法价值的限定性决定了经济法价值体系构成的合理性与科学性，而经济法价值的层次性则为经济法的价值冲突提供了较为有效的解决机制。

三、经济法的原则

【知识要点】

（一）经济法原则的内涵

法律原则（Principle of Law）是指是那些由法官作出判决时所使用的原则，或者是由发展立法以供法官使用的人们所使用的原则。[①] 经济法的基本原则指规定或者寓意于经济法中，并对经济立法、经济执法、经济司法和经济守法具有指导意义和适用价值的根本指导思想或准则。[②] 经济法的基本原则不仅对于经济法的运行具有很强的指导意义，而且具有克服经济法局限性的作用。

（二）经济法原则的构成

一般认为，经济法的原则包括资源优化配置、国家适度干预、社会本位、经济民主、经济公平、经济效益、可持续发展等七项。实现资源的优化配置是经济法的首要目标，国家干预在实现资源优化配置的过程中发挥着不可忽视的作用。国家干预既要注重经济民主，又要有利于保障经济公平。经济法的最终目的是保持社会经济的协调与可持续发展。

1. 资源优化配置原则

资源优化配置是指资源在生产和再生产各个环节上的有效及合理分配。资源优化配置有两个基本要求：一是资源的配给与流动是有效率的，即有效性；二是资源配给与流动是合理的，即有合理性。经济法引导资源优化配置的方式有四：一是建立和执行市场规则，规范市场主体的行为；二是构建宏观调控机制，引导资源的合理配置；三是通过政府干预，协调竞争性市场的矛盾；四是运用国家强制力解决资源浪费、公共产品供给和外部性的问题。现实中，资源优化配置的例子比比皆是，如市场准入、税收优惠、财政补贴等。

2. 国家适度干预原则

适度干预是指国家在经济自主和国家统制的边界条件或者临界点上所作的一种介入状态。因为“……政治权力会给经济发展带来巨大的损害，并造成人力和物力

---

① 参见［美］迈克尔·D·贝勒斯：《法律的原则——一个规范的分析》，张文显译，14 页，北京，中国大百科全书出版社，1996。

② 参见李昌麒：《经济法学（修订版）》，57 页，北京，中国政法大学出版社，2002。

的大量浪费”[①]，必须把握国家干预的“度”。如何把握这个“度”，是一个很复杂的经济和法律问题，大致可以从以下方面把握：第一，适度干预应当以市场规律的要求为基础，这是国家干预的基本边界；第二，适度干预应当以保护公平竞争为目的，这是国家干预的基本目标；第三，适度干预应当在法律范围内进行，这是国家干预的合法性保障；第四，适度干预应当尊重法定程序，这是适度干预的程序保障。至于如何具体判断干预是否适度，“最根本的标准是要看这种干预是促进还是阻碍经济的发展”[②]。

3. 社会本位原则

“经济法的社会本位，是指它在对经济关系的调整中立足于社会整体，在任何情况下都以大多数人的意志和利益为重。”[③] 法律部门的本位思想体现在这个法律部门如何解决社会矛盾的基本立场上。作为一种社会公共机构，国家必然面临着各种社会矛盾。国家采取什么样的法律形式来平衡和解决这些矛盾，成为一个法律部门区别于另一个法律部门的重要标志。概括起来，调整社会经济关系的法律思想大致有以下三种情况[④]：一是“国家本位”，即以国家利益为主导的行政法的本位思想；二是“个体本位”，即以当事人利益为主导的民法的本位思想；三是“社会本位”，即以维护社会公共利益为出发点的经济法的本位思想。民法等私法更强调个人利益，行政法等公法更多体现国家利益，而经济法更强调体现社会整体利益，特别是社会弱势群体利益及社会公共利益。当然，这三者之间并不存在绝对的界限，区分只是相对的。

4. 经济民主原则

经济民主是社会主义民主的重要组成部分，与所有权、企业经营、市场竞争、利益分配、宏观调控、社会保障等重要经济问题紧密相连。就经济法而言，实现经济民主的核心问题有：一是改革高度集中的经济管理体制，包括财税体制、融资体制、市场准入制度等，提高公众在重大经济问题决策中的参与和监管程度，提高市场开放和公平竞争的程度，使企业真正成为独立的市场主体；二是建立科学的中央和地方在经济发展中的分权体制，充分调动地方的积极性；三是注重现代企业治理结构的建设，使劳动者真正成为企业的主人；四是形成经济职权与经济职责、经济权利与经济义务相结合的权利义务机制；五是在坚持按劳分配的同时，更加注重改革发展成果的公平分享，使改革发展的成果惠及大多数人民。

5. 经济公平原则

经济法上的公平包含形式公平与实质公平两个方面。形式公平强调所有主体在法律权利和义务上的无差别对待，即相同待遇。实质公平则强调不同主体事实与结果上的公平。相比较而言，经济法更强调实质公平，即在承认经济主体的资源和禀

① 《马克思恩格斯选集》，2版，第4卷，701页，北京，人民出版社，1995。

② 李昌麒：《经济法学》，修订版，61页，北京，中国政法大学出版社，2002。

③ 潘静成、刘文华主编：《经济法》，64页，北京，中国人民大学出版社，1999。

④ 参见李昌麒：《经济法学》，修订版，62页，北京，中国政法大学出版社，2002。

赋等方面差异的前提之下追求事实与结果上的公平。从我国的现实情况看，影响实质公平的主要因素有权力经济、行政不当干预、超国民待遇与非国民待遇、所有制歧视、税负不公、垄断和不正当竞争等。实质不公平通常来自两个原因：一是市场自身的局限，靠市场自身无法克服；二是国家干预不当，靠国家自身也难以纠正。经济法通过一系列的制度安排，保障国家干预发挥市场不具有的功能，促进经济领域实质公平。

6. 经济效益原则

经济效益指经济活动中占用、消耗的活劳动和物化劳动与所取得的有用成果的比较。经济效益的提高是一个系统的工程，需要以下四个因素结合：第一，有保障经济全面、协调和可持续发展的宏观调控制度，确保经济整体运行良好；第二，有完善的市场竞争机制，保障市场主体间能够公平竞争；第三，有防止权利滥用的市场监管制度，使市场主体对自身权益的追求和权利的使用建立在正当的基础之上；第四，有完善的社会分配制度，为市场主体开展经营活动解除后顾之忧，使企业从社会保障的压力中解放出来。

7. 可持续发展原则

可持续发展是得到国际社会普遍认可的价值观。其基本内容是：经济的发展应当与社会的发展和环境的维持与改善同步，当代人的经济与社会发展不能建立在牺牲后代人发展的基础之上。具体而言，可持续发展的内涵包括以下六个方面：一是人类生命的连续支撑，二是生物资源存量和农业系统生产力的长期维持，三是控制人口的增长，四是有限增长的经济，五是强调小规模，六是保护环境和系统的质量。事实上，我国目前正在推行的休渔制度、休牧制度、休耕制度、森林限量采伐制度、循环经济制度等，都是贯彻可持续发展原则的表现。

【案例评析】

优化资源配置成为《劳动争议调解仲裁法》的重要原则

1. 案情简介

《劳动争议调解仲裁法》已于2008年5月1日起施行。该法第53条规定：“劳动争议仲裁不收费。劳动争议仲裁委员会的经费由财政予以保障。”据此，湖南省政府为解决劳动争议仲裁工作停止收费后的经费保障问题，保障劳动争议仲裁工作的正常开展，规定2008年5月1日后，全省依法设立的劳动争议仲裁委员会及其下设办事机构用于劳动争议仲裁工作的经费，由同级财政部门核实后予以追加，并从2009年起列入同级财政预算。（资料来源：《潇湘晨报》，2008-10-05。）

2. 基本问题

市场经济是一个体系，市场经济的发展需要各种市场协调发展。劳动力市场是市场经济这一体系中非常重要的一环。劳动争议仲裁不收费并且由国家财政予以保障，就充分体现了资源配置的公平性。

3. 知识内容

国家财政对劳动争议仲裁的投入，体现了经济法的资源优化配置原则。如果劳动者的权益得不到有效保障，劳动力市场萎缩，最终也会危及整个市场经济体系的发展。劳动争议仲裁免费显然有利于劳动者权益的保障，体现了经济法资源优化配置原则。

【疑难问题】

1. 在法理上，法的原则与法的价值具有一定的可混淆性。经济法也存在如何区分和界定原则与价值的问题。因此，如何在区分的基础上，分别选择和判断经济法原则和经济法价值的外延，成为学习和研究中的一个问题。

解答思路：对于经济法原则与经济法价值的区分，有必要回溯到法的原则与法的价值来源及内涵，进而归纳出经济法原则与价值在内涵方面的区分标准，根据经济法的本质特征具体判断哪些属于经济法的原则，哪些是经济法意欲实现的价值。此外，对于所确立的区分标准以及两者各自的外延，可以放在经济法体系的各子部门法中进行检验。

2. 如何在法律实践中恰当地运用经济法的原则指导立法、执法、司法及法律适用，成为理论研究和实务操作的一大难题。

解答思路：对于这一涉及理论和实践的双重难题，我们认为在充分掌握经济法原则的基础上，再结合个案加以运用，是解决经济法原则实践性问题的基本思路。

3. 学术界有关经济法原则的认识存在一定的差异。究其原因，主要是对原则的区别标准存在认识上的分歧，从而出现“公说公有理，婆说婆有理”的现象。有人认为，经济法原则的提出应当遵守特色性标准、高度性标准、普遍性标准及价值性标准，这种说法有道理吗？

解答思路：正如经济法自身所具有的开放性和现代性特征一样，经济法原则的界定标准不可能一成不变。为此，我们在选择判断标准时，有必要从本质和实践两个层次来研究。虽然有关经济法原则的认识并不完全相同，但对其主要原则的认识并无多大差别，而且也没有必要追求对经济法原则的认识达到完全一致的程度。

四、经济法的功能

【知识要点】

（一）经济法功能的概念

经济法的功能是经济法所表现出来的，符合立法目的和特定价值的具有稳定性和应然性的一种效用。经济法的功能与经济法体系具有密切相关性，经济法体系是实现经济法功能的依托。

(二) 经济法的基本功能

经济法除具备法律所具有的共同功能外，还有自身的特有功能，即基本功能。一般认为，经济法的功能应经济法存在基础而产生，即克服市场失灵和政府失灵。根据经济法所应对的问题不同，经济法的基本功能可分为克服市场失灵的功能和克服政府失灵的功能。

1. 克服市场失灵

市场经济在商品经济发展到一定程度时，能够充分发挥市场主体在信息获取、财富创造方面的优势和潜能，从而实现社会资源有效配置的经济形态。但市场也存在固有缺陷，从而产生市场失灵。所谓市场失灵，是指市场因内在功能的缺陷和外部条件的复杂而引起的市场机制在资源配置中的无序、浪费甚至是破坏。

(1) 市场失灵的表现

关于市场失灵的表现，学术界有不同的归纳和总结。依据经济学观点，市场失灵的主要表现形式有：市场不完全、市场不普遍、信息失灵、外部性、公共产品和经济周期。

一是市场不完全。市场不完全是指市场容易出现限制或消灭竞争的行为，如垄断的形成。随着市场经济的发展，竞争导致部分市场主体经济力日趋集中、滥用自身优势地位或联合限制市场竞争等消极后果。这些限制竞争的行为会加快自由竞争走向垄断的进程。市场自身无法解决这些问题，从而形成市场失灵。

二是市场不普遍。市场不普遍，主要指市场无法通过价格机制充分发挥优化资源配置的功能。价格机制是市场经济的重要机制，其缺位是市场不普遍的主要表现形式。价格机制的不健全，必然妨碍市场机制对资源的有效配置，故其成为市场失灵的重要情形。

三是信息失灵。信息失灵表现为交易双方对交易标的的信息了解程度失衡，出现信息不完全或者信息不对称的现象。信息失灵表现为以下几个方面：第一，信息不充分。原因如下：信息属于公共产品性质，市场中信息产出不足；收集成本和处理信息的成本都比较高；收集和处理信息的能力有限。第二，信息不对称。此种情况指信息在交易主体之间的分配不均匀。信息不对称往往导致信息优势方利用自己的优势损害劣势主体的利益。第三，信息不准确。指信息与客观事实不一致。产生这种现象的原因主要是收集和处理信息时发生了失误，或信息披露不实。

四是外部性。外部性指在实际经济活动中，当一个主体的行为给其他不相关方当事人带来成本或者收益，但该主体在作出决定时并没有将这些外部影响考虑进去。[①] 在市场经济条件下，所有的利益流动均通过市场交换进行。但有的利益获取或者失去并非通过市场的方式进行，并且市场无法克服这种现象，就产生了外部性

---

① See Feng Liu, *Environmental Justice Analysis*: *Theories*, *Methods*, *and Practice*, Lewis Publishers, p. 27.

问题。外部性包括正外部性和负外部性。正外部性是指社会成本小于个体成本、社会收益大于个体收益的情形，而负外部性则是指社会成本大于个体成本、个体收益大于社会收益的情形。例如，环境污染问题是典型的个体成本外溢的负外部性问题，环境保护则是一个典型的正外部性的问题。

五是公共产品。从供给者的角度看，公共产品排除其他主体消费的成本过高以致这种行为在经济上不可行；从消费者的角度看，公共产品不因消费者数量的多少而增加成本。有学者指出，公共产品主要用来指消费中不需要竞争的非专有物品[①]，如公共基础设施、公共服务、公共安全、公共管理等。公共产品供给不足成为市场失灵的情形之一，主要原因有：第一，公共产品的非排他性和非竞争性，生产与消费之间不能产生正常的联系，生产者投资行为无利可图，导致公共产品的供应不足；第二，公共产品的这种特点容易诱发经济人搭便车的行为，使公共产品在收费上存在困难，从而导致市场中的私权主体不愿意提供公共产品；第三，私权主体价值取向难以符合社会目标或者缺乏承担公共产品的实力，从而导致私权主体不能提供公共产品。

六是经济周期。经济周期通常指在市场经济的生产和再生产过程中出现的经济扩张与市场紧缩交替更迭和循环往复的一种经济现象。形成经济周期的根本原因在于社会化大生产条件下市场集体有限理性的存在。市场集体有限理性主要表现为两种情形：一是因作为市场主体的经济人有限理性而导致的市场集体有限理性；二是虽然作为市场主体的经济人有时是理性的，但也可能因市场结构等复杂原因而存在市场集体有限理性。经济周期是一种微观有序而宏观无序，或微观无序且宏观无序的现象。

(2) 经济法克服市场失灵的优势

经济法克服市场失灵的优势表现在以下几个方面：

一是目标的优越性。市场主体是自利型的，不会主动追求公共利益，顶多具有一种约瑟夫·A·熊彼得（J. A. Joseph Alois Schumpeter）“创造性的毁灭”[②]。这就决定了市场本身具有“近视”的性格，只追求眼前利益而往往忽视长远利益。国家则以追求公共利益和长远利益为已任，以适当抑制市场的自私和克服市场的“近视”为目的，这种制度目标在克服市场失灵中具有明显的优越性，可以使相应的制度发挥出更为有效的作用。

二是内容的针对性。市场失灵是市场自身的缺陷，也是市场主体自由选择的结果，克服市场失灵必须适当引导和限制市场主体完全自由的选择，因此，经济法针对市场自身失灵的原因，建立了一系列直接克服市场失灵的制度体系：第一，通过市场准入制度，根据市场的需要和公共利益的需要，确定进入市场的必要条件，维护适度竞争，促进公共产品的供给；第二，通过市场监管制度，规定经营者的强制

① 参见［美］萨缪尔森等：《经济学》，12版，高鸿业等译，194页，北京，中国发展出版社，1992。

② ［德］弗里德曼·诺依曼：《竞争政策——历史、理论及实践》，谷爱俊译，6页，北京，北京大学出版社，2003。

性说明义务，保证经营者和消费者之间信息的对称，从而保障消费者的权益；第三，通过市场竞争制度，消除或减少有害竞争的垄断行为，促进市场主体公平竞争；第四，通过宏观调控制度，依靠利率、税率、物价率、汇率、储备率等调控措施克服经济周期和市场价格失灵带来的问题，保障整体经济的运行平稳，防范经济危机；第五，通过社会分配制度，采用转移支付、社会保障等措施，解决市场的外部性、公共产品供给不足等缺陷。

三是调整方式的独特性。每个法律部门都有其特定的调整方式。经济法的调整方式有两个突出的特点：第一，采用约束和激励相结合的方式，第二，采用较为灵活的策略。经济法通过规定一系列的政府干预措施，通过激励和约束相结合的方式直接改变市场主体的利益结构，引导、激励或强制市场主体作出更加理性的行为，从而有效克服市场失灵。针对市场的复杂结构和不断变化的特点，经济法采取比较务实的回应性立场，规定政府干预的灵活措施，满足了在复杂和不断变化条件下克服市场失灵的需要。正如法国经济法学家雅克曼所说，“经济法是由国家对经济施加积极影响的全部法律规则组成的……它是政府当局以有效地实现其经济政策的工具之一”[①]。

2. 克服政府失灵

公共选择理论的代表人物詹姆斯·布坎南指出：“政府的缺陷至少与市场一样严重。”[②] 而其中一个突出的表现就是政府在试图修正市场失灵时，自身又往往失灵。从哲学的角度看，政府之所以也会失灵，是因为政府也是有限理性的主体。[③]

（1）政府失灵的表现

一是政府运行效率低下。政府效率低下的原因在于官僚机构缺乏竞争，并且政府机构不能竞争，监督机制不完善。在中国，地方政府之间的竞争非常激烈。这种地方政府竞争在某种程度上提升了政府效率，但也带来了很多问题。

二是政府干预不当。政府干预不当是一个权力的本性问题。政府干预不当的原因有：第一，体制原因。如集权体制下容易产生干预不当问题。第二，政府和市场的边界不清。对于这一问题，任何一个学科（包括经济学）从来都无法给出一个精确的答案。第三，政府的偏好与市场的偏好不一致。政府主要基于政治考虑（如面子工程、政治效应、政绩考虑）进行干预，而市场会更多追求经济效益，政府的干预容易脱离市场的真正需要。

三是公共产品供应不足。这种不足既包括硬件设施不足——如基础设施不足，也包括软件设施不足——如法律制度供给不足，或者已颁布的法律不符合经济发展的需要。现实生活中，典型的例子是我国政府投入社会保障的财政资金严重偏低。

四是政府不受产权约束。政府不受产权约束，通常发生在政府代表国家行使国

---

① ［法］阿莱克西·雅克曼、居伊·施朗斯：《经济法》，宇泉译，51页，北京，商务印书馆，1997。

② ［美］詹姆斯·布坎南：《自由、市场与国家》，吴良健等译，28页，北京，北京经济学院出版社，1998。

③ 参见岳彩申：《论经济法的形式理性》，92～93页，北京，法律出版社，2004。

有产权的领域，包括不当地行使国有产权，如低价出卖国有产权等，还包括难以追究政府的财产责任。

五是政府预算及财政支出偏离社会需要。近年来，政府的预算和财政支出偏离社会需要是一个值得警惕的动向。例如，政府把大量财政资金投放在拉动 GDP 增长的行业，而对社会保障和公共服务投入过低，导致经济结构失衡。

六是权力寻租。权力寻租的理论前提是政府为了克服市场失灵制定必要的公共政策对经济进行干预。为了保证干预的实现，必须赋予执行政策的机构或者个人以某种权力。权力寻租的本质就是钱权交易，典型表现就是贪污腐败。在市场经济条件下，资源的获取一般是通过市场机制进行的，但由于权力的存在，某些市场主体通过权力运作的方式获取资源，扭曲了市场配置资源的机制。

(2) 经济法克服政府失灵的优势

为了克服政府失灵，国家制定了许多的法律。相较而言，经济法在克服政府失灵方面具有以下优势：

一是直接规定政府干预的程序。这包括以下基本要求：第一，将政府干预行为纳入法律规定的程序；第二，对政府干预的程序的控制，既包括具体行政行为，也包括抽象行政行为；第三，政府干预的“自由裁量权”必须在法律规定的范围内按照法律规定的方式行使。如工商行政管理机关要吊销经营者的营业执照，就必须举行听证。政府干预的程序控制目的在于实现干预民主化和科学化，减少干预权的滥用。

二是直接确定政府干预的方式。通过规定干预方式，保障政府能够采用恰当的手段和措施行使干预经济的职能，并促进经济健康发展。

三是直接确定政府干预的范围。政府干预经济的边界如何确定，一直是个很难解决的问题。尽管无法找到一个完全准确的干预范围，但为了防止政府过度干预或干预不足，仍然需要通过法律确定政府干预的一个大致范围。经济法的宏观调控制度、竞争制度、市场监管制度、社会分配制度直接确定了政府干预的大致边界，防止政府干预过度或干预不足。

四是直接规定政府干预的责任。经济法通过建立问责制、监督机制、市场约束机制等制度，直接确定政府干预的责任形式和体系，提高了对政府干预的硬约束，有利于增强政府干预的责任心，防止政府滥用权力。

【案例评析】

“成渝两地争抢富士康”

1. 案情简介

成渝争抢富士康：IT 巨头狂飙西进。据报道，半年后，全球 2/3 的 iPad，都将是成都制造。而明后年，全球 1/3 的笔记本电脑，可能出自重庆。角逐进入白热化：

成都这边，富士康旗下鸿富锦精密电子（成都）有限公司已于10月下旬投产，170万余平方米成都厂房将在明年全部建成，50条iPad生产线，年产4 200万台，超过深圳龙华厂区3 000万台的产能。重庆那边，早在2010年5月19日，富士康在重庆的产品外销基地已完工，重庆将在明后年形成年产1亿台笔记本电脑的规模，占据全球1/3产能。（资料来源：《21世纪经济报道》，2010－12－09。）

2. 基本问题

本案例反映出一个问题：一方面，地方政府普遍运行效率低下，所以有“抢”的主观愿望，否则，投资者在哪个地方投资，就不是主观愿望能够决定的；另一方面，在GDP硬性考核指标的压力下，地方政府竟然使出浑身解数招商引资。这种竞争从短期看似乎提升了政府效率，但从长远的角度和整个社会的角度看，难免导致政府对经济的过度干预和对公共服务的供给不足。

3. 知识内容

政府失灵在西方国家通常依靠民主制度加以解决，但民主制度也带来一些问题。我国目前的民主制度还不够健全，对政府的监管还存在很大差距，因此，克服政府干预失灵，更需要依靠法律尤其经济法的保障。特别是在市场监管、经济政策的制定、宏观调控、社会分配等方面，需要进一步完善经济法的规定，尽可能克服政府失灵现象。

【疑难问题】

1. 国家干预应当适度是一个普遍的共识。在中国，国有企业占据主导地位，国家如何做到智谋干预，是一个更难解决的问题。学术界有种观点认为，出路在于“国退民进”。当然，国退民进应当坚持两个前提条件：一是“国退民进”必须依法进行；二是“国退必须民进”，不能成为“国退民不进”甚至是“国退权进”。结合经济法的适度干预原则，谈谈你对这一思路的理解。

解答思路：对于究竟是“国进民退”，还是“民进国退”，政府不能主观臆想，草率决策，而应当有效结合市场需要、政府能力等多种因素，力争做到“有所为，有所不为”，通过建立一系列完善的法律制度尤其经济法制度，实现对经济的适度干预。

2. 在经济法课程的学习中，经济法功能与经济法价值的区分常常成为困惑初学者的问题。究竟哪些内容属于经济法的功能，哪些则属于经济法价值，经济法功能与价值之间到底存在何种关系，仍然值得理论界深入研究。

解答思路：一方面，需要弄清经济法功能与经济法价值的内在联系和区别；另一方面，应当采用从具体到抽象的方法，从经济法各子部门法中归纳经济法功能和价值的内容。通过上述研究得出的结论，还需要通过具体的经济法实践加以验证。

五、经济法的体系

【知识要点】

（一）经济法体系概述

经济法学界对经济法的体系有不同的看法：有的认为经济法的体系就是经济法法律体系，有的认为经济法的体系即经济法学体系，还有的认为经济法的体系是经济法律体系和经济法学体系的总和。一般认为，作为法律体系的一部分，经济法的体系是指由经济法的所有法律规范按照一定的联系而组成的规范体系，即部门法体系。

确立经济法体系需考虑三方面的基本要素：一是经济因素，即市场失灵的情形；二是政府因素，即政府失灵的情形；三是制度因素，即民法等传统法律部门的局限。市场失灵、政府失灵、传统部门法的局限，决定了经济法的调整范围和体系构成。

（二）经济法体系的构成

我们认为经济法的体系相对传统的部门法，自治性程度有所降低，开放性程度较高。这导致经济法体系的边界并不特别确定，显得较为松散和缺乏形式逻辑的严密性。[①] 因此，我们所确定的经济法体系主要依据经济法的核心部分，可能并不完全包括边缘部分。按照这样的标准，我们认为经济法体系主要包括市场主体规制法、市场秩序规制法、宏观调控法、社会分配法四个主要部分。具体而言，经济法体系的上述四部分具体包括现代企业法、消费者权益保护法、产品质量与安全法、反垄断法、反不正当竞争法、金融产品与服务法、税法、金融监管法、劳动与社会保障法等具体法律制度。

1. 市场主体规制法

市场主体是在市场经济活动中从事商品生产经营的企业、自然人及其他经济组织。一般来说，市场主体的市场经济活动由民商法进行调整，但是，经济法也对市场主体的组织形式和与组织形式有关的行为进行调整。现在已经制定的规范市场主体的法律主要包括：公司法、合伙企业法、个人独资企业法、乡镇企业法、外资企业法、中外合作经营企业法、中外合资经营企业法、企业破产法、中小企业促进法等。

对于市场主体的行为，不同的法律从不同角度进行规制，经济法则主要从企业治理机构、竞争秩序、宏观调控、市场监管、社会分配的角度对主体的行为进行规制和调整。在规范市场主体方面，民法按照市场的逻辑，以意思自治为原则，规定市场主体的基本行为模式；经济法则通过国家干预，将国家的干预意图渗透到市场主体的组织和行为中，引导和促使市场主体的行为符合经济协调与可持续发展的需

① 参见岳彩申：《论经济法的形式理性》，238页，北京，法律出版社，2004。

要。由此可见，民法与经济法都规范市场主体及其行为，但发挥作用的侧重点和方式明显不同。

2. 市场秩序规制法

市场秩序是指在市场经济活动中形成的竞争秩序。从总体上讲，市场秩序可分为一般市场秩序和特殊市场秩序。市场秩序规制也可以划分为对一般市场秩序的规制和对特殊市场秩序的规制。前者适用于所有行业，而后者则适用于特殊行业。具体而言，一般性的市场秩序规制法主要包括消费者权益保护法、产品质量法、反垄断法和反不正当竞争法等，特殊市场秩序规制法包括金融监管法等。

3. 宏观调控法

宏观调控指国家从社会整体利益出发，为了实现宏观经济总量平衡和经济结构的优化，引导国民经济持续、健康、快速发展，而对国民经济总体所进行的调节和控制。宏观经济调控法的内容包括计划法、产业调节法、金融法、财政法、税收法、土地法、固定资产投资法、国有资产管理法以及价格法等。

4. 社会分配法

在市场体制中，经济法既调整再分配过程中所发生的社会关系，也调整初次分配中所发生的需要由国家干预的分配关系。一般认为，社会分配法主要包括两大部分：一是有关初次分配的法律，如工资制度、就业制度、劳动保护制度等；二是有关再分配的法律制度，如预算制度、财政转移支付制度、税收法律制度等。经济法对社会分配进行规制具有客观必然性。

【案例评析】

经济法学界关于经济法体系的争论

1. 案情简介

就经济法体系而言，不同的学者从不同的角度提出了不同的看法。有学者认为，经济法体系应当包括市场主体法、市场秩序法、宏观调控法和经济监管法等四部分①；另有学者认为，经济法体系可分为宏观调控法和市场规制法。② 此外，还有学者主张，经济法学框架宜由经济法总论、市场规制法学、宏观调控法学、特别经济法学、经济法史学和比较经济法学所构成。可见，虽然不同学者因研究角度不同而得出不同的结论，但市场主体法、竞争法、宏观调控法、市场监管法构成经济法体系已经大致成为我国经济法学界的共识。

2. 基本问题

除已形成共识的部分外，我国经济法学界对经济法体系的认识尚存较多差异，

---

① 参见李昌麒主编：《经济法学》，109～111页，北京，法律出版社，2007。

② 参见张守文主编：《经济法概论》，29～30页，北京，北京大学出版社，2009。

那么，差异的成因何在？我们应如何理解上述争议并确定一个较为合理的经济法体系？

3. 知识内容

对学界关于经济法体系的争论，有必要对各类观点加以归纳，找出各自的论点及其基本论据，进而分析其利弊。从现实的角度看，经济法体系的争论更多是理解上的差别，对于经济法的主要部分，理论上并不存在多大争论，因此，不必夸大对经济法体系的争论。不论理论上如何看待，经济法的制度体系已经成为市场经济制度的核心部分。

【疑难问题】

有学者认为，经济法体系具有强烈的开放性。经济法的开放性更主要地存在于规则转化为事实的过程中，即经济法的实施过程中。经济法的开放表现为理论上的开放、概念与术语的开放、规则的开放、结构与体系的开放以及方法与技术的开放。以宏观调控法为例，其中的中国人民银行法、证券法以及土地法等具有相对的稳定性，而其他一些宏观调控措施，如国债、货币政策等，则具有很大的灵活性。请结合经济法体系的构成，谈谈经济法体系的这种开放性。

解答思路：对经济法体系开放性的认识，首先应从本质上把握经济法的开放性与回应性、国际性与本土性等特点，并对经济法内部各组成部分自身具有的相对稳定性进行比较，采用从具体到一般的分析思路总结和理解经济法体系的开放性特征。

六、经济法的调整方法

【知识要点】

经济法的调整方法是指经济法影响主体行为的方式。关于经济法的调整方法，学界有若干种观点。例如，日本经济法学家金泽良雄将经济法的规制方式（调整方法）概括为权力性规制和非权力性规制两种。[①] 我们认为经济法的调整方法可以作以下分类：

（一）强制性的调整方法与非强制性的调整方法

这种分类的依据是经济法影响主体行为的方式。强制性调整方法指经济法规定或授权国家机关规定及要求主体必须做或不做某种行为的调整方式。由于强制性调整方法往往具有命令的性质，没有弹性余地，因而又被称为“刚性调整方法”或者“刚性干预”。对垄断行为、不正当竞争行为、纳税行为、食品安全保障等行为的影响，通常采用强制性调整。非强制性调整方法是指经济法规定主体可选择行为或授

---

① 参见［日］金泽良雄：《经济法概论》，满达人译，52～62页，北京，中国法制出版社，2005。

权国家机关为引导主体的经济活动而采取相应措施的方式。这种调整方法虽然不具有强制性，但对市场主体的行为仍然具有一定的影响，因此属于柔性调整方法。税收优惠、货币政策等常常采用非强制性调整方式。需要注意，在许多情况下，经济法的一项制度所采用的调整方法常常是多样的。如中央银行加息，对商业银行和存贷款人而言，这是强制性调整方法，而对其他市场主体也有不同程度的影响，但这种影响是非强制性的。

（二）直接规制的方法与间接引导的方法

直接规制的方法指经济法直接规定市场主体的行为条件、行为模式甚至行为的法律后果。对于重要的经济活动，经济法常常采用这种方法。如对竞争行为、纳税行为、食品的经营行为、上市公司的信息披露行为等，都是采用直接规制的调整方法。间接引导的方法指经济法并不直接规定市场主体的行为条件、行为模式及行为后果，而是授权国家机关尤其政府机构利用经济手段引导市场主体的行为选择，从而实现保障市场协调和可持续发展的目标。如对产业升级、项目投资、科技研发和应用、区域经济平衡发展、城乡统筹发展、抑制通货膨胀等，经济法通常并不直接规制市场主体的行为，而是授权国家机关通过出台一些政策及措施，引导市场主体的行为选择，从而达到调控经济的目标。

（三）约束性的调整方法与激励性的调整方法

约束性的调整方法指经济法采用约束方式规范市场主体的行为，构建或维持某种社会经济关系，常用的手段是强制、禁止、限制、惩罚等压制性手段。激励性的调整方法指经济法采用利益激励的方式引导市场主体的行为，构建或维持某种社会经济关系，常用的手段是鼓励、奖励等激励性手段。为了保障市场机制配置资源的基础作用，经济法广泛使用激励性调整方法，促进资源优化配置。在很多情况下，经济法除采用约束性调整方法或激励性调整方法外，更倾向于综合使用两种调整方法，从而达到立法目标。这是经济法调整方法的一个突出特点。

【案例评析】

中国人民银行加息应对通货膨胀

1. 案情简介

中国人民银行（2011 年 7 月）6 日晚间宣布，自 2011 年 7 月 7 日起上调金融机构人民币存贷款基准利率。金融机构一年期存贷款基准利率分别上调 0.25 个百分点，其他各档次存贷款基准利率及个人住房公积金贷款利率相应调整。这是央行今年以来第三次加息，也是金融危机之后第五次加息。调整后，金融机构人民币一年期存款利率达 3.5%，一年期贷款利率达 6.56%。分析人士指出，在经济增速趋缓的背景下，央行宣布再次加息，凸显出当局坚决抑制通胀的决心。（资料来源：《中国人民银行宣布年内第三次加息》，见新华网，2011-07-06。）

2. 基本问题

（1）中国人民银行为抑制通货膨胀而采取的多次加息措施，采用了经济法的哪种调整方法？这些调整方法是否具有合理性？

（2）请论述经济法的调整方法与民法、行政法调整方法的区别。

3. 知识内容

对上述问题的回答，有必要选择较为合理的分类方法，归纳总结出经济法调整方法的基本类型，并掌握各种类型的内涵、基本特征以及具体表现形式。此外，对于经济法调整方法与民法、行政法等其他部门法调整方法的区别，需要以全面分析和比较各部门法的主体法律文献为基础。

【疑难问题】

1. 经济法的调整方法与民法、行政法的调整方法的区别何在？

解答思路：首先，应当将经济法的调整方法纳入整个市场经济法律调整机制来看待，而不宜孤立地对比不同部门法的调整方法；其次，应当分析经济法、民法、行政法的主要文献与制度体系；再次，应当结合相关部门法的典型案例，用实例验证我们的认识；最后，应当归纳总结出各自有特点的调整方法。

2. 截至目前，我国经济法学界对经济法调整方法的研究成果已经有一些，但近年来的研究却不多。为此，深入研究经济法调整方法，成为经济法学的一个重要课题。

解答思路：我们认为，经济法调整方法的研究一方面有待于从经济法的逻辑起点、范畴体系、价值等基本理论方面开展深入研究；另一方面必须紧扣经济法的制度及实例，开展深入的实证分析。在大思路上，建议可从具体制度和实例分析中深入认识归纳出经济法的调整方法。

七、经济法律关系

【知识要点】

经济法律关系是法律关系的一种，指在国家干预社会经济生活的过程中，由经济法规范确认的，在经济法主体之间形成的以权利（权力）与义务（职责）为内容的关系。经济法律关系主要由主体、行为和内容三个要素构成。

（一）经济法律关系的主体

经济法律关系主体简称经济法主体，是指参加经济法律关系，拥有经济职权并承担经济职责或者享有经济权利并承担经济义务的当事人。其中，拥有经济职权或者经济权利的主体被称作职权主体或权利主体，而承担经济职责或者经济义务的主体被称为职责主体或义务主体。但是，由于经济生活的复杂性与多变性，在经济法律关系中，双方当事人往往既享有经济职权或者经济权利，同时又承担经济职责或者经济义务。经济法律关系的主体包括国家机关、社会中介组织、经营者、消费者以及劳动者。

1. 国家机关

“国家”是依法干预社会经济的主体。然而，国家是一个具有抽象意义的概念，不可能自己行使干预经济的权力，而只能由其指定或授权的主体实施干预行为。国家机关作为国家的代表者和国家权力的具体行使者，自然成为国家干预社会经济生活的重要主体。具体而言，行使国家干预权的国家机关主要包括经济调控机关、市场监管机关。经济调控机关包括货币政策制定和执行机关、财政税收机关、产业政策制定和执行机关等；市场监管机关包括金融监管机构、竞争监管机关、产品质量和安全监管机关、审计监督机关、消费者权益保护机关等。

2. 经营者

经济法上的经营者往往是相对消费者而言的，属于经济法上的一类主体，主要指以营利为目的而从事商品生产、经营活动或提供服务的公民、法人或非法人组织。营利性是经营者最为本质的属性。经济法上的经营者具有与民法等传统法律部门不同的限定性，即作为经济法主体的经营者通常是针对群体而言的，如生产者、销售者、经营者、上市公司、投标人等。

3. 消费者

根据我国《消费者权益保护法》的规定，消费者是指为生活消费需要购买、使用商品或者接受服务的人。据此可得出，消费者是指为生活需要而购买、使用商品或者接受服务的自然人。具体而言，消费者的含义包括以下几方面：首先，消费者是购买、使用商品或接受服务的自然人；其次，消费者是为了满足生活需要而购买、使用商品或者接受服务；再次，消费者是经营者的对称，即消费者所购买、使用的商品或者接受的服务，均是由经营者提供的。离开经营者而谈消费者的权益保护，则无任何意义。我国《消费者权益保护法》对消费者的定义方式基本符合国际上通行的做法。

4. 社会中介组织

社会中介组织是经济法的重要主体之一，指独立于政府之外的社会组织。这类主体依照法律和法规成立并运行，以公平、公正为宗旨，并在国家（政府）与社会之间发挥功能传递作用，在市场主体之间发挥服务纽带作用。社会中介组织不从属于政府，政府也不能干预社会中介组织的活动，但政府有权依法对中介组织进行引导与规范。从发达国家的经验来看，社会中介组织的发展、壮大和成熟也反映出市场经济的发达程度。在比较典型的市场经济体制中，企业的发展和社会的成熟都离不开社会中介组织的引导作用。为了增强国家干预的效果，社会中介组织往往发挥着“第三部门”的作用，行使部分原本由国家享有的经济干预权，从而成为经济法的重要主体。

5. 劳动者

劳动者，是指达到法定年龄，具有劳动能力，以某种劳动作为获得收入的主要途径，依法取得报酬的自然人。劳动力是最重要的生产要素，因此劳动者成为市场经济的重要主体。劳动者既是弱势群体和需要保护的对象，也是生产经营的参与者，在劳资关系、就业促进、宏观经济调控、市场监管等经济法所调整的领域，劳动者都是重要的法律关系主体。

（二）经济法行为

对于经济法行为，在理论上有经济行为、经济法行为、经济法上的行为、经济法主体的行为、经济法律行为等不同表述。我们认为"经济法行为"较为妥当，主要的理由是：第一，这一概念能最大限度地容纳经济法学者对经济法中各种行为的解释而不易引起歧义，其他概念则可能或多或少地引发不同理解。例如，对"经济行为"、"经济法律行为"有很多不同的解释，其含义差别很大。"经济法上的行为"和"经济法主体的行为"虽然理解上分歧少一些，但概念不够简练，使用起来不够方便。第二，经济法行为能与民法等其他部门法的行为相对应，便于人们认识和区分。

简单讲，经济法行为是指受经济法规范的行为，种类较多，如货币政策制定与实施行为、税收征管行为、食品安全监管行为、信息披露行为等。对于经济法行为的研究，既是经济法理论发展的需要，也是经济法制度发展的需要。从比较的角度看，经济法行为具有经济性、主体特定性、多样性等特点。

（三）经济法律关系的内容

经济法律关系的内容是构成经济法律关系的要素之一。当代法学理论普遍以权利、义务作为法律关系内容。我们认为，经济法律关系不仅包括权利和义务内容，而且还包括了权力、权利与义务的结合。换言之，一些经济法律关系的内容由权利义务构成，属于二元结构，另外一些经济法律关系的内容则由权力、权利与义务三者构成，属于三元结构关系。我们认为，经济法律关系的内容是指由经济法律规范确认的主体间的经济权力、经济权利和经济义务。

经济权力通常包含在经济干预和管理的职权中，是国家干预社会经济生活的法定依据，包括市场主体资格确认权、市场准入许可权、市场秩序维持权、宏观调控权等。经济权力通过与经济干预职责结合在一起，由权义复合型规范确定为经济干预或管理职权。经济权利是指经济法律关系主体依经济法律规范所享有的可以为一定行为或者不为一定行为、要求他人为一定行为或者不为一定行为的资格。经济权利范围比较广泛且不断拓展，如自由经营权、公平竞争权、公平获得利益权、公平获得保护的权利等。经济义务则指经济法律关系主体为满足其相对方的要求而必须为一定行为或者不得为一定行为的强制性约束，如信息披露义务、依法纳税的义务、依法申请许可的义务、公平竞争的义务、接受监督检查的义务等。

【案例评析】

“3Q之争”中的经济法律关系

1. 案情简介

2010年是一个不平凡之年，在这一年中，360与腾讯QQ纠纷事件吸引了众多经济法学者和实务界的瞩目。针对两家公司不断升级的行为，工信部于2010年11月21日发布通报，就360与腾讯QQ纠纷事件对双方提出严厉批评。工信部在通报中表示，北京奇虎科技有限公司与深圳市腾讯计算机系统有限公司在互联网业务中产生纠纷，采取不正当竞争行为，甚至单方面中断对用户的服务，影响了用户的正常业务使用，引起用户不满，造成了恶劣的社会影响。事后，腾讯与奇虎分别发布了道歉信。“3Q之争”终于告一段落。（资料来源：《央视评论：腾讯与360都应该承担百分之百责任》，见搜狐网，2010-11-21。）

2. 基本问题

（1）请问在“3Q之争”中，是否存在经济法律关系，以及存在哪些经济法律关系？并根据经济法的体系，指出这些经济法律关系由经济法的哪些部分调整？

（2）请根据经济法律关系的理论，分析“3Q之争”中所存在的经济法律关系的主体、客体以及内容等。

3. 知识内容

对于本题的分析与解答，首先应当对本章所讲到的经济法律关系的基本内容有较为全面、深入的掌握。然后，根据经济法律关系的具体内容分析“3Q之争”中所存在的经济法律关系类型及基本构成。

【疑难问题】

1. 从理论上讲，每个法律体系都应当有自己的“法律关系”，但在不同的部门法理论体系中，对待法律关系的做法并不完全相同。有的部门法很重视法律关系的分析，有的部门法不太重视甚至不采用法律关系原理分析问题。那么，在经济法的研究和运用中，是否有必要采用经济法律关系原理解释经济法的问题？

解答思路：对法律关系是否适用于所有部门法及其研究这一问题，我们有必要追溯法律关系理论的来源及其存在价值。对于经济法律关系研究的价值，一方面有赖于从理论上解释经济法律关系本身，把握法律关系原理的历史源流及其在经济法研究和运用中的价值，另一方面还需要在实践问题的解释中检验经济法律关系原理的实用价值。

2. 经济法律关系区别于其他法律关系的基本特质是什么？

解答思路：经济法律关系区别于其他法律关系的关键在于准确把握经济法律关

系的基本特征，从法律关系的构成要素逐一分析具体的差异性，特别应当注意在具体案例中区分不同的法律关系。

实务训练

如何防止“听证专业户”？

听证是经济民主的重要表现形式，但听证中暴露的一些问题值得我们进一步思考。据2011年7月19日《新京报》报道，成都市有4名“听证专业户”，因他们多次在听证会上支持涨价，被网友质疑为“托儿”、“最牛群众演员”。“听证专业户”存在的原因主要是：按照国家发改委颁布的《政府制定价格听证办法》，听证会参加人员的产生方式有三种，公民自愿报名后随机选取只是其中一种，另两种方式是有关部门或组织推荐以及价格主管部门聘请。有关部门会推荐、聘请什么样的人参加听证会，就成为大家关心的问题。此外，听证会“逢听必涨”，客观上影响了群众参与听证的积极性。如何应对这种局面？听证会参加人员应如何选择？请结合水、电、气等公共产品的价格听证会实例，谈谈你对此类听证会如何选择听证代表的看法。

课后练习

1. 2008年，可口可乐公司拟收购汇源果汁的消息出现后，受到了学界和实务界的普遍关注。2008年12月4日，国家商务部首次公开表态，已经对可口可乐收购汇源的申请进行立案受理。2009年3月18日，商务部宣布，根据我国《反垄断法》的规定，可口可乐收购汇源公司将对竞争产生不利影响，因此决定禁止此项收购。这也是我国《反垄断法》出台后第一起没有被通过的案例。商务部解释称，可口可乐收购成功后，可能利用其在碳酸软饮料市场的支配地位对果汁饮料市场实施垄断。① 请结合本案，谈谈商务部对该案的决定体现了经济法的哪些价值。

2. 据《香港经济日报》10月8日引述温州市金融办相关人士消息，（2011年）9月底，温州市政府向浙江省政府提交《关于要求申请金融稳定再贷款的请示》，由省政府出面，向人民银行申请金融稳定再贷款600亿元，期限1年，专门用于支持温州银行机构增加对困难企业的融资规模，防止发生系统性风险，维护地方金融稳定。而在10月4日，国务院总理温家宝赴温州考察中小企业生存状况。他表示，“跑路”和“跳楼”在温州毕竟是极少数。他要求政府明确将小微企业作为重点支持对象，加强对中小企业民间借贷的监管和引导，采取有效措施遏制高利贷化倾向，妥善处理企业之间担保、企业资金链断裂问题。② 请结合经济法的基本原则，谈谈

---

① 资料来源：中安在线—安徽商报，2009-04-27。

② 资料来源：财经网，2011-10-09。

国务院以及各级地方政府在解决中小企业生存困境中所体现的经济法原则。

3. 从经济职权的角度，我们如何看待王海打假现象以及微软黑屏事件?

法律法规

1.《中华人民共和国反垄断法》
2.《中华人民共和国反不正当竞争法》
3.《中华人民共和国招标投标法》
4.《中华人民共和国消费者权益保护法》
5.《中华人民共和国产品质量法》
6.《中华人民共和国食品安全法》
7.《中华人民共和国中国人民银行法》
8.《中华人民共和国商业银行法》
9.《中华人民共和国银行业监督管理法》
10.《中华人民共和国证券法》
11.《中华人民共和国证券投资基金法》
12.《中华人民共和国税收征收管理法》
13.《中华人民共和国税收征收管理法实施细则》
14.《中华人民共和国劳动法》
15.《中华人民共和国外资企业法》
16.《中华人民共和国中外合资企业法》
17.《中华人民共和国对外贸易法》
18.《中华人民共和国劳动合同法》
19.《中华人民共和国社会保险法》
20.《中华人民共和国土地管理法》

延伸阅读

1. 李昌麒主编．经济法学．北京：中国政法大学出版社，2007

2. 李昌麒．经济法——国家干预经济的基本法律形式．成都：四川人民出版社，1995

3. 李昌麒．寻求经济法真谛之路．北京：法律出版社，2003

4. 岳彩申．论经济法的形式理性．北京：法律出版社，2004

5. 张守文．经济法理论的重构．北京：人民出版社，2004

6. 邱本．自由竞争与秩序调控．北京：中国政法大学出版社，2001

7. 单飞跃，卢代富等．需要国家干预：经济法视域的解读．北京：法律出版社，2002

8. [日] 金泽良雄．经济法概论．满达人译．北京：中国法制出版社，2005

9. 黄茂钦．论经济法的现代性．北京：法律出版社，2005

10. 漆多俊．经济法基础理论．武汉：武汉大学出版社，2000

11. 王全兴．经济法基础理论专题研究．北京：中国检察出版社，2002

12. [美] 斯蒂格列茨．政府为什么干预经济．北京：中国物资出版社，1998

13. [美] 戴维·奥斯本，T·盖布勒．改革政府：企业家精神如何改革着公营部门．上海市政协编译组、东方编译所译．上海：上海译文出版社，1998

14. [美] 道格拉斯·C·诺思．经济史中的结构与变迁．上海：上海三联书店，上海人民出版社，1994

15. [美] 菲吕博顿．新制度经济学．孙经伟译．上海：上海财经大学出版社，1998

16. [美] 昂格尔．现代社会中的法律．北京：中国政法大学出版社，1994

17. 岳彩申．理论的解释力来自哪里：经济法学研究的反思．政法论坛，2005 (6)

18. 江帆．经济法实质正义及其实现机制．环球法律评论，2007 (6)

19. 李昌麒，应飞虎．论经济法的界限．见：李昌麒主编．中国经济法治的反思与前瞻．北京：法律出版社，2000

20. Jerome Frank. Law and The Modern Mind [M]. New York: Anchor Books, 1963: 7

21. Pound. Interpretations of Legal History. Cambridge, Mass., 1923

22. Jean Beetz. Reflections on Continuity and Change in Law Reform. 22 University of Toronto Law Journal 129 (1972)

23. 经济法网．www. cel. cn

24. 李昌麒经济法网．www. lichangqi. net

25. 法大民商经济法律网．www. ccelaws. com/jingjifaxue. html

26. 厦门大学经济法学研究中心．www. celxmu. com

27. 武汉大学经济法网站．www. economiclaws. cn

28. 华东政法大学经法网．www. economiclaws. net

第二章　现代企业法

【内容摘要】

企业法是规范企业在设立、存续和终止过程中所发生的各类社会关系的法律制度，是现代企业制度建立与实施不可缺少的内容与保证。本章主要包括公司法律制度、个人独资企业法律制度、合伙企业法律制度与外商投资企业法律制度。学习本章，需要掌握现代企业法中各项制度的相关法律规定，全面了解现代企业的设立、运行与终止中所涉及的各类法律问题。

一、公司法律制度

【知识要点】

公司是现代市场经济生活中最重要的一种企业形式。在我国，公司是指股东依法设立、以营利为目的、股东以出资额或所持股份为限对其承担有限责任的企业法人。公司具有以下法律特征：第一，公司具有法人性质；第二，公司以有限责任为基石；第三，公司具有营利性；第四，公司须依法律和章程设立与运作。

（一）有限责任公司

有限责任公司是指股东以其认缴的出资额为限对公司承担责任，公司以其全部资产对公司的债务承担责任的企业法人。

1. 有限责任公司的设立

设立有限责任公司，应当具备下列条件：股东符合法定人数；股东出资达到法定资本最低限额；股东共同制定公司章程；有公司名称和符合要求的组织机构；有公司住所。有限责任公司由 50 个以下股东出资设立。有限责任公司的注册资本为登记的全体股东认缴的出资额。公司全体股东的首次出资额不得低于注册资本的 20% 和法定注册资本的最低限额，其余部分在公司成立 2 年内缴足；其中，投资公司可以在 5 年内缴足。有限责任公司注册资本的最低限额为人民币 3 万元。

股东应当按期足额缴纳公司章程中规定的各自所认缴的出资额。股东以货币出资的，应当将货币出资足额存入有限责任公司在银行开设的账户；以非货币财产出资的，应当依法办理其财产权的转移手续。股东不按照规定缴纳出资的，除应当向公司足额缴纳外，还应当向已按期足额缴纳出资的股东承担违约责任。有限责任公司成立后，发现作为设立公司出资的非货币财产的实际价额显著低于公司章程所定价额的，应当由交付该出资的股东补足其差额；公司设立时的其他股东承担连带责任。

2. 有限责任公司的组织机构

有限责任公司股东会是公司的权力机构，主要行使下列职权：第一，决定公司的经营方针和投资计划；第二，选举和更换非由职工代表担任的董事、监事，决定有关董事、监事的报酬事项；第三，审议批准董事会的报告；第四，审议批准监事会或者监事的报告；第五，审议批准公司的年度财务预算方案、决算方案；第六，审议批准公司的利润分配方案和弥补亏损方案；第七，对公司增加或者减少注册资本作出决议；第八，对发行公司债券作出决议；第九，对公司合并、分立、解散、清算或者变更公司形式作出决议；第十，修改公司章程；第十一，公司章程规定的其他职权。当然，对上述所列事项股东以书面形式一致表示同意的，可以不召开股东会会议，直接作出决定，并由全体股东在决定文件上签名、盖章。

有限责任公司设董事会，其成员一般为 3 人至 13 人。董事会对股东会负责，主要行使下列职权：第一，召集股东会会议，并向股东会报告工作；第二，执行股东会的决议；第三，决定公司的经营计划和投资方案；第四，制订公司的年度财务预算方案、决算方案；第五，制订公司的利润分配方案和弥补亏损方案；第六，制订公司增加或者减少注册资本以及发行公司债券的方案；第七，制订公司合并、分立、解散或者变更公司形式的方案；第八，决定公司内部管理机构的设置；第九，决定聘任或者解聘公司经理及其报酬事项，并根据经理的提名决定聘任或者解聘公司副经理、财务负责人及其报酬事项；第十，制定公司的基本管理制度；第十一，公司章程规定的其他职权。董事会的议事方式和表决程序，除《公司法》有规定的外，由公司章程规定。

有限责任公司设监事会，其成员不得少于 3 人。股东人数较少或者规模较小的有限责任公司可以设 1 至 2 名监事，不设监事会。监事会、不设监事会的公司的监事行使下列职权：第一，检查公司财务；第二，对董事、高级管理人员执行公司职务的行为进行监督，对违反法律、行政法规、公司章程或者股东会决议的董事、高级管理人员提出罢免的建议；第三，当董事、高级管理人员的行为损害公司的利益时，要求董事、高级管理人员予以纠正；第四，提议召开临时股东会会议，在董事会不履行《公司法》规定的召集和主持股东会会议职责时召集和主持股东会会议；第五，向股东会会议提出提案；第六，对董事、高级管理人员提起诉讼；第七，公司章程规定的其他职权。

3. 一人有限责任公司

一人有限责任公司，是指只有一个自然人股东或者一个法人股东的有限责任公司。根据《公司法》的规定，一人有限责任公司的最低注册资本为10万元。股东应当一次足额缴纳公司章程规定的出资额。一个自然人只能投资设立一个一人有限责任公司，且后者不能再投资设立新的一人有限责任公司。一人有限责任公司的股东不能证明公司财产独立于股东自己的财产的，应当对公司债务承担连带责任。

(二) 股份有限公司

股份有限公司是指公司注册资本由等额股份构成并通过发行股票筹集资本，股东以所持股份为限对公司承担责任，公司以其全部资产对公司的债务承担责任的企业法人。

1. 股份有限公司的设立

设立股份有限公司，应当具备下列条件：第一，发起人符合法定人数；第二，发起人认购和募集的股本达到法定资本最低限额；第三，股份发行、筹办事项符合法律规定；第四，发起人制定公司章程，采用募集方式设立的经创立大会通过；第五，有公司名称，建立符合要求的组织机构；第六，有公司住所。

设立股份有限公司，发起人人数应在2人以上200人以下，其中须有半数以上的发起人在中国境内有住所。采取发起设立方式设立的股份有限公司，其注册资本为登记的全体发起人认购的股本总额。全体发起人的首次出资额不得低于注册资本的20%，其余部分在公司成立两年内缴足；其中，投资公司可以在五年内缴足。公司在缴足前不得向他人募集股份。采取募集方式设立的股份有限公司，其注册资本为登记的实收股本总额。股份有限公司的最低注册资本为500万元，法律、行政法规对此另有较高规定的从其规定。

2. 股份有限公司的组织机构

股东大会是公司的权力机构。股东以所持股份享有表决权，即一股一权。一般事项的表决中，股东大会作出决议须经出席会议的股东所持表决权过半数通过。但是，关于修改公司章程，增加或者减少注册资本，公司的合并、分立、解散或者变更公司形式的决议，须经出席会议的股东所持表决权的2/3以上通过。

股份有限公司设董事会，其成员为5至19人。董事会作出决议，须经全体董事的过半数通过。董事会会议应由董事本人出席；本人因故不能出席的，可以书面委托其他董事代为出席，委托书中应载明授权范围。董事应当对董事会的决议承担责任。董事会的决议违反法律、行政法规或者公司章程、股东大会决议，致使公司遭受严重损失的，参与决议的董事对公司负赔偿责任。但能证明在表决时曾表明异议并记载于会议记录的，该董事可以免除责任。

股份有限公司设监事会，其成员不得少于3人。监事会中的职工代表由公司职工通过职工代表大会、职工大会或者其他形式民主选举产生。董事、高级管理人员不得兼任监事。监事会行使职权所必需的费用由公司承担。

（三）董事、监事、高管的资格及义务

董事、监事、高级管理人员应当遵守法律、行政法规和公司章程，对公司负有忠实义务和勤勉义务。根据《公司法》的规定，有下列情形之一的不得担任公司的董事、监事、高级管理人员：无民事行为能力或者限制民事行为能力；因贪污、贿赂、侵占财产、挪用财产或者破坏社会主义市场经济秩序被判处刑罚，执行期满未逾5年，或者因犯罪被剥夺政治权利，执行期满未逾5年；担任破产清算的公司、企业的董事或者厂长、经理，对该公司、企业的破产负有个人责任的，自该公司、企业破产清算完结之日起未逾3年；担任因违法被吊销营业执照、责令关闭的公司、企业的法定代表人并负有个人责任的，自该公司、企业被吊销营业执照之日起未逾3年；个人所负数额较大的债务到期未清偿。

董事、高级管理人员不得有下列行为：挪用公司资金；将公司资金以其个人名义或者以其他个人名义开立账户存储；违反公司章程的规定，未经股东会、股东大会或者董事会同意，将公司资金借贷给他人或者以公司财产为他人提供担保；违反公司章程或者未经股东会、股东大会同意，与本公司订立合同或者进行交易；未经股东会或者股东大会同意，利用职务便利为自己或者他人谋取属于公司的商业机会，自营或者为他人经营与所任职公司同类的业务；接受他人与公司交易的佣金归为己有；擅自披露公司秘密；违反对公司忠实义务的其他行为。董事、高级管理人员违反规定所得的收入应当归公司所有。

董事、监事、高级管理人员执行公司职务时违反法律、行政法规或者公司章程的规定，若给公司造成损失，应当承担赔偿责任；若损害股东利益，股东可以向人民法院提起诉讼。

【案例评析】

王德忠诉吕秀红、王锦忠等股东权纠纷案①

1. 案例简介

沪德公司成立于2001年，注册资本50万元，股东王锦忠、王德忠分别出资30万元、20万元，经营期限为4年。但其投资协议却显示王锦忠投资为40%、王德忠投资为60%。公司申请设立的手续由企业登记代理事务所代办，章程非股东本人签署，注册资本由其他单位垫资，并在验资手续完毕、公司成立后被立刻抽走。在沪

① 参见《王德忠诉吕秀红、王锦忠等股东权纠纷案——公司约定与工商登记不一致时股东的股权份额如何认定》，上海市第二中级人民法院，见 http：//www.shezfy.com/view.html？id=6233。

德公司经营期间，无股东分配利润的记录。2005 年 9 月、11 月，在约定的经营期限即将届满之际，王德忠致函王锦忠要求按沪德公司章程规定进行清算和按股权比例分配盈余。同年 12 月，沪德公司以歇业为由，向税务机关申请注销税务登记获准。2006 年 1 月，王德忠向法院起诉，请求确认享有沪德公司 60%的股权份额。

2. 基本问题

本案是股东提起的股东权确权诉讼，重点探讨公司内部约定与工商登记不一致时应当以何为准，以及股东出资瑕疵是否影响股权份额的认定。分析该问题，须从公司与股东的关系、股东出资瑕疵等入手。

3. 知识内容

在股权的司法认定中，处理公司内部关系一般以股东名册为依据；处理公司外部关系一般以工商登记作为确认股权的依据。本案中，公司没有置备股东名册；股东间投资协议对各股东所持股权的记载又与工商登记不一致。此时，股权应当如何确认呢？

实践中，投资者常常在启动公司设立程序时订立一份投资协议或合作经营协议，以确定各投资者在公司设立阶段有关设立公司的权利义务。一般认为，公司成立后投资协议失效，但特殊情况除外：

第一，公司登记委托中介机构代理，公司章程非股东本人签署。为了寻求便捷与高效，一些公司通常会委托专门的企业登记代理机构为其代办公司设立的诸多程序，代理机构对于应当由自然人股东自己签署的文件常未予严格把关，对于委托人的授权常未予严格审核，从而极易导致股东之间对于公司登记的后果产生纠纷。

第二，投资协议由各股东本人订立，真实反映了各股东的真实意思。根据发起人协议来确认股权的前提条件，首先是公司章程非股东本人签署。除此以外，还需查证有下列部分或全部事实，以保证与发起人协议可以相互印证：(1) 缴纳出资的凭证，如出资证明书、付款凭证等反映出各股东的投资份额；(2) 股东表决权在行使过程中反映出各股东所代表的股权份额；(3) 股东盈余分配上反映出各股东所实际持有的股权份额。

第三，股东在后一致签署的文件有权改变在先制定的公司章程。根据《公司法》第 38 条的规定，股东会行使修改公司章程的职权；股东以书面形式一致表示同意的事项，也可以不召开股东会会议，直接作出决定，并由全体股东在决定文件上签章。根据这一规定，即便公司章程关于股权份额的记载对于各股东有约束力，但事后全体股东可以以一致决定的方式（如签署确认书、签订协议等）对股权份额重新予以确定。因此，在公司章程之后形成的一致决定，不论其性质是对持股比例的内部划分，还是对股权份额的变更，均不影响其对公司内部股权关系的约束。

本案中，沪德公司申请设立手续均由吕秀红委托企业登记代理事务所代办，公司章程非股东吕秀红、王德忠本人签署，注册资本 50 万元由其他单位垫资。由于本案主要涉及的是公司内部的关系，所以当投资协议与工商登记不一致时，对于股权的确认，应当以投资协议为依据。

需要特别指出的是，本案还涉及另一个问题：股东出资瑕疵是否影响股东资格的取得？一般情况下，股东出资瑕疵（包括出资不实、出资虚假、抽逃出资等）并不改变其已有的股东资格。否认了瑕疵出资者的股东资格，实际也就否定了其基于股东身份应承担的出资义务及法律责任。因此，股东出资瑕疵，原则上不影响股权份额的确定。在全体股东均有出资瑕疵时尤其如此。这一处理原则，与审理涉及出资瑕疵的股权转让纠纷、知情权纠纷案件等相类似。

【疑难问题】

公司治理结构研究是近年来学术界特别重视的课题。尽管我国在公司治理结构上从传统的二元并列制模式改革为上市公司增设独立董事的多元模式，但如何健全内部控制体系以提升公司经营效率，仍然是需要探讨的问题。例如，独立董事制度的功能在中国究竟能发挥多少，它与监事会的关系如何协调？把利益冲突交易、业务竞争从禁止改为公司自我决策限制以扩大公司管理人员实际控制权的行为，是否会给中国目前管理人员滥用权利的现实“火上浇油”？

解答思路：尽管现代商事规则具有某种程度的趋同性，但任何一种特定制度下的法制变革轨迹和终局选择，还与当地的社会、经济、文化紧密相连，并伴随一国政治与经济结构的变迁而不断演进。所以，有关中国公司治理结构的思考，也应当放置于中国的背景下进行。

二、个人独资企业法律制度

【知识要点】

个人独资企业，又称单一业主制企业，是指由一个自然人投资、财产为投资人个人所有、投资人以其个人财产对企业债务承担无限责任的营利性经济组织。

（一）个人独资企业的设立

1. 设立条件

第一，投资人为一个自然人。个人独资企业的投资人只能是自然人，自然人以外的团体或社会组织不能设立个人独资企业。法律、行政法规禁止从事营利性活动的人，不得作为投资人申请设立个人独资企业。第二，有合法的企业名称。个人独资企业的名称应当与其责任形式及从事的营业相符合。基于投资人对个人独资企业的无限责任，企业名称中不得出现“有限”、“有限责任”等字样；同时，个人独资企业在登记时也不能使用“公司”二字。第三，有投资人申报的出资。《个人独资企业法》未规定个人独资企业的最低资本额和验资程序，这主要是因为企业的投资人以个人财产对企业债务承担无限责任。第四，有固定的生产经营场所和必要的生产经营条件。第五，有必要的从业人员。

2. 设立程序

个人独资企业的设立采取直接登记制，由投资人根据设立准则直接到工商行政管理部门申请登记，而无须经过任何部门的审批。

第一，个人独资企业设立申请。申请设立个人独资企业，应当由投资人或者其委托的代理人向个人独资企业所在地的登记机关提交投资人签署的个人独资企业设立申请书、投资人身份证明、企业住所证明以及国家工商行政管理总局规定提交的其他文件。从事法律、行政法规规定须报经有关部门审批的业务的，应当提交有关部门的批准文件。委托代理人应当提交投资人的委托书和代理人的身份证明或者资格证明。

第二，登记机关审查登记。登记机关应在15日内对申请人提交的申请文件的记载内容的真实性、合法性与有效性进行审查，对符合法律规定条件的，予以登记，发给营业执照；对不符合法律规定条件的，不予登记，并应当给予书面答复说明理由。

第三，登记机关颁发执照。登记机关对核准登记的个人独资企业应当颁发营业执照，营业执照的签发日期为个人独资企业成立日期。在领取个人独资企业营业执照前，投资人不得以个人独资企业名义从事生产经营活动。

第四，违反个人独资企业设立程序应承担法律责任。

(二) 个人独资企业的投资人及事务管理

1. 个人独资企业的投资人

根据我国《民法通则》及其他相关法律的规定，个人独资企业的投资者须是享有完全民事行为能力且从事商业活动不受法律限制的自然人。投资人只能是一个自然人；投资的财产必须是私人所有的财产。根据法律规定，下列人员不得投资设立个人独资企业：第一，法律、行政法规禁止从事商业活动的人员，具体包括法官、检察官、人民警察以及其他从事国家公务的人员；第二，无民事行为能力或限制民事行为能力的人；第三，对企业破产负有个人责任的法人代表或因违法经营被吊销营业执照负有个人责任的法人代表、投资者及其他人员，自相关事实发生起未满3年者；第四，个人负债较多，未能及时偿还者。此外，负有竞业禁止义务的董事、经理等高级管理人员也不得成为个人独资企业的投资人。①

由于个人独资企业的财产与投资人的财产没有明确的法律界限，因而个人独资企业的投资人对本企业的财产依法享有所有权，可以依法进行转让或继承。此处的财产主要是指企业的有形财产，如房屋、机器、设备、原材料等。当投资人死亡或被宣告死亡时，其继承人可以依继承法的规定对独资企业行使继承权。鉴于此，投资人在企业运营过程中当然也就享有完全的决策权、管理权和监督权，可以依法申请贷款、取得土地使用权，并享有法律、行政法规规定的其他权利。

---

① 参见韩灵丽等：《公司企业法研究》，109页，杭州，浙江大学出版社，2004。

2. 个人独资企业的事务管理

个人独资企业的投资人有权自主选择企业事务的管理方式。一般而言，独资企业事务管理主要有三种方式：一是自行管理，即由个人独资企业的投资人对本企业的事务直接进行管理；二是委托管理，即个人独资企业的投资人委托其他具有民事行为能力的人负责企业的事务管理；三是聘任管理，即个人独资企业的投资人聘用其他具有民事行为能力的人负责企业的事务管理。

投资人委托他人管理个人独资企业事务，应当与受托人签订书面合同，明确委托的具体内容和授予的权利范围。聘用他人管理企业事务，应当由投资人与被聘用的人签订书面合同，明确委托的具体内容与授予的权利范围。受托人或者被聘用的人员应当履行诚信、勤勉义务，按照与投资人签订的合同履行个人独资企业的管理事务。投资人委托或者聘用的人员管理个人独资企业事务时违反双方订立的合同，给投资人造成损害的，应当承担民事责任。根据相关法律规定，投资人委托或者聘用的管理个人独资企业事务的人员不得有下列行为：（1）利用职务上的便利，索取或者收受贿赂；（2）利用职务或者工作上的便利侵占企业财产；（3）挪用企业的资金归个人使用或者借贷给他人；（4）擅自将企业资金以个人名义或者以他人名义开立账户储存；（5）擅自以企业财产提供担保；（6）未经投资人同意，从事与本企业相竞争的业务；（7）未经投资人同意，同本企业订立合同或者进行交易；（8）未经投资人同意，擅自将企业商标或者其他知识产权转让给他人使用；（9）泄露本企业的商业秘密；（10）法律、行政法规禁止的其他行为。投资人委托或者聘用的人员违反规定，侵犯个人独资企业财产权益的，责令退还侵占的财产；给企业造成损失的，依法承担赔偿责任；有违法所得的，没收违法所得；构成犯罪的，依法追究刑事责任。

（三）个人独资企业的解散与清算

1. 个人独资企业的解散

个人独资企业有下列情形之一时应当解散：投资人决定解散；投资人死亡或者被宣告死亡，无继承人或者继承人决定放弃继承；企业被依法吊销营业执照。应当注意的是，对于不实行有限责任的个人独资企业来说，破产制度不能对其适用。

2. 个人独资企业的清算

根据《个人独资企业法》的规定，个人独资企业的清算主要包括以下几个问题：

第一，确定清算人。清算人是清算企业中执行清算事务及对外代表者。根据《个人独资企业法》第 27 条的规定，个人独资企业解散，由投资人自行清算或者由债权人申请人民法院指定清算人进行清算。

第二，通知或公告债权人。投资人自行清算的，应当在清算前 15 日内书面通知债权人，无法通知的应当予以公告。债权人应当在接到通知之日起 30 日内，未接到通知的应当在公告之日起 60 日内，向投资人申报其债权。

第三，清算期间投资人的责任。清算人应当在债权人申报债权后清理企业的债权与债务。在清算期间，个人独资企业的投资人不得开展与清算目的无关的经营活动；在清偿债务以前，不得转移和隐匿财产。根据《个人独资企业法》的规定，个人独资企业及其投资人在清算前或清算期间隐匿或转移财产，逃避债务的，依法追回其财产，并按照有关规定予以处罚；构成犯罪的，依法追究刑事责任。

第四，债务清偿顺序。个人独资企业解散的，财产应当按照下列顺序清偿：所欠职工工资和社会保险费用；所欠税款；其他债务。个人独资企业财产在作了上述清偿后有剩余的，由投资人取回；不足以清偿债务的，由投资人以其个人的其他财产予以清偿。

第五，编制清算报告、办理注销登记。个人独资企业清算结束后，投资人或者人民法院指定的清算人都应当编制清算报告，并于 15 日内到登记机关办理注销登记。登记机关应当自收到全部文件之日起 15 日内作出核准登记或者不予登记的决定。予以核准的，发给核准通知书；不予核准的，发给企业登记驳回通知书。经登记机关注销登记，个人独资企业终止。

第六，企业解散后的债务清偿。个人独资企业解散后，原投资人对个人独资企业存续期间的债务仍应承担偿还责任，其诉讼时效为 5 年。由此看来，债权人在规定的 30 日或 60 日内进行申报，只是清算程序和注销登记的形式要求，并不意味着未申报就当然地消灭债务人的债务。

【案例评析】

黄某诉煤矿及原投资人支付约定居间报酬案①

1. 案情简介

A 县某煤矿系王某设立的个人独资企业，经营过程中王某与黄某签订居间合同，委托黄某对外联系转让煤矿，并约定如转让成功，煤矿将按成交额的 3%支付黄某居间报酬。后在黄某的联系下，邹某与王某达成煤矿转让协议，约定转让前的债权债务由王某享有和承担，转让后形成的债权债务由邹某自行承担，邹某将转让款支付给王某同时王某将企业移交邹某控制和经营，但买卖双方并未办理企业变更登记和工商变更登记手续。之后，黄某向煤矿及其原投资人王某要求支付约定居间报酬时遭到拒绝，便以煤矿及王某为被告诉至法院。

2. 基本问题

本案重点探讨的问题是个人独资企业债务承担的责任主体及方式。分析这个问题，须从个人独资企业的性质、个人独资企业与投资人的关系等入手。

3. 知识内容

根据《个人独资企业法》第 2 条的规定，个人独资企业是指“在中国境内设立，

---

① 参见李可：《个人独资企业债务承担的实证研究》，见 http：//gzbjzy.chinacourt.org/public/detail.php? id=312。

由一个自然人投资，财产为投资人个人所有，投资人以其个人财产对企业债务承担无限责任的经营实体”。由此可见，个人独资企业具有人格的相对性，即个人独资企业的人格依赖于投资者的个人人格。从财产角度来看法律主体的地位，个人独资企业虽有自身的运营资本，但事实上却并没有和投资人的财产相分离。因此，个人独资企业投资人以其个人财产对企业债务承担无限责任，当企业财产不足以清偿债务时，投资人应当以其个人的其他财产予以清偿。依照《个人独资企业法》第 18 条的规定，如果投资人在申请企业设立登记时明确以其家庭共有财产作为个人出资的，应当依法以家庭共有财产对企业债务承担无限责任。由于我国目前尚无完善的财产登记制度，个人财产与家庭财产往往难以区分，实践中主要根据个人独资企业设立登记时在工商行政管理机关的投资登记来确定投资人是以其个人财产还是家庭财产来对企业债务承担责任。

根据前述的分析与阐释，可以得出以下结论：

首先，个人独资企业转让后，企业与现投资者对转让前的债务应当承担清偿责任。根据《个人独资企业登记管理办法》第 17 条的规定，个人独资企业因转让或者继承致使投资人变化的，应向原登记机关提交转让协议书或者法定继承文件以变更登记。此种变更仅仅是企业经营存续期间的投资人变更，根据企业财产是企业债务当然担保的原则，这并不影响企业对外享有权利和承担债务。

其次，考虑到投资者对个人独资企业的财产所拥有的绝对支配权和处分权以及个人独资企业财产与投资者财产的混同，可将个人独资企业的债务视为投资者个人的债务。原投资者与现投资者在转让企业时关于转让前企业债务的约定仅仅对转让双方具有约束力，对债权人并不产生债务承担和让与的法律效力，原债权人仍可依照《合同法》第 84 条的规定要求个人独资企业的原投资人承担企业转让前的债务。

个人独资企业未就转让办理变更登记手续会造成法律意义的投资者与实际投资者相冲突的情况。由于原投资人可能利用转移企业的方式将负债全部转让给没有偿债能力的第三人，严重损害债权人的利益，所以要求其对现投资人承担连带的补充责任，即原投资人尽管已经退出了个人独资企业的经营，其仍然应当对退出前形成的债务承担责任。当然，个人独资企业变更登记后产生的债务，依法应当由变更登记后的个人独资企业的个人独资企业和个人独资企业投资人承担民事责任。具体到前述案例，因 A 县煤矿转让时买卖双方并未办理企业变更登记，所以原投资人王某作为法律上的投资人必须参与诉讼；而邹某因为是煤矿的现投资人，也与王某就转然后承担企业责任达成协议，故应作为无独立请求权的第三人参加本案诉讼并与原投资人共同对煤矿债务承担责任。

【疑难问题】

个人独资企业组织形态的存在与投资人个人的民事人格不可分割，那么，个人独资企业与投资人之间究竟是什么关系呢？

解答思路：通过个人独资企业所表现出来的权利能力和行为能力，虽然不同于普通自然人，但就本质上而言是自然人的一种特殊形态，是自然人的权利能力和行为能力在法律上的延伸，其主体事实上是企业投资人本人。尽管个人独资企业有企业名称，并可以以自己的名义从事生产经营活动、参加诉讼、承担法律责任，但这种活动的实质是特定的自然人以法律许可的方式与他人进行民事联系，该自然人享受因之而产生的一切权益，并承担一切相关的法律后果。由此可见，个人独资企业既是企业的一种法律形式，也是自然人的一种特殊类型。

三、合伙企业法律制度

【知识要点】

合伙企业是指两个或两个以上的自然人、法人和其他组织，依法在中国境内设立的企业组织形式。在我国，合伙企业包括普通合伙企业和有限合伙企业两种形态。其中，普通合伙企业由普通合伙人组成，合伙人对合伙企业债务承担无限连带责任，法律有特别规定的除外；有限合伙企业由普通合伙人和有限合伙人组成，普通合伙人对合伙企业债务承担无限连带责任，有限合伙人以其认缴的出资额为限对合伙企业债务承担责任。

（一）普通合伙企业

1. 普通合伙企业的设立

根据《合伙企业法》的规定，设立普通合伙企业应当具备下列条件：

第一，有 2 个以上合伙人。合伙企业必须要有两个以上的投资人共同投资才能设立，一旦因退伙或者合伙人死亡等情形而致合伙人人数为一且持续满 30 天时，合伙企业就应当解散。合伙人可以是自然人、法人、其他组织，除法律另有规定外不受任何限制。

第二，有书面合伙协议。合伙人按照合伙协议享有权利并履行义务。修改或者补充合伙协议，应当经全体合伙人一致同意；但是，合伙协议另有约定的除外。合伙协议未约定或者约定不明确的事项，由合伙人协商决定；协商不成的，依照《合伙企业法》和其他有关法律、行政法规的规定处理。同时，按照规定，合伙协议须采用法定的书面形式才能得以对外宣示其存在，否则主张合伙关系成立的利益相关人不能或者难以获得法院的支持。

第三，有合伙人认缴或者实际缴付的出资。合伙人可以用货币、实物、知识产权、土地使用权或者其他财产权利出资，也可以用劳务出资。合伙人应当按照合伙协议约定的出资方式、数额和缴付期限，履行出资义务。以非货币财产出资的，依照法律、行政法规的规定，需要办理财产权转移手续的，应当依法办理。

第四，有合伙企业的名称和生产经营场所。合伙企业必须依类型在其名称中标明“普通合伙”、“特殊普通合伙”、“有限合伙”。同时，合伙企业开展生产经营活动必须要有自己的经营场所。

第五，法律、行政法规规定的其他条件。例如，《合伙企业法》第 9 条规定："申请设立合伙企业，应当向企业登记机关提交登记申请书、合伙协议书、合伙人身份证明等文件。合伙企业的经营范围中有属于法律、行政法规规定在登记前须经批准的项目的，该项经营业务应当依法经过批准，并在登记时提交批准文件。"

2. 普通合伙企业中合伙事务的执行

（1）合伙事务执行的方式

根据合伙企业规模的大小，合伙人可以按照合伙协议的约定或者经全体合伙人决定，委托一个或者数个合伙人对外代表合伙企业，执行合伙事务。如果合伙人是法人或其他组织的，则由其委派的代表执行。执行合伙事务产生的收益归合伙企业，产生的费用和亏损也由合伙企业承担。受委托的执行事务合伙人应当定期向其他合伙人报告事务执行情况以及合伙企业的经营和财务状况；不执行合伙事务的合伙人有权查阅合伙企业会计账簿等财务资料，监督执行事务合伙人执行合伙事务的情况。

（2）合伙事务执行中的异议

在合伙企业中，若执行事务的合伙人的行为不当或错误，有损于合伙企业的利益，其他执行事务的合伙人有权提出异议。为了有效避免损害的扩大，提出异议时，应当暂停该项事务的执行。发生争议时，按照合伙协议约定的表决办法处理；未约定或者约定不明的，实行合伙人一人一票并经全体合伙人过半数通过的表决办法。此外，在执行合伙事务的合伙人不按照合伙协议或者全体合伙人的决定执行事务时，其他合伙人可以决定撤销该委托。

（3）合伙人权利行使及限制

除合伙协议另有规定外，合伙企业的下列事项应当经全体合伙人一致同意：改变合伙企业的名称；改变合伙企业的经营范围、主要经营场所的地点；处分合伙企业的不动产；转让或者处分合伙企业的知识产权和其他财产权利；以合伙企业名义为他人提供担保；聘任合伙人以外的人担任合伙企业的经营管理人员。对于这些事项，若部分合伙人擅自处理，给合伙企业或者其他合伙人造成损失的，依法要承担赔偿责任。同时，各国合伙法普遍将"合伙人负有不得同本企业竞争的义务"作为对合伙人权利的限制规定下来，要求任何合伙人都不得经营与合伙企业相竞争的事业，否则所获收益归于合伙企业。我国《合伙企业法》第 32 条规定："合伙人不得自营或者同他人合作经营与本合伙企业相竞争的业务。除合伙协议另有约定或者经全体合伙人一致同意外，合伙人不得同本合伙企业进行交易。合伙人不得从事损害本合伙企业利益的活动。"

（4）合伙企业的管理人

为加强合伙企业内部的协调和管理，促进合伙事务的顺利开展，除由合伙人自己执行事务外，也可以聘任合伙企业以外的人员担任企业的管理人员。被聘任的经营管理人员只能在合伙企业授权范围内履行职务。若被聘任的合伙企业的经营管理人员超越合伙企业授权范围履行职务，或者在履行职务过程中因故意或者重大过失给合伙企业造成损失的，则应当依法承担赔偿责任。

3. 入伙、退伙

(1) 入伙

合伙企业的入伙是指合伙企业存续期间新的合伙成员的加入。新合伙人入伙，除合伙协议另有约定外，应当经全体合伙人一致同意，并依法订立书面入伙协议。为保护新合伙人利益，在订立入伙协议时，原合伙人应当向新合伙人如实告知原合伙企业的经营状况和财务状况。在实践中，如果订立入伙协议时原合伙人没有履行告知义务，则新入伙人有权向人民法院提起诉讼，要求解除入伙协议和请求其他合伙人赔偿相应的损失。

(2) 退伙

合伙企业的退伙，是指合伙人退出合伙企业，丧失合伙人的资格。一般说来，退伙包括三种情况：第一种是自愿退伙，第二种是当然退伙，第三种是除名。合伙人被依法认定为无民事行为能力人或者限制民事行为能力人的，经其他合伙人一致同意，可以依法转为有限合伙人，普通合伙企业依法转为有限合伙企业；其他合伙人未能达成一致同意的，该无民事行为能力或者限制民事行为能力的合伙人退伙。退伙事由实际发生之日为退伙生效日。

4. 特殊的普通合伙企业

特殊的普通合伙企业是指以专业知识和专门技能为客户提供有偿服务的专业机构性质的合伙公司。在特殊的普通合伙企业中，原则上合伙人仍对合伙债务承担无限连带责任，例外规定是，对因故意或者重大过失造成合伙企业债务的，行为人应当承担无限连带责任，而其他合伙人则以其在合伙企业中的财产份额为限承担责任。当然，对合伙人在执业活动中非因故意或者重大过失造成的合伙企业债务以及合伙企业的其他债务，由全体合伙人承担无限连带责任。这种制度的设计，将使有关专业服务机构的合伙人避免承担过度风险，有利于合伙企业异地发展、业务等活动的进行，从而促进其发展壮大。

(二) 有限合伙企业

有限合伙企业是指由 2 个以上 50 个以下合伙人设立，至少应当有 1 个普通合伙人的（法律另有规定的除外）企业组织形式。在合伙成员构成上，有限合伙企业既有普通合伙人又有有限合伙人，其中普通合伙人对合伙企业债务承担无限连带责任，有限合伙人以其认缴的出资额为限对合伙企业债务承担责任。

1. 有限合伙协议

有限合伙协议不仅要包括与普通合伙企业合伙协议相同的部分，也要规定与普通合伙企业不同的部分，具体包括：第一，普通合伙人和有限合伙人的姓名或者名称、住所；第二，执行事务合伙人应具备的条件和选择程序；第三，执行事务合伙人权限与违约处理办法；第四，执行事务合伙人的除名条件和更换程序；第五，有限合伙人入伙、退伙的条件、程序以及相关责任；第六，有限合伙人和普通合伙人相互转变程序。

2. 有限合伙企业的出资

在有限合伙企业中，有限合伙人可以用货币、实物、知识产权、土地使用权或者其他财产权利作价出资，但不得以劳务出资。原因在于如果普通合伙人用劳务出资，有限合伙人也用劳务出资，将来该有限合伙企业将无法承担任何债务责任，不利于对债权人利益的保护。因此，有限合伙人应当按照合伙协议的约定按期足额缴纳出资；未按期足额缴纳的，应当承担补缴义务，并对其他合伙人承担违约责任。

3. 有限合伙企业的事务管理和执行

根据权利义务相一致的原则，有限合伙人不执行合伙事务，不得对外代表有限合伙企业。当然，有限合伙人不执行合伙事务，并不意味着其不能参与合伙企业的一般事务，《合伙企业法》明确规定，有限合伙人的下列行为不视为执行合伙事务：第一，参与决定普通合伙人入伙、退伙；第二，对企业的经营管理提出建议；第三，参与选择承办有限合伙企业审计业务的会计师事务所；第四，获取经审计的有限合伙企业财务会计报告；第五，对涉及自身利益的情况，查阅有限合伙企业财务会计账簿等财务资料；第六，在有限合伙企业中的利益受到侵害时，向有责任的合伙人主张权利或者提起诉讼；第七，执行事务合伙人怠于行使权利时，督促其行使权利或者为了本企业的利益以自己的名义提起诉讼；第八，依法为本企业提供担保。

4. 有限合伙企业的债务清偿

如果有限合伙人存在与合伙企业无关的债务且其自有财产不足以清偿时，合伙人应先以自有财产进行清偿；自有财产不足清偿可以以其从有限合伙企业中分取的收益清偿，债权人也可以依法请求人民法院强制执行该合伙人在有限合伙企业中的财产份额用于清偿。人民法院强制执行有限合伙人的财产份额时，应当通知全体合伙人。在同等条件下，其他合伙人有优先购买权。

5. 有限合伙企业的入伙与退伙

在有限合伙企业中，新入伙的有限合伙人对入伙前有限合伙企业的债务，以其认缴的出资额为限承担责任，而不能适用普通合伙企业中“新合伙人对入伙前合伙企业的债务承担连带责任”的规定。也正是由于有限合伙人在合伙企业中只以其出资额为限对外承担责任，作为有限合伙人的自然人在有限合伙企业存续期间丧失民事行为能力的，其他合伙人不得因此要求其退伙。即使作为有限合伙人的自然人死亡、被依法宣告死亡或者作为有限合伙人的法人及其他组织终止时，其继承人或者权利承受人也可以依法取得该有限合伙人在有限合伙企业中的资格。在有限合伙人退伙的场合，对基于其退伙前的原因发生的有限合伙企业债务，以其退伙时从有限合伙企业中取回的财产承担责任。

（三）合伙企业的解散和清算

1. 合伙企业的解散

合伙企业有下列情形之一的，应当解散：第一，合伙期限届满，合伙人决定不再经营；第二，合伙协议约定的解散事由出现；第三，全体合伙人决定解散；第四，合伙人已不具备法定人数满 30 天；第五，合伙协议约定的合伙目的已经实现或者无法实现；第六，依法被吊销营业执照、责令关闭或者被撤销；第七，法律、行政法规规定的其他原因。

2. 合伙企业的清算

合伙企业解散以后，应当由清算人进行清算。一般说来，清算人需要由全体合伙人担任；当然，经全体合伙人过半数同意，也可以自合伙企业解散事由出现后15日内指定一个或者数个合伙人，或者委托第三人，担任清算人。自合伙企业解散事由出现之日起15日内尚未确定清算人的，合伙人或者其他利害关系人可以申请人民法院指定清算人。无论上述清算人产生方式如何，在合伙企业清算期间，其都是合伙企业的代表，主持合伙企业的一切清算事务，并对外代表合伙企业参加民事诉讼或者仲裁等活动。

（1）通知和公告

清算人自被确定之日起10日内将合伙企业解散事项通知债权人，并于60日内在报纸上公告。债权人应当自接到通知书之日起30日内，未接到通知书的自第一次公告之日起45日内，向清算人申报债权。债权人申报债权，应当说明债权的有关事项，并提供证明材料，比如属于合同之债的，应当出具与合伙企业订立的合同等。清算人应当对债权进行登记。

（2）执行清算事务

根据我国《合伙企业法》的规定，清算人在清算期间主要执行以下事务：第一，清理合伙企业财产，分别编制资产负债表和财产清单；第二，处理与清算有关的合伙企业未了结事务；第三，清缴所欠税款；第四，清理债权、债务；第五，处理合伙企业清偿债务后的剩余财产；第六，代表合伙企业参加诉讼或者仲裁活动。

（3）财产清偿顺序

合伙企业的财产在支付清算费用以后，按照以下顺序进行清偿：职工工资和社会保险费用、法定补偿金；税款；合伙企业所欠债务；返还合伙人的出资。

（4）编制清算报告和注销登记

经全体合伙人签名、盖章后，清算人应当在15日内向企业登记机关报送清算报告，申请办理合伙企业注销登记。合伙企业注销后，原普通合伙人对合伙企业存续期间的债务仍应承担无限连带责任。合伙企业不能清偿到期债务的，债权人可以依法向人民法院提出破产清算申请，也可以要求普通合伙人清偿。合伙企业依法被宣告破产的，普通合伙人对合伙企业债务仍应承担无限连带责任。

【案例评析】

长城公司诉合伙企业和合伙人债务纠纷案

1. 案情简介

2010年1月，甲、乙、丙三人合伙开办了一家合伙企业。其中，甲出资3万元，乙出资 2 万元，丙以劳务出资。合伙协议订立较为简单，并未约定利润分配和亏损分担比例，只约定三人共同管理企业。2010 年 6 月，甲想把自己的一部分财产份额转让给丁，乙同意但丙不同意，因多数合伙人同意丁入伙成为新的合伙人，丙便提出退伙，甲、乙表示同意丙退伙，丁入伙。此时，该合伙企业欠长城公司货款 10 万元一直未还。2011 年 2 月，由于经营不善，该合伙企业陷入困境而无法清偿债务。鉴于合伙人甲的经济实力较为雄厚，于是，长城公司以合伙企业、甲为被告诉至法院，要求偿还货款。

2. 基本问题

本案重点探讨的是合伙企业的合伙协议及债务承担的问题。探讨这个问题，必须从合伙企业的出资、合伙企业的债务承担等入手。

3. 知识内容

《合伙企业法》规定，合伙协议不得约定将全部利润分配给部分合伙人或者由部分合伙人承担全部亏损。合伙企业的利润分配、亏损分担要充分尊重合伙人的意愿，按照合伙协议的约定办理；合伙协议未约定或者约定不明确的，由合伙人协商决定；协商不成的，由合伙人按照实缴出资比例分配、分担；无法确定出资比例的，由合伙人平均分配、分担。当然，合伙人按照合伙协议的约定或者经全体合伙人决定，可以增加或者减少对合伙企业的出资。所以，结合本案来看，由于合伙协议只约定三人共同管理企业，而并未约定利润分配和亏损分担比例，所以，在纠纷发生后，应当由合伙人协商决定；协商不成的，由合伙人按照实缴出资比例分配与分担。鉴于丙是以劳务方式出资，如果造成合伙人无法确定出资比例，此时，就应当由合伙人平均分配与分担。

新合伙人一旦入伙，除法律另有规定外，其与原合伙人享有同等权利，承担同等责任。

《合伙企业法》规定，入伙的新合伙人对入伙前合伙企业的债务承担连带责任，因此，在本案中，尽管合伙企业对长城公司的欠款是在丁入伙之前发生的，但丁需要对该笔债务承担连带责任。此外，合伙人退伙，其他合伙人应当与该退伙人按照退伙时的合伙企业财产状况进行结算，退还退伙人的财产份额。退伙人对给合伙企业造成的损失负有赔偿责任的，相应扣减其应当赔偿的数额。退伙时有未了结的合伙企业事务的，待该事务了结后进行结算。退伙人对基于其退伙前的原因发生的合伙企业债务，承担无限连带责任。合伙人退伙时，合伙企业财产少于合伙企业债务的，退伙人应当依照《合伙企业法》第 33 条的规定分担亏损。由此可见，尽管丙早已于 2010 年 6 月退伙，但应对 2010 年 6 月前的企业债务（如长城公司的欠款）与其他的合伙人一起承担连带责任。

合伙企业对其债务，应先以其全部财产进行清偿。对于合伙企业无法以企业财产清偿的债务，合伙人依法需要承担无限连带责任，也就是说债权人可以向全部或部分合伙人主张债权，每个被追偿的合伙人都负有清偿义务。合伙人的清偿数额超过其应当承担的企业亏损分担比例的，有权向其他合伙人追偿。

合伙人个人的债务应首先以其企业份额外的个人财产偿还；只有在个人财产不

足清偿其个人债务时，才允许该合伙人以其在合伙企业中的财产份额来清偿债务。债权人在要求合伙人用其财产份额清偿债务时，应首先与合伙人协商，通过协商达成协议并执行后，合伙人构成当然退伙。如果债权人与合伙人协商不成，债权人可以依法请求人民法院强制执行该合伙人在合伙企业中的财产份额用于清偿债务。人民法院强制执行合伙人的财产份额时，应当通知全体合伙人，其他合伙人有优先购买权；其他合伙人未购买，又不同意将该财产份额转让给他人的，可以依法为该合伙人办理退伙结算，或者办理削减该合伙人相应财产份额的结算。

就本案而言，在合伙企业清算后，长城公司认为甲个人资金雄厚，要求其做全部的清偿应当得到支持。这是因为，合伙人之间的分担比例对债权人没有约束力，债权人可以根据自己的清偿利益，请求全体合伙人中的一人或数人承担全部清偿责任，也可以按照自己确定的比例向各合伙人分别追索。对于超过其自身所应负担的清偿数额，甲可向其他合伙人追偿。丙退伙前合伙企业的债务是欠长城公司货款10万元，承担清偿责任的是甲、乙、丙三个原合伙人和新入伙的合伙人丁。由于该企业的合伙协议未约定亏损承担的比例，所以，应由各合伙人平均分担，即甲、乙、丙、丁各承担25 000元。

【疑难问题】

合伙人财产份额的转让具有哪些类型，应当如何实施?

解答思路：合伙人财产份额的转让包括内部流转与外部流转两种类型。内部转让不影响合伙企业的人合性，所以转让人只需通知其他合伙人其行为即可发生法律效力；而外部转让行为直接影响着合伙企业存续的基础，除合伙协议另有约定外，须经其他合伙人一致同意。此外，合伙人向合伙人以外的人转让其在合伙企业中的财产份额的，在同等条件下，其他合伙人有优先购买权；但是，合伙协议另有约定的除外。

四、外商投资企业法律制度

【知识要点】

外商投资企业是指依照外商投资企业法律制度，在中国境内设立的，由外国投资者和中国投资者或者仅由外国投资者单独投资的企业。

(一) 中外合资经营企业法

中外合资经营企业是指外国公司、企业和其他经济组织或个人（以下简称外国合营者)，按照平等互利的原则，经中国政府批准，在中华人民共和国境内，与中国的公司、企业或其他经济组织（以下简称中国合营者）共同举办的合营企业。由于在经营过程中，中外合营者共同投资、共同经营，并按投资比例分享利润、分担风险及亏损，因而中外合资经营企业通常为股权式经营。

1. 中外合资经营企业的出资与组织机构

（1）中外合资经营企业的出资与设立

合营企业的投资总额（含企业借款），是指按照合营企业合同、章程规定的生产规模需要投入的基本建设资金和生产流动资金的总和。合营企业的注册资本，是指为设立合营企业在登记管理机构登记的资本总额，应为合营各方认缴的出资额之和。合营企业的注册资本一般应当以人民币表示，也可以用合营各方约定的外币表示。合资各方缴付出资额后，应由中国的注册会计师验证，出具验资报告。然后，由合营企业根据验资报告发给合资各方证明其出资数额的出资证明书。在合营企业的注册资本中，外国合资者的投资比例一般不低于25%。特殊情况需要低于该比例的（如设立高新技术产业的合资企业），需报国务院审批。

合营企业在合营期内不得减少其注册资本。因投资总额和生产经营规模等发生变化，确需减少的，须经审批机构批准。合营一方向第三者转让其全部或者部分股权的，须经合营他方同意，并报审批机构批准，向登记管理机构办理变更登记手续。合营一方转让其全部或者部分股权时，合营他方有优先购买权。合营一方向第三者转让股权的条件，不得比向合营他方转让的条件优惠。违反上述规定的，其转让无效。合营企业的增减资应经董事会会议通过并报审批机构批准，向登记管理机构办理变更登记手续。

（2）中外合资经营企业协议及章程

所谓中外合资经营企业协议，是指合营各方对设立合营企业的某些要点和原则达成一致意见而订立的文件；所谓合营企业合同，是指合营各方为设立合营企业就相互权利、义务关系达成一致意见而订立的文件；所谓合营企业章程，是指按照合营企业合同规定的原则，经合营各方一致同意，规定合营企业的宗旨、组织原则和经营管理方法等事项的文件。合营企业协议与合营企业合同有抵触时，以合营企业合同为准。经合营各方同意，也可以不订立合营企业协议而只订立合营企业合同、章程。合营企业合同的订立、效力、解释、执行及争议的解决，均应当适用中国的法律。审批机构和登记管理机构对合营企业合同、章程的执行负有监督检查的责任。

（3）中外合资经营企业的组织机构

合营企业在组织形式上是有限责任公司，在管理体制上一般不设股东会，董事会为最高权力机构，按合营企业章程的规定讨论决定合营企业的一切重大问题。中外合营者的一方担任董事长的，由他方担任副董事长。董事会根据平等互利的原则，决定合营企业的重大问题，包括：1）企业发展规划；2）生产经营活动方案；3）收支预算、利润分配、劳动工资计划；4）停业；5）总经理、副总经理、总工程师、总会计师、审计师的任命、聘请及职权和待遇。

2. 中外合资经营企业的利润分配与税收

合营企业应依税收法律制度缴纳合营企业所得税。缴纳税款并扣除合营企业章程规定的储备基金、职工奖励及福利基金、企业发展基金后，企业可根据合营各方注册资本的比例进行分配。利润分配原则如下：第一，提取储备基金、职工奖励及福利基金、企业发展基金，提取比例由董事会确定；第二，储备基金除用于垫补合营企业亏损外，经审批机构批准也可以用于本企业增加资本，扩大生产；第三，按照第一项规定提取三项基金后的可分配利润，董事会确定分配的，应当按合营各方的出资比例进行分配。利润优先用于弥补本年度之前的亏损，在亏损尚未弥补的情况下不得分配利润；本年度之前未分配的利润可合并分配。

3. 中外合资经营企业的解散、清算与争议的解决

(1) 中外合资经营企业的解散和清算

合营企业在下列情况下解散：第一，合营期限届满；第二，企业发生严重亏损，无力继续经营；第三，合营一方不履行合营企业协议、合同、章程规定的义务，致使企业无法继续经营；第四，因自然灾害、战争等不可抗力遭受严重损失，无法继续经营；第五，合营企业未达到其经营目的，同时又无发展前途；第六，合营企业合同、章程所规定的其他解散原因已经出现。其中，第二、第四、第五、第六项情况发生的，由董事会提出解散申请书，报审批机构批准；第三项情况发生的，由履行合同的一方提出申请，报审批机构批准。在第三项情况下，违约方应当就合营企业的相关损失承担赔偿责任。

合营企业宣告解散时，应当进行清算。合营企业应当按照《外商投资企业清算办法》的规定成立清算委员会，由清算委员会负责清算事宜。清算委员会的任务是对合营企业的财产、债权、债务进行全面清查，编制资产负债表和财产目录，提出财产作价和计算依据，制订清算方案，提请董事会会议通过后执行。清算委员会的成员一般应当在合营企业的董事中选任；董事不能担任或者不适合担任清算委员会成员时，合营企业可以聘请中国的注册会计师、律师担任。审批机构认为必要时，可以派人进行监督。清算费用和清算委员会成员的酬劳应当从合营企业现存财产中优先支付。清算期间，清算委员会代表该合营企业起诉和应诉。

合营企业以其全部资产对其债务承担责任。合营企业清偿债务后的剩余财产按照合营各方的出资比例进行分配，但合营企业协议、合同、章程另有规定的除外。合营企业解散时，其资产净额或者剩余财产减除企业未分配利润、各项基金和清算费用后的余额，超过实缴资本的部分为清算所得，应当依法缴纳所得税。合营企业的清算工作结束后，由清算委员会提出清算结束报告，提请董事会会议通过后，报告审批机构，并向登记管理机构办理注销登记手续，注销营业执照。

(2) 中外合资经营企业争议的解决

合营各方在经营过程中发生争议的，应当首先通过友好协商或者调解解决；不能解决的，由中国仲裁机构或合营各方协议的仲裁机构仲裁；未达成仲裁协议的可向法院起诉。在解决争议期间，除争议事项外，合营各方应当继续履行合营企业协议、合同、章程所规定的其他各项条款。

(二) 中外合作经营企业法

中外合作经营企业是指外国的企业和其他经济组织或者个人（以下简称外国合作者）按照平等互利的原则，同中国的企业或者其他经济组织（以下简称中国合作

者）在中国境内共同设立的企业（以下简称合作企业）。在中国境内举办合作企业，应当符合国家的发展政策和产业政策，遵守国家关于指导外商投资方向的规定。

1. 中外合作经营企业的设立

设立合作企业应由国家主管部门或者国务院授权的部门和地方人民政府审查批准。其中具有下列情形的，由国务院授权的部门或者地方人民政府审查批准：第一，投资总额在国务院规定由国务院授权的部门或者地方人民政府审批的投资限额以内的；第二，自筹资金，并且不需要国家平衡建设、生产条件的；第三，产品出口不需要领取国家有关主管部门发放的出口配额、许可证，或者虽需要领取，但在报送项目建议书前已征得国家有关主管部门同意的；第四，有法律、行政法规规定由国务院授权的部门或者地方人民政府审查批准的其他情形的。

2. 中外合作经营企业的出资

合作企业依法取得中国法人资格的，为有限责任公司。除合作企业合同另有约定外，合作各方以其投资或者提供的合作条件为限对合作企业承担责任；合作企业以其全部资产对合作企业的债务承担责任。

合作企业的投资总额，是指按照合作企业合同、章程规定的生产经营规模，需要投入的资金的总和。合作企业的注册资本，是指为设立合作企业，在工商行政管理机关登记的合作各方认缴的出资额之和。注册资本以人民币表示，也可以用合作各方约定的一种可自由兑换的外币表示。合作企业注册资本在合作期限内不得减少。但是，因投资总额和生产经营规模等变化确需减少的，须经审查批准机关批准。

3. 中外合作经营企业的组织机构

合作企业应当设立董事会或者联合管理机构，依照合作企业合同或者章程决定合作企业的重大问题。一般而言，具备法人资格的合作企业设立董事会，不具备法人资格的合作企业设立联合管理委员会。董事会或者联合管理委员会成员不得少于3人，其名额的分配由中外合作者参照其投资或者提供的合作条件协商确定。董事会董事或者联合管理委员会委员由合作各方自行委派或者撤换。董事会董事长、副董事长或者联合管理委员会主任、副主任的产生办法由合作企业章程规定；中外合作者的一方担任董事长、主任的，副董事长、副主任由他方担任。董事或者委员的任期由合作企业章程规定，但每届任期不得超过3年。董事或者委员任期届满后可以连任。董事长或者主任是合作企业的法定代表人。

下列事项必须由出席董事会会议或者联合管理委员会会议的董事或者委员一致通过，方可作出决议：合作企业章程的修改；合作企业注册资本的增加或者减少；合作企业的解散；合作企业的资产抵押；合作企业合并、分立和变更组织形式；合作各方约定由董事会会议或者联合管理委员会会议一致通过方可作出决议的其他事项。董事会或者联合管理委员会的议事方式和表决程序由合作企业章程规定。

合作企业设总经理1人，对董事会或者联合管理机构负责。经董事会或者联合管理委员会聘任，董事或者委员可以兼任合作企业的总经理或者其他高级管理职务。经合作各方一致同意，合作企业可以委托中外合作一方进行经营管理，另一方不参加管理；也可以委托合作方以外的第三方经营管理。合作企业成立后改为委托中外合作者以外的他人经营管理的，必须经董事会或者联合管理委员会一致同意，报审查批准机关批准。

4. 中外合作经营企业的利润分配和税收

中外合作者可依合作企业合同的约定，采用分配利润、分配产品或者合作各方共同商定的其他方式分配收益，承担风险与损失。若约定合作期满时，合作企业的全部固定资产归中国合作者所有，则外国合作者在合作期限内可以申请依下列方式先行回收其投资：在合作企业合同中约定扩大外国合作者的收益分配比例；经财政税务机关按照国家有关税收的规定审查批准，外国合作者在合作企业缴纳所得税前回收投资；经财政税务机关和审查批准机关批准的其他回收投资方式。

合作企业的亏损未弥补前，外国合作者不得先行回收投资。在外国合作者先行收回投资的情形下，中外合作者应当依照有关法律规定和合作企业合同的约定对合作企业的债务承担责任。合作企业依照国家有关税收的规定缴纳税款并可以享受减税、免税的优惠待遇。如果外国合作者在合作期限内回收投资尚未完毕，经过审批机关批准，可以延长合作期限，以保证外商继续回收应予回收而尚未回收的投资。

5. 中外合作经营企业的解散、清算和争议的解决

合作企业在下列情形之一出现时解散：第一，合作期限届满；第二，合作企业发生严重亏损，或者因不可抗力遭受严重损失，无力继续经营；第三，中外合作者一方或者数方不履行合作企业合同、章程规定的义务，致使合作企业无法继续经营；第四，合作企业合同、章程中规定的其他解散原因已经出现；第五，合作企业违反法律、行政法规，被依法责令关闭。在前述第二种、第四种情况下，应当由合作企业的董事会或者联合管理委员会作出决定，报审查批准机关批准；在前述第三种情况下，违约方应当对守约方因此遭受的损失承担赔偿责任，守约方有权向审查批准机关申请解散合作企业。

合作企业期满或者提前终止时，应当依照法定程序对资产和债权、债务进行清算。中外合作者应当依照合作企业合同的约定确定合作企业财产的归属，并向工商行政管理机关和税务机关办理注销登记手续。中外合作者就履行合作企业合同、章程的问题发生争议时，应协商或调解；协商、调解不成的，可依仲裁协议申请仲裁；没有仲裁协议的可向中国法院起诉。

（三）外资企业法

外资企业亦称外商独资经营企业，是指依照中国有关法律在中国境内设立的全部资本由外国投资者投资的企业，不包括外国的企业和其他经济组织在中国境内的分支机构。

1. 外资企业的设立

外资企业的组织形式为有限责任公司，经批准也可以为其他责任形式。外资企业改变名称、住所、经营场所、法定代表人、经营范围、经营方式、注册资金、经营期限，以及增设或者撤销分支机构，应当申请办理变更登记。外资企业申请变更登记，应当在主管部门或者审批机关批准后 30 日内，向登记主管机关申请办理变更

登记。外资企业分立、合并、迁移，应当报审查批准机关批准，并在批准后 30 日内，向登记主管机关申请办理变更登记、开业登记或者注销登记。外资企业应当在审查批准机关核准的期限内在中国境内投资；逾期不投资的，工商行政管理机关有权吊销营业执照。

2. 外国投资者的出资方式与期限

外国投资者可以用可自由兑换的外币出资，也可以用机器设备、工业产权、专有技术等作价出资。经审批机关批准，外国投资者也可以用其从中国境内举办的其他外商投资企业获得的人民币利润出资。外国投资者以机器设备作价出资的，该机器设备应当是外资企业生产所必需的设备，且作价不得高于同类机器设备的国际市场正常价格。外国投资者以工业产权、专有技术作价出资的，该工业产权、专有技术应当为外国投资者所有，其作价金额不得超过外资企业注册资本的 20%。

外国投资者缴付出资的期限应当在设立外资企业申请书和外资企业章程中载明。外国投资者分期缴付出资的，第一期出资不得少于外国投资者认缴出资额的 15%，并应当在外资企业营业执照签发之日起 90 天内缴清；最后一期出资应当在营业执照签发之日起 3 年内缴清。其中，外国投资者未能在外资企业营业执照签发之日起 90 日内缴付第一期出资的，外资企业批准证书即自动失效。

3. 外资企业的终止与清算

外资企业的经营期限，根据不同行业和企业的具体情况，由外国投资者在设立外资企业的申请书中拟订，经审批机关批准。外资企业的经营期限，从其营业执照签发之日起计算；期满需要延期的，应在期满前 180 天向审批机关报送延长经营期限的申请书。审批机关应当在收到申请书之日起 30 天作出决定。外资企业被批准延长经营期限的，应向工商行政管理机关办理变更登记手续。

外资企业有下列情形之一的，应予终止：（1）经营期限届满；（2）经营不善，严重亏损，外国投资者决定解散；（3）因自然灾害、战争等不可抗力而遭受严重损失，无法继续经营；（4）破产；（5）违反中国法律、法规，危害社会公共利益被依法撤销；（6）外资企业章程规定的其他解散事由已经出现。外资企业如存在上述第（2）、（3）、（4）项所列情形，应当自行提交终止申请书，报审批机关批准。审批机关作出核准的日期为企业的终止日期。

【案例评析】

投资公司诉工具公司中外合资合同纠纷案[①]

1. 案情简介

投资公司与工具公司签订了合资经营天津南华工具（集团）有限公司合同，规

① 参见“沛时投资公司诉天津市金属工具公司中外合资合同纠纷上诉案”，http ://www. chinalawedu. com/news/1900/20/2005/6/li84601510441026500274835 _ 169617. htm。

定投资公司在24个月内分五次缴清投资，出资比例占合资公司的51%，工具公司以现有固定资产、分厂、门市部及其他第三产业等作价投入，并在1个月内一次性缴清。合资公司期限为50年，从合资公司执照签发之日起算。后工具公司将所投固定资产交合资公司使用，但有部分房产未办理过户登记。投资公司只缴清了前三期出资。于是工具公司诉至天津市高级人民法院请求判令投资公司按合资合同规定追缴未到位的资金的迟延利息并终止执行天津南华工具（集团）有限公司合同。请问本案应当如何处理？

2. 基本问题

本案重点探讨的是中外合资经营企业合同的履行过程中双方的出资义务的问题。分析这个问题，必须从中外合资经营企业的出资入手。

3. 知识内容

在本案中，投资公司与工具公司签订的合资经营天津南华工具（集团）有限公司合同，是双方当事人自愿协商签订的，内容并不违反法律的规定，且按规定已报经当地人民政府批准，因而是有效的。根据合资合同规定，投资公司的出资比例为51%，以现金分五次投入。投资公司承诺的出资，仅按合同规定投入前三期，第四、五期未投入，显系违约。工具公司以现有固定资产、分厂、门市部及其他第三产业等作价投入，在取得营业执照1个月内一次性缴清。工具公司投入的资产，已按约定交付给合资公司实际使用，并将绝大部分固定资产办理了产权变更登记。根据我国《民法通则》第72条“财产所有权从财产交付时起转移，法律另有规定或者当事人另有约定的除外”的规定，对作为出资的设备而言，交付即为转移；但对房产而言，依法应以过户作为财产权转移的要件。工具公司部分房产在实际投入合资公司使用后未办理过户手续，虽已构成违约，但并不影响合资公司的正常经营，并且投资公司在双方发生诉讼前并未提出异议，不是投资公司不按约投入第四、五期资金的原因。

在诉讼过程中，投资公司诉称其不继续投资的理由是工具公司未依法办理产权转移过户手续，以其行为表明不履行合资合同义务，投资公司在此情况下不再投资，属行使不安抗辩权，并不违约。我国《合同法》第68条规定：“应当先履行债务的当事人，有确切证据证明对方有下列情形之一的，可以中止履行：（一）经营状况严重恶化；（二）转移财产、抽逃资金，以逃避债务；（三）丧失商业信誉；（四）有丧失或者可能丧失履行债务能力的其他情形。当事人没有确切证据中止履行的，应当承担违约责任。”第69条规定：“当事人依照本法第六十八条的规定中止履行的，应当及时通知对方。对方提供适当担保时，应当恢复履行。中止履行后，对方在合理期限内未恢复履行能力并且未提供适当担保的，中止履行的一方可以解除合同。”但本案中，合资合同规定投资公司的投资在24个月内分五次缴清，工具公司的投资须在1个月内缴清，相对而言，工具公司其实有先履行义务的责任，投资公司是后履行义务人，不具备适用不安抗辩权的第一个先决条件。另外，先履行义务的一方必须将不履行义务的行为通知对方，而本案中投资公司在起诉前未对工具公司投资问题提出过任何异议，也未通知对方将不再履行合同。工具公司将部分固定资产实际投入使用后虽未办理过户手续，并不影响合资公司的正常经营。而投资公司投资不足，直接影响了合资公司经营和预期效益，导致合资公司亏损。对此，投资公司应承担违约责任。根据投资公司出具的有关信函，其不按约投资的原因是“公司的经营情况很不理想并出现亏损”及“希望政府在政策上予以协助与支持”等，工具公司未办理部分过户手续不是投资公司不继续出资的原因。由此可见，本案中，并不存在预期违约和不安抗辩的适用，投资公司没有不履行出资义务的合法理由，理应承担违约责任。

综上所述，投资公司没有正当理由和根据可以违反合资合同而不继续投资，因此，应当继续投入规定的出资并承担相应的违约责任。

【疑难问题】

外商投资企业法与公司法相关内容有交叉且有特殊规定的地方，是需要特别注意的地方。例如，关于中外合资经营企业的设立，中外合资经营企业的形式是有限责任公司，具有中国法人资格，优先适用《中外合资经营企业法》，该法没有规定的，适用《公司法》。

实务训练

1. 华胜股份有限公司于2006年召开董事会临时会议，董事长甲及乙、丙、丁、戊等共5位董事出席，董事会中其余4名成员未出席。董事会表决之前，丁因意见与众人不合，中途退席，但董事会经与会董事一致通过，最后仍作出决议。下列哪些选项是错误的？（　　）

A. 该决议有效，因其已由出席会议董事的过半数通过

B. 该决议无效，因丁退席使董事的同意票不足全体董事表决票的1/2

C. 该决议是否有效取决于公司股东会的最终意见

D. 该决议是否有效取决于公司监事会的审查意见

答案：ACD

解析：《公司法》第112条规定，董事会会议应有过半数的董事出席方可举行。董事会作出决议，必须经全体董事的过半数通过。本题中，出席会议的董事有5位，符合举行董事会会议关于出席人数的规定，可以举行董事会会议；但是因为董事会表决之前，丁因意见与众人不合，中途退席，导致董事会的决议实际上只有4名董事通过，不足全体董事的过半数，该决议无效，A、C、D的说法错误，B的说法正确。

2. 张某于2000年3月成立一家个人独资企业。同年5月，该企业与甲公司签订一份买卖合同，根据合同，该企业应于同年8月支付给甲公司货款15万元，后该

企业一直未支付该款项。2001 年 1 月该企业解散。2003 年 5 月，甲公司起诉张某，要求张某偿还上述 15 万元债务。下列有关该案的表述哪些是错误的?

A. 因该企业已经解散，甲公司的债权已经消灭

B. 甲公司可以要求张某以其个人财产承担 15 万元的债务

C. 甲公司请求张某偿还债务已超过诉讼时效，其请求不能得到支持

D. 甲公司请求张某偿还债务的期限应于 2003 年 1 月届满

答案：ACD

解析：《个人独资企业法》第 2 条规定，个人独资企业，是指依照本法在中国境内设立，由一个自然人投资，财产为投资人个人所有，投资人以其个人财产对企业债务承担无限责任的经营实体。因此 A 项判断因个人独资企业解散而甲公司的债权消灭是错误的；B 选项正确。

《个人独资企业法》第 28 条规定，个人独资企业解散后，原投资人对个人独资企业存续期间的债务仍应承担偿还责任，但债权人在 5 年内未向债务人提出偿债请求的，该责任消灭。因此，甲公司可以向张某主张清偿债务的时间为自 2001 年 1 月企业解散之后的 5 年内。C、D 选项说法都错误。

3. 甲、乙、丙、丁欲设立一有限合伙企业，合伙协议中约定了如下内容，其中哪些符合法律规定?（　　）

A. 甲仅以出资额为限对企业债务承担责任，同时被推举为合伙事务执行人

B. 丙以其劳务出资，为普通合伙人，其出资份额经各合伙人商定为 5 万元

C. 合伙企业的利润由甲、乙、丁三人分配，丙仅按营业额提取一定比例的劳务报酬

D. 经全体合伙人同意，有限合伙人可以全部转为普通合伙人，普通合伙人也可以全部转为有限合伙人

答案：BC

解析：《合伙企业法》第 67 条规定，有限合伙企业由普通合伙人执行合伙事务。由此，甲仅以出资为限对企业承担债务，其是有限合伙人，而有限合伙人不得执行合伙事务，A 的说法错误。同法第 64 条规定，有限合伙人不得以劳务出资。第 16 条规定，（普通）合伙人可以用货币、实物、知识产权、土地使用权或者其他财产权利出资，也可以用劳务出资。合伙人以劳务出资的，其评估办法由全体合伙人协商确定，并在合伙协议中载明。由此，B 的说法正确，当选。同法第 69 条规定，有限合伙企业不得将全部利润分配给部分合伙人；但是，合伙协议另有约定的除外。由此，C 正确，当选。同法第 75 条规定，有限合伙企业仅剩有限合伙人的，应当解散；有限合伙企业仅剩普通合伙人的，转为普通合伙企业。由此，D 的说法错误，不当选。

课后练习

1. 中外合资经营企业是重要的外商投资企业类型。关于中外合资经营企业，下

列哪一表述是错误的?( )

A. 合营各方可在章程中约定不按出资比例分配利润

B. 合营企业设立董事会并作为企业的最高权力机构

C. 合营者如欲转让其在合营企业中的股份，需经审批机构批准

D. 合营企业的组织形式为有限责任公司

2. 甲、乙因离婚诉至法院，要求分割实为共同财产而以甲的名义对丙合伙企业的投资。诉讼中，甲、乙经协商，甲同意将其在丙合伙企业中的财产份额转让给乙。法院对此作出处理，下列哪些选项是正确的?( )

A. 其他 2/3 以上合伙人同意转让的，乙取得合伙人地位

B. 其他合伙人不同意转让，在同等条件下行使优先受让权的，可对转让所得的财产进行分割

C. 其他合伙人不同意转让，也不行使优先受让权，但同意甲退伙或退还其财产份额的，可对退伙财产进行分割

D. 其他合伙人对转让、退伙、退还财产均不同意，也不行使优先受让权的，视为全体合伙人同意转让，乙依法取得合伙人地位

法律法规

1.《中华人民共和国公司法》
2.《中华人民共和国个人独资企业法》
3.《中华人民共和国合伙企业法》
4.《中华人民共和国中外合资经营企业法》
5.《中华人民共和国中外合作经营企业法》
6.《中华人民共和国外资企业法》
7.《中华人民共和国中外合资经营企业法实施条例》
8.《中华人民共和国中外合作经营企业法实施条例》
9.《中华人民共和国外资企业法实施细则》

延伸阅读

1. 张士元．企业法．北京：法律出版社，2005

2. 韩灵丽等．公司企业法研究．杭州：浙江大学出版社，2004

3. 林仁光．公司治理之理论与实践——经营者支配或股东支配之冲突与调整．见：台湾法学新课题（一）．台北：元照出版公司，2003

4. 郝磊．试论合伙企业的社会责任承担．人民司法，2010（1）

5. 公司法律网．http：//www.lawtime.cn/info/gongsi/

6. 中国企业法律保障网．http：//www.cclpp.com/

第三章　消费者权益保护法

【内容摘要】

消费者权益保护法是基于消费者相对于经营者的弱势，通过赋予消费者权利与课以经营者义务，对消费者给予倾斜性保护的法律制度。本章介绍了消费者的定义、消费者的权利与经营者的义务、消费者组织、消费争议及其解决途径以及经营者责任的承担等内容。通过本章学习，重点掌握消费者的界定，消费者的安全权、知情权、公平交易权、自主选择权、求偿权，消费争议解决机制的完善，惩罚性赔偿责任，虚假广告代言应承担的法律责任等知识点；学会运用消费者权益保护法的原理和规定分析侵犯消费者权益的案例。

一、消费者的界定

【知识要点】

一个半世纪前，亨利·梅因在总结西方法律与社会变迁的轨迹时曾断言，“所有进步社会的运动，到此处为止，是一个‘从身份到契约’的运动”①。然而，就当下情势而言，现代法律的发展却正经历着“由契约到身份”的某种复归，其典型的标志是一系列彰显“实质正义”价值取向的所谓“身份性”法律的出现。消费者保护法便是其中之一，即仅对具有消费者“身份”的人给予针对性的保护。因此，清晰界定“消费者”的内涵与外延，是把握消费者保护法的调整对象与适用范围的前提

① ［英］梅因：《古代法》，沈景一译，89页，北京，商务印书馆，1959。

与基础。我国《消费者权益保护法》第 2 条规定："消费者为生活需要购买、使用商品或者接受服务，其权益受本法保护；本法未作规定的，受其他有关法律、法规保护。"仅从这一规定出发，并不能全面理解消费者的含义。以下从消费主体、消费方式和消费目的等角度来界定"消费者"。

(一) 消费者主体

一般来说，我国《消费者权益保护法》所保护的"消费者"仅限于作为个体的自然人，而不包括各种法人、非法人企业、合伙组织、个体工商户或其他社会组织。作为消费者的自然人，是指为满足生活需要而购买、使用商品或接受服务的一切个人。至于自然人之外的其他各种组织不能成为"消费者"的原因，可从以下几个方面来理解：

1. 自然人之外的其他各种组织不能成为消费行为的最终主体。消费者权益保护法保护的是人们在生活消费过程中的权益，只有自然人才能成为消费的最终主体。具体来说，首先，"消费者"是对个体社会成员的集体人格型塑，隐去了个体社会成员之间身份、地位、权势、信仰、民族、性别等的差异，使个体社会成员实现作为消费者主体的身份认同，从而形成与经营者相抗衡的力量。因此，消费者权益保护法的立法目的不是特别保护自然人以外的其他各种组织，其所确认的各项消费者权利的主体均指向了自然人。其次，所谓"满足生活需要"所指向的主体也只能是作为个体的自然人。"需要"是一个反映主体性及其意志的概念。单位或组织仅是法律"拟制"的存在，而只有自然人才具有意志表达的终极主体性。所以，能够具有"生活需要"并成为消费者的，只能是具备主体意志的自然人。此外，需要说明的是，当企业或其他组织为其内部成员的生活需要而购买商品或接受服务时，其内部成员是该商品或服务的直接使用者和最终消费（消耗）者，而企业或组织并不能成为消费者。

2. 消费者权益保护法的立法目的是对个体消费者进行倾斜性保护。在消费关系中，处于利益对立的双方主体是消费者与经营者。相对于经营者，消费者往往会处于明显的弱势。这可以从这样几个方面来理解：(1) 消费行为的个别性特征使消费者之间难以联合起来与经营者相抗衡。现实中，一般情况下，消费者群体均不具有组织化的形式，且每个消费行为都是独立、个别进行的，因而在消费利益受损时，消费者不得不独自面对相对强势的经营者并与之展开艰难博弈。(2) 普通消费者不具备与经营者相对抗的经济实力，没有太多的能力负担交涉成本、诉讼成本以及时间成本等。(3) 个体消费者与经营者之间存在着信息不对称，作为非专业人士的消费者很难精确获知经营者提供的商品或服务的相关信息，因而在具体交易关系中常常会处于弱势。(4) 个体消费者相较于经营者，需承担更多的风险。消费者除需承担交易失败的经济风险之外，在使用产品和接受服务的过程中，还要承受商品或服务的瑕疵所转嫁的生存风险。(5) 在以格式合同为方式的交易中，消费者在对格式合同的理解能力和选择余地上也处于弱势。总的来说，相对于作为自然人的个体消费者，企业和其他组织相较于经营者的"弱势性"体现得不是很明显。

3. 企业或其他组织的“消费行为”可通过其他方式得到保护。企业或其他组织“购买、使用商品或接受服务”的行为虽然不受《消费者权益保护法》的调整，但并不意味着其“消费利益”得不到法律保护。企业或其他组织在购买、使用商品或接受服务的过程中，其利益受到侵害的，可援引一般民事法律维护自身合法权益，如依据合同法主张违约责任或缔约过失责任、依据侵权法主张侵权赔偿责任等。此外，企业或其他组织还可依据《产品质量法》等法律维护自身在“消费”过程中的有关权益。

(二) 成为消费者的方式

个体社会成员若要成为消费者，须有“购买、使用商品或接受服务”的行为，但不必然支付对价。对此，需注意如下几个问题：

1. 购买、使用的商品或接受的服务应是由经营者提供的。所谓经营者，是指为消费者提供商品生产、销售或提供服务的单位和个人。一般来说，消费者权益保护法所调整的消费行为的客体必须是消费者从经营者处取得的，而不能是消费者通过自产、自制等方式获得的。

2. 消费行为既包括“买”，即消费；又包括“用”，即消耗。消费者权益保护法上的消费者，是“购买、使用商品或接受服务”的人。由此可见，消费行为不仅包括购买行为，还包括使用行为。这又进一步分为两种情形，即购买者自用和购买后他用。在购买者自用的情况下，显然，购买人自身便是该商品或服务的消费者；而在购买后他用的情况下，购买人或使用人都构成该商品或服务的消费者。在这种情形中，虽然商品或服务的使用人并未直接向经营者支付该商品或服务的对价，但他却是商品或服务的实际消耗者或接受者，因而其同样也是消费者。此外，这里的“购买”，除了以货币的形式支付商品或服务的对价外，也包括通过提供等价或不等价劳务、以专有技术或其他物品向经营者换取其商品或服务。

3. 消费者获得商品或服务并不必定要支付对价。这主要分为两种情形：一是消费者通过经营者的赠与行为获得商品或服务，例如经营者进行有奖销售的奖品赠送、买一赠一活动中的赠品、免费试用品或试尝品等。实际使用或消耗上述免费商品或服务的人，也是消费者。二是使用其他消费者购买的商品或服务的使用人。虽然其对所使用的商品或服务并未支付对价，也不是买卖合同或服务合同的当事人，但当因产品缺陷而导致其人身和财产损害时，其显然可以以消费者的身份来主张有关权利。

(三) 消费目的

要成为消费者，除须具备自然人的消费主体条件以及“购买、使用商品或接受服务”的行为方式条件外，还应符合为“满足生活需要而消费”的目的性限制条件。由于我国现行法律未对“何谓生活消费”作出解释，学界和实务界对此有诸多争议。争议的焦点集中在应以何种原则或标准来判断某一消费行为是否属于生活消费的范畴。例如，是以消费者主观的消费动机为依据还是应根据一般生活经验来判断某种消费行为是否是为了生活消费？此外，生活消费中的“生活”是否仅限于日常生活？还是指包括政治生活、物质生活、文化生活、社会生活在内的广阔生活领域？要解决这些问题，就需要对生活消费进行界定。

我们认为，在确定生活消费的范围时，应以生活消费与生产消费的区分作为判别某一消费行为是否属于生活消费的基本准则。换言之，凡不属于生产经营性消费的消费行为，均为生活消费。具体而言，在鉴别生活消费与生产消费时，应遵循这样两个解释规则：一是对生活消费作扩大化解释，即非生产消费。也就是说，凡不以营利为目的而购买、使用商品或接受服务的消费行为均应属于生活消费的范畴。二是对生产消费作缩小化解释，即有明显地用于营利意图的消费才是生产消费。对于“明显的营利意图”的判断，则应依据一般社会生活经验，从商品或服务的购买人或使用人的职业、后续行动等方面，来识别其消费行为是否属于生产消费的范畴。此外，这里的生产消费，应包括为转售、加工后销售或委托加工等各种经营目的而购买、使用商品或接受服务的消费行为。需要说明的是，在现实生活中，可能存在某人既是消费者同时又是经营者的情形，即他的一个消费行为中既有为满足生活需要的部分，又有为实现生产经营需要的部分。对此，如果其生活消费部分与生产消费部分能被相对清晰地划分的话，那么两者应分别由《消费者权益保护法》与其他有关法律调整；如果不能被明确区分的话，我们认为，除按一般经验明显应认定为生产消费的部分外，其余均应视作生活消费。

在上述关于生产消费不适用消费者权益保护法的一般规定之外，我国《消费者权益保护法》对农业生产者的生产消费行为作了特殊规定。《消费者权益保护法》第54条规定：“农民购买、使用直接用于农业生产的生产资料，参照本法执行。”之所以作这样的规定，主要是因为，对我国农民而言，现阶段家庭式的农业生产方式使得农业生产资料同时也是满足其生存保障所必需的生活资料。当然，除此之外，这么规定也有通过赋予农民消费者权利，使其能更好地与各种坑农、害农行为作“斗争”的现实考虑。

综合以上内容，我们主张将消费者定义为：不以生产经营为目的购买、使用商品或者接受服务的自然人。

【案例评析】

朱某与成都天辰汽车销售有限责任公司汽车买卖合同案

1. 案情简介

2004年12月，朱某在成都天辰汽车销售有限责任公司（以下简称天辰公司）以4.18万元购买了一辆“幸福使者”小轿车自用。数月之后，朱某以天辰公司曾将此车销售给他人和已不是新车为由，状告天辰公司有欺诈行为，要求天辰公司按照《消费者权益保护法》（以下简称《消法》）的规定，就销售中的欺诈行为承担“退一赔一”的责任。法院经审理查明，天辰公司卖车时向朱某交付了包括车辆合格证、用户手册、保养凭证等在内的随车附件。在保修手册中，保养登记表里载明走保里程为 2 000 公里。法院终审认为，朱某与天辰公司之间的汽车买卖关系因汽车消费目前尚不属《消法》所称的生活消费范畴，不应适用《消法》，而应适用《合同法》。天辰公司在出售汽车时，虽未告知该车已销售过的事实，但该车未曾到交管部门上过户，事实上处于新车的状态，该车的性能、车况均无任何问题，故朱某购买汽车的合同目的已经实现。天辰公司在交付的相关手续中明确记载了该车已由张某进行过 2 000 公里保养的事实，并未故意隐瞒和虚构事实，故不构成合同欺诈。

2. 基本问题

对汽车等所谓奢侈品的消费是否属于生活消费？

3. 知识内容

购买某一商品的行为是否属于生活消费，是决定其能否受消费者权益保护法调整的根本条件，而能否适用《消法》，是消费者购买该商品受欺诈后能否主张双倍赔偿（参见《消费者权益保护法》第 49 条）的前提。本案朱某败诉的主要原因，即在于法院认为汽车消费不属于《消法》所称的生活消费范畴。这便涉及对通常所谓的奢侈品消费是否属于生活消费的判断问题。

我们同意这种观点，即“生活消费的概念在范围上是十分广泛的，其实质就是经济学理论中所谓的‘个人消费’，它与‘生产消费’相对应，主要指人们为满足个人需要而消费各种物质资料、精神产品，是人们生存与发展的必要条件。首先包括吃饭、穿衣、住房以及使用日用品和交通工具等消费活动”①。据此，判别某一消费行为是否是生活消费的关键，不在于该消费行为的对象的价值大小，也不在于其是否属于奢侈品，而在于消费者实施该消费行为的目的是否是满足个人或家庭成员的生存与发展之需要。只要消费者购买或使用商品的行为不是以生产经营为目的，则其消费行为便应属于生活消费，从而适用《消法》。

就本案而言，法院之所以认为“汽车消费目前尚不属《消法》所称的生活消费范畴”，是因其对生活消费中的“生活”的范围理解过窄所致，即仅将生活消费理解为日常生活消费。然而，如前所述，一切不以生产经营为目的的消费都应该被视作生活消费。本案中朱某购买小轿车的目的并非是将之投入生产经营，故应属于生活消费的范畴。此外，也有观点认为，《消法》的立法宗旨是为处于弱势地位的普通消费者提供倾斜性保护，但进行奢侈品消费的消费者已具备相当的经济实力，因而不处于弱者之列，故《消法》不应对之加以特别保护。应当说，这一观点也有失偏颇。因为，“消费者”作为对个体社会成员的集体人格型塑，是相对于经营者而言的。《消法》对消费者的特别保护，是基于在“消费者—经营者”的对比中消费者的总体弱势地位。因而，《消法》没有区分消费者群体中的“贫富之别”、“强弱之别”。所以，对奢侈品的消费也应属于《消法》的调整范围。

---

① 马小花：《从一则案例谈“生活消费”的应有内涵》，载《商场现代化》，2007（9）。

【疑难问题】

1. 知假买假者是否是消费者？

解答思路：这一问题曾引起理论界与实务界的极大争论。我们认为，知假买假者是消费者。理由如下：(1) 不能从购买数量上来判别某一消费行为是否属于生活消费。因为，人的消费动机有时是很难判定的，这是人类心理的复杂性和多样性在消费领域的体现，如畸形消费、购物狂等情形。(2) 如果把生活消费理解为不以生产经营为目的的消费，那么，知假买假行为显然不具备生产经营性。(3) 认定知假买假者不是消费者，本质上是对消费者力量的分化。因为，将一些懂知识、识虚假、明是非的人排除在外，只保护买假不知假者、买时不知假买后知假者，这不符合《消法》的本意。(4) 在法律上，消费者从来不是以一个“利他主义者”的形象被设计的。知假买假者主张双倍赔偿当然可以出自利己的动机。(5) 从社会效果上说，知假买假对净化假冒伪劣、欺诈经营的商业环境有着积极的意义。(6) 知假买假并非是以另一种不诚信对待经营者的不诚信，可以将之更多地理解为是一种以直抱怨而不是以怨报怨或以德报怨的行为。

2. 医患关系是否适用《消费者权益保护法》调整？

解答思路：这又是一个曾经引起很大争论的问题。反对方一般认为，医疗行为与消费行为有着本质的不同，医患关系的法律性质属于一种特殊的民事法律关系，故应由民事法律加以调整。赞同方一般认为，医院的诊疗服务属于经营行为，患者的就医花费属于生活消费，所以医患关系可以适用《消法》加以调整。此外，我国台湾地区有学者认为，“医疗服务是人类发生其他消费服务之前提，否定医疗服务为消费行为，其他消费行为自将不具意义矣”①。我们认为，一方面，由于医疗领域具有极强的专业性，一般患者难以对医方的诊疗服务获取充分的信息，从而处于严重弱势地位，故须对患者施以特殊保护；另一方面，患者接受诊疗服务或购买药品的行为，在性质上应属于生活消费的范围，而医方提供服务或药品并收取费用的行为亦应属于经营行为，因此，医患关系可以适用《消法》调整。当然，《消法》并不对医患关系进行排他性的法律调整，医患双方当事人亦可选择援用其他有关法律的规定，以更好地维护自身合法权益。

3. 购买商品房等大宗商品是否适用《消费者权益保护法》调整？

解答思路：我国《消费者权益保护法》的适用对象并未排除不动产消费。我们认为，将购买商品房等消费行为纳入《消费者权益保护法》的调整范围，是必要的。这是因为：(1) 商品房消费属于生活消费，这是常识，不能因为商品房价值高，双倍赔偿不利于开发商，就把其排除在《消法》调整之外。从《消法》的立法宗旨来看，也并未因某种商品价值高，就将其排除在适用之外。(2) 如果仅以《合同法》来保护购房人权益，则明显存在不足。(3) 事实上，《最高人民法院关于审理商品房

---

① 朱柏松：《消费者保护法论》，258页，台北，翰芦图书出版有限公司，1999。

买卖合同纠纷案件适用法律若干问题的解释》的相关规定已经趋近于双倍赔偿责任。

4. 个人投资者是否是金融消费者？

解答思路：在证券市场中，投资者一般分为机构投资者和个人投资者，后者指出资购买股票、债券等有价证券的自然人。金融消费者，一般指为自身或家庭生活需要而购买金融产品或服务的个人。有关个人投资者是否属于金融消费者的争议，焦点在于个人投资购买有价证券等行为是否具备“为满足生活消费”之目的。我们认为，作为散户的个人投资者，其投资行为本质上也是一种消费行为，并且“应当承认金融产品和服务具有特殊性，金融消费不同于一般有形货物的生活消费，是一种高级消费”①。综上，应将个人投资者视为金融消费者。

二、消费者的权利与经营者的义务

【知识要点】

（一）消费者的权利

消费者的权利是指消费者依据消费者权益保护法所享有的主张各种消费利益的法律资格。现代消费者权利的提出，是西方消费者运动的直接成果。最早提出消费者权利的是美国前总统肯尼迪，他在 1962 年 3 月 15 日向联邦议会提出的《关于保护消费者利益》的总统特别国情咨文中，主张消费者具有四项权利：安全保障权、知情权、自由选择权和提出意见权。为了纪念这个历史性事件，1983 年，国际消费者组织联盟确定每年的 3 月 15 日为“国际消费者权益日”。现今，世界上的多数国家和国际条约或公约中都规定了消费者权利。我国《消费者权益保护法》也设专章规定了九项消费者权利。

随着现代消费社会的到来与日益复杂化，相对于传统的民法、刑法等部门法，消费者权益保护法可被视为一部具有回应性的现代性法律。与之相应，消费者权利相对于传统民事权利也具备若干现代特征。其一，消费者权利是一种身份性权利，即自然人仅当符合消费者之身份时，才享有消费者权利；其二，消费者权利多为法定权利，即各种消费者权利直接由法律明确规定，任何人不得通过约定或其他形式予以规避或限制；其三，消费者权利是与经营者义务相对应的，也即消费者所享有的权利与其应承担的义务不具有对等性，这是消费者权益保护法对处于弱势地位的消费者进行倾斜性保护的体现。以下具体阐述我国《消费者权益保护法》所确认的各项消费者权利：

1. 安全权

《消费者权益保护法》第 7 条规定：“消费者在购买、使用商品和接受服务时享有人身、财产安全不受损害的权利。消费者有权要求经营者提供的商品和服务，符合保障人身、财产安全的要求。”

---

① 吕炳斌：《金融消费者保护法律制度之构建》，载《金融与经济》，2010（3）。

消费者的安全权是指消费者在消费过程中所享有的人身、财产安全不受损害的权利，是消费者最基本的权利。消费者安全权的权利内容主要包括三个方面：

第一，消费者的人身安全受保障权，即经营者应保障消费者在消费过程中的生命权、健康权等不受损害。人身安全权关系到消费者的生命与健康。基于此，《消费者权益保护法》和相关法律应对经营者课以严格的安全注意义务。就我国而言，除了《消费者权益保护法》关于安全权的规定外，《侵权责任法》第37条也规定："宾馆、商场、银行、车站、娱乐场所等公共场所的管理人或者群众性活动的组织者，未尽到安全保障义务，造成他人损害的，应当承担侵权责任。"《最高人民法院关于审理人身损害赔偿案件适用法律若干问题的解释》第6条也规定："从事住宿、餐饮、娱乐等经营活动或者其他社会活动的自然人、法人、其他组织，未尽合理限度范围内的安全保障义务致使他人遭受人身损害，赔偿权利人请求其承担相应赔偿责任的，人民法院应予支持。"

第二，消费者的财产安全受保障权，即经营者应保障消费者在消费过程中的财产权不受侵害。这里的财产，一是指消费者在经营者的经营场所进行消费时，其随身携带的钱财或物品；二是指消费者购买商品后，在使用该商品时因产品缺陷问题所导致的财产损害。当然，这种情况下可适用《产品质量法》的相关规定。

经营者对消费者人身及财产安全的保障义务，除了生产环节的注意义务外，还体现在其应承担的对经营场所的环境、设施等的安全性的注意义务上。对此，国内某些地方性立法已有较明确的规定，如《广东省实施〈中华人民共和国消费者权益保护法〉办法》第15条规定："经营者应当为消费者提供安全的消费环境，对有危险性因素的项目或地方，应当设有警示标牌。惊险性娱乐项目，应当制定紧急避难措施，并具有保障消费者生命安全的技术条件、服务设备和必要的救护设施。"

第三，消费者有要求经营者提供符合安全标准的商品或服务的权利。所谓产品安全标准，根据《产品质量法》第46条的规定，是指经营者提供的商品不存在危及人身、财产安全的不合理危险；有保障人体健康、人身财产安全的国家标准、行业标准的，应当符合该标准。为了使所提供的商品和服务达到安全标准，经营者就应尽到足够的检验、检测等合理注意义务。

2. 知情权

《消费者权益保护法》第8条规定："消费者享有知悉其购买、使用的商品或接受的服务的真实情况的权利。消费者有权根据商品或者服务的不同情况，要求经营者提供商品的价格、产地、生产者、用途、性能、规格、等级、主要成分、生产日期、有效期限、检验合格证明、使用方法说明书、售后服务，或者服务的内容、规格、费用等有关情况。"

消费者的知情权，即消费者所享有的知悉与获取与各种消费权利相关的信息的一种权利。综合考察学界有关消费者知情权的现有研究成果，其具体内容包括以下几个方面：

第一，消费者有知悉经营者提供的商品或服务的真实情况的权利。这要求经营者不得隐瞒或提供虚假的产品或服务的信息，不得对其产品或服务作引人误解的宣传或标示。对此，《消费者权益保护法》第19条第1款作了明确规定："经营者应当向消费者提供有关商品或者服务的真实信息，不得作引人误解的虚假宣传。"

第二，消费者有全面知悉和了解经营者提供的商品或服务的基本信息的权利。这要求经营者应向消费者披露关于产品或服务的质量或品质的信息、有可能影响消费者正常使用商品或接受服务的信息以及可能危害人身或财产安全的信息等。

第三，消费者有向经营者询问关于商品或服务的各种信息的权利。对此，经营者负有接受询问并如实予以解答的义务。《消费者权益保护法》第19条第2款明确规定："经营者对消费者就其提供的商品或者服务的质量和使用方法等问题提出的询问，应当作出真实、明确的答复。"

第四，消费者知情权的实现应以不侵犯经营者的商业秘密或知识产权为限度。任何权利均是有边界的，同理，任何权利的行使均是有限度的。当两个或多个权利发生冲突时，应遵循利益平衡原则和公平原则，合理分配各主体之间的损益。消费者在行使知情权的同时，也应尊重经营者合法的商业秘密和知识产权等相关权利。

3. 自主选择权

《消费者权益保护法》第9条规定："消费者享有自主选择商品或者服务的权利。消费者有权自主选择提供商品或者服务的经营者，自主选择商品品种或者服务方式，自主决定购买或者不购买任何一种商品、接受或者不接受任何一项服务。消费者在自主选择商品或者接受服务时，有权进行比较、鉴别和挑选。"

由此可知，消费者自主选择权的权利内容主要包括四项：选择经营者、选择消费对象、选择消费与否以及在消费时进行比较、鉴别和挑选。对此项权利，需注意几个问题：(1) 与消费者的自主选择权对应的是经营者不得强买强卖的义务。即经营者不得强迫消费者购买商品或接受服务。其中，"强迫"既包括有形强迫，又包括各种形式的无形强迫。前者指通过暴力、胁迫等形式施加强制，后者包括格式合同、隐藏条款、非竞争性产品或服务的捆绑销售等强制形式。(2) 应注意协调消费者自主选择权与经营者自主经营权之间的冲突关系。这意味着，经营者不得以自主经营的名义限制或侵犯消费者的自主选择权，同样，消费者也不得因过度主张自主选择权，而影响经营者的正常经营活动。此外，消费者在行使自主选择权时，也应尊重经营者经营活动的特定行业惯例或行业习惯，"不能向经营者提出过多、过分、过于苛刻的要求，也不能盲目地和无原则地以国际、其他发达国家的标准要求经营者，而是应依法、合理地要求经营者所提供的产品的质量、使用期限、服务态度、服务环境等"①。

4. 公平交易权

《消费者权益保护法》第10条规定："消费者享有公平交易的权利。消费者在购买商品或者接受服务时，有权获得质量保障、价格合理、计量正确等公平交易条件，有权拒绝经营者的强制交易行为。"

消费者的公平交易权是指消费者在与经营者的交易过程中，享有要求对方提供

---

① 王兴运：《"自主选择权"探析》，载《理论导刊》，2005 (4)。

公平合理的交易条件的权利。首先，公平交易意味着交易双方的付出与所得对等、合理。对消费者而言，公平交易条件指其所付出的对价与从经营者处所购得的商品或服务的价值相符，至少是使消费者的主观消费心理得到满足。这些条件主要包括质量、价格和计量三个方面。所谓质量保障，即经营者提供的商品或服务应具备应有的使用价值，也即应具有适用性；价格合理，即经营者为其商品或服务所确定的价格应符合其价值，所确定的利润率应具备合理性，不得以次充好，也不得漫天要价；计量正确，即经营者应诚信经营，不得缺斤短两、恶意欺诈消费者。其次，公平交易禁止经营者的强制交易行为。违背消费者意愿的强制交易，尽管其交易条件在表面上可能符合公平原则，但在法律上也应被禁止。因为，消费本质上是一种自由，而强制则是自由的反面，任何在自由范畴内的强制都是反自由的。再次，应尤为注意经营者利用格式合同对消费者公平交易权的侵害。随着现代社会分工程度的日益深化，诸多行业内的交易内容日趋专业化和程式化，格式合同也随之被广泛应用。尤其在金融、房地产、通信等行业领域，格式合同几乎已成为一种基本的交易形式。面对专业、繁杂并带有半强制性的格式合同，消费者极少有选择的机会与博弈的能力，往往处于弱势地位，其选择权和公平交易权由此更是易受侵犯。为解决这个问题，《消费者权益保护法》第 24 条、《合同法》第 40 条与第 52 条等均对经营者采用格式合同的情形作了限制性规定。

5. 求偿权

《消费者权益保护法》第 11 条规定："消费者因购买、使用商品或者接受服务受到人身、财产损害的，享有依法获得赔偿的权利。"

消费者的求偿权是对消费者安全权等实体权利的一种救济权利，当其人身、财产安全受到损害时，可据此向经营者或其他责任人求偿。具体而言，可从下述几个方面理解求偿权的内涵。(1) 赔偿责任的类型，包括产品瑕疵担保责任、产品缺陷责任和惩罚性赔偿责任等。(2) 赔偿责任的主体。《消费者权益保护法》第 35 条至第 39 条区别不同的情形分别确定了产品瑕疵担保责任的主体、产品缺陷责任的主体、企业合并或分立后的责任主体、使用他人营业执照情形的责任主体、展销会或租赁柜台情形的责任主体、经营者发布虚假广告的责任主体等。这里尤其要指出的是，如果因产品存在瑕疵，基于违约关系求偿，消费者只能向销售者提出主张，因为按合同相对性原理，生产者不是合同的一方当事人。(3) 赔偿的内容。《消费者权益保护法》第 41、42 条分别规定了消费者人身健康和生命受到损害时，经营者应予赔付的项目；第 49 条规定了经营者存在欺诈时，应给予消费者所支付价款或费用的一倍的赔偿。此外，消费者的人格权受到侵害时，还可适当主张精神损害赔偿；对某些与精神利益有很大关系的合同的严重违约，消费者也可主张精神损害赔偿。

6. 结社权

《消费者权益保护法》第 12 条规定："消费者享有依法成立维护自身合法权益的社会团体的权利。"

《消费者权益保护法》明确规定消费者享有结社权，是对其社会弱者身份的一种法律回应。消费者的分散性和个体性是造成其弱势的重要原因之一，因此，赋予消费者结社权对于增强其利益博弈能力具有重要的意义。目前，国内最早、最完善的消费者组织是具有半官方性质的消费者协会。此外，随着公民自组织能力的提升以及公民社会的日渐成熟，许多民间消费者维权组织也纷纷成立。虽然其规模与影响还比较小，但其发展之势却不可小觑。

7. 获得消费教育权

《消费者权益保护法》第 13 条规定："消费者享有获得有关消费和消费者权益保护方面的知识的权利。消费者应当努力掌握所需商品或者服务的知识和使用技能，正确使用商品，提高自我保护意识。"

获得消费教育权的内容包括两个方面：一是获得有关消费方面的知识的权利，这些知识涉及商品或服务的质量鉴别、价格构成、销售方式等；二是获得有关消费者权益保护方面的知识的权利，这些知识涉及法律条文、救济方式、权利与义务、救济机构等。另外，获得消费教育权的实现方式主要有两种：一是国家有关部门、社会组织以及经营者或其组织，通过举办消费者培训或宣讲会等途径，向消费者传递有关知识和信息；二是消费者及消费者组织经由各种途径自行获取与消费教育有关的知识和信息。

8. 受尊重权

《消费者权益保护法》第 14 条规定："消费者在购买、使用商品和接受服务时，享有其人格尊严、民族风俗习惯得到尊重的权利。"

人格尊严权包括与人格利益有关的各种权利，例如名誉权、荣誉权、姓名权等。人格尊严受尊重指经营者不得通过殴打、谩骂、搜身等方式侵害消费者的人格尊严。民族风俗习惯受尊重指经营者在经营活动中，应了解或询问消费者的民族习俗或禁忌，不得生产或销售带有损害民族形象的标示或符号的商品。《消费者权益保护法》第 43 条规定："经营者违反本法第二十五条规定，侵害消费者的人格尊严或者侵犯消费者人身自由的，应当停止侵害、恢复名誉、消除影响、赔礼道歉，并赔偿损失。"

9. 监督批评权

《消费者权益保护法》第 15 条规定："消费者享有对商品和服务以及保护消费者权益工作进行监督的权利。消费者有权检举、控告侵害消费者权益的行为和国家机关及其工作人员在保护消费者权益工作中的违法失职行为，有权对保护消费者权益工作提出批评、建议。"

消费者的监督批评权的内容主要包括两个方面：一是检举、控告权，即将经营者的侵犯消费者权益行为或国家机关及其工作人员的违法失职行为，向司法机关或主管行政机关予以告诉、揭发的权利；二是提出批评、建议权，即就消费者权益保护工作中的不足或缺陷提出批评或建议的权利。本质上，消费者的监督批评权是宪法上的公民政治权利在消费者保护领域的延伸和具体化。鼓励消费者积极行使监督批评权，既有利于消费者保护工作的完善，又有利于消费者整体利益的维护。

（二）经营者的义务

《消费者权益保护法》作为弱者扶助法，在权利义务关系上采用了一种非对称结构，同时强调消费者的权利和经营者的义务，形成了以“消费者权利—经营者义务”为框架的权限结构。消费者权利的实现，在相当程度上要依赖于经营者义务的履行。因此，《消费者权益保护法》设专章规定了经营者所应承担的各种义务。

1. 依法或依约履行义务

履行法定或约定的义务，是对经营者义务的总括性规定。对此，需从三个方面加以理解。第一，经营者应履行的法定义务，不仅包括《消费者权益保护法》所规定的义务，还包括《产品质量法》等其他相关法律、法规所规定的义务；第二，除法定义务外，经营者与消费者之间可通过合同约定义务，如双方可约定较法定义务更为严格的履约义务，或约定法定义务之外的合理义务；第三，经营者的法定义务不得通过约定而减轻或免除，即经营者与消费者之间的约定不得违背法律、法规的强制性规定，不得借约定之名行规避法定义务之实。

2. 接受消费者监督义务

这是与消费者的批评监督权相对应的一种义务，即经营者应当听取消费者对其提供的商品或服务的意见，接受消费者的监督。另需说明的是，此处的消费者监督，既包括消费者个人（即消费主体）的监督，又包括代表消费者利益的组织或机构的监督。

3. 保障消费者人身及财产安全的义务

具体包括三类义务。一是产品或服务的安全保证义务。即经营者应保证其提供的产品或服务符合安全标准，不存在危及人身及财产安全的危险。二是危险警示与释明义务。即对可能危及人身、财产安全的商品和服务，经营者应向消费者作出真实的说明和明确的警示，并说明和标明正确使用商品或者接受服务的方法以及防止危害发生的方法。此项义务主要是针对那些不当使用可能会造成危险的商品或服务而言的。三是缺陷告知及消除义务。即经营者发现其提供的商品或者服务存在严重缺陷，即使正确使用或者接受服务仍然可能对人身、财产安全造成危险的，应当立即向有关部门报告和告知消费者，并采取防止危害发生的措施，如进行产品召回。

4. 真实信息告知义务

经营者的真实信息告知义务，既包括明示告知，又包括默示告知；既包括主动告知，又包括被动告知。具体而言：（1）主动提供真实信息义务，即经营者应当向消费者提供有关商品或服务的真实信息，不得作引人误解的虚假宣传；（2）接受询问并答复的义务，即经营者对消费者就其提供的商品或服务的质量和使用方法等问题所提出的询问，应作真实、明确的答复；（3）明码标价的义务，即商店经营者提供的商品应当明码标价。此外，经营者告知的信息，应具有真实性、全面性和相关性。

5. 身份标识义务

身份标识义务，指经营者在经营过程中，应以清晰、明确的方式表明其真实身份的义务。《消费者权益保护法》第 20 条规定了两种情形的身份标识义务：一是一般性规定，即所有经营者均应标明其真实名称和标记；二是租赁他人柜台或场地的经营者，应当标明其真实名称和标记。应注意，所谓标明真实身份，既指经营者不得假冒其他经营者的名称或标记，也指经营者不得标示易引起消费者混淆或误解的名称或标记。

6. 出具凭证、单据义务

购货凭证或服务单据，既是经营者与消费者之间交易发生或履行的证明文书，又是消费者主张售后服务或后续服务的重要依据。《消费者权益保护法》第21条规定："经营者提供商品或者服务，应当按照国家有关规定或商业惯例向消费者出具购货凭证或者服务单据。消费者索要购货凭证或者服务单据的，经营者必须出具。"此项规定包括两层含义：（1）只要消费者索要凭证或单据，经营者不得以任何理由拒绝；（2）消费者未索要，但依国家规定或商业惯例应出具凭证或单据的，经营者也必须出具。

7. 质量保证义务

此处的质量保证义务，类似于产品质量法中的产品质量担保原则，两者的区别在于，后者的适用对象仅限于产品，而前者包括商品和服务。简言之，质量保证义务，指经营者应保证其提供的商品或服务具备应有的或其允诺的使用价值——质量、性能、用途和有效期限等。结合《消费者权益保护法》第22条的规定，经营者应承担的质量保证义务包括两个方面：一是默示担保义务，即经营者应当保证在正常使用商品或接受服务的情况下其提供的商品或服务的使用价值，但消费者在购买该商品或者接受该服务前已经知道其存在瑕疵的除外；二是明示担保义务，即经营者以广告、产品说明、实物样品或者其他方式表明商品或者服务的质量状况的，应当保证其提供的商品或者服务的实际质量与表明的质量状况相符。

8. 售后服务义务

经营者提供商品或者服务，按照国家规定或者与消费者的约定，承担包修、包换、包退或者其他责任的，应当按照国家规定或者约定履行，不得故意拖延或者无理拒绝。本质上，售后服务是消费合同的一种延续。法定售后服务义务是法律课以经营者的一种以消费合同为基础的特殊负担，而约定售后服务义务则是消费合同履行的一部分。经营者应依法或依约履行其对消费者的售后服务义务。

9. 不得不当免责的义务

在交易过程中，由于消费者处于弱势地位，因而，经营者就极易利用自身的信息优势或经济优势，诱使或迫使消费者接受不公平的交易条件，或极力减轻或免除其所应承担的法律义务与责任。鉴于此，《消费者权益保护法》第24条规定："经营者不得以格式合同、通知、声明、店堂告示等方式作出对消费者不公平、不合理的规定，或者减轻、免除其损害消费者合法权益应当承担的民事责任。格式合同、通知、声明、店堂告示等含有前款所列内容的，其内容无效。"

10. 尊重消费者人格的义务

与消费者的受尊重权相对应，《消费者权益保护法》第25条列举了三类经营者所应承担的尊重消费者人格的义务：（1）不得对消费者进行侮辱、诽谤；（2）不得搜查消费者的身体及其随身携带的物品；（3）不得限制消费者的人身自由。

【案例评析1】

学生就餐烫伤索赔案

1. 案情简介

2005年2月5日，徐州市某小学组织一批书法较好的学生到鼓楼区某村义务给村民写春联，中午村干部安排老师和学生到一家小饭店吃饭。在吃饭期间，学生小波（1997年6月5日出生）在卫生间门口被上楼送菜的饭店服务员碰上，烫伤了脖子，被送到医院治疗，住院35天。其间饭店仅给付了小波部分医药费而拒绝支付其他费用。小波父母将饭店店主告上法庭，请求鼓楼区法院依法判令其给付护理费、交通费、住院伙食补助费、精神损害赔偿金、后续治疗费合计20 016元。[①]

2. 基本问题

小波是否属于消费者？如果是消费者，饭店是否侵犯其安全权？如若侵权，该如何赔偿？

3. 知识内容

饭店属于餐饮服务业的经营者，小波作为接受饮食服务的顾客，虽然其并未直接支付服务费用，但其显然是消费者。

消费者在购买、使用商品或接受服务时享有人身、财产安全不受损害的权利，即消费者享有安全权。小波作为消费者，在经营者的经营场所消费时，因经营者的雇员的过失而遭受人身安全损害，其人身安全权已受到了侵犯。因此，作为经营者的饭店，应对侵犯消费者安全权的行为承担赔偿责任。《消费者权益保护法》第41条规定："经营者提供商品或者服务，造成消费者或者其他受害人人身伤害的，应当支付医疗费、治疗期间的护理费、因误工减少的收入等费用，造成残疾的，还应当支付残疾者生活自助具费、生活补助费、残疾赔偿金以及由其扶养的人所必需的生活费等费用；构成犯罪的，依法追究刑事责任。"《最高人民法院关于审理人身损害赔偿案件适用法律若干问题的解释》第17条规定："受害人遭受人身损害，因就医治疗支出的各项费用以及因误工减少的收入，包括医疗费、误工费、护理费、交通费、住宿费、住院伙食补助费、必要的营养费，赔偿义务人应当予以赔偿。受害人因伤致残的，其因增加生活上需要所支出的必要费用以及因丧失劳动能力导致的收入损失，包括残疾赔偿金、残疾辅助器具费、被扶养人生活费，以及因康复护理、继续治疗实际发生的必要的康复费、护理费、后续治疗费，赔偿义务人也应当予以赔偿。"《最高人民法院关于确定民事侵权精神损害赔偿责任若干问题的解释》第1条规定……"自然人因下列人格权利遭受非法侵害，向人民法院起诉请求赔偿精神损害的，人民法院应当依法予以受理：（一）生命权、健康权、身体权……"据此，

---

① 参见《小学生就餐被烫伤 饭店未尽注意义务担责》，见 http：//china. findlaw. cn/xfwq/xiaofeichangshi/cyjf/599. html，2011-07-20。

饭店应赔偿小波因其侵权而产生的护理费、交通费、住院伙食补助费、适当的精神损害赔偿金、后续治疗费等费用。

【案例评析2】

香烟消费者的知情权如何保护

1. 案情简介

南京消费者杨鸿于2002年7月6日在南京新街口百货商店购买了2盒“玉溪”牌香烟，因烟盒上没有标注生产日期、保质期和执行标准，他以侵犯知情权为由，把百货商店和生产商诉至法院。一、二审法院经审理均驳回了原告的诉讼请求，理由是被告玉溪烟草公司对玉溪香烟的外包装所作的标注符合国家标准，不存在侵权的问题，同时认为原告的诉讼请求不属于人民法院民事案件审理范围。[①] 另外，天津消费者在超市购买红塔山香烟，因该香烟包装上无生产日期及安全使用期，遂将该超市诉至天津市南开区人民法院。法院审理后认为，原告对该香烟是否确实属于限期使用的产品未能向法庭举证，被告销售的香烟包装未违反《烟草专卖法》及国家标准，被告不存在过错或侵权，故驳回了原告的诉讼请求。[②]

2. 基本问题

香烟生产日期标注的行政规定与消费者知情权保护的冲突问题该如何解决?

3. 知识内容

我国《产品质量法》第27条第1款第4项规定：“限期使用的产品，应当在显著位置清晰地标明生产日期和安全使用期或者失效日期”。《烟草专卖法》第18条规定：“卷烟、雪茄烟应当在包装上标明焦油含量级和‘吸烟有害健康’。”但关于香烟包装的国家标准GB/T5606.2-1996对生产日期的标注规定，仅要求在箱包装上标明生产日期、厂名厂址。对经营者来说，其在香烟包装上进行标注的义务与内容，以《烟草专卖法》及国家标准规定为准，因而卷烟厂对香烟的包装符合法律和国家标准的要求。[③] 但是对消费者而言，在盒包装上标明生产日期有助于消费者在了解香烟的安全使用期限后再作出购买决定，从而保证其生命安全。从常识出发，香烟不可能不具有安全使用期限，而消费者对此显然享有知情权。因为，根据一般生活经验，吸烟对人体有害，而抽了过期的甚至发生霉变的香烟，对人体的危害则更大。而对可能危害人体健康的信息进行了解正是消费者知情权得以确立的重要原因。就此而言，生产商仅在香烟箱包装上而不在盒包装上标注生产日期及相关信息，就使消费者的知情权事实上得不到满足。基于此，对香烟生产日期标注的有关行政规定

---

① 参见南京市白下区人民法院（2002）白民初字第1148号民事判决书、南京市中级人民法院（2003）宁民一终字第162号民事判决书。

② 参见《消费者状告香烟未标生产日期案一审败诉》，载《每日新报》，2003-07-16。

③ 参见李友根：《论经济法权利的生成——以知情权为例》，载《法制与社会发展》，2008（6）。

进行修改和完善就是十分必要的。否则，现实生活中就会遭遇有关规定与常识和法理相悖的尴尬。因此，建议在关于香烟包装的国家标准中，增加生产企业应在盒包装上标注生产日期和安全使用期限的规定，以维护和保障消费者的知情权与人身安全权。

【案例评析3】

林雷诉某餐厅一次性消毒餐具不当收费案

1. 案情简介

厦门市民林雷到一家餐厅消费了 68 元，但是在结账时，餐厅却收取了林雷纸巾、餐具、调料等费用共计 7 元。当时，林雷虽提出异议，但餐厅不予采纳。调查取证后，林先生以餐厅收取“特殊消毒餐具费”不合理为由，将这家餐饮企业告上法庭。庭审中，林雷称，《食品安全法》等规定了餐具使用前必须洗干净、消毒。因此，餐饮企业提供卫生餐具，保证消费者的饮食安全卫生，这是法定义务，餐饮企业不应该把这个义务转嫁到消费者头上，甚至还要另行收费。他表示，这样的收费行为，实际上变相降低了与消费者约定的服务标准，侵犯了消费者的公平交易权，是企业没有诚信的表现。餐厅称，相关法条中没有规定餐厅应该无偿提供一次性密封消毒餐具。餐厅提供给消费者使用的消毒碗筷上面都有明显的标志，说明要加收一元餐具费，而且在调料台以及纸巾盒上也都有标识。另外，服务员也都向消费者事先告知，故拒绝退还向林雷多收取的 7 元钱。法院审理后作出判决：餐厅应该退还原告包括一次性消毒餐具收费在内的 7 元钱，并驳回其他诉讼请求。

2. 基本问题

餐厅收取一次性消毒餐具费是否侵犯了消费者的公平交易权?

3. 知识内容

消费者的公平交易权意味着，消费者在购买商品或者接受服务时，有权获得质量保障、价格合理、计量正确等公平交易条件，有权拒绝经营者的强制交易行为。其中“价格合理”，既指商品或服务的价格符合其所蕴涵的价值，且该价格标准保持在合理的利润水平之内；又指经营者不得在国家规定的或双方约定的价格构成之外，额外收取不正当的任何费用。否则，便是设置了不公平的交易条件，侵犯了消费者的公平交易权。

本案中，餐饮业服务收费的价格构成，应仅限于经营者提供的食料或其他相关服务的收费，不得以其他名目加收不合理费用。《餐饮修理业价格行为规则》第 8 条规定：“餐饮服务项目除国家另有规定外，经营者不得随意收取任何名目的价外服务费或其他形式的价外加价。”并且，向消费者提供符合卫生标准的餐具和纸巾等饮食用品是餐饮业经营者的法定义务。消费者在餐饮店就餐，便与其形成了餐饮服务合同，餐饮店理应保障消费者的饮食安全和卫生。消费者在餐饮店就餐时，餐饮店理应免费提供符合卫生标准的餐具和纸巾，不得另行收费。因此，餐厅收取一次性消毒餐具费属于不合理的价格行为，侵犯了消费者的公平交易权。

【疑难问题】

1. 如何实现消费者权利保护与经营者经营自主权保护之间的平衡?

解答思路：消费者权利与经营者经营自主权之间必然存在着冲突。这大致可以从两个方面来理解：一方面，为了对消费者进行倾斜性保护，就必然要限制经营者的权利，让其背负更多的义务，如此，才能更好地保护消费者的利益。这正是《消费者权益保护法》重要的立法目的所在。在这种情况下，如果说消费者权利与经营者经营自主权之间存在冲突的话，那也是合法的冲突。这里要强调的是另一个方面的问题，即对消费者的保护不能矫枉过正，不能把消费者意识形态化，夸大到人民群众的政治高度上，认为消费者永远正确，经营者永远错误。这就是说，对消费者的保护不能侵害经营者的正当经营权。如商家对最低消费的规定，甚至谢绝客人自带酒水，不能说都是对消费者权利的侵犯，因为，商家在经营中也要考虑经营成本的问题。所以，在某些情况下，还要从现实的合理性出发，来把握消费者权利保护的“度”。

2. 应否确立消费者的隐私权、后悔权?

解答思路：一般认为，隐私权是指“公民享有的私人生活安宁与私人信息依法受到保护，不被他人非法侵扰、知悉、搜集、利用和公开的一种人格权”[①]。消费过程中的隐私保护，主要涉及对消费者个人或家庭信息以及生活安宁的保护。现实中，经营者往往利用交易过程中所获知的消费者的个人信息建立客户档案等，而一些无良经营者会选择将其收集的消费者信息出售营利，从而侵犯消费者的隐私权。例如，某移动通信公司将客户的手机号码等信息出售给其他经营者的行为即侵犯了消费者的信息隐私权，而其他经营者利用这些信息以电话营销或上门营销等方式拓展客户的行为，又侵犯了消费者的生活安宁权。此外，随着网络电子商务的飞速发展，消费者的个人隐私安全在网络环境中比在实体交易时存在更大的风险。在这种形势下，确立消费者的隐私权便显得尤为必要。需要指出的是，2008 年《消费者权益保护法》的修订工作被列入了五年立法规划，在新近公布的《消费者权益保护法》(修订征求意见二稿) 第 14 条中，增加了消费者享有个人信息受保护的权利 (本法所称的个人信息，包括消费者的姓名、性别、年龄、职业、联系方式、健康状况、家庭状况、财产状况、消费记录等与消费者个人及其家庭密切相关的信息)。

就消费者的后悔权而言，它实质上是一种合同撤销权，即在合同履行完毕后一定期间内消费者可以对商品买卖关系予以无偿反悔的权利，又被称为“冷却期制度”。之所以要确立消费者的后悔权，主要是因为在“非现场”购物的情形下，消费

---

① 张新宝：《隐私权的法律保护》，21 页，北京，群众出版社，1997。

者的知情权难以被满足，他需要在收到商品后，经过一定期限的“冷却”，在充分知情的情况下，再决定是否购买。应当说，确立消费者的后悔权，既有利于刺激消费交易，又有利于消费者利益的保护。基于此，将这项权利法定化已成为国外消费者权益保护的基本趋势。就我国而言，在《消费者权益保护法》（修订征求意见二稿）第9条中，也增加了对消费者后悔权的规定，即：“对通过电话销售、邮售、上门销售等非固定场所的销售方式购买的商品，消费者有权在收到商品后三十日内退回商品，并不承担任何费用，但影响商品再次销售的除外。”尽管对上述规定的一些内容仍存在争议，但能够确立这项权利，就是不小的进步。

3. 电子商务的发展对消费者权益保护提出了哪些挑战？

解答思路：电子商务的非实体化、技术化、无纸化等特征，给消费者权益保护带来了诸多挑战。(1) 经营者的真实信息和身份有时难以确定。由于当前对网络店铺经营者的准入审查与监管制度尚未完善，单凭消费者的个人判断，很难识别网络经营者身份及其所提供信息的真假，因而消费者在网络交易中会面临更大的风险。(2) 消费者的隐私权容易受到侵害。进行电子交易，一般会要求消费者在线注册个人信息，而这些个人信息在网络环境中又极易被经营者所收集和利用，其中便隐含诸多侵犯消费者隐私权的可能性。(3) 网络欺诈行为、网络虚假广告以及网络消费合同的履行等问题均较为突出。① 基于此，就需要对电子商务发展涉及的法律问题进行规定和完善，同时，在《消费者权益保护法》的修订中也需要对相关的问题作出回应。

三、消费者组织

【知识要点】

学界一般认为，消费者权益保护的体系主要由两部分构成：一是消费者权益的国家保护，包括立法保护、行政保护和司法保护；二是消费者权益的社会保护，主要指消费者组织对消费者权益的保护。所谓消费者组织，是指消费者以联合的方式成立的、以维护消费者权益为宗旨的社会组织。消费者组织是消费者行使结社权的直接成果，是对消费者个体力量的一种聚合。

（一）消费者组织的法律特征

《消费者权益保护法》第31条规定：“消费者协会和其他消费者组织是依法成立的对商品和服务进行社会监督的保护消费者合法权益的社会团体。”据此，消费者组织具有如下法律特征：

1. 消费者组织是依法成立的社会团体。根据《社会团体登记管理条例》的定义，社会团体是指由公民自愿组成，为实现成员共同意愿，按照章程开展活动的非营利性社会组织。由此可知：(1) 消费者组织是民间性的社会组织，而非国家机关；

---

① 参见许红缨、张雨林：《网络环境下消费者权益保护问题探析》，载《江西社会科学》，2007 (1)。

(2) 消费者组织是非营利性组织，而非以营利为目的的企业或其他组织。

2. 消费者组织的类型具有一定的法定性。由《消费者权益保护法》第 31 条可知，消费者组织被划分为消费者协会和其他消费者组织两类。立法者作如此规定，突出了消费者协会对消费者保护的作用。该法第 32 条、第 33 条更对消费者协会的职能及对其活动的限制作出了明确的规定。这就意味着，在消费者组织中，消费者协会具有法定性。然而，也应看到，对消费者组织做这样的分类，固然有利于消费者协会地位的提高和权威的确立，但也可能会产生抑制其他消费者组织发展的负面社会效果。

3. 消费者组织的宗旨是保护消费者的合法权益。消费者协会与其他消费者组织成立的目的，即是监督经营者的经营行为，帮助消费者解决消费争议，并最终维护消费者的合法权益。

（二）消费者协会

中国消费者协会（以下简称消协）是我国最主要的消费者组织。消协于 1984 年 12 月 26 日经国务院批准在北京成立，是具备法人资格的全国性社会团体。消协一般按照行政区划设置，在省、市、县分别设立各级消费者协会组织，并在乡、镇、街道选择性地设立消协分会或联络点。下面简要介绍消协的宗旨、职能及活动限制：

1. 消费者协会的宗旨

根据《中国消费者协会章程》第 3 条的规定，消协的宗旨是："依据国家有关法律法规，对商品和服务进行社会监督，保护消费者的合法权益，引导消费者合理、科学消费，促进社会主义市场经济健康发展。"

2. 消费者协会的职能

消费者协会的职能是由法律直接规定的。《消费者权益保护法》第 32 条列举了消协应承担的七项职能：(1) 向消费者提供消费信息和咨询服务；(2) 参与有关行政部门对商品和服务的监督、检查；(3) 就有关消费者合法权益的问题，向有关行政部门反映、查询，提出建议；(4) 受理消费者的投诉，并对投诉事项进行调查、调解；(5) 投诉事项涉及商品和服务质量问题的，可以提请鉴定部门鉴定，鉴定部门应当告知鉴定结论；(6) 就损害消费者合法权益的行为，支持受损害的消费者提起诉讼；(7) 对损害消费者合法权益的行为，通过大众传播媒介予以揭露、批评。此外，各级人民政府对消费者协会履行职能应当予以支持。

3. 消费者协会的活动限制

根据《消费者权益保护法》第 33 条之规定，消费者协会不得从事两类活动：(1) 不得以营利为目的从事商品经营活动，在日常工作中不得以营利为目的向消费者收取服务费、咨询费等费用；(2) 不得以牟利为目的向社会推荐商品或服务。由于消协具有特殊的法律地位，如果其以牟利为目的向社会推荐产品或服务，会对消费者产生误导，并会严重侵蚀协会自身的公正性和权威性。

【案例评析】

湖北省消费者委员会不当收取会费事件

1. 案情简介

2009年3月底，湖北一家企业向媒体投诉，称在“3·15”前夕，该企业接到湖北省消费者委员会网站（www.hb315.cn）电话，来电人员称该企业在其网站上遭到消费者投诉，进而邀请该企业加入网站会员，以获得危机公关。随后，该企业又通过传真收到了一份加盖有湖北省消费者委员会（以下简称消委会）红章的函件，其内容显示，企业缴纳会费可以被特殊照顾，缴纳会费金额不同，享受待遇也会不同：如果一年交会员费8 000元，除可屏蔽网站投诉信息外，还可帮助企业在省消协的有关评比中优先获得参选资格；如缴纳20 000元年费，则可成为高级贡献单位会员。事后，湖北省消协秘书长贾民乡证实，该网站确属湖北省消委会官网，但已外包给私人企业经营，上述邀请函件也属实。[①]

2. 基本问题

湖北省消委会向企业收取会员费的行为是否违反了《消费者权益保护法》有关消费者组织的禁止性规定？

3. 知识内容

《消费者权益保护法》第33条明确规定，消费者组织不得从事商品经营和营利性服务，不得以牟利为目的向社会推荐商品和服务。其中，所谓营利性服务，应指一切以营利为目的的服务活动，包括提供信息、协助解决问题等服务。湖北省消费者委员会向企业收取会员费的行为，显然属于一种牟利行为。而且，以承诺为会员屏蔽消费者投诉信息或协助其参加消协评比等为手段和筹码，与企业进行肮脏的金钱交易，更是一种置自身职责与消费者利益于不顾的违法行为。尽管湖北省消费者委员会的负责人事后辩称，该网站已外包给私人企业经营，与湖北省消委会不存在任何经济联系，但是，一纸盖有消委会红章的“收费文件”已足以使公众确信湖北省消委会与该网站存在管理或支配关系，该网站的收费行为已得到湖北省消委会的授权。事实上，外包官网也难以掩盖湖北省消委会牟利的事实。因此，湖北省消委会违反了《消费者权益保护法》关于消费者组织的禁止性规定。就本事件而言，值得进一步反思的是，包括消协在内的消费者组织的工作经费问题该怎样解决？在缺乏经费的情况下，如何能抑制消协向企业收费的冲动？

【疑难问题】

如何促进并发挥消费者组织在和谐社会建设中的作用？

---

① 参见《湖北消协乱收费事件解析：“猫让老鼠送鱼吃”?》，见http://www.chinanews.com/gn/news/2009/03-31/1625029.shtml，2011-07-26。

解答思路：当前，我国已进入社会矛盾的多发期，个别社会利益冲突已达到较为严重和激烈的程度。在此背景下，包括消费者组织在内的各种非政府组织应在和谐社会建设中发挥更为积极的作用。对消费者组织而言，应从这样几个方面完善其职能：（1）鼓励消费者自愿联合并成立组织，以实现消费者组织发展的多元化格局；（2）消费者组织应积极介入所在地发生的消费者权益纠纷，在矛盾激化之前，及时采取措施化解或减少纠纷；（3）消费者组织应帮助消费者实现其受教育权，通过对消费者的消费教育，提高其自我维权能力和水平；（4）消费者组织应主动配合消费者权益国家保护机构的工作，如提出立法完善建议，协助执法机关工作，配合司法机关调查取证等。总之，消费者组织应全面履行其职责，以在和谐社会建设中发挥更大的作用。

四、消费争议及其解决途径

【知识要点】

（一）消费争议及当事人的确定

消费争议是指，在消费交易过程中，消费者与经营者之间所发生的有关争议。其特征包括两个方面：一是争议主体双方，一方是消费者，一方是经营者；二是争议的内容与消费者权益相关。

1. 消费争议中的消费者的确定

一般来说，因购买、使用商品或接受服务而与经营者发生纠纷的人，即是该争议中的消费者一方。从侵权关系和违约关系出发，可以把消费者划分为两类：（1）因经营者的侵权行为而致自身权益受损害的消费者。如因使用缺陷产品而致人身受损害的消费者，或因经营者殴打、辱骂而致人格尊严受损害的消费者。（2）因经营者未履行或未充分履行消费合同而与经营者发生争议的消费者。

2. 消费争议中的经营者的确定

消费者权益保护法对消费争议中经营者的确定，主要是对侵犯消费者权益后的责任承担者的确定。具体而言，包括下述几种情形：（1）商品存在瑕疵或服务不符合约定的，应向销售者或提供服务的经营者要求赔偿。（2）因产品缺陷造成人身、财产损害的，由销售者和生产者承担连带赔偿责任。（3）侵犯消费者权益的企业发生分立、合并的，应当向变更后承受其权利义务的企业求偿。（4）使用他人营业执照的经营者损害消费者合法权益的，可以向其要求赔偿，也可以向营业执照的持有人要求赔偿。（5）消费者在展销会、租赁柜台购买商品或者接受服务，其合法权益受到损害的，可以向销售者或者服务的提供者要求赔偿。展销会结束或者柜台租赁期满后，也可以向展销会的举办者、柜台的出租者要求赔偿。（6）消费者因经营者利用虚假广告提供商品或者服务，合法权益受到损害的，可以向经营者要求赔偿。广告的经营者不能提供经营者的真实名称、地址的，应当承担赔偿责任。

（二）消费争议的解决途径

《消费者权益保护法》第 34 条规定了消费争议的五种解决途径：

1. 协商和解

协商和解是指在发生消费争议后，消费者与经营者在自愿的基础上，通过摆事实、讲道理的方式，达成和解协议以解决纠纷。通过协商和解解决消费争议，须符合如下要求：遵循自愿原则；和解的事项和内容不得违反法律的强制性规定；不得损害第三人利益。

2. 消费者协会调解

消费者协会调解消费争议，应以双方当事人的自愿为前提。如果消费者或经营者申请消费者协会调解其争议，消费者协会不得以任何理由拒绝。消费者协会在调解消费争议时，应认真履行其法定职责，并应依法公正地对纠纷加以调解。此外，消费者协会的调解不得妨碍当事人诉权的行使。

3. 向有关行政部门申诉

所谓行政申诉，即纠纷当事人将其争议向有关行政部门反映，并请求其对纠纷加以裁决。需要指出的是，行政机关对消费争议中民事纠纷的处理，一般不具有强制力。在纠纷的处理过程中，行政机关可以对违反法律强制性规定的行为作出行政处罚。消费者或消费者组织也可以向有关行政机关检举经营者的各种违法行为，行政机关接到举报后，应在调查的基础上作出处罚决定。

4. 提请仲裁机构仲裁

消费争议当事人可依据其签订的仲裁协议，向仲裁机构申请仲裁。当事人之间事先基于自愿签订仲裁协议，是通过仲裁方式解决消费争议的前提；当事人之间没有仲裁协议的，不得申请仲裁。另外，仲裁裁决的效力是一裁终局，裁决后，当事人不能再向人民法院提起诉讼。但在符合法定条件的情况下，可向法院申请不予执行仲裁裁决，或向中级以上人民法院申请撤销仲裁裁决。

5. 提起诉讼

诉讼是对消费者权益救济的最后途径。应当指出的是，前述协商、调解、申诉和仲裁等争议解决方式并不是当事人起诉的前置程序，当事人在争议发生后，可选择直接向人民法院起诉。

【案例评析】

三鹿奶粉三聚氰胺事件

1. 案情简介

2008 年 9 月，全国多地出现婴幼儿泌尿系统结石病例，经调查发现患儿多有食用三鹿牌婴幼儿配方奶粉的历史。事后调查证实，石家庄三鹿集团股份有限公司

2008年8月份生产的一批婴幼儿配方奶粉受到三聚氰胺严重污染，而三聚氰胺是一种化工原料，可导致人体泌尿系统产生结石。据统计，全国有逾30万儿童因食用含三聚氰胺的奶粉而患上泌尿结石，并有6名婴幼儿死亡报告病例。后事件进一步升级，在全国乳制品抽检中，在二十余家企业生产的乳产品中均检测出不同比例的三聚氰胺。2008年12月19日，三鹿集团借款9.02亿元用于支付患病婴幼儿的治疗和赔偿费用，其赔偿方案为：死亡病例补偿20万元，重症病例补偿3万元，普通症状补偿2 000元。然而，许多患儿家属并未接受该赔偿方案，并选择提起民事诉讼。但是，法院对大部分索赔诉讼都未立案。2008年12月23日，石家庄中级人民法院宣告三鹿集团破产。2009年11月20日，石家庄中级人民法院裁定终结已无财产可供支配的三鹿集团破产清算程序。由于在支付完职工工资与保险等优先债权后，普通债权已无法得到清偿，三鹿集团对普通债权的清偿率为零，各已立案的患儿索赔案件的受害人已无法再得到任何赔偿。①

2. 基本问题

从“三鹿事件”中受害人的民事索赔出发，是否有建立消费公益诉讼的必要？

3. 知识内容

公益诉讼是与私益诉讼相对应的一种诉讼形式，指以保护或救济公共利益或不特定多数人的利益为目的而由特定主体提起的诉讼。根据提起诉讼的主体的不同，公益诉讼可分为公益公诉和私人公益诉讼两种类型，前者指由特定国家机关（一般是检察机关）为保护公共利益而提起的诉讼，后者指由社会团体或公民个人为保护公益或救济不特定多数人的利益而提起的诉讼。根据诉讼形式的不同，公益诉讼又可分为集团诉讼、告发人诉讼等类型。

由于公共利益或不特定多数人的利益不具有产权激励属性，因而个体社会成员多不愿以付出私人成本为代价来保护这些利益。而且，经济学上的“搭便车”现象也使个体对公益保护事业容易产生侥幸依赖或排斥抵触心理。最终，社会公益将在集体的冷漠之中被消耗殆尽。鉴于此，创设公益诉讼制度，以减少诉讼成本，同时给予诉讼代表人或代理人以一定的物质或精神激励，是应对公益流失或失序的一条有效路径。以集团诉讼为例。当某个侵害行为损及不特定多数人的利益时，在个别诉讼成本高昂且侵害人实力强大的情况下，单个受害人起诉求偿的代价会很大，而且“诉讼爆炸”或诉讼集聚会极度占用和浪费司法资源，最终会损害全体纳税人的利益。因而，选定诉讼代表人或代理人，在公告登记之后由其统一起诉索赔，不仅可减少诉讼成本、节约司法资源，还可对普通社会成员或组织主动保护社会公益予以有效的制度激励。

就消费者权益保护而言，由于对特定产品的消费具有群体性，某一产品缺陷的致害面将波及全社会的不特定多数消费者。此外，在与市场经济相适应的法治环境尚未成熟的背景下，不少经营者（尤其垄断经营者）会以损害消费者合法权益的手

① 转引自冯玥、肖微：《试论消费者的事前和事后权利救济机制——以三鹿奶粉破产案受害者为视角》，载《湖北行政学院学报》，2010（5）。

段牟取不正当利益，如电信行业或银行业的不合理收费行为等，而多数消费者会因“成本一收益”的考量等原因而忍气吞声。有鉴于此，建立一套完善的消费公益诉讼机制，以填补消费者权益保护的上述漏洞，已显得颇为必要。

【疑难问题】

1. 如何建立消费公益诉讼机制？

解决思路：我国目前的诉讼法尚未完全确立公益诉讼制度，且《民事诉讼法》中关于起诉条件的规定，对公益诉讼的提起构成了较严格的限制。因此，建立消费公益诉讼机制，应在修改现行民事诉讼法律的基础上，从以下方面进行制度构建：(1) 明确提起消费公益诉讼的主体。基于消费者组织在职能作用、资金实力、专业程度等方面的优势，建议赋予消费者协会或其他消费者组织代表消费者提起公益诉讼的权利。当然，消费者个人或其他社会组织也应具有提起消费公益诉讼的资格。(2) 明确提起消费公益诉讼的条件。其核心是，如何确定公共利益或不特定多数人利益的范围。我们认为，立法时可选择“列举式＋概括式”的模式，对基本无争议的公益事项予以列举，并以兜底条款的形式作概括性规定。(3) 建立消费公益诉讼的激励机制。即对代表消费者群体提起公益诉讼的个人或组织，给予其诉讼费用减免、优先获得赔偿、精神或额外物质收益等方面的奖励。

2. 要有效解决消费争议，还应该建立或完善哪些纠纷解决机制？

解决思路：消费争议往往具有分散性、集团性和小额性等特征，基于此，应从如下几个方面完善消费争议的纠纷解决机制：(1) 增强消费者协会调解消费争议的独立性和效力性。在独立性方面，应尽量使消协摆脱目前的半官方性质，使其回归民间社会团体的本位，这样它才能更好地履行消费争议解决职能；在效力性方面，应赋予调解协议一定的法律效力，这样既可以减少当事人的翻脸赖账，又可以增强消协调解的权威性。(2) 建立方便快捷的消费争议仲裁机制，以集中解决小额或简单的消费纠纷案件。例如，2003 年 11 月广州市仲裁委员会与广东省消费者委员会联合出台的《消费争议特别规定》规定，消费者与商家发生争议申请仲裁，争议金额在 5 万元以下的可当天提出，当天仲裁。(3) 建立小额消费纠纷诉讼法庭。为了快速解决争议，小额诉讼法庭可采用简易程序和简便灵活的审理方式，甚至可以实行一审终审。(4) 建立消费公益诉讼机制，以更好地解决具有“群体性”的消费争议。

五、经营者的责任承担

【知识要点】

经营者从事违法经营活动或实施侵犯消费者合法权益的行为的，应依法承担相应的法律责任。经营者承担法律责任的形式包括民事责任、行政责任和刑事责任三类。

(一) 经营者应承担的民事责任

经营者承担的民事责任，包括侵权责任、合同责任、惩罚性赔偿责任等。

1. 侵权责任

(1) 产品侵权责任和服务侵权责任。产品侵权责任是指经营者因提供的产品存在缺陷而导致人身、缺陷产品以外的财产损害所应承担的民事责任。发生产品侵权，生产者和销售者应向消费者承担连带赔偿责任。服务侵权责任是指服务提供者在服务过程中，对消费者造成人身、财产损害所应承担的民事责任。

(2) 直接侵犯消费者人格权的责任，是指经营者以殴打、辱骂、搜身、限制人身自由等方式侵犯消费者的人格尊严权时所应承担的民事责任。

关于经营者因侵权行为所应承担责任的形式和内容，《消费者权益保护法》根据消费者所受损害类型的不同作了具体规定：

首先，造成人身损害所应承担的责任。经营者提供商品或者服务，造成消费者或者其他受害人人身伤害的，应当支付医疗费、治疗期间的护理费、因误工减少的收入等费用，造成残疾的，还应当支付残疾者生活自助具费、生活补助费、残疾赔偿金以及由其扶养的人所必需的生活费等费用。造成消费者或者其他受害人死亡的，应当支付丧葬费、死亡赔偿金以及由死者生前扶养的人所必需的生活费等费用。①

其次，造成人格利益损害所应承担的责任。经营者侵害消费者的人格尊严或者侵犯消费者人身自由的，应当停止侵害、恢复名誉、消除影响、赔礼道歉，并赔偿损失。

最后，造成财产损害所应承担的责任。经营者提供商品或者服务，造成消费者财产损害的，应当按照消费者的要求，以修理、重作、更换、退货、补足商品数量、退还货款和服务费用或者赔偿损失等方式承担民事责任。消费者与经营者另有约定的，按照约定履行。

2. 合同责任

经营者的合同责任，指经营者因履行消费合同或对消费合同违约所应承担的相应责任。需要说明的是几种比较特别的情形：(1)“三包”责任。对国家规定或者经营者与消费者约定包修、包换、包退的商品，经营者应当负责修理、更换或者退货。在保修期内两次修理仍不能正常使用的，经营者应当负责更换或者退货。对包修、包换、包退的大件商品，消费者要求经营者修理、更换、退货的，经营者应当承担运输等合理费用。(2) 邮购销售的责任。经营者以邮购方式提供商品的，应当按照约定提供。未按照约定提供的，应当按照消费者的要求履行约定或者退回货款，并应当承担消费者必须支付的合理费用。(3) 预付款方式销售的责任。经营者以预收

---

① 此外，还应参照《最高人民法院关于审理人身损害赔偿案件适用法律若干问题的解释》以及《最高人民法院关于确定民事侵权精神损害赔偿责任若干问题的解释》的有关规定，对经营者的责任内容进行综合认定。

款方式提供商品或者服务的，应当按照约定提供。未按照约定提供的，应当按照消费者的要求履行约定或者退回预付款，并应当承担预付款的利息、消费者必须支付的合理费用。（4）商品不合格的责任。依法经有关行政部门认定为不合格的商品，消费者要求退货的，经营者应当负责退货。

对普通消费合同的违约，一般只要求经营者承担法定或约定的违约责任，消费者不得以违约为由要求经营者承担精神损害赔偿责任。但是，对于某些与精神利益有很大关系的合同的严重违约，消费者可向经营者主张精神损害赔偿。这类合同多被称为期待精神利益合同，如婚纱摄影录制合同、婚礼录像合同、照片冲印合同等。

目前我国法定的可主张精神损害赔偿的案由仅限于侵权纠纷，其直接依据是《最高人民法院关于确定民事侵权精神损害赔偿责任若干问题的解释》（以下简称《精神损害赔偿解释》）。在该《精神损害赔偿解释》的起草说明中，也明确承认"《解释》未采纳违反合同也承担精神损害赔偿责任的观点，而将精神损害赔偿的范围限制在上述侵权案件类型中"。在司法实践中，因违约行为而承担精神损害赔偿责任的情况，多限于违约责任与侵权责任相竞合，且当事人以侵权为案由主张精神损害赔偿的情形。例如，客运合同违约与人身侵权相竞合、餐饮服务合同违约与人身侵权相竞合、特定纪念物品保管合同违约与该物品损毁灭失的侵权责任相竞合等情形。然而，实践中，还存在仅因经营者的合同违约行为而致消费者精神利益严重受损的情形。如在婚礼录像合同中，经营者因疏忽而漏制了婚礼中的关键环节（如拜谢父母或交换婚戒等），这仅涉及违约责任，而不存在侵权的问题。在这种情况下，若依照现行法律规定，受害方是不能主张精神损害赔偿的。但是，我们认为，在上述各种期待精神利益合同中，消费者（受害方）因经营者的严重违约行为，同样遭受了精神利益的严重损害，如若仅囿于纠纷案由上的束缚而不允许其主张精神损害赔偿，则不符合情理。所以，在因经营者对特定期待精神利益合同的严重违约而致消费者精神利益严重受损的情况下，应赋予消费者向违约方主张精神损害赔偿的权利。

3. 惩罚性赔偿责任

惩罚性赔偿责任是经营者因从事欺诈经营而应承担的一种特殊法律责任，其不同于传统民法责任的补偿性特征。《消费者权益保护法》第 49 条规定："经营者提供商品或者服务有欺诈行为的，应当按照消费者的要求增加赔偿其受到的损失，增加赔偿的金额为消费者购买商品的价款或者接受服务的费用的一倍。"从功能论的角度，《消费者权益保护法》规定惩罚性的双倍赔偿责任的目的，是以加重违法成本的方式威慑与约束经营者，使之守法经营，从而更好地保护消费者的合法权益。

理解惩罚性赔偿责任的关键，在于如何清晰界定欺诈行为的内涵与外延。（1）欺诈行为的内涵。所谓欺诈，是指经营者在提供商品或者服务的过程中，为获取不正当利益而采取虚假或其他不正当手段欺骗、误导消费者，使消费者的合法权益受到损害的行为。欺诈的表现方式主要包括两种：一是故意告知对方虚假情况；二是故意隐瞒真实情况。（2）欺诈行为的具体表现形式。对此，可参考国家工商行政管理局 1996 年发布的《欺诈消费者行为处罚办法》的有关规定。该办法具体列举了两类欺诈行为的表现形式。一类是直接欺诈消费者的行为。包括：销售掺杂、掺假，以假充真，以次充好的商品；采取虚假或者其他不正当手段使销售的商品分量不足；销售“处理品”、“残次品”、“等外品”等商品而谎称是正品；以虚假的“清仓价”、“甩卖价”、“最低价”、“优惠价”或者其他欺骗性价格表示销售商品；以虚假的商品说明、商品标准、实物样品等方式销售商品；不以自己的真实名称和标记销售商品；采取雇佣他人等方式进行欺骗性销售商品；作虚假的现场演示和说明；利用广播、电视、电影、报刊等大众传播媒介对商品作虚假宣传；骗取消费者预付款；利用邮购销售骗取价款而不提供或者不按照约定条件提供商品；以虚假的“有奖销售”、“还本销售”[①] 等方式销售商品。另一类是需要经营者证明其实施的某些行为确非欺骗、误导消费者，不能证明的，该行为便属于欺诈行为。这类行为包括：销售失效、变质的商品；销售侵犯他人注册商标权的商品；销售伪造或冒用他人商品特有的名称、包装、装潢的商品；销售伪造或冒用认证标志、名优标志等质量标志的商品。此外，《最高人民法院关于审理商品房买卖合同纠纷案件适用法律若干问题的解释》也规定了两类因经营者的商品房欺诈销售行为而适用惩罚性赔偿的情形。一类是出卖人恶意违约行为导致的赔偿责任。包括：商品房买卖合同订立后，出卖人未告知买受人又将该房屋抵押给第三人；商品房买卖合同订立后，出卖人未告知买受人又将该房屋出卖给第三人。另一类是因出卖人故意隐瞒有关信息应承担的赔偿责任。包括：故意隐瞒没有取得商品房预售许可证明的事实或者提供虚假商品房预售许可证明；故意隐瞒所售房屋已经抵押的事实；故意隐瞒所售房屋已经出卖给第三人或者为拆迁补偿安置房屋的事实。以上情形下，买受人除可请求解除合同、返还已付购房款及利息、赔偿损失外，还可请求出卖人承担不超过已付购房款1倍的赔偿责任。

经营者承担惩罚性赔偿责任，一般应具备如下几个要件：(1) 消费合同的存在，即消费者与经营者已达成合法有效的买卖合同或服务合同；(2) 经营者实施了欺诈行为；(3) 消费者因经营者的欺诈行为作出了错误的意思表示，如购买了商品或接受了服务；(4) 消费者要求经营者承担惩罚性赔偿责任。

(二) 经营者应承担的行政责任

经营者承担的行政责任，指经营者因违反《消费者权益保护法》或其他法律、法规所应承担的行政处罚责任。《消费者权益保护法》第50条对经营者应承担的行政责任作了法律适用上的划分，即《产品质量法》或其他法律、法规对经营者的违法行为规定了处罚机关和处罚方式的，从其规定；未作规定的，适用本法，由工商行政管理部门责令改正，并可依情节单处或并处警告、没收违法所得、处以违法所得1倍以上5倍以下的罚款，没有违法所得的，处以1万元以下的罚款，情节严重的，责令其停业整顿、吊销营业执照。经营者应承担上述行政责任的违法情形包括：(1) 生产、销售的商品不符合保障人身、财产安全要求的；(2) 在商品中掺杂、掺假，以假充真，以次充好，或者以不合格商品冒充合格商品的；(3) 生产国家明令

---

① 还本销售是指经营者在销售时许诺若干年后可将购物价款归还消费者的一种销售方式，是经营者为加快资金周转而采取的一种促销手段。

淘汰的商品或销售失效、变质商品的；（4）伪造商品的产地，伪造或冒用他人的厂名、厂址，伪造或冒用认证标志、名优标志等质量标志的；（5）销售的商品应当检验、检疫而未检验、检疫或伪造检验、检疫结果的；（6）对商品或者服务作引人误解的虚假宣传的；（7）对消费者提出的修理、重作、更换、退货、不足商品数量、退还货款和服务费用或者赔偿损失的要求，故意拖延或者无理由拒绝的；（8）侵害消费者人格尊严或者侵犯消费者人身自由的；（9）法律、法规规定的对损害消费者权益应当予以处罚的其他情形。

（三）经营者应承担的刑事责任

常见的损害消费者利益的犯罪行为包括五类：（1）生产销售伪劣商品型犯罪。主要有：生产、销售假药罪；生产、销售劣药罪；生产、销售不符合卫生标准的食品罪；生产、销售有毒、有害食品罪；生产、销售不符合标准的医用器材罪；生产、销售不符合安全标准的产品罪；生产、销售伪劣农药、兽药、化肥、种子罪；生产、销售不符合卫生标准的化妆品罪等。（2）扰乱市场秩序型犯罪。主要有：虚假广告罪；合同诈骗罪；非法经营罪；强迫交易罪；伪造、倒卖伪造的有价票证罪；逃避商检罪等。（3）侵犯知识产权型犯罪。主要有：假冒注册商标罪；销售假冒注册商标的商品罪；非法制造、销售非法制造的注册商标标识罪；假冒专利罪；侵犯著作权罪等。（4）危害公共卫生型犯罪。包括医疗事故罪；非法行医罪等。（5）渎职型犯罪。主要有：对生产、销售伪劣商品犯罪行为的徇私舞弊不移交刑事案件罪；商检徇私舞弊罪等。

【案例评析】

侯耀华代言虚假广告事件

1. 案情简介

2009 年 11 月，中国广告协会发出通报，指出侯耀华共代言了包括保健食品、药品、医疗器械等 10 个虚假产品广告。据通报指出，这些产品包括澳鲨宝、伯爵养生胶囊、杜仲降压片、黄金九号、康大夫茶愈胶囊、渭肠益生元、亚克口服液、加拿大 V6 胶囊、角燕 G 蛋白、方舟降压仪。以上产品的广告均未经行政许可部门批准，均使用演员做主持人，使用专家、患者、消费者的名义和形象作证明，且均含有其他违法内容。此外，以上 10 个产品的广告多次被消费者投诉，且先后或分别被浙江、辽宁、山西、河北、江西、湖北、甘肃、江苏、四川等地工商行政管理局或食品药品监督管理局通报和查处。①

---

① 参见《2009 年中国十大消费维权案例》，见 http：//www.people.com.cn/GB/32306/180329/11155181.html，2011-07-30。

2. 基本问题

名人代言虚假广告应承担什么样的法律责任?

3. 知识内容

所谓虚假广告，是指广告的内容与产品或服务的真实信息不符，存在夸大或虚假内容。对经营者的虚假广告行为，在多部法律、法规中均有禁止性规定。如《广告法》第37条规定，“利用广告对商品或者服务作虚假宣传的，由广告监督管理机关责令广告主停止发布、并以等额广告费用在相应范围内公开更正消除影响”。《反不正当竞争法》第24条规定：“经营者利用广告或者其他方法，对商品作引人误解的虚假宣传的，监督检查部门应当责令停止违法行为，消除影响，可根据情节处以一万元以上二十万元以下的罚款。”《欺诈消费者行为处罚办法》第3条规定：“经营者在向消费者提供商品中，有下列情形之一的，属于欺诈消费者行为……（九）利用广播、电视、电影、报刊等大众传播媒介对商品作虚假宣传的……”据此，根据《消费者权益保护法》和《欺诈消费者行为处罚办法》的规定，经营者利用虚假广告作不真实宣传的行为属于欺诈经营行为，应承担双倍赔偿责任。

但是，对名人、明星、专家、社会组织、权威机构乃至外国人等经营者以外的其他任何人以广告代言人的身份参与“荐证广告”，进行虚假宣传应承担何种责任，目前尚缺乏一般性法律规定。《食品安全法》第55条规定：“社会团体或者其他组织、个人在虚假广告中向消费者推荐食品，使消费者的合法权益受到损害的，与食品生产经营者承担连带责任。”但是，此项规定仅限于食品行业虚假广告中的名人或明星代言责任，对名人或明星在其他行业或领域中的虚假广告代言责任尚未有明确规定。我们认为，应扩大名人或明星代言虚假广告与经营者共同承担赔偿责任的适用范围。这就需要对“荐证广告”的法律规制进行完善。如可以将《广告法》第38条第3款修改为：“任何社会团体或者其他组织、个人，在广告中虚假、不实地向消费者推荐商品或者服务，使消费者的合法权益受到损害的，应当依法承担连带责任。”这里尤其要强调的是，尽管明星、名人在身份上不同于普通人，但在法律责任的承担上与普通人相比并没有特殊性，相关立法不可能对明星、名人作特别的规定。

【疑难问题】

1. 经营者“假一赔十”的承诺有效吗?

解答思路：经营者“假一赔十”的承诺是有效的，应予兑现。首先，“假一赔十”承诺实质上是经营者与消费者签订的消费合同中的一个约定条款，且其内容不违反法律的强制性规定和社会的公序良俗。其次，“假一赔十”承诺与《消费者权益保护法》的“假一赔二”规定并不冲突。《消费者权益保护法》规定惩罚性赔偿的目的是促使经营者诚信经营，是对经营者欺诈行为的最低惩罚，它并不排斥经营者自行允诺更高的惩罚标准。再次，“假一赔十”承诺在性质上不同于合同违约金。《合同法》规定，双方当事人约定的违约金过高的，违约方可向法院申请将其适当调低。

但此处的“假一赔十”条款并非是违约金条款，不适用前述规定。最后，“假一赔十”承诺本质上是经营者为自己课以的一项特殊合同责任，其目的是刺激消费者购买其商品或服务。因此，经营者不能只利用“假一赔十”的承诺获得相应的经济利益，而在出现假货时，却不接受“十倍赔偿”的惩罚。

2. 在赠品为假货的欺诈销售中，双倍赔偿是以主商品价值的双倍进行赔偿还是以赠品价值的双倍进行赔偿?（或者说，局部欺诈是否适用整体双倍赔偿?）

解答思路：目前大多数学者认为，附赠销售中的赠品附送行为不同于民法上的赠与行为，不能成为独立的赠与合同。因为，在附赠销售中，经营者向消费者赠送物品的行为不是无偿的，而是附有条件的，即以消费者购买较赠品价值更大的主商品为前提条件。其实，对于这类赠品，实质是“名赠实卖”，赠品的对价和经济利益已被经营者统一折入主商品的价格和收入中。因此，在附赠销售中，赠品存在瑕疵或缺陷，经营者也必须承担法定或约定的赔偿责任。至于在构成欺诈并适用双倍赔偿责任时应以主商品还是以赠品的价值为基础计算赔偿额，仍有不同的看法。有人认为，应以赠品价值的双倍进行赔偿，这样才能“罚当其责”，显示公平。但我们认为，应以主商品价值的双倍进行赔偿。理由是：第一，应将附赠销售作为一个整体看待，而不能把附赠行为当做一个独立的行为；第二，从社会效果看，重罚有利于杜绝欺诈，维护整个社会的价值秩序和交易安全；第三，针对我国的现实商业环境，有必要乱“市”用重典。与此相类似，经营者即使只是对产品的局部存在欺诈，也应对整个产品进行双倍赔偿。

实务训练

1. 罗杰斯公司中关村分店系西式餐厅，其店门玻璃上有“衣冠不整者禁止入内”的告示，在该店内有“为了维护多数顾客的权益，本餐厅保留选择顾客的权利”为内容的店堂告示。某日，周某身穿短裤、脚穿塑料拖鞋到该店就餐。该店当日值班经理向周某出示了上述告示，请其改日到该餐厅用餐，并附送两张“买一送一”餐券。周某先后两次被拒绝用餐，于是起诉罗杰斯公司。本案该如何处理?

解析：对本案的处理仍存在争议。一种意见认为，消费者有自主选择经营者的权利，而经营者不享有选择消费者的权利；经营者不得无理拒绝与消费者交易；经营者不得以店堂告示等形式规避其法定义务，否则，该告示的内容无效。本案中，被告侵犯了消费者周某的自主选择权，应赔偿其相关损失。另一种意见（也是法院审理意见）认为，消费者享有自主选择商品或者服务的权利。同样，企业作为经营者，享有在合法基础上自主选择有利于其经营的方式、方法。被告作为西餐式快餐店，其食品特点及环境具有西式餐饮特色，营造了被告特有的饮食文化氛围。其将“衣冠不整者禁止入内”和“为了维护多数顾客的权益，本餐厅保留选择顾客的权利”以店堂告示的方式告知来此消费的消费者，目的是为所有消费者创造一种文明有序的良好消费环境。从一般人的理解来看，应认为被告只是为了限制那些诸如衣冠不整和行为举止不文明的消费者进入其经营场所，而非对一般消费者消费权益的限制，也并非针对特定主体而作出。该做法在行使经营权方面具有一定的合理性。周某作为选择在该店用餐的消费者，就应尊重该餐厅一贯形成的文化氛围。被告根据周某当日的衣着情况拒绝其消费，并不违反法律规定和违背常人的理解。从消费者权益与企业经营自主权平衡的角度出发，我们认同法院的审理意见。

2. 某美容店向王某推荐一种“雅兰牌”护肤产品。王某对该产品如此便宜表示疑惑，店家解释为店庆优惠。王某买回使用后，面部出现红肿、瘙痒，苦不堪言。质监部门认定系假冒劣质产品。王某遂向美容店索赔。问：(1) 美容店侵犯了王某哪些消费者权利？(2) 王某可向美容店主张赔偿哪些内容？

解析：(1) 美容店因销售假冒劣质产品致消费者健康权受到损害，侵犯了消费者王某的安全保障权。(2) 美容店销售假冒产品的行为构成了欺诈经营，消费者可主张惩罚性赔偿责任。王某可要求美容店赔偿其医疗费、误工费等；可要求美容店除返还购物款之外，还要支付其购物款一倍的赔偿金。

3. 李某在某商场购买了一台 A 公司生产的微波炉，在标明的安全使用期内，发生了爆炸事故。李某和其妻子张某均被炸伤，分别花去医药费 3 000 元和 5 000 元。后经质量部门鉴定查明，该微波炉存在质量缺陷，属于不合格产品。问：(1) 张某能否向经营者主张赔偿责任？(2) 本案受害人可向谁主张赔偿责任？

解析：(1) 张某是李某所购商品的使用人，属于消费者的范畴。经营者生产、销售的微波炉因存在缺陷而致张某人身损害，张某可以向经营者主张赔偿责任。(2) 因产品缺陷而导致人身、财产受到损害的，消费者既可向产品的生产者主张赔偿责任，又可向产品的销售者主张赔偿责任。因此，本案中，受害人可要求商场和 A 公司承担连带赔偿责任。

课后练习

1. 下列投诉中，消协应该受理的是(　　)。

A. 甲从某商场购到以次充好的化妆品

B. 农民乙为给庄稼追肥购买到伪劣化肥

C. 丙研究所购买到一批劣质仪器

D. 丁在某商场买一送一的活动中得到的赠品是假货

2. 某公司生产销售一款新车，该车在有些新设计上不够成熟，导致部分车辆在驾驶中出现故障，甚至因此造成交通事故。事后，该公司拒绝就故障原因作出说明，也拒绝对受害人提供赔偿。该公司的行为侵犯了消费者的哪些权利？(　　)

A. 安全保障权　　B. 知悉真情权

C. 公平交易权　　D. 获得赔偿权

3. 经营者的下列哪些行为违反了《消费者权益保护法》的规定？(　　)

A. 商家在商场内多处设置监控录像设备，其中包括服装销售区的试衣间

B. 商场的出租柜台更换了承租商户，新商户进场后，未更换原商户设置的名称

标牌

C. 顾客以所购商品的价格高于同城其他商店的同类商品的售价为由要求退货，商家予以拒绝

D. 餐馆规定，顾客用餐结账时，餐费低于 5 元的不开发票

4. 甲经贸公司租赁乙大型商场柜台代销丙厂名牌床罩。为提高销售额，甲公司采取了多种促销措施。下列措施哪一项违反了法律规定？（　　）

A. 在摊位广告牌上标明“厂家直销”

B. 在商场显著位置摆放该产品所获的各种奖牌

C. 开展“微利销售”，实行买一送一或者买 100 元返券 50 元

D. 对顾客一周之内来退货“不问理由一概退换”

5. 某大型商场在商场各醒目处张贴海报：本商场正以 3 折的价格处理一批因火灾而被水浸过的商品。消费者葛某见后，以 488 元购买了一件原价 1 464 元的名牌女皮衣。该皮衣穿后不久，表面出现严重的泛碱现象。葛某要求商场退货，被拒绝。下列哪些说法是正确的？（　　）

A. 商场不承担退货责任

B. 商场应当承担退货责任

C. 商场可以不退货，但应当允许葛某用该皮衣调换一件价值 488 元的其他商品

D. 商场可以对该皮衣进行修复处理并收取适当的费用

6. 郭某与 10 岁的儿子到饭馆用餐，如厕时将手提包留在座位上嘱咐儿子看管，回来后发现手提包丢失。郭某要求饭馆赔偿被拒绝，遂提起民事诉讼。根据消费者安全保障权，下列哪一说法是正确的？（　　）

A. 饭馆应保障顾客在接受服务时的财产安全，并承担顾客随身物品遗失的风险

B. 饭馆应保证其提供的饮食服务符合保障人身、财产安全的要求，但并不承担对顾客随身物品的保管义务，也不承担顾客随身物品遗失的风险

C. 饭馆应对顾客妥善保管随身物品作出明显提示，否则应当对顾客的物品丢失承担赔偿责任

D. 饭馆应确保其服务环境绝对安全，应当对顾客在饭馆内遭受的一切损失承担赔偿责任

7. 居民甲在某商场购得 1 台“多功能食品加工机”，回家试用后发现该产品只有一种功能，遂向商场提出退货，商场答复：“该产品说明书未就其使用性能作明确说明，且产品本身无质量问题，所以顾客应向厂家索赔，商场概不负责。”对此，顾客应该怎么办？（　　）

A. 应当要求销售者给予退换

B. 只能向生产者要求退换

C. 可选择向销售者或生产者要求退换并给予赔偿

D. 因未当场认真检验商品，所以不能要求退换

8. 张某到一美容院作美容，美容院使用甲厂生产的“水洁”牌护肤液为其做脸部护理，结果因该护肤液系劣质产品而致张某脸部皮肤严重灼伤，张某为此去医院

治疗，花去近5 000元医药费。关于此事例，下列哪些选项是正确的？（　　）

A. 张某有权要求美容院赔偿医药费

B. 张某有权要求甲厂赔偿医药费

C. 张某若向美容院索赔，可同时请求精神损害赔偿

D. 美容院若向张某承担了责任，则其可以向甲厂追偿

9. 周某将拍摄了其结婚仪式的彩色胶卷底片交给某彩扩店冲印，并预交了冲印费。周某于约定日期去取相片，彩扩店告知：因失火，其相片连同底片均被焚毁。周某非常痛苦，诉至法院请求彩扩店赔偿胶卷费、冲印费损失及精神损害。下列哪些选项是正确的？（　　）

A. 彩扩店侵害了周某的财产权和肖像权

B. 彩扩店的行为构成违约行为和侵权行为

C. 彩扩店应当赔偿胶卷费并返还冲洗费

D. 周某的精神损害赔偿请求应当得到支持

10. 下列有关消费者组织的提问，哪些应该给予肯定的回答？（　　）

A. 除了消费者协会以外，是否可以经过合法程序成立其他的消费者组织？

B. 有人说，消费者组织属于工商行政管理局下属的政府机构，这种说法正确吗？

C. 消费者协会能够以自己名义代表消费者打官司吗？

D. 消费者协会能够以自己名义在立法过程中提出建议吗？

11. 钟某为其3岁儿子购买某品牌的奶粉，小孩喝后上吐下泻，住院7天才恢复健康。钟某之子从此见任何奶类制品都拒食。经鉴定，该品牌奶粉属劣质品。为此，钟某欲采取维权行动。钟某亲友们提出的下列建议哪一项缺乏法律依据？（　　）

A. 请媒体曝光，并要求工商管理机关严肃查处

B. 向出售该奶粉的商场索赔，或向生产该奶粉的厂家索赔

C. 直接提起诉讼，要求商场赔偿医疗费、护理费、误工费、交通费等

D. 直接提起仲裁，要求商场和厂家连带赔偿钟某全家所受的精神损害

12. 消费者李某在购物中心购买了一台音响设备，依法经有关行政部门认定为不合格商品，李某找到购物中心要求退货。下列何种处理方法是正确的？（　　）

A. 该购物中心认为可以通过更换使李某得到合格产品，因而拒绝退货

B. 该购物中心认为该产品经过修理能达到合格，因而拒绝退货

C. 该购物中心应按照消费者的要求无条件负责退货

D. 该购物中心可以依法选择修理、更换、退货中的任一方式

13. 患者张先生在某中医院专家门诊处看病，发现该专家所开处方的多味中药里出现了奇怪的代号，患者取药的地点还不在专家所在的医院。围绕一张“加密”的中药处方，患者指责医生用药不告知成分，侵犯了自己的知情权；医生说这是为了让自己的知识产权不受侵犯。事实上该医生的行为并未侵权，因为该药方是他多年的心血，之所以在关键的几味药上“加密”，是怕看出门道的同行剽窃，自己的知

识产权得不到保护。问：这个矛盾该如何解决？

法律法规

1.《中华人民共和国消费者权益保护法》
2.《中华人民共和国合同法》
3.《中华人民共和国侵权责任法》
4.《中华人民共和国广告法》
5.《欺诈消费者行为处罚办法》
6.《工商行政管理机关受理消费者申诉暂行办法》
7.《关于处理侵害消费者权益行为的若干规定》
8.《最高人民法院关于审理人身损害赔偿案件适用法律若干问题的解释》
9.《最高人民法院关于确定民事侵权精神损害赔偿责任若干问题的解释》
10.《最高人民法院关于审理商品房买卖合同纠纷案件适用法律若干问题的解释》

延伸阅读

1. 李昌麒，许明月．消费者保护法．北京：法律出版社，2005
2. 吴景明．消费者权益保护法．北京：中国政法大学出版社，2007
3. 金福海．消费者法论．北京：北京大学出版社，2005
4. 沈佳明，谢翀．消费者权益保护案例．太原：山西教育出版社，2010
5. 戎素云．消费者权益保护的制度分析．北京：社会科学出版社，2008
6. 赵秋雁．电子商务中消费者权益的法律保护：国际比较研究．北京：人民出版社，2010
7. 应飞虎．信息、权利与交易安全：消费者保护研究．北京：北京大学出版社，2008
8. 王振民，吴革．消费者权益保护与产品责任指导案例与审判依据．北京：法律出版社，2011
9. 刘益灯．跨国消费者保护的法律冲突及其解决对策．北京：法律出版社，2008
10. 曹三明．消费者权益保护案例选编．北京：中国社会出版社，2009
11. 王兴运．“自主选择权”探析．理论导刊，2005 (4)
12. 谢晓尧．消费者：人的法律形塑与制度价值．中国法学，2003 (3)
13. 李友根．论经济法权利的生成——以知情权为例．法制与社会发展，2008 (6)
14. 许红缨，张雨林．网络环境下消费者权益保护问题探析．江西社会科学，2007 (1)
15. 成靖．论荐证广告的法律规制．政治与法律，2007 (5)

16. 中国消费者协会网 . http：//www. cca. org. cn/
17. 中国消费网 . http：//www. ccn. com. cn/
18. 3·15 网络维权平台 . http：//315. business. sohu. com/
19. 城市消费者维权联盟网 . http：//www. 315city. com/
20. 110 法律咨询网 . http：//www. 110. com/zhuanti/xiaofeizhequanyibaohufa/

第四章　产品质量与安全法

【内容摘要】

本章分析了我国《产品质量法》的适用范围，详细阐释了产品瑕疵和产品缺陷的关系。在产品质量监督体制中，重点对产品质量监督的主要制度进行了阐述，诸如产品质量检验制度、企业质量体系认证和产品质量认证制度、产品质量监督抽查制度等。在生产者和销售者的产品质量责任和义务的阐释中，借助一系列案例，明确了各主体的权责利。在产品责任方面，对产品质量责任与产品责任作了区分，结合产品责任的历史发展，分别从合同责任、一般侵权责任以及严格责任等三个发展阶段对产品责任进行了深入剖析；还阐述了我国《产品质量法》的产品责任，包括归责原则、构成要件、诉求对象、责任免除、赔偿范围、诉讼时效等方面。此外，本章对农产品质量安全与食品安全作了重点探讨。最后，从产品召回制度概述、产品召回标准、产品召回的一般步骤等三个方面对产品召回制度进行了阐释。

一、产品、产品质量和产品安全

【知识要点】

（一）产品

1. 产品的界定

通常意义上，产品泛指自然物以外的一切劳动生产物。但各国的产品质量立法都对法律意义上的产品作了限定，并且，不同国家的产品质量立法对产品范围的界定也不同。从总体上看，各国究竟将哪些产品的质量纳入产品质量立法加以规范，主要取决于以下三方面的因素：

(1) 经济和科技发展的水平。从世界范围来看，经济和科技发展水平越高的国家，其产品质量立法中的产品范围越宽，因为经济和科技发展水平的高低决定着有能力（有可能）纳入质量管理的产品的范围大小。例如，同样是初级农产品，美国和欧盟分别采取了不同的质量立法体例，美国将初级农产品纳入其产品质量立法的一个重要原因在于其经济和科技水平发展较高，农业实行企业化经营，对初级农产品具备像对工业产品那样进行管理的经济、技术条件，而欧盟各国的经济和科技水平相对不发达，农业实行分散经营，对初级农产品不可能像对工业产品那样进行管理，所以，这些国家的产品质量立法将初级农产品排斥在外。

(2) 经营者的生产经营活动与消费者权益保护之间的利益平衡。一般而言，各国针对纳入产品质量专项立法的产品都实行严格责任，严格责任是一种有利于消费者但不利于生产者、销售者的产品责任归责原则。因此，如果经营者的生产经营活动在与消费者权益保护的利益对比中占据优势，则其产品往往会被排斥在产品质量专项立法之外；与此相反，若消费者权益保护被认为比某项产品的生产经营更为重要，则该项产品就将被纳入产品质量专项立法。

(3) 立法技术上的限制。不同产品具有不同特性，在一部法律中很难同时兼顾，出于立法技术上的考虑，某些特殊产品就被排斥在产品质量法之外，其质量由其他专门立法加以规定。不过，规定特殊产品质量的专门立法也是广义的产品质量法。例如，世界上多数国家将不动产排斥在产品质量基本法之外，其根本原因，就在于不动产相对于动产有很多特殊性，不便在一部法律中对它们的质量统一作出规定。

2. 我国《产品质量法》适用的范围

我国《产品质量法》是在综合考虑上述三方面因素的基础上来划定其所适用范围的。总体而言，我国《产品质量法》适用的产品，是指经过加工、制作，用于销售的产品。当然，有些产品是排除在《产品质量法》的适用范围之外的，诸如建设工程、军工产品、核设施、核产品等。按照规定，这些产品并不完全适用《产品质量法》，其造成损害的赔偿责任，法律、行政法规另有规定的，依照其规定。[①] 例如，射击运动学校学生所用的射击枪是民用的，区别于军工产品，因此属于此处的产品，受《产品质量法》调整；建筑工程公司修建的住宅楼属于建设工程，不能适用《产品质量法》；钢材厂的钢筋完全符合产品的界定，受《产品质量法》调整；天丰一号水稻属于初级农产品，受《农产品质量安全法》调整。[②] 我国《产品质量法》对产品的上述界定比较原则，需要进一步界定，具体阐释如下：

(1) 经过加工、制作的产品。按照通行的解释，经过加工、制作的产品，是指

---

① 根据《中华人民共和国产品质量法》第 73 条规定："军工产品质量监督管理办法，由国务院、中央军事委员会另行制定。因核设施、核产品造成损害的赔偿责任，法律、行政法规另有规定的，依照其规定。"

② 《中华人民共和国农产品质量安全法》第 2 条规定："本法所称农产品，是指来源于农业的初级产品，即在农业活动中获得的植物、动物、微生物及其产品。本法所称农产品质量安全，是指农产品质量符合保障人的健康、安全的要求。"

经过工业和手工加工、制作的工业产品、工艺品和农副产品等；天然物品（如原矿、原煤、石油、天然气、狩猎产品、采集产品等）和初级农产品（包括种植业、养殖业和林业产品）不是经过加工、制作的产品，因而不适用《产品质量法》。将这两类物品排除在《产品质量法》的适用范围以外，其主要立法理由是：上述物品的质量主要是自然形成的，是不以人的意志为转移的，不能按照一定的质量标准对它们进行质量管理；这些物品中的许多产品都是由社会效益高、经济效益低的社会生产部门提供，通过排除适用《产品质量法》，可以免除生产者的严格责任，进而促进提供这些产品的产业的发展。此外，在认定“经过加工、制作的产品”时，还必须注意两个问题，其一，经过加工、制作的产品，并不限于具有特定形态的产品，煤气、自来水、电等不具有特定形态的产品也应包括在内。其二，天然物品和初级农产品究竟在什么情况下才改变其原有性质，从而成为《产品质量法》上所谓“经加工、制作的产品”，这在现行立法上还是一个很不明确的问题。我们认为，关键是要看是否对天然物品和初级农产品进行了足以影响其质量的物理或化学处理。例如，从田间收获的小麦在各国都被界定为初级农产品，但由小麦制成的面粉、面条、面包，即成为经过加工、制作的产品；生猪和鲜肉是初级农产品，但将猪肉制成香肠、罐头，或将其炒成肉丝、肉片等，即成为经过加工、制作的产品。

（2）用于销售的产品。“用于销售的产品”不应局限于通过商品交换已经投入流通的产品，而应扩大解释为因经济的和非经济的目的而为他人生产的物品。由此可知，为交换而生产但尚未实际投入流通的产品，通过商品交换以外的其他合法途径而实际或准备让与他人的产品，如赠送物、奖品、出租物等，都将成为《产品质量法》适用的产品。当然，这样解释的用意，在于尽可能地为消费者提供法律保护。

3. 不适用《产品质量法》的“产品”

（1）服务产品。就目前来看，我国《产品质量法》没有将服务产品纳入其调整范围，主要理由为：首先，如果《产品质量法》适用于服务产品，那么，服务产品的提供者将承担严格责任，这与国际上对服务产品实行过错责任原则的通行做法相背离。其次，《产品质量法》适用的产品为“经过加工、制作的产品”，这表明，该法已经按照国际上的通行做法，把作为非物质产品的服务产品排除在外，因为服务等非物质产品并非是加工、制作出来的。

（2）农产品。依据我国《农产品质量安全法》，农产品是指来源于农业的初级产品，即在农业活动中获得的植物、动物、微生物及其产品。该法所称农产品质量安全是指农产品质量符合保障人的健康、安全的要求。国家建立健全农产品质量安全标准体系；农产品质量安全标准是强制性的技术规范；农产品质量安全标准的制定和发布，依照有关法律、行政法规的规定执行。可见，农产品不属于我国《产品质量法》的调整范围。

（3）建设工程。建设工程，包括房屋、公路、桥梁、隧道等工程。由于建设工程的质量问题与一般加工、制作的产品有较大的不同，对建设工程的质量问题，应当适用建筑法等法律的规定。可见，建设工程不适用《产品质量法》。但用于建设工程的各种建筑材料和建筑构配件、设备等，适用《产品质量法》的相关规定。

(二) 产品质量

1. 产品质量的内涵

产品质量是对产品本身的品质所做的一种评价。当然，品质包含多种评价指标，其中性能是一项重要的指标。性能一般被作为一个量化的评价，是较具体的评价，通常还会通过与其他产品的比较而得出。产品质量是指国家的有关法律法规、质量标准以及合同规定的对产品使用、安全和其他特性的要求。按照国家规定，产品质量就是指产品满足使用要求所具备的特性，即适用性。一般概括为五个方面：其一，性能，指产品为满足使用目的所具备的技术特征；其二，寿命，指产品能够正常使用的期限；其三，可靠性，指产品在特定条件下具备必要的功能；其四，安全性，指产品在流通、操作使用中保证安全的程度；其五，经济性，指产品从设计、制造到使用寿命周期的成本的大小。

2. 产品质量状况

产品的质量状况可分为合格和不合格，产品质量不合格表现为产品瑕疵和产品缺陷两种。从这个意义上讲，产品瑕疵和产品缺陷是与产品质量密切相关的两个术语。

(1) 产品瑕疵和产品缺陷的内涵

产品瑕疵在我国现行法律中没有统一的界定，一般而言，它是指产品不具备法律法规、质量标准或合同要求的，或者消费者所期待的使用性能。而根据我国《产品质量法》第46条的规定，产品缺陷是指产品存在危及人身、他人财产安全的不合理危险；产品有保障人体健康和人身、财产安全的国家标准、行业标准的，是指不符合该标准。

(2) 产品瑕疵和产品缺陷的关系

产品瑕疵和产品缺陷既有联系又有区别。

产品瑕疵和产品缺陷的联系在于：其一，它们都属于产品质量不合格的范畴。其二，它们都可能引起一定的产品质量责任。即售出的产品存在瑕疵，经营者事先未作说明的，应承担修理、更换、退货和赔偿损失的责任。其三，产品存在缺陷，致他人人身、财产损害的，应承担产品责任。

产品瑕疵与产品缺陷的区别在于：其一，在程度上，瑕疵是一般性的质量问题；缺陷是严重的质量问题。其二，在可否接受上，瑕疵并不使产品丧失原有的使用价值，消费者已经知道或已被销售者告知的，可以自行决定是否接受；缺陷是不合理危险，它不仅可能使产品丧失原有的使用价值，而且可能导致人身、财产损害，因此，对缺陷，原则上不能接受。其三，在向谁主张权利上，对瑕疵，消费者向与之有合同关系的销售者主张权利，该销售者承担责任后，属于其他供货者责任的，可以向其追偿；对缺陷，分两种情况主张权利：一是缺陷导致人身、缺陷产品以外的其他财产损害的，受害人既可向销售者、也可向生产者主张赔偿。二是缺陷尚未引起任何质量事故，或者只引起了缺陷产品本身的损坏，则由消费者向与之有合同关系的销售者主张权利。其四，在补救方式上，对瑕疵，由销售者依照法律规定或合同约定，负责修理、更换、退货和赔偿损失；对缺陷，未引起任何质量事故或只引起了缺陷产品本身的损坏的，按瑕疵的补救方式办理。缺陷导致人身、缺陷产品以外的其他财产损害的，按产品责任处理。

（三）产品安全

产品安全是指产品在使用、储运、销售等过程中，保障人体健康和人身、财产安全免受损害的一种状态和能力。以食品为例，食品安全是指食品无毒、无害，符合应当有的营养要求，对人体健康不造成任何急性、亚急性或者慢性危害。我国食品的安全问题主要是通过对环节的控制和对安全标准的贯彻执行：其一，就环节控制来看，依据我国《食品安全法》第 2 条的规定，涉及食品生产和加工，食品流通和餐饮服务（以下称食品经营）；食品添加剂的生产经营；用于食品的包装材料、容器、洗涤剂、消毒剂和用于食品生产经营的工具、设备的生产经营；食品生产经营者使用食品添加剂、食品相关产品；对食品、食品添加剂和食品相关产品的安全管理等环节都要遵守法律法规规定的安全规则、安全方法、安全步骤和安全操作。其二，就安全标准来看，国务院卫生行政部门制定、公布的食品安全国家标准主要包括：食品、食品相关产品中的致病性微生物、农药残留、兽药残留、重金属、污染物质以及其他危害人体健康物质的限量规定；食品添加剂的品种、使用范围、用量；专供婴幼儿和其他特定人群的主辅食品的营养成分要求；对与食品安全、营养有关的标签、标识、说明书的要求；食品生产经营过程的卫生要求；与食品安全有关的质量要求；食品检验方法与规程；其他需要制定为食品安全标准的内容。除了国家标准之外还有食品安全的地方标准、行业标准等。

此外，初级农产品不属于我国产品质量法的调整范围，但也可能会引发产品安全问题，根据我国《农产品质量安全法》第 2 条第 2 款的规定，“农产品质量安全，是指农产品质量符合保障人的健康、安全的要求”。我国也逐步建立健全了农产品质量安全标准体系，农产品质量安全标准是强制性的技术规范。

1. 产品质量法的内涵

产品质量法有实质意义的产品质量法和形式意义的产品质量法之分。前者是指调整产品质量监督关系和产品质量责任关系的法律规范的总称，它包括产品质量基本法、产品质量基本法的配套法律法规和其他法律法规中有关产品质量的规定；后者是指调整产品质量监督关系和产品质量责任关系的基本法，在我国，形式意义上的产品质量法就是 1993 年 2 月 22 日颁布的《中华人民共和国产品质量法》（该法于 2000 年 7 月 8 日经第九届全国人大常委会第十六次会议修正）。

2. 产品质量法与产品责任法的区别

产品质量法与产品责任法是一对容易混淆的概念。产品责任法，是指调整缺陷产品致人身和财产损害所产生的民事赔偿关系的法律规范。为了确保和提高产品质量，保护消费者的权益，各国都十分重视产品质量的法律调整，但国外特别是发达资本主义国家的产品质量立法，大都表现为产品责任法。

产品责任法与产品质量法的主要区别在于：前者仅明确产品的生产者或销售者

对其生产或经销的产品因缺陷致人损害所应承担的民事责任，不涉及生产者和销售者管理产品质量以及国家监督产品质量等问题。后者除规定产品责任外，还对衡量质量的基准、生产者和销售者如何实行质量保证、国家如何进行质量监督等问题作出规定。

3. 我国缘何制定《产品质量法》而非《产品责任法》

产品质量立法究竟是采取产品质量法还是产品责任法的模式，这实际上体现着对产品质量监督的不同态度。在发达资本主义国家，由于实行自由放任政策，国家并不过多地对企业的质量管理实行事前和事中监督；而在我国目前的情况下，仅靠市场，尚不能完全解决质量问题，还必须强化产品质量的宏观监督。因此，制定既包括产品质量监督，又包括产品质量责任（含产品责任）两方面内容的法律，才更符合我国的实际情况。

【案例评析1】

民用射击枪是否是产品

1. 案情简介

某射击运动学校学生所用的射击枪出现自动炸膛现象，该事件是否受《产品质量法》调整?

2. 基本问题

《产品质量法》的调整对象。

3. 知识内容

《产品质量法》中产品的认定是学习产品质量法的一个关键环节，在本案中，虽然军工产品是排除在《产品质量法》的适用范围之外的，但射击学校的射击枪是民用产品，故该射击枪不属于军工产品，应当适用《产品质量法》。

【案例评析2】

建筑工程质量是否是产品质量

1. 案情简介

某建筑工程公司修建的住宅楼出现严重的墙体裂缝现象，该问题能否受《产品质量法》调整?

2. 基本问题

《产品质量法》的调整对象。

3. 知识内容

建筑物被排除在《产品质量法》的适用范围之外，但本案中建筑中使用的某钢材厂生产的3号钢筋抗拉强度不合格，此时，作为建筑材料或建筑物的构配件可以适用《产品质量法》。

二、产品质量的监督

【知识要点】

(一) 产品质量监督体制

产品质量监督体制是指产品质量监督机构的设置及职权划分制度的总称。我国《产品质量法》对产品质量监督实行专门部门与政府其他职能部门分工负责的体制，其具体内容为：

1. 国务院产品质量监督部门主管全国产品质量监督工作；县级以上地方产品质量监督部门主管本行政区域内的产品质量监督工作。"国务院产品质量监督部门"指国家质量技术监督局。"县级以上地方产品质量监督部门"指省级质量技术监督局、省级以下地方政府设置的质量技术监督局或负责产品质量监督工作的其他专门部门。

2. 国务院和县级以上地方人民政府有关部门在各自的职责范围内负责产品质量监督工作。"国务院和县级以上地方人民政府有关部门"主要包括两大类：一是负责维护市场秩序的工商行政管理部门；二是主管特殊产品质量监督的职能部门，如负责船舶和船用产品安全监督的船舶检验局，主管药品和食品安全、卫生监督的卫生行政部门，负责锅炉压力器安全监督的劳动部门，负责进出口商品检验的商品检验局。

3. 产品质量监督中的行政执法权由县级以上产品质量监督部门和县级以上工商行政管理部门行使。这两种部门根据已经取得的违法嫌疑证据或者举报，对涉嫌违反《产品质量法》规定的行为进行查处时，可以行使以下职权：对当事人涉嫌违反本法的生产、销售活动的场所实施现场检查；向当事人的法定代表人、主要负责人和其他有关人员调查、了解与从事违反本法的生产、销售活动有关的情况；查阅、复制当事人有关的合同、发票、账簿以及其他有关资料；对有根据认为不符合保障人体健康和人身、财产安全的国家标准、行业标准的产品或者有其他质量问题的产品，以及直接用于生产、销售该项产品的原辅材料、包装物、生产工具，予以查封或者扣押。

(二) 产品质量监督的主要制度

1. 产品质量监督的一般性规范

我国产品质量监督的一般性规范可分为实体和程序两个方面。

(1) 产品质量监督的实体性规范

1) 产品质量应当检验合格，不得以不合格产品冒充合格产品。

2）可能危及人体健康和人身、财产安全的工业产品，必须符合保障人体健康和人身、财产安全的国家标准、行业标准；未制定国家标准、行业标准的，必须符合保障人体健康和人身、财产安全的要求。禁止生产、销售不符合保障人体健康和人身、财产安全的标准和要求的工业产品。具体管理办法由国务院规定。

3）对依法进行的产品质量监督检查，生产者、销售者不得拒绝。

4）国务院和省、自治区、直辖市人民政府的产品质量监督部门应当定期发布其监督抽查的产品的质量状况公告。

5）产品质量监督部门或者其他国家机关以及产品质量检验机构不得向社会推荐生产者的产品；不得以对产品进行监制、监销等方式参与产品经营活动。

6）依照《产品质量法》规定进行监督抽查的产品质量不合格的，由实施监督抽查的产品质量监督部门责令其生产者、销售者限期改正。逾期不改正的，由省级以上人民政府产品质量监督部门予以公告；公告后经复查仍不合格的，责令停业，限期整顿；整顿期满后经复查产品质量仍不合格的，吊销营业执照。监督抽查的产品有严重质量问题的，依照《产品质量法》的有关规定处罚。

7）产品质量检验机构必须具备相应的检测条件和能力，经省级以上人民政府产品质量监督部门或者其授权的部门考核合格后，方可承担产品质量检验工作。法律、行政法规对产品质量检验机构另有规定的，依照有关法律、行政法规的规定执行。

8）从事产品质量检验、认证的社会中介机构必须依法设立，不得与行政机关和其他国家机关存在隶属关系或者其他利益关系。

9）产品质量检验机构、认证机构必须依法按照有关标准，客观、公正地出具检验结果或者认证证明。产品质量认证机构应当依照国家规定对准许使用认证标志的产品进行认证后的跟踪检查；对不符合认证标准而使用认证标志的，要求其改正；情节严重的，取消其使用认证标志的资格。

（2）产品质量监督的程序性规范

1）消费者有权就产品质量问题，向产品的生产者、销售者查询；向产品质量监督部门、工商行政管理部门及有关部门申诉，接受申诉的部门应当负责处理。

2）保护消费者权益的社会组织可以就消费者反映的产品质量问题建议有关部门负责处理，支持消费者对因产品质量造成的损害向人民法院起诉。

2. 产品质量检验

产品质量检验是指按照特定的标准，对产品质量进行检测，以判明产品是否合格的活动。我国《产品质量法》规定的产品质量检验，主要包括自行检验和第三方检验两种：

（1）生产经营者自行检验。即生产经营者对自己的产品在投入市场前所进行的检验。按照规定，产品质量应当检验合格，不得以不合格产品冒充合格产品。因此，生产经营者自行检验是产品进入市场前必须进行的一项工作。

（2）第三方检验。即由生产方和购买方以外的检验机构对产品质量进行的检验。与上述第一种检验不同，这种检验只是在特定的情况下、针对特定的产品适用；并且其直接目的，主要不在于建立生产经营者的质量保证体系，而在于获取特定产品的质量信息，以便为产品质量纠纷处理和产品质量监督活动提供决策的依据。[①] 我国《产品质量法》对第三方检验的规定，集中体现在产品质量检验机构的组织和活动要求上，具体涉及了三项内容：1）产品质量检验机构的资格。按照规定，产品质量检验机构必须具备相应的检测条件和能力，经省级以上人民政府产品质量监督部门或其授权的部门考核合格后，方可承担产品质量检验工作。2）产品质量检验机构的性质。按照规定，这些机构是中介机构，必须依法设立，不得与行政机关和其他国家机关存在隶属关系或者其他利益关系。3）产品质量检验机构的工作规范。即必须依照有关标准，客观、公正地出具检验结果。

3. 企业质量体系认证和产品质量认证

（1）企业质量体系认证和产品质量认证概述

国家根据国际通用的质量管理标准，推行企业质量体系认证制度。

企业质量体系认证是指国务院产品质量监督管理部门或者由它授权的部门认可的认证机构，依据国际通用的“质量管理和质量保证”系列标准，对企业的质量体系和质量保证能力进行审核合格，颁发企业质量体系认证证书，以提供证明的活动。在企业质量体系认证制度中，企业根据自愿原则可以向国务院产品质量监督部门认可的或者国务院产品质量监督部门授权的部门认可的认证机构申请企业质量体系认证，经认证合格的，由认证机构颁发企业质量体系认证证书。国家参照国际先进的产品标准和技术要求，推行产品质量认证制度。

产品质量认证是指依据具有国际水平的产品标准和技术要求，经过认证机构确认并通过颁发认证证书和产品质量认证标志的形式，证明产品符合相应标准和技术要求的活动，它分为安全认证和合格认证。在产品质量认证制度中，企业根据自愿原则可以向国务院产品质量监督部门认可的或者国务院产品质量监督部门授权的部门认可的认证机构申请产品质量认证。经认证合格的，由认证机构颁发产品质量认证证书，准许企业在产品或者其包装上使用产品质量认证标志。

（2）企业质量体系认证和产品质量认证的关系

企业质量体系认证和产品质量认证是我国《产品质量法》规定的两项产品质量监督措施，两者既有联系又有区别。

1）企业质量体系认证与产品质量认证的联系在于：其一，它们都实行自愿认证的原则。即是否参加认证，由企业自主决定，任何单位和个人不得强制。实行自愿认证的目的，在于减少对企业的行政干预，尽可能发挥市场机制的调节作用，为公正认证创造客观基础。其二，它们都属于第三方认证。即由认证机构作为独立于生产方和购买方之外的第三方，公正地证明企业的质量保证体系或产品质量达到规定

---

① 产品质量发生争议，由当事人申请或争议处理机关决定将争议产品提交检验机构检验，这是最常见的一种“第三方检验”。此外，“第三方检验”还有很多，如，在国家产品质量抽查中，可以根据需要，对抽查的产品进行检验（《产品质量法》第15条）；在（以下将要涉及的）产品质量认证中，也要适用“第三方检验”，以查明特定产品是否具备获准认证的条件。

的标准。按照我国《产品质量法》规定，企业质量体系认证和产品质量认证，都由国家质量技术监督局认可的或者国家质量技术监督局授权的部门认可的认证机构承担。认证机构属于社会中介机构的性质，不与国家行政机关和其他国家机关存在隶属关系或其他利益关系。

2）企业质量体系认证与产品质量认证的区别在于：其一，认证的对象不同。前者以企业质量保障体系为认证对象，其目的在于证明企业的产品质量保证能力符合相应的要求。后者以企业生产的产品为认证对象，其目的在于证明企业生产的特定产品符合相应的质量标准和技术要求。其二，认证的依据不同。前者的认证依据是国际通用的质量管理标准，即国际标准化组织（ISO）于 1987 年发布的 ISO 9000 "质量管理和质量保证"系列标准，该系列标准已转化为我国国家标准（GB/T 19000- ISO 9000）。后者的认证依据是国际先进的产品标准和技术要求，此外，对于我国与外国认证机构签订的双边或多边认证合作协议所涉及的产品，依照协议中规定的标准开展认证工作。其三，获准认证的法律后果不同。获准企业质量体系认证的，由认证机构颁发企业质量体系认证证书，以此向社会证明企业的质量保证能力达到相应要求。获准产品质量认证的，由认证机构颁发产品质量认证证书，准许企业在产品或其包装上使用产品质量认证标志，以此向社会公示企业的产品符合规定的质量标准。当然，需要顺便说明，产品质量认证机构应当对准许使用认证标志的产品进行认证后的跟踪检查；对于不符合认证标准而使用认证标志的，要求其改正；情节严重的，取消其使用认证标志的资格。

4. 产品质量监督抽查方式

（1）概述

国家对产品质量实行以抽查为主要方式的监督检查制度，对可能危及人体健康和人身、财产安全的产品，影响国计民生的重要工业产品以及消费者、有关组织反映有质量问题的产品进行抽查。

（2）监督抽查的产品

抽查的样品应当在市场上或者企业成品仓库内的待销产品中随机抽取。主要有三类：可能危及人体健康和人身、财产安全的产品；影响国计民生的重要工业产品；消费者、有关组织反映有质量问题的产品。

（3）监督抽查的组织

监督抽查工作由国务院产品质量监督部门规划和组织。县级以上地方产品质量监督部门在本行政区域内也可以组织监督抽查。法律对产品质量的监督检查另有规定的，依照有关法律的规定执行。按照规定，监督抽查工作由国家质量技术监督局规划和组织，县级以上地方产品质量监督部门在本行政区域内可以组织监督抽查，但要防止重复抽查，即，国家监督抽查的产品，地方不得另行重复抽查；上级监督抽查的产品，下级不得另行重复抽查。

（4）监督抽查的采样

其要求是，抽查的样品应当在市场上或者企业成品仓库内的待销产品中随机抽取。需要对产品进行检验的，检验抽取样品的数量不得超过检验的合理需要。

（5）样品的检验

根据监督抽查的需要，可以对产品进行检验。检验抽取样品的数量不得超过检验的合理需要，并不得向被检查人收取检验费用。监督抽查所需检验费用按照国务院规定列支。是否将样品提交产品质量检验机构检验，依监督抽查的实际需要决定。

（6）监督抽查结果的处理

针对监督抽查结果主要有两项规定：1）公布。国家和省级质量技术监督局应定期发布其监督抽查的产品的质量状况公告，以便发挥抽查的督促作用，指导消费者购买。当然也应注意，产品质量监督部门或者其他国家机关以及产品质量检验机构不得向社会推荐生产者的产品；不得以对产品进行监制、监销等方式参与产品经营活动。2）处罚。产品质量不合格的，由实施监督抽查的产品质量监督部门责令其生产者、销售者限期改正。逾期不改正的，由省级以上产品质量监督部门予以公告；公告后经复查仍不合格的，责令停业，限期整顿；整顿期满后经复查产品质量仍不合格的，吊销营业执照；监督抽查的产品有严重质量问题的，依照《产品质量法》的规定处罚。

（7）异议的处理

生产者、销售者对抽查检验的结果有异议的，可以自收到检验结果之日起15日内向实施监督抽查的产品质量监督部门或者其上级产品质量监督部门申请复检，由受理复检的产品质量监督部门作出复检结论。

【案例评析】

质监局在执法中如何履行职责

1. 案情简介

2009年4月，A市某质量监督管理部门在对一家商场的商品进行检查时，怀疑该商场经销的18K金镶嵌黄晶宝石戒指含有杂质。该商场经理介绍，这种18K金镶嵌黄晶宝石戒指共有24枚，是该市某实业有限公司从B省某首饰厂购进的，该实业有限公司告诉商场，购货时商品附有产品检验合格证书，只是在中途运输时丢失了。商场相信并以每枚700元价格销售，目前已卖出4枚，还剩下20枚戒指。于是，技术监督管理部门将剩下的20枚戒指送相关检测部门进行技术鉴定。鉴定结果：该黄晶的折射率不合格，中间掺杂有玻璃物质，属不合格产品。后来在调查中，B省某首饰厂承认该批戒指黄晶是用碎黄晶和碎玻璃合成加工，发货给A市某实业有限公司，A市某实业有限公司则向商场谎报产品检验合格，只是在运输中将检验合格证书丢失。

2. 基本问题

产品质量监督管理的部门及职责。

3. 知识内容

产品质量监督管理部门有责任对生产、销售质量不合格产品的单位或个人进行处理，其中的责任主体既包括生产者，也包括销售者，至于具体职责，依据《产品质量法》规定，由国务院产品质量监督部门和县级以上地方产品质量监督部门分别行使。

【疑难问题】

1. 工商局和质监局的职责是如何划分的？

解答思路：两者的职能划分不是从具体业务上进行的，而是按照环节来划分的，即进行分段监管，属于生产领域的质量问题由质监局负责，属于流通领域的质量问题由工商局负责。

2. 国家质量监管部门对产品质量的认定依据是什么？

解答思路：国家质量监管部门对产品质量合格的认定依据包括产品的适用性、耐用性、可靠性、安全性、经济性、时空性和维护性。

三、生产者和销售者的产品质量责任和义务

【知识要点】

（一）生产者的产品质量责任和义务

依照我国《产品质量法》第26条到第32条的规定，生产者的产品质量责任和义务如下：

1. 生产者应当对其生产的产品质量负责

生产者应当对其生产的产品质量负责，其产品质量应当符合下列要求：（1）不存在危及人身、财产安全的不合理的危险，有保障人体健康和人身、财产安全的国家标准、行业标准的，应当符合该标准；（2）具备产品应当具备的使用性能，但是，对产品存在使用性能的瑕疵作出说明的除外；（3）符合在产品或者其包装上注明采用的产品标准，符合以产品说明、实物样品等方式表明的质量状况。

2. 产品或者其包装上的标识必须真实

产品或者其包装上标识的真实性有以下要求：（1）有产品质量检验合格证明；（2）有中文标明的产品名称、生产厂厂名和厂址；（3）根据产品的特点和使用要求，需要标明产品规格、等级、所含主要成分的名称和含量的，用中文相应予以标明；需要事先让消费者知晓的，应当在外包装上标明，或者预先向消费者提供有关资料；（4）限期使用的产品，应当在显著位置清晰地标明生产日期和安全使用期或者失效日期；（5）使用不当，容易造成产品本身损坏或者可能危及人身、财产安全的产品，应当有警示标志或者中文警示说明；裸装的食品和其他根据产品的特点难以附加标识的裸装产品，可以不附加产品标识；此外，易碎、易燃、易爆、有毒、有腐蚀性、有放射性等危险物品以及储运中不能倒置和其他有特殊要求的产品，其包装质量必须符合相应要求，依照国家有关规定作出警示标志或者中文警示说明，标明储运注意事项。

3. 严禁作出国家明令禁止的行为

对生产者来讲，国家明令禁止的行为规定有：（1）生产者不得生产国家明令淘汰的产品；（2）生产者不得伪造产地，不得伪造或者冒用他人的厂名、厂址；（3）生产者不得伪造或者冒用认证标志等质量标志；（4）生产者生产产品，不得掺杂、掺假，不得以假充真、以次充好，不得以不合格产品冒充合格产品。

（二）销售者的产品质量责任和义务

依照我国《产品质量法》第 33 条到第 39 条的规定，销售者的产品质量责任和义务包括：销售者应当建立并执行进货检查验收制度，验明产品合格证明和其他标识；销售者应当采取措施，保持销售产品的质量；销售者不得销售国家明令淘汰并停止销售的产品和失效、变质的产品；销售者销售的产品的标识应当符合该法第 27 条的规定①；销售者不得伪造产地，不得伪造或者冒用他人的厂名、厂址；销售者不得伪造或者冒用认证标志等质量标志；销售者销售产品，不得掺杂、掺假，不得以假充真、以次充好，不得以不合格产品冒充合格产品。

此外，售出的产品有下列情形之一的，销售者应当负责修理、更换、退货；给购买产品的消费者造成损失的，销售者应当赔偿损失：不具备产品应当具备的使用性能而事先未作说明的；不符合在产品或者其包装上注明采用的产品标准的；不符合以产品说明、实物样品等方式表明的质量状况的。而销售者负责修理、更换、退货、赔偿损失后，属于生产者的责任或者属于向销售者提供产品的其他销售者（以下简称供货者）的责任的，销售者有权向生产者、供货者追偿。销售者未按照规定给予修理、更换、退货或者赔偿损失的，由产品质量监督部门或者工商行政管理部门责令改正。生产者之间，销售者之间，生产者与销售者之间订立的买卖合同、承揽合同有不同约定的，合同当事人按照合同约定执行。

【案例评析1】

高压锅爆炸后的索赔

1. 案情简介

肖某在中联百货买回一高压锅，回家后发现高压锅密封不严，有漏气现象，检查后发现气垫圈坏了，便决定下午回家后去中联百货换一个，但是突然接到单位电话有急事，于是外出。下午，肖妻回家后，看见新买的锅非常高兴，便开始按照说

① 《产品质量法》第 27 条："产品或者其包装上的标识必须真实，并符合下列要求：（一）有产品质量检验合格证明；（二）有中文标明的产品名称、生产厂厂名和厂址；（三）根据产品的特点和使用要求，需要标明产品规格、等级、所含主要成份的名称和含量的，用中文相应予以标明；需要事先让消费者知晓的，应当在外包装上标明，或者预先向消费者提供有关资料；（四）限期使用的产品，应当在显著位置清晰地标明生产日期和安全使用期或者失效日期；（五）使用不当，容易造成产品本身损坏或者可能危及人身、财产安全的产品，应当有警示标志或者中文警示说明。裸装的食品和其他根据产品的特点难以附加标识的裸装产品，可以不附加产品标识。"

明书的指示开始做饭。不料却发生爆炸，使王妻面部被炸伤，花掉医药费三千多元。肖某与其妻共同向人民法院提起诉讼，要求中联百货赔偿自己的损失。

2. 基本问题

生产者和销售者的产品责任。

3. 知识内容

本案中高压锅的生产者生产的高压锅应当不存在危及人身、财产安全的不合理的危险，必须具备高压锅应当具备的使用性能；销售者应当进货检查验收，应验明高压锅的合格证明和其他标识，并采取措施，保持所销售高压锅的质量。而事实上，高压锅气垫圈损坏，存在密封不严以及漏气现象，导致损害后果，对此销售者应当承担相应责任。

【案例评析2】

冰箱不制冷导致所存食品变质的责任认定

1. 案情简介

刘某于2008年6月从某商场买回A市某电冰箱厂生产的双门双温电冰箱一台，价值3 700元。使用不到4个月，冰箱发生不制冷、温控器失灵等现象，导致刘某存放在冰箱内的食品变质不能食用，损失300余元，经某商场修理员4次维修均不能修复。事后，刘某从报刊上获知：该冰箱是A市某电冰箱厂使用B市某电冰箱厂的商标组装的，因粗制滥造，质量低劣，已被有关部门勒令停止组装和销售，其商标也被市工商部门依法撤销。刘某向商场提出要求退货，而商场认为，冰箱已经使用不能退货，刘某所购冰箱由商场继续维修，双方协商不成，刘某于2009年9月向人民法院起诉。

2. 基本问题

生产者和销售者的产品责任。

3. 知识内容

商场应当进货检查验收，应验明冰箱的合格证明和其他标识，并采取措施，保持所销售冰箱的质量，因此商场对出售不制冷、温控器失灵的冰箱应当承担责任，属于违约责任，冰箱生产者与刘某无合同关系，不需要承担违约责任，但在本案中电冰箱厂不具备合法资格，因此应当承担相应的行政责任，如果刘某能举证表明有侵权的事实，也可追究电冰箱厂的侵权责任。

【疑难问题】

1. 调整产品及其包装上的标识有哪些法律规范？

解答思路：与产品及其包装上的标识有关的规范包括《产品质量法》、《国家质量技术监督局关于实施〈中华人民共和国产品质量法〉若干问题的意见》、《产品标识标注规定》、《国家技术监督局关于依法加强产品标识监督管理的通知》、《商品条码管理办法》、《商用密码管理条例》等。

2. 质量标志的外延包括哪些?

解答思路：质量标志包括我国政府有关部门批准或认可的产品质量认证标志、企业质量体系认证标志、名优标志、国外的认证标志、原产地域产品专用标志、免检标志等。

四、产品责任

【知识要点】

(一) 产品质量责任与产品责任

我国《产品质量法》规定的产品质量责任与产品责任是一对容易混淆的概念。学习产品责任，有必要对两者进行辨析。(参见表1)

表1　　产品质量责任的内容

<table>
<tr><td rowspan="9">产品质量责任</td><td rowspan="2">民事责任</td><td colspan="2">合同责任（瑕疵担保责任）</td></tr>
<tr><td colspan="2">产品责任（产品侵权责任）</td></tr>
<tr><td rowspan="2">行政责任</td><td colspan="2">行政处分（对个人适用）</td></tr>
<tr><td colspan="2">行政处罚（对个人、单位适用）</td></tr>
<tr><td rowspan="4">刑事责任</td><td>主刑</td><td>管制、拘役、有期徒刑、无期徒刑、死刑（对个人适用）</td></tr>
<tr><td rowspan="3">附加刑</td><td>罚金（对个人、单位适用）</td></tr>
<tr><td>剥夺政治权利（对个人适用）</td></tr>
<tr><td>没收财产（对个人适用）</td></tr>
</table>

由上表可知，产品质量责任是一个综合性概念，它是指行为人违反产品质量法所应承担的各种消极法律后果。这里的“行为人”不仅包括产品的生产者、销售者，而且包括对产品质量负有直接责任的人员以及从事产品质量监督的国家工作人员。这里的“消极法律后果”，包括民事责任、行政责任和刑事责任三大类，各类责任又可以作更进一步的划分。而产品责任则是指产品侵权责任，即，因产品存在缺陷造成人身、缺陷产品以外的其他财产损害，生产者和销售者由此应承担的赔偿责任。它属于民事责任，并且仅仅是产品质量责任的一种。

(二) 产品责任的历史发展

产品责任是19世纪中期通过英美两国的判例形成并在日后为各国所普遍实行的一种民事责任制度。迄今为止，它大致经历了以下三个主要的发展阶段：

1. 合同责任阶段

1842年英国最高法院受理“温特博特姆诉赖特案”（Winterbottom v. Wright），在本案中，原告温特博特姆是某驿站站长雇佣的马车夫，驿站站长事前与被告赖特订有一份由赖特提供合格、安全的马车以运送邮件的契约，赖特在约定的时间内提供了马车。后来，当温特博特姆驾驶该车运送邮件时，车轮突然塌陷，车子破裂使其受伤。为此，温特博特姆向赖特提起了索赔之诉，赖特则以原告不是供车契约的当事人为由提出抗辩。法院认可了被告的理由，判其胜诉。法院认为，被告保证马车处于良好状态的责任，是向马车供应合同的另一当事人——驿站站长承担的契约责任，而无须对温特博特姆等非契约当事人负有责任。本案中，法院将产品责任视为合同责任，自此以后，在英美国家逐渐形成了这样一种理论：在没有契约关系的情况下，对于缺陷产品的受害人，产品的提供者不仅不承担契约方面的责任，而且也不承担侵权方面的责任。这一阶段奉行"无合同即无责任"的原则。按照这一原则，当事人之间的合同关系被视为构成产品责任的前提。当产品质量事故发生后，受害人只能请求与其有合同关系的产品供应者承担赔偿责任，产品的供应者也只对与其有合同关系的受害人承担赔偿责任。

将产品责任视为合同责任，意味着当产品质量事故发生以后，产品购买者在向销售者索赔时，无须就销售者的过错承担举证责任，这一点与后面将要涉及的严格责任相似；并且，购买者不仅有权就缺陷产品所造成的损害请求赔偿，而且有权就缺陷产品本身请求赔偿、修理、更换或退货。从这个意义上讲，以合同为依据追究产品责任，对于保护产品购买者仍然有其便利。但是，这种做法的局限性也较为明显：首先，依该理论，有权获得救济的主体范围过窄。即只以契约的一方当事人——购买者为限，购买者的雇员、邻居、亲朋以及产品的实际使用者等与销售者无合同关系的人受到缺陷产品的损害，不得请求销售者赔偿。这对他们而言显然是不公平的。其次，依该理论，承担责任的义务主体过窄。即承担产品责任的主体只限于与产品的购买者有直接契约关系的生产经营者，如果没有直接契约关系，生产经营者即使给他人造成了损害，也不承担赔偿责任。这显然也有违法律的公平精神。最后，依该理论，免责条件容易被滥用。因为，按照契约自由原则，在不违背公序良俗的前提下，如何订立契约由当事人自由决定。这就使生产经营者有机可乘：他们可以通过自己的优势，规定对自己有利的条件和不合理的免责条款以逃避承担责任。

2. 一般侵权责任阶段

1916年美国纽约上诉法院受理"麦克弗森诉别克汽车公司案"（Macpherson v. Buick Motor Company），在本案中，原告麦克弗森从零售商处购买了一辆由别克汽车公司制造的汽车，当他驾车行驶时，车轮破裂，汽车倾覆，致其受伤，于是他向别克汽车公司提起诉讼，要求赔偿损失。被告别克汽车公司则认为，原告使用的汽车是从零售商处购得，自己与原告并无合同关系，故不应承担赔偿责任。法院支持了原告的诉讼请求，认为产品的制造者对产品的安全负有注意义务，只要制造者违反此项义务而致他人损害，就应承担赔偿责任，而这种赔偿责任不以合同关系为前提。自本案以后，以美国为代表的发达国家将传统侵权法的疏忽责任理论引入产品责任领域，创造了产品制造人的疏忽责任原则，并全面抛弃了合同责任理论，扩大了承担产品责任的主体范围以及应受保护的受害人范围。

一般侵权责任阶段又被称为疏忽责任阶段或过错责任阶段。这一阶段的产品责任制度具有以下特点：首先，产品责任不再被视为合同责任，而被看成是一种侵权责任，合同关系一度作为追究产品责任的依据的做法受到了抛弃。其次，由于产品责任并不限于合同的一方当事人（产品销售者）对另一方当事人（产品购买者）承担的责任，因此，一方面，能请求救济的主体比以往更加广泛，除受到产品损害的购买者外，其他实际受到产品伤害的人都可以提出索赔的主张；另一方面，承担责任的义务主体也比以往更加广泛，除与产品购买者有直接合同关系的产品销售者以外，与购买者无合同关系的那些生产者也是产品责任的承担者。最后，生产经营者的疏忽（过错或过失）是其承担产品责任的前提，并且这种疏忽的举证责任由受害人负担。相对于契约责任而言，疏忽责任原则具有两个明显的优点：首先，它克服了契约责任理论的不足，使产品的所有受害人获得了法律救济的机会。其次，它使产品的所有生产者和最终销售者都成为产品责任的义务主体，这有利于强化生产经营者的产品质量意识和保障体系。但疏忽责任原则仍有其明显的不足，这就是：原告在依照这一理论请求赔偿时，必须证明被告具有谨慎从事的注意义务且未能尽到这一义务，对原告来说，这是十分困难甚至是不可能的。因为，原告对产品的生产经营缺乏参与，加之在现代化大生产条件下，产品的加工工艺极其复杂，原告又多受专业技能和鉴赏能力的限制，故而无法获取被告是否尽到合理注意义务的准确信息，在此情况下，由原告承担被告疏忽的证明责任，也就近乎苛求。由此看来，将产品责任由合同责任变为一般侵权责任，尽管是一个重大的进步，但仍有继续改革的必要。

3. 严格责任阶段

1963 年美国加利福尼亚州最高法院受理“格林曼诉尤巴电器公司案”（Greenman v. Yuba Power Products Inc.），在本案中，原告格林曼之妻在零售商处购买了由被告制造的一种多功能电动工具作为圣诞礼物送给原告，原告在按说明书使用该工具锯木时，因工具有缺陷，木块飞出，致原告受伤，原告于是提起赔偿之诉。法院判原告胜诉，并在该案的判词中对严格责任原则作了如下表述：制造商将产品投入市场，明知其产品将不被检验而被使用，则制造商对该缺陷产品所致人身损害应承担严格责任。此即著名的“格林曼规则”。自本案以后，严格责任正式确立，而法院在适用追究产品责任时，其审查的重点转向了产品本身及使用所引起的危险上，而不在于制造商在设计和生产产品过程中是否做到了合理的注意，这就免除了受害人对制造商有过错的证明责任。加利福尼亚州最高法院确立的这一规则，得到了美国大多数州的赞同，并对世界各国产生了深远的影响。

与一般侵权责任一样，严格责任也是被作为侵权责任对待的，并且，有权获得救济的受害人和承担产品责任的主体也不以合同当事人为限，因而较为广泛。与一般侵权责任不同的是，严格责任不以加害人对产品缺陷的主观过错为构成要件，受害人也无须对加害人的过错承担举证责任。

严格责任的确立经历了一个逐渐发展的过程，在这一过程中，有两项法律变革对严格责任的最终形成产生了积极的推动作用。第一项变革是，为了方便受害人索赔，英美等国的法院实行了过错推定原则，按照这一原则，加害人的过错尽管是其承担产品责任的前提，但受害人对加害人过错的举证责任得到了免除。主要通过两种方式来免除：一是“举证责任倒置”，即加害人无过失的举证责任主要由其自己证明，在不能证明时，即推定其有过失；二是“事实自证规则”，即加害人的过错仅凭损害事实发生便足以证明，除非他能提出自己无过错的充足理由及其他法定的免责事由，否则将承担过失责任。由此可见，过错推定原则已与严格责任原则十分接近。第二项变革是，担保责任原则在英美等国的产品责任案件中得到了运用。按照这一原则，受害人无须证明生产经营者存在疏忽，只需证明存在生产经营者明示的或者基于法律的规定产生的默示担保，生产经营者违反了担保，以及由此给受害人造成了损害即可获得赔偿。显然，与过错推定原则相比，担保责任原则更加接近严格责任原则。

此外，在理解严格责任时，有必要注意：首先，在当代，严格责任的确立，并不意味着它就是产品责任的唯一形态。在各国，严格责任更多的是针对产品生产者而适用，对于非生产者的销售者，大部分国家仍然适用过错责任。当然，为了尽可能保护消费者的利益，一些国家通过举证责任倒置和事实自证法则的运用，使销售者的过错责任演变为过错推定责任。并且，即使是对生产者，一些国家也未放弃适用过错推定责任和担保责任等产品责任形式，英美国家的判例中就经常出现这种情况。也正是由于这样的原因，产品责任的严格责任阶段实际上是严格责任为主、多种责任并存的阶段。其次，将产品责任视为合同责任和一般过错责任，这有利于生产经营者而不利于消费者，反映了早期社会发展生产的要求。与此不同，严格责任有利于消费者而不利于生产经营者，反映了当代社会重在保护消费者权益的政策取向。但严格责任引起了生产经营者赔偿额的大量增加，严重影响了其开发新产品的积极性。一些国家试图通过建立产品责任保险来解决严格责任的这一不足，但巨额的保险费和保险赔付又使生产经营者和保险公司不堪重负，且大量的保险费被转嫁给了消费者从而使产品责任法违背了保护消费者权益的初衷。因此，严格责任也并非一种尽善尽美的制度，也正是因为如此，西方国家目前正在寻求产品责任法的变革，以平衡生产经营者和消费者之间的利益冲突。

(三) 我国《产品质量法》中的产品责任

我国《产品质量法》在第 41 条至第 48 条中对产品责任作了规定，现概括如下：

1. 产品责任的归责原则

产品责任的归责原则是指据以确定产品的生产经营者承担产品责任的基本准则。在当代，产品责任的归责原则主要有严格责任原则、过错责任原则、过错推定原则和担保责任原则等。

我国《产品质量法》第 41 条规定：因产品存在缺陷造成人身、缺陷产品以外的其他财产损害的，生产者应当承担赔偿责任。该项规定并未将生产者的疏忽作为其承担产品责任的条件，故可以认为，我国对生产者实行的是严格责任原则。第 42 条规定：由于销售者的过错使产品存在缺陷，造成人身、他人财产损害的，销售者应当承担赔偿责任；销售者不能指明缺陷产品的生产者，也不能指明缺陷产品的供货者的，销售者应当承担赔偿责任。本条规定意味着，我国对销售者实行的是过错责任原则；当销售者不能指明产品的来源，以致难以判别产品存在的缺陷究竟是由谁的过错所导致的时，则对销售者适用过错推定原则。

2. 产品责任的构成要件

产品责任的构成要件，是指在特定的归责原则下，生产经营者承担产品责任的法律要件。我国《产品质量法》并没有对产品责任的归责原则作出明确的规定，对此，应当按照该法的相关条文及产品责任法的基本原理进行概括和把握。

产品责任的构成要件是一个与产品责任的归责原则密切相关的问题，归责原则不同，产品责任的构成要件也就不同；我国《产品质量法》对生产者实行严格责任原则，对销售者则实行过错责任和过错推定相结合的原则，因此，关于产品责任的归责原则应当依具体情况而定。

（1）严格责任的构成要件

在适用严格责任原则确定和追究生产者的产品责任时，产品责任的构成要件主要包括：

1）产品有缺陷，即产品存在危及人身、他人财产安全的不合理危险，或不符合保障人体健康，人身、财产安全的国家标准或行业标准。在判断产品是否有缺陷时，有必要注意几点：其一，产品缺陷依其形成的时间，可分为产品投入流通前形成的缺陷和投入流通后形成的缺陷。我国《产品质量法》把生产者将其产品投入流通前形成的缺陷作为其应承担责任的缺陷，对于投入流通后形成的缺陷，生产者不负责任，而由实际引起缺陷的责任人负责。在实践中，若受害人向生产者主张赔偿，而缺陷并非由生产者引起，对此可以有两种选择：一是由生产者先行承担责任，然后再由生产者向销售者等实际责任人追偿；二是由受害人改向应负责任的销售者等实际责任人主张权利。至于哪种选择更可取，应结合方便受害人索赔、节约诉讼成本等多方面因素来决定。其二，产品缺陷依其隐蔽程度，可分为投入流通时科学上能发现的缺陷和不能发现的缺陷，我国《产品质量法》只把产品投入流通时科学上能发现的缺陷作为生产者应承担责任的缺陷，对于当时科学上不能发现的缺陷，属于应当免责的开发风险，生产者不负责任。因此种缺陷而受到损害的人，应自行负担损失，或者通过国家建立保险制度或社会救济制度获得补偿。其三，对于符合国家和行业标准的产品的缺陷，按产品投入流通时科学上不能发现的缺陷处理。

2）有损害事实的存在。即产品缺陷造成了他人人身、缺陷产品以外的其他财产的损害。这里需要说明两点：第一，如果产品有缺陷，但并未造成人身或财产损害，或者仅造成缺陷产品本身的损害，均不构成产品责任。在这种情况下，消费者应按法律关于瑕疵担保责任的有关规定，请求与其有合同关系的销售者承担修理、更换、退货或者赔偿损失的责任；销售者承担责任后，若缺陷是生产者引起的，则有权向生产者追偿。第二，当缺陷造成了缺陷产品和缺陷产品以外的其他财产的损害，且受害人向生产者提出索赔请求时，对于缺陷产品本身的损害，生产者应与缺陷产品以外的其他财产损害一并赔偿，生产者赔偿后，可以向销售者追偿。

3）产品缺陷与损害后果之间有因果关系。因果关系是客观事物之间的前因后果的关联性。产品缺陷与损害后果之间有因果关系，即指损害的结果是由产品缺陷直接导致的。在产品责任事故中，损害后果的发生往往是由多种原因导致的，因此，必须确定产品缺陷是引起损害后果的唯一原因或直接原因，产品责任才能成立，生产者也才承担责任。

(2) 过错责任和过错推定责任的构成要件

适用过错责任和过错推定原则确定和追究销售者的产品责任时，除应具备上述三项要件外，还须具备一个要件，即生产者或销售者主观上有过错。其中，适用过错责任原则时，受害人应对销售者的过错承担举证责任；适用过错推定原则时，则应通过"举证责任倒置"或"事实自证规则"来免除受害人对销售者过错的举证责任。

3. 产品责任的诉求对象

我国《产品质量法》规定，由于销售者的过错使产品存在缺陷，造成人身、他人财产损害的，销售者应当承担赔偿责任。销售者不能指明缺陷产品的生产者也不能指明缺陷产品的供货者的，销售者应当承担赔偿责任。而因产品存在缺陷造成人身、他人财产损害的，受害人可以向产品的生产者要求赔偿，也可以向产品的销售者要求赔偿。属于产品的生产者的责任，产品的销售者赔偿的，产品的销售者有权向产品的生产者追偿。属于产品的销售者的责任，产品的生产者赔偿的，产品的生产者有权向产品的销售者追偿。

4. 产品责任的免除

关于产品责任的免除，我国《产品质量法》第 41 条作了规定，即因产品存在缺陷造成人身、缺陷产品以外的其他财产（以下简称他人财产）损害的，生产者应当承担赔偿责任。生产者能够证明有下列情形之一的，不承担赔偿责任：未将产品投入流通的；产品投入流通时，引起损害的缺陷尚不存在的；将产品投入流通时的科学技术水平尚不能发现缺陷的存在的。在理解产品责任的免除时应注意以下两点：其一，未将产品投入流通中的"投入流通"应作扩大解释，除包括销售外，还应包括生产者以其他方式将产品交付给他人的行为。这样，人们从生产者那里合法取得的赠品、奖品、出租物等产品发生产品质量事故，也能主张赔偿。其二，按照规定，若产品投入流通时，引起损害的缺陷尚不存在，则免除生产者的产品责任。此时免除的，是生产者的最终责任。当受害人向生产者主张赔偿时，生产者应先予赔偿，然后向实际引起缺陷的中间商、储运商或最后销售商等责任人追偿。

5. 产品责任的赔偿范围

因产品存在缺陷造成受害人人身伤害的，侵害人应当赔偿医疗费、治疗期间的护理费、因误工减少的收入等费用；造成残疾的，还应当支付残疾者生活自助具费、生活补助费、残疾赔偿金以及由其扶养的人所必需的生活费等费用；造成受害人死亡的，并应当支付丧葬费、死亡赔偿金以及由死者生前扶养的人所必需的生活费等费用。因产品存在缺陷造成受害人财产损失的，侵害人应当恢复原状或者折价赔偿。受害人因此遭受其他重大损失的，侵害人应当赔偿损失。（参见表 2）

表 2 产品责任的赔偿范围

<table>
<tr><td rowspan="4">产品责任的赔偿范围</td><td rowspan="3">人身伤害</td><td>基本赔偿费用</td><td>医疗费、治疗期间的护理费、因误工减少的收入等</td></tr>
<tr><td>残疾赔偿费用</td><td>基本赔偿费用、残疾者生活自助具费、生活补助费、残疾赔偿金以及由其扶养的人所必需的生活费等</td></tr>
<tr><td>死亡赔偿费用</td><td>基本赔偿费用、丧葬费、死亡赔偿金以及由死者生前扶养的人所必需的生活费等</td></tr>
<tr><td>财产损害</td><td colspan="2">按实际财产损害予以赔偿</td></tr>
</table>

6. 产品责任的诉讼时效

因产品质量发生民事纠纷时，当事人可以通过协商或者调解解决。当事人不愿通过协商、调解解决或者协商、调解不成的，可以根据当事人各方的协议向仲裁机构申请仲裁；当事人各方没有达成仲裁协议或者仲裁协议无效的，可以直接向人民法院起诉。

因产品存在缺陷造成损害要求赔偿的诉讼时效期间为 2 年，自当事人知道或者应当知道其权益受到损害时起计算。因产品存在缺陷造成损害要求赔偿的请求权，在造成损害的缺陷产品交付最初消费者满 10 年丧失；但是，尚未超过明示的安全使用期的除外。

（四）农产品质量安全与食品安全

1. 农产品质量安全

（1）《农产品质量安全法》中的“农产品”和“农产品质量安全”

农产品，是指来源于农业的初级产品，即在农业活动中获得的植物、动物、微生物及其产品。农产品质量安全，是指农产品质量符合保障人的健康、安全的要求。

（2）农产品质量安全标准

国家建立健全农产品质量安全标准体系。农产品质量安全标准是强制性的技术规范。农产品质量安全标准的制定和发布，依照有关法律、行政法规的规定执行。

（3）农产品产地

县级以上地方人民政府农业行政主管部门按照保障农产品质量安全的要求，根据农产品品种特性和生产区域大气、土壤、水体中有毒有害物质状况等因素，认为不适宜特定农产品生产的，提出禁止生产的区域，报本级人民政府批准后公布。具体办法由国务院农业行政主管部门商国务院环境保护行政主管部门制定。

（4）农产品生产

国务院农业行政主管部门和省、自治区、直辖市人民政府农业行政主管部门应当制定保障农产品质量安全的生产技术要求和操作规程。县级以上人民政府农业行政主管部门应当加强对农产品生产的指导。

（5）农产品包装和标识

农产品生产企业、农民专业合作经济组织以及从事农产品收购的单位或者个人销售的农产品，按照规定应当包装或者附加标识的，须经包装或者附加标识后方可销售。包装物或者标识上应当按照规定标明产品的品名、产地、生产者、生产日期、保质期、产品质量等级等内容；使用添加剂的，还应当按照规定标明添加剂的名称。具体办法由国务院农业行政主管部门制定。农产品包装和标识应遵循以下要求：

1）对国务院农业主管部门规定在销售时应当包装和附加标识的农产品，农产品生产企业、农民专业合作经济组织以及从事农产品收购的单位或者个人，应当按照规定包装或者附加标识后方可销售；属于农业转基因生物的农产品，应当按照农业转基因生物安全管理的规定进行标识。依法需要实施检疫的动植物及其产品，应当附具检疫合格的标志、证明。

2）农产品在包装、保鲜、贮存、运输中使用的保鲜剂、防腐剂和添加剂等材料，应当符合国家有关强制性的技术规范。

3）销售的农产品符合农产品质量安全标准的，生产者可以申请使用无公害农产品标识；农产品质量符合国家规定的有关优质农产品标准的，生产者可以申请使用相应的农产品质量标志。防止因违反规定使用农业投入品危及农产品质量安全。

（6）相关禁止及责任认定

有下列情形之一的农产品，不得销售：含有国家禁止使用的农药、兽药或者其他化学物质的；农药、兽药等化学物质残留或者含有的重金属等有毒有害物质不符合农产品质量安全标准的；含有的致病性寄生虫、微生物或者生物毒素不符合农产品质量安全标准的；使用的保鲜剂、防腐剂、添加剂等材料不符合国家有关强制性的技术规范的；其他不符合农产品质量安全标准的。

生产、销售《农产品质量安全法》第33条所列农产品，给消费者造成损害的，依法承担赔偿责任。农产品批发市场中销售的农产品有前述情形的，消费者可以向农产品批发市场要求赔偿；属于生产者、销售者责任的，农产品批发市场有权追偿。消费者也可以直接向农产品生产者、销售者要求赔偿。

2. 食品安全

（1）食品安全的界定

1958年美国《食品添加剂修正案》中的安全条款总则规定“拟用的食品添加剂……必须安全”。这是美国也是现代西方国家在食品法中第一次明确提出“安全”概念。

德国的《食品、日用品与饲料法典》将食品安全定义为：食品应该是在普通、合理、事先预知的进食条件下安全的，并且在食品的包装或标签上有足够的信息可供消费者作出判断。

国际标准化组织在食品安全管理体系标准ISO22000—2005中规定食品安全是指食品在按照预期用途进行制备和（或）食用时不会伤害消费者的概念。食品安全问题是指“食物中有毒、有害物质对人体健康影响的公共卫生问题”。

我国的《食品安全法》第99条将食品安全定义为：“食品安全，指食品无毒、无害，符合应当有的营养要求，对人体健康不造成任何急性、亚急性或者慢性危害。”

(2) 食品安全风险监测和评估

1) 国家建立食品安全风险监测制度，对食源性疾病、食品污染以及食品中的有害因素进行监测。国务院卫生行政部门会同国务院有关部门制定、实施国家食品安全风险监测计划。省、自治区、直辖市人民政府卫生行政部门根据国家食品安全风险监测计划，结合本行政区域的具体情况，组织制定、实施本行政区域的食品安全风险监测方案。国务院农业行政、质量监督、工商行政管理和国家食品药品监督管理等有关部门获知有关食品安全风险信息后，应当立即向国务院卫生行政部门通报。国务院卫生行政部门会同有关部门对信息核实后，应当及时调整食品安全风险监测计划。

2) 国家建立食品安全风险评估制度，对食品、食品添加剂中生物性、化学性和物理性危害进行风险评估。国务院卫生行政部门负责组织食品安全风险评估工作，成立由医学、农业、食品、营养等方面的专家组成的食品安全风险评估专家委员会进行食品安全风险评估。对农药、肥料、生长调节剂、兽药、饲料和饲料添加剂等的安全性评估，应当有食品安全风险评估专家委员会的专家参加。国务院农业行政、质量监督、工商行政管理和国家食品药品监督管理等有关部门应当向国务院卫生行政部门提出食品安全风险评估的建议，并提供有关信息和资料。国务院卫生行政部门应当及时向国务院有关部门通报食品安全风险评估的结果。食品安全风险评估结果是制定、修订食品安全标准和对食品安全实施监督管理的科学依据。

(3) 食品安全标准

1) 食品安全标准的性质。食品安全标准是强制执行的标准，除食品安全标准外，不得制定其他的食品强制性标准。

2) 食品安全标准的内容。食品安全标准的内容包括：食品、食品相关产品中的致病性微生物、农药残留、兽药残留、重金属、污染物质以及其他危害人体健康物质的限量规定；食品添加剂的品种、使用范围、用量；专供婴幼儿和其他特定人群的主辅食品的营养成分要求；对与食品安全、营养有关的标签、标识、说明书的要求；食品生产经营过程的卫生要求；与食品安全有关的质量要求；食品检验方法与规程；其他需要制定为食品安全标准的内容。

3) 食品安全国家标准的制定、公布。食品安全国家标准由国务院卫生行政部门负责制定、公布，国务院标准化行政部门提供国家标准编号。食品中农药残留、兽药残留的限量规定及其检验方法与规程由国务院卫生行政部门、国务院农业行政部门制定。屠宰畜、禽的检验规程由国务院有关主管部门会同国务院卫生行政部门制定。有关产品国家标准涉及食品安全国家标准规定内容的，应当与食品安全国家标准相一致。

4) 食品安全国家标准的审查通过。食品安全国家标准应当经食品安全国家标准审评委员会审查通过。食品安全国家标准审评委员会由医学、农业、食品、营养等方面的专家以及国务院有关部门的代表组成。

5) 食品安全标准的适用。没有食品安全国家标准的，可以制定食品安全地方标准。省、自治区、直辖市人民政府卫生行政部门组织制定食品安全地方标准，应当参照执行《食品安全法》有关食品安全国家标准制定的规定，并报国务院卫生行政部门备案。企业生产的食品没有食品安全国家标准或者地方标准的，应当制定企业标准，作为组织生产的依据。国家鼓励食品生产企业制定严于食品安全国家标准或者地方标准的企业标准。企业标准应当报省级卫生行政部门备案，在本企业内部适用。

（4）食品生产经营

1）食品生产经营应符合的要求。食品生产经营应当符合食品安全标准，并符合下列要求：具有与生产经营的食品品种、数量相适应的食品原料处理和食品加工、包装、贮存等场所，保持该场所环境整洁，并与有毒、有害场所以及其他污染源保持规定的距离；具有与生产经营的食品品种、数量相适应的生产经营设备或者设施，有相应的消毒、更衣、盥洗、采光、照明、通风、防腐、防尘、防蝇、防鼠、防虫、洗涤以及处理废水、存放垃圾和废弃物的设备或者设施；有食品安全专业技术人员、管理人员和保证食品安全的规章制度；具有合理的设备布局和工艺流程，防止待加工食品与直接入口食品、原料与成品交叉污染，避免食品接触有毒物、不洁物；餐具、饮具和盛放直接入口食品的容器，使用前应当洗净、消毒，炊具、用具用后应当洗净，保持清洁；贮存、运输和装卸食品的容器、工具和设备应当安全、无害，保持清洁，防止食品污染，并符合保证食品安全所需的温度等特殊要求，不得将食品与有毒、有害物品一同运输；直接入口的食品应当有小包装或者使用无毒、清洁的包装材料、餐具；食品生产经营人员应当保持个人卫生，生产经营食品时，应当将手洗净，穿戴清洁的工作衣、帽；销售无包装的直接入口食品时，应当使用无毒、清洁的售货工具；用水应当符合国家规定的生活饮用水卫生标准；使用的洗涤剂、消毒剂应当对人体安全、无害；法律、法规规定的其他要求。

2）食品生产经营的禁止情形。禁止生产经营下列食品：用非食品原料生产的食品或者添加食品添加剂以外的化学物质和其他可能危害人体健康物质的食品，或者用回收食品作为原料生产的食品；致病性微生物、农药残留、兽药残留、重金属、污染物质以及其他危害人体健康的物质含量超过食品安全标准限量的食品；营养成分不符合食品安全标准的专供婴幼儿和其他特定人群的主辅食品；腐败变质、油脂酸败、霉变生虫、污秽不洁、混有异物、掺假掺杂或者感官性状异常的食品；病死、毒死或者死因不明的禽、畜、兽、水产动物肉类及其制品；未经动物卫生监督机构检疫或者检疫不合格的肉类，或者未经检验或者检验不合格的肉类制品；被包装材料、容器、运输工具等污染的食品；超过保质期的食品；无标签的预包装食品；国家为防病等特殊需要明令禁止生产经营的食品；其他不符合食品安全标准或者要求的食品。

3）国家对食品生产经营实行许可制度。

（5）食品检验

食品检验机构按照国家有关认证认可的规定取得资质认定后，方可从事食品检验活动，但是，法律另有规定的除外。食品检验机构的资质认定条件和检验规范，由国务院卫生行政部门规定。食品检验由食品检验机构指定的检验人独立进行。食品安全监督管理部门对食品不得实施免检。

（6）对保健品的规范

国家对声称具有特定保健功能的食品实行严格监管。声称具有特定保健功能的食品不得对人体产生急性、亚急性或者慢性危害，其标签、说明书不得涉及疾病预防、治疗功能，内容必须真实，应当载明适宜人群、不适宜人群、功效成分或者标志性成分及其含量等；产品的功能和成分必须与标签、说明书相一致。

（7）食品安全委员会

2010 年 2 月 6 日设立国务院食品安全委员会，作为国务院食品安全工作的高层次议事协调机构。国务院食品安全委员会的主要职责包括：分析食品安全形势，研究部署、统筹指导食品安全工作；提出食品安全监管的重大政策措施；督促落实食品安全监管责任。

（8）十倍赔偿

生产不符合食品安全标准的食品或者销售明知是不符合食品安全标准的食品，消费者除要求赔偿损失外，还可以向生产者或者销售者要求支付价款 10 倍的赔偿金。

（9）虚假食品广告引发的连带责任

食品广告的内容应当真实合法，不得含有虚假、夸大的内容，不得涉及疾病预防、治疗功能。食品安全监督管理部门或者承担食品检验职责的机构、食品行业协会、消费者协会不得以广告或者其他形式向消费者推荐食品。社会团体或者其他组织、个人在虚假广告中向消费者推荐食品，使消费者的合法权益受到损害的，与食品生产经营者承担连带责任。

（10）食品召回制度

1）主动召回。食品生产者发现其生产的食品不符合食品安全标准，应当立即停止生产，召回已经上市销售的食品，通知相关生产经营者和消费者，并记录召回和通知情况。食品经营者发现其经营的食品不符合食品安全标准，应当立即停止经营，通知相关生产经营者和消费者，并记录停止经营和通知情况。食品生产者认为应当召回的，应当立即召回。食品生产者应当对召回的食品采取补救、无害化处理、销毁等措施，并将食品召回和处理情况向县级以上质量监督部门报告。

2）指令召回。食品生产经营者未依照《食品安全法》的规定召回或者停止经营不符合食品安全标准的食品的，县级以上质量监督、工商行政管理、食品药品监督管理部门可以责令其召回或者停止经营。

（五）产品召回制度

1. 产品召回制度概述

所谓召回（Recall），是指将流入市场中的缺陷商品从流通市场和终端用户手中回收的行为。召回制度是针对已经流入市场的缺陷产品而建立的。由于缺陷产品往往具有批量性的特点，所以，当这些产品投放到市场后，如不加以干预，其潜在的危害是巨大的，有可能对消费者的生命、财产安全或环境造成损害。因此，有必要制定相关法律和行政规定，监督缺陷产品的生产者，使之对其生产和消费的缺陷产品进行收回、改造等，并采取措施消除产品设计、制造、销售等环节上的缺陷，以维护消费者权益。产品召回是指生产商将已经送到批发商、零售商或最终用户手上的产品收回。产品召回的典型原因是所售出的产品被发现存在缺陷。产品召回制度和一般的三包产品退换货是两个概念。三包产品退货换货是针对个体消费者，而且不能说明产品本身有任何问题；而产品召回制度则是针对厂家原因造成的批量性问题而出现的处理办法。其中，对于质量缺陷的认定和厂家责任的认定是最关键的核心。产品召回方式有两种：一种是“自愿认证，强制召回”，一种是“强制认证，自愿召回”。产品召回制度，最早出现在美国。目前实行召回制度的国家还有日本、韩国、加拿大、英国和澳大利亚等。美国的召回制度最先应用于汽车，1966 年制定的《国家交通与机动车安全法》中明确规定汽车制造商有义务召回缺陷汽车。此后，在多项产品安全和公共健康的立法中引入了缺陷产品召回制度，使其应用到可能对公众造成伤害的主要产品领域，特别是食品。例如，先后出台的《联邦肉产品检验法》(FMIA)、《禽产品检验法》(PPIA)、《食品、药品及化妆品法》(FDCA) 等。召回制度在美国等国家的实践表明，召回制度是产品质量和消费者权益的有力保证，实施召回制度有利于提高生产商和销售商的产品质量意识，有利于企业关注技术改造和环保问题，有利于规范市场竞争秩序。

2004 年的《缺陷汽车产品召回管理规定》首次确立了我国的产品召回制度，目前，我国的《食品安全法》明确规定了食品召回制度，但还没有全面实行产品强制召回制度。

2. 产品召回标准

产品召回标准解决的是确定产品是否存在缺陷的问题。缺陷是产品被召回的前提。综观各国的相关规定，可以发现，各国的召回标准有所差异：(1)《关于人身伤亡的产品责任的欧洲公约》认为，“考虑了包括介绍产品在内的所有情况后，若产品未给人们提供有权期待的安全”，则该产品存在缺陷。(2) 英国的 1978 年《消费者保护法》认为，“如果产品的安全性没有达到人们通常有权期望的程度，那么产品就存在着缺陷”。(3) 美国的《统一产品责任法》认为，如果并且只有在下列情形下，可以证明产品存在缺陷：产品制造上存在不合理的不安全性；产品设计上存在不合理的不安全性；未给予适当警告或指示，致使产品存在不合理的不安全性；产品不符合产品销售者的明示担保，致使产品存在不合理的不安全性。(4) 我国的《产品质量法》第 46 条规定，“本法所称缺陷，是指产品存在危及人身、他人财产安全的不合理的危险；产品有保障人体健康和人身、财产安全的国家标准、行业标准的，是指不符合该标准”。

3. 产品召回的一般步骤

产品召回的一般步骤包括：缺陷报告或投诉、初步危害评估、产品缺陷鉴定、召回确认和召回计划的制订、召回信息发布、实施召回、验收和终止召回等。此外，在企业主动报告的情况下，还可以启动简易程序。

(1) 产品缺陷的报告或投诉。多数情况下，企业的报告或消费者的投诉是启动召回程序的第一步。当然，只有部分报告或投诉可进入下一步程序。根据相关法律规定，生产商、进口商、经销商或零售商在发现其生产、经营的消费品不符合消费品安全法规或强制性标准要求，或存在缺陷并可能给消费者带来实质性伤害等不合理风险以及不符合某些法律法规所列举的自愿性标准时，就应在一定期间内向相关部门报告。

（2）初步危害评估。接到报告或投诉后，产品质量监管部门即初步评定产品是否存在“实质性产品危害”，作为是否需要进入下一步鉴定程序的依据。

（3）产品缺陷鉴定。产品缺陷的鉴定是决定产品是否需要召回的关键。产品缺陷鉴定应当在法律框架内进行，并结合下述因素考虑：1）缺陷类型。产品缺陷可能存在于产品设计、制造、材料、产品结构、内容物、涂层、包装、警告标识、产品说明等各个环节，专家们首先要确定产品缺陷的类型，以分析其是否可能对消费者产生实质性伤害。2）缺陷产品销售量。流通产品的数量越大，其引发伤害事故的几率就越大；而缺陷产品的数量少则导致伤害的可能性会降低一些。3）危险的严重程度。4）伤害发生的几率及其他。包括对已发生事故的分析和可能发生事故的预测等。

（4）召回确认和召回计划的制订。召回一旦确认，产品质量监管部门应立即通知相关企业，并要求其迅速制订全面、翔实、可行的召回书面计划。其工作人员将直接指导企业完成召回计划中的每一个细节，如召回信息发布方式、采取何种补救措施等。

（5）召回信息发布。召回信息可以通过公告、报刊、新闻、网络等方式发布。

（6）实施召回。实施召回的具体内容包括产品回收、纠正和补救措施等。召回实施由企业具体执行，产品质量监管部门应当全程监督。而企业在实施过程中的详细召回记录是召回验收的重要依据。

（7）验收和终止召回。一般情况下，召回并不意味着对所有产品都能回收。当产品质量监管部门认为企业已经采取了积极有效的措施，缺陷消费品对大众的危害风险降到了最低限度时，便可确认召回结束。

【案例评析1】

雨天坐滑道车受伤，谁之过？

1. 案情简介

某公司组织员工到大峡谷风景区团体旅游。到达的当日中午下起了小雨。此团体的部分人员包括于先生乘坐景区内某滑道公司经营的滑道车下山。因雨水冲刷滑道及滑道车，导致部分滑道车刹车失灵相撞，致使于先生骨折。于先生为此支付医疗费 4 万余元。不久，于先生以侵权为由将滑道公司告上法庭，并追加提供滑道设备的某设备公司为共同被告，要求二被告对自己遭受的经济损失承担连带责任。

2. 基本问题

产品责任诉求对象的认定。

3. 知识内容

本案中，滑道车刹车失灵可以认定为缺陷，因此生产者和销售者应承担产品责任。设备公司是提供滑道的生产者，而滑道公司提供给于先生的是服务，其并非滑道的销售者，因此，设备公司既是生产者也是销售者，应当承担责任，但滑道公司和于先生之间有合同关系，显然也有违约的事实，应当承担违约责任。

【案例评析2】

请别人喝饮料，饮料爆炸，权益如何保障？

1. 案情简介

甲厂生产一种瓶装碳酸饮料，消费者丙从乙商场购买这种饮料请客，在开启时爆炸，丙及客人受伤。问：

（1）客人只能请求丙赔偿损失，对吗？为什么？

（2）丙和客人都可以请求赔偿对吗？为什么？

（3）丙可以向甲、乙中的任何一个索赔对吗？为什么？

2. 基本问题

产品责任的分担。

3. 知识内容

碳酸饮料爆炸说明饮料存在缺陷，理应按产品责任进行处理，依据产品责任的分担原则，生产饮料的甲厂、销售饮料的乙商场应该承担连带赔偿责任，丙和客人作为受害人，按照侵权责任的赔偿要求，都可以进行索赔。

【疑难问题】

1. “掺杂、掺假”，“以假充真”，“以次充好”，“以不合格产品冒充合格产品”等行为如何界定？

解答思路：在产品中掺杂、掺假的行为是指生产者、销售者在产品中掺入杂质或者造假，进行质量欺诈的违法行为，其结果是，致使产品中有关物质的成分或者含量不符合国家有关法律、法规、标准或者合同要求。以假充真的行为是指以此产品冒充与其特征、特性等不同的他产品，或者冒充同一类产品中具有特定质量特征、特性的产品的欺诈行为。以次充好的行为是指以低档次、低等级产品冒充高档次、高等级产品或者以旧产品冒充新产品的违法行为。以不合格产品冒充合格产品是指以质量不合格的产品作为或者充当合格产品的行为。

2. 产品责任认定有哪些法律依据？

解答思路：（1）《民法通则》第 122 条：“因产品质量不合格造成他人财产、

人身损害的，产品制造者、销售者应当依法承担民事责任。运输者、仓储者对此负有责任的，产品制造者、销售者有权要求赔偿损失。”（2）《产品质量法》第 41 条：“因产品存在缺陷造成人身、缺陷产品以外的其他财产损害的，生产者应当承担赔偿责任。”第 42 条：“由于销售者的过错使产品存在缺陷，造成人身、他人财产损害的，销售者应当承担赔偿责任。销售者不能指明缺陷产品的生产者也不能指明缺陷产品的供货者的，销售者应当承担赔偿责任。”第 43 条：“因产品存在缺陷造成人身、他人财产损害的，受害人可以向产品的生产者要求赔偿，也可以向产品的销售者要求赔偿。属于产品的生产者的责任，产品的销售者赔偿的，产品的销售者有权向产品的生产者追偿。属于产品的销售者的责任，产品的生产者赔偿的，产品的生产者有权向产品的销售者追偿。”（3）《消费者权益保护法》第 35 条：“消费者在购买、使用商品时，其合法权益受到损害的，可以向销售者要求赔偿。销售者赔偿后，属于生产者的责任或者属于向销售者提供商品的其他销售者的责任的，销售者有权向生产者或者其他销售者追偿。消费者或者其他受害人因商品缺陷造成人身、财产损害的，可以向销售者要求赔偿，也可以向生产者要求赔偿。属于生产者责任的，销售者赔偿后，有权向生产者追偿。属于销售者责任的，生产者赔偿后，有权向销售者追偿。”（4）《侵权责任法》第 41 条：“因产品存在缺陷造成他人损害的，生产者应当承担侵权责任。”第 42 条：“因销售者的过错使产品存在缺陷，造成他人损害的，销售者应当承担侵权责任。销售者不能指明缺陷产品的生产者也不能指明缺陷产品的供货者的，销售者应当承担侵权责任。”第 43 条：“因产品存在缺陷造成损害的，被侵权人可以向产品的生产者请求赔偿，也可以向产品的销售者请求赔偿。产品缺陷由生产者造成的，销售者赔偿后，有权向生产者追偿。因销售者的过错使产品存在缺陷的，生产者赔偿后，有权向销售者追偿。”第 44 条：“因运输者、仓储者等第三人的过错使产品存在缺陷，造成他人损害的，产品的生产者、销售者赔偿后，有权向第三人追偿。”第 45 条：“因产品缺陷危及他人人身、财产安全的，被侵权人有权请求生产者、销售者承担排除妨碍、消除危险等侵权责任。”第 46 条：“产品投入流通后发现存在缺陷的，生产者、销售者应当及时采取警示、召回等补救措施。未及时采取补救措施或者补救措施不力造成损害的，应当承担侵权责任。”第 47 条：“明知产品存在缺陷仍然生产、销售，造成他人死亡或者健康严重损害的，被侵权人有权请求相应的惩罚性赔偿。”

实务训练

近年来，因输血而感染艾滋病、丙肝等疾病而提起损害赔偿诉讼的案件时有发生。该纠纷究竟属不属于产品责任纠纷，请结合理论和实践进行处理。

解析：该争议的焦点在于血液是否属于《产品质量法》中的产品。现将两种不同观点的理由列举如下：

1. 肯定论者认为：

(1) 从人体抽取出，用于临床的血液，经历了一个被加工、制作的过程。因为：首先，从人体抽取血液，进行检测、包装，这本身就是一个加工、制作的过程，即临床使用的全血，是被加工、制作的结果。其次，临床使用的血液，大部分都是成分血，即血小板、红细胞等，它们是通过离心机等设备，用物理手段进行离心、分层、提取的结果，这部分血液，更是加工、制作的产物。

(2) 血液中心按照一定的价格，将血液交付给医院，这是一种等价有偿的交换行为，也就是说，血液中心加工、制作血液的目的，就是要通过医院，将它销售给病人，以获取经济利益。

(3) 我国《药品管理法》第57条规定，血液制品属于药品，而药品在我国又属于《产品质量法》规定的产品的范畴。

2. 否定论者认为：临床用血液、尤其是其中的成分血，虽然是对人体内的血液加工、制作的结果，但是，以为血液中心加工、制作临床用血的目的是销售，这只是看到了表面现象。《产品质量法》要求其所适用的"产品"满足"用于销售"的条件，实际上是要求生产产品的目的是通过销售而营利，销售实际上是营利的手段。血液中心加工、制作临床用血，通过医院提供给病人使用，从表面上看表现为销售，但这种行为的目的不是营利，因而不是真正意义上的销售。具体而言：

(1) 产品的生产者应当是基于经济目的从事生产的自然人或法人，而血液中心是国家专营公益性卫生事业的单位，不是以营利为目的的生产单位。对此，卫生部1979年颁行的《全国血站工作条例》第1条、1993年颁行的《采供血机构和血液管理办法》第3条、《义务献血法》第8条，都做了明确规定。

(2) 血液中心提供血液获取的款项，实际上是成本的回收，这些款项也是用于采供血事业的。其中的成本主要是献血者的营养补偿费、血液检验、分离、包装、储藏、科研、试验等环节所发生的费用。

(3) 正是由于血液中心的公益性，其提供临床用血，表面上看是出售行为，实际上是在间接地为广大病人提供医疗服务，所以，美国法律明确将血液排除在实行严格责任的产品责任法之外。

(4) 若血液是《产品质量法》上的产品，那么，血液中心作为产品生产者，应当依法纳税，而事实上，血液中心并不纳税，原因就在于它以公益而非营利为目的。

(5) 若血液是《产品质量法》上的产品，那么血液中心就是生产者，医院就是销售者。而事实上，医院和病人之间不存在血液买卖关系，医院不是在销售血液，而是在提供医疗服务。

(6) 我国《药品管理法》第57条规定血液制品属于药品，但不可将血液等同于血液制品。所谓血液制品，是指生产药品的企业用物理的、化学的手段，对全血、成分血进行加工而获得的物品，这些物品包括血蛋白、纤维蛋白源等，它们是用于销售的产品。但是，很显然，血液制品与用作加工血液制品的全血、成分血有所不同。

课后练习

1. 简述我国《产品质量法》中“产品”的内涵及外延。

2. “质量不合格”这一概念，在《民法通则》中是规定在特殊侵权领域中的，请判断它主要是指产品质量法中的瑕疵还是缺陷？

3. 思考下列哪些属于缺陷产品？

(1) 损伤皮肤的化妆品

(2) 没有冷冻效果的冰箱

(3) 图像效果不佳的电视机

(4) 保温效果不良的暖水瓶

(5) 致人中毒的假酒

(6) 口感不佳的劣酒

(7) 易醉人的高度酒

(8) 突然爆炸炸坏家具的汽酒（爆炸原因为气压过高）

(9) 长虫的木地板

4. 简述缺陷产品的认定标准。

5. 案例分析

2000 年 6 月，经营者甲自某石化销售公司购得 15.72 吨液化气后将其销售给某液化气站。液化气站按照约定将货款交付给甲后，随即将该液化气运至本站。液化气站正在卸气时，当地质量技术监督局依法查封并扣押了该 15.72 吨液化气。经送检，液化气铜腐蚀指标偏高，不符合国家强制性标准，属不合格产品。据此，某县质量技术监督局依法对某液化气站给予了行政罚款 11 万元的处罚。

问：(1) 本案的争议纠纷属何性质？为什么？(2) 液化气站以某石化销售公司为被告向当地法院提起诉讼，你认为液化气站的做法正确吗？为什么？

法律法规

1.《中华人民共和国产品质量法》

2.《中华人民共和国食品安全法》

3.《中华人民共和国消费者权益保护法》

4.《中华人民共和国农产品质量安全法》

5.《中华人民共和国民法通则》

6.《中华人民共和国侵权责任法》

7.《中华人民共和国药品管理法》

8.《中华人民共和国食品安全法实施条例》

9.《国家质量技术监督局关于实施〈中华人民共和国产品质量法〉若干问题的意见》

10.《产品标识标注规定》

11.《国家技术监督局关于依法加强产品标识监督管理的通知》

12.《商品条码管理办法》

13.《商用密码管理条例》

14.《国务院关于进一步加强产品质量工作若干问题的决定》

15.《强制性产品认证管理规定》

16.《中国名牌产品管理办法》

17.《中华人民共和国认证认可条例》

18.《质量监督检验检疫行政执法监督与行政执法过错责任追究办法》

延伸阅读

1. 中国质检网. http：//www. cqn. com. cn/

2. 国家质量监督检验检疫总局门户网站. http：//www. aqsiq. gov. cn/

3. 国家工商行政管理总局. http：//www. saic. gov. cn/

4. 中国质量报. 国家质量监督检验检疫总局主管

5. 国务院法制办公室编. 产品质量法：注解与配套. 北京：中国法制出版社，2008

6. 国家质量监督检验检疫总局办公厅编. 全国产品质量和食品安全专项整治文件汇编. 北京：中国标准出版社，2007

第五章　反垄断法

【内容摘要】

反垄断法是“经济宪法”。根据不同的标准，可以对垄断进行不同的分类。本身违法原则和合理原则是反垄断法的两大基本原则。我国反垄断法的执法体制具有复杂性，商务部、国家发展改革委员会和国家工商总局是我国反垄断法规定的重要的执法机关，反垄断委员会是反垄断的议事协调机构。根据我国《反垄断法》的规定，典型的经济垄断包括垄断协议、经营者集中以及滥用市场支配地位。相关市场的界定关系到垄断地位的认定，在《反垄断法》的实施中具有非常重要的意义。行政垄断是行政权力滥用的结果，对于我国市场经济的发展危害甚大，我国《反垄断法》设专章对行政垄断进行规制。

一、垄断的含义及我国反垄断法简介

【知识要点】

（一）垄断的含义

垄断是自由竞争中生产高度集中所引起的、与竞争相对立的一个范畴，是指排斥、限制竞争的行为和状态。垄断地位的核心特征是缺乏来自其他企业的竞争。[①]虽然垄断可能来自竞争，但垄断会排斥竞争。垄断行为给市场竞争带来的弊病是显

① 参见［美］基斯·N·希尔顿：《反垄断法：经济学原理和普通法演进》，赵玲译，1页，北京，北京大学出版社，2009。

而易见的，但垄断的存在有其客观性、合理性，对经济发展有一定的积极性。法律上所规制和反对的垄断，是指违反法律或者社会公共利益，通过合谋性协议、安排或协同行动，或者通过滥用经济优势地位或者滥用行政权力，排斥或控制其他正当的经济活动。根据不同的标准，垄断可以作不同的分类：

1. 经济垄断、行政垄断、自然垄断及国家垄断

根据垄断实施主体以及垄断力来源不同，可将垄断划分为以下几类：

一是经济垄断。经济垄断又称市场垄断，是指经营者利用自己的经济优势，或者通过联合、合谋等方式，排斥、限制竞争的行为或状态。其实施主体只能是专门从事经济活动经营者，并且其排斥、限制竞争的垄断力来自其自身拥有的或者通过联合、合谋等一致行动所形成的经济优势。

二是行政垄断。行政垄断是指地方政府、各级政府职能部门或者具有政府职能的行政性公司，凭借行政权力排斥、限制竞争的行为或状态。行政垄断在实施主体和垄断力来源上都有别于经济垄断。

三是自然垄断。自然垄断是因产业发展的自然需要而形成的垄断状态，其原因是由于规模经济和范围经济显著，在一定的相关产品市场和相关地域市场中，由一家或少数几家企业经营要比多家企业经营效率更高的现象。典型的行业包括电话、铁道、煤气、自来水、电力、邮电、通信等。

四是国家垄断。国家垄断是指国家直接或者授权少数企业控制某种产品的生产和销售，排除其他经营者进入该产品市场而形成的垄断。国家垄断是以国家名义实施的垄断，是一种国家行为，也是一种合法垄断行为或状态，通常以保障国家安全、增加国家财政收入或促进社会整体利益为目的。

2. 垄断行为和垄断状态

按照限制、排斥竞争的原因究竟是一定的行为还是一定的市场结构，可将垄断划分为以下几类：

一是垄断行为。这是指经营者或者行政垄断的主体实施的限制、排斥竞争的活动。例如，两个以上的经营者订立价格同盟和瓜分市场的协议，政府部门实行地区封锁和部门分割等。

二是垄断状态。这通常指企业占有较大的市场份额，以至于竞争不能有效开展的市场结构。

早期的反垄断立法和执法普遍坚持市场结构决定市场行为、市场行为决定市场绩效的理论。近年来一些国家放弃了以上传统理论，重点反对企业的垄断行为。这些国家的反垄断法更多地注入了行为主义的反垄断理论，并出现了与此相适应的合理原则。我国反垄断法就是采用行为主义，即对垄断行为进行规制，而不规制垄断状态。①

3. 合法垄断和非法垄断

根据国家对垄断所采取的态度，可将垄断划分为以下几类：

---

① 参见曹康泰：《中华人民共和国反垄断法解读》19页，北京，中国法制出版社，2007。

一是合法垄断。合法垄断是国家法律所允许的垄断。在反垄断法中，这种垄断通常是以适用除外条款加以确认的，主要包括国家垄断、自然垄断、知识产权垄断、农业及其相关领域的垄断等。

二是非法垄断。非法垄断是指具有社会危害性并受到反垄断法禁止的垄断，包括某些经济垄断以及全部的行政垄断。

需要注意的是，合法垄断和非法垄断这两者的界限不是绝对的，随着经济的不断发展，反垄断法理论及对合法垄断与非法垄断的界定，都会发生不同的变化。

4. 卡特尔、辛迪加、托拉斯及康采恩

按照垄断的具体组织方式，可将垄断划分为以下几类：

一是卡特尔（Kartel）。这是指生产同类产品的企业通过协议的方式划分市场、规定产量或者确定价格而形成的垄断形式，如规定销售条件的卡特尔、划分销售范围的卡特尔、限定产量的卡特尔、固定价格的卡特尔以及分配利润的卡特尔等。

二是辛迪加（Syndicat）。这是指同一生产部门的垄断企业在流通过程中通过订立共同销售产品和销售原材料的协定所形成的垄断形式。在这种组织中，各成员企业在法律上享有独立的地位，生产也各自开展，但涉及采购或销售时，各成员企业便失去其独立地位，根据协议服从于整个组织总办事机构的统一安排和指挥。

三是托拉斯（Trust）。这是垄断组织的一种高级形式，指生产同类产品或在生产上有密切的投入产出关系的企业，从生产到销售进行全面联合，由此所组成的一种近乎于经济统一体的组织。在这种组织中，参加者虽然仍然是各自独立的企业，但它们几乎丧失了法律上的独立地位和经济上的产销自主权。

四是康采恩（Konzern）。这是指不同部门的企业以实力最为雄厚的企业为核心所结成的垄断联合组织，是一种更为高级和复杂的垄断形式。在这种组织中，参加者并不限于某一行业或某一部门的企业。

（二）我国反垄断法简介

反垄断法是调整在防止和排除垄断的过程中所发生的竞争关系和竞争管理关系的法律规范的总和，或者简单地说，是指防止和排除垄断的法律规范的总和。反垄断法是整个经济法的核心内容，被称为“经济宪法”。

据考证，世界上第一部现代意义上的反垄断法是加拿大于1889年制定的《禁止限制性贸易合并法》，但因其影响有限，一般将美国1890年制定的《谢尔曼法》（保护贸易和商业免受限制的法）视为现代反垄断法的鼻祖。此外，美国1914年制定的《克莱顿法》（又称《联邦贸易委员会法》）影响也很大。

反垄断法既包括实体规范，也包括程序规范。实体规范主要涉及竞争者的权利、义务和责任，垄断的认定标准，反垄断执行机关的权限、职责和责任等。程序规范主要涉及反垄断执行机关查处垄断的程序性规则。

我国《反垄断法》于2007年8月30日通过，2008年8月1日起施行。该法具有以下特点：（1）原则性强。事实上，该法仅8章57条。（2）尊重国情与借鉴国际先进经验相结合。就尊重国情而言，主要体现在该法对行政垄断进行了专门规定。

就借鉴国际先进经验而言，该法主要体现在如下几个方面：一是规制三大经济垄断（经营者达成垄断协议，经营者滥用市场支配地位，具有或者可能具有排除、限制竞争效果的经营者集中），这是国际上反垄断法通行的做法；二是为了节约执法成本和确保执法效果，引入了国际上通行的类似于行政和解的经营者承诺制度；三是为了有效查处秘密卡特尔，借鉴了宽恕制度；四是为了扩大该法的适用范围，严格限制了适用除外情形；五是关于经营者集中（企业合并），充分借鉴了国际上普遍采取的事先强制申报制度。（3）该法对两个特殊行业作了专门规定。这两个行业是关系国民经济命脉和国家安全的行业以及依法实行专营专卖的行业。这一规定具体体现在《反垄断法》第7条。

1. 经营者承诺制度

所谓经营者承诺制度，是指反垄断执法机构在对反垄断案件进行调查中且作出最后裁决之前，涉嫌违法的经营者承诺停止或改变被指控的行为，消除其行为对竞争的不利影响，反垄断执法机构可以中止调查的制度。从立法的动机看，经营者承诺制度旨在鼓励涉嫌垄断的经营者主动认识自己行为的违法性，节约反垄断法的实施成本，提高反垄断执法机构的审查效率，提高反垄断法的实施效果。我国《反垄断法》第45条就规定，对反垄断执法机构调查的涉嫌垄断行为，被调查的经营者承诺在反垄断执法机构认可的期限内采取具体措施消除该行为后果的，反垄断执法机构可以决定中止调查。中止调查的决定应当载明被调查的经营者承诺的具体内容。反垄断执法机构决定中止调查的，应当对经营者履行承诺的情况进行监督。经营者履行承诺的，反垄断执法机构可以决定终止调查。但是，有下列情形之一的，反垄断执法机构应当恢复调查：一是经营者未履行承诺的；二是作出中止调查决定所依据的事实发生重大变化的；三是中止调查的决定是基于经营者提供的不完整或者不真实的信息作出的。

2. 宽恕制度

所谓宽恕制度，是指在反垄断法的执行过程中，参与垄断协议的经营者若主动向反垄断执法机构揭发垄断协议，或者在反垄断执法机构调查垄断协议的过程中予以合作并提供有关证据资料，则可以获得减轻或者免除处罚的制度。宽恕制度具有非常现实的意义：一是由于垄断协议通常是秘密达成的，因而查处难度很大，宽恕制度能在一定程度上消除当事人的这种“攻守同盟”；二是宽恕制度充分利用了“囚徒困境”（prisoner's dilemma）的原理①，使每个垄断协议的参与者都担心被其他参与者出卖，从而使反垄断执法机构得以从内部击破垄断协议；三是宽恕制度使

---

① 囚徒困境是博弈论的非零和博弈中具代表性的例子，反映个人最佳选择并非团体最佳选择。虽然困境本身只属模型性质，但现实中的价格竞争、环境保护等方面，也会频繁出现类似情况。经典的囚徒困境如下：警方逮捕甲、乙两名嫌疑犯，但没有足够证据指控二人入罪。于是警方分开囚禁嫌疑犯，分别和二人见面，并向双方提供以下相同的选择：若一人认罪并作证检举对方（相关术语称“背叛”对方），而对方保持沉默，此人将即时获释，沉默者将判监10年。若二人都保持沉默（相关术语称互相“合作”），则二人同样判监半年。若二人都互相检举（相关术语称互相“背叛”），则二人同样判监2年。在单次博弈中，最终的结果都是选择互相“背叛”。

“告密者”可以获得减轻或免于处罚的机会，有利于激励垄断协议的参加者与反垄断执法机构合作。总之，宽恕制度对于节约执法成本和提高执法效率具有重要意义。我国《反垄断法》第46条规定，经营者主动向反垄断执法机构报告达成垄断协议的有关情况并提供重要证据的，反垄断执法机构可以酌情减轻或者免除对该经营者的处罚。

3. 规制行政垄断行为

我国《反垄断法》将对行政垄断的规制扩展到了抽象行政行为。根据我国《行政诉讼法》的规定，对于抽象行政行为不能够通过诉讼获得救济。但由于在反垄断法的实践中，很多行政垄断都属于抽象行政行为，所以，必须对此进行回应和规制。根据《反垄断法》第37条的规定，行政机关不得滥用行政权力，制定含有排除、限制竞争内容的规定。

4. 规制行业协会的垄断行为

一般认为，行业协会是由单一行业的竞争者所构成的非营利性组织，目的在于在促进该行业中的产品销售和雇佣方面提供多边性援助服务。[①] 行业协会的垄断行为在我国已经有愈演愈烈之势。有学者认为，行业协会的组织统一，相对于一般的联合限制竞争行为，其决议的执行更富有效率，对竞争的损害也更大。[②] 因此，我国《反垄断法》对其进行了规制，主要包括三个方面：一是行业协会有维护竞争秩序的义务。根据我国《反垄断法》的规定，行业协会应当加强行业自律，引导本行业的经营者依法竞争，维护市场竞争秩序。二是禁止行业协会组织实施垄断。根据我国《反垄断法》第16条的规定，“行业协会不得组织本行业的经营者从事本章禁止的垄断行为”。所谓“本章所禁止的垄断行为”，就是《反垄断法》第二章所规定的达成垄断协议的行为。三是行业协会违反《反垄断法》的法律责任。根据《反垄断法》的规定，行业协会违反法律规定，组织本行业的经营者达成垄断协议的，反垄断执法机构可以处50万元以下的罚款；情节严重的，社会团体登记管理机关可以依法撤销登记。

5. 反垄断法的适用除外制度

反垄断法的适用除外制度是指反垄断法在某些领域对某些事项不适用反垄断法的一种法律制度。各国反垄断法规定的除外适用情形各不相同，但总的趋势是：除外适用情形越来越少，以便扩大反垄断法的适用范围，尽可能地在经济中引入竞争机制。我国《反垄断法》规定了以下几种垄断协议是不适用反垄断法的，具体包括：一是为改进技术、研究开发新产品的；二是为提高产品质量、降低成本、增进效率，统一产品规格、标准或者实行专业化分工的；三是为提高中小经营者经营效率，增强中小经营者竞争力的；四是为实现节约能源、保护环境、救灾救助等社会公共利益的；五是因经济不景气，为缓解销售量严重下降或者生产明显过剩的；六是为保障对外贸易和对外经济合作中的正当利益的；七是法律和国务院规定的其他情形。

---

① See Joseph, F. Bradley, “The Role of Trade Association and Professional Business Society in America”, 1965, p. 4.

② 参见孟雁北：《反垄断法视野中行业协会》，载《云南大学学报（法学版）》，2004（3）。

需要注意的是，以上情形不适用反垄断法还必须具备两个要件：一是以上诸种情形应当由经营者来证明；二是上述第一至五项情形下，如果不适用反垄断法，经营者还应当证明所达成的协议不会严重限制相关市场的竞争，并且能够使消费者分享由此产生的利益。此外，根据《反垄断法》的规定，经营者依照有关知识产权的法律、行政法规规定行使知识产权的行为，不适用反垄断法，但经营者滥用知识产权排除、限制竞争的行为除外。

需要注意的是，考虑到农业在国民经济中的基础性地位，如农业生产周期长、经济效益低、社会效益高、农业经济组织自身的分散性等特点，为了避免农业经营活动发生过度竞争，扶持农业的发展，我国《反垄断法》规定农业生产者以及农村经济组织在特殊经营活动中实施的联合或者协同行为不适用反垄断法。这里需要注意以下几个问题：一是不适用反垄断法的对象是具体的联合或者协同行为。也就是说，在农业领域不适用反垄断法针对的是特定行为，而不是整个农业领域不适用反垄断法。二是农业领域的垄断行为的实施主体限于农业生产者和农村经济组织。三是农业领域的垄断行为与农产品的生产、销售、加工、运输以及库存等经营环节密切相关。也就是说，无论从事这其中任何一种或者多种经营活动，农业生产者和农村经济组织进行的具体合作、联合或其他协同行为，都不需要适用反垄断法。

6. 反垄断法的域外效力制度

反垄断法的域外效力或者称为反垄断法的域外适用，是指作为一国国内法的反垄断法适用于该国主权管辖范围之外的垄断行为的法律制度。反垄断法域外效力制度是为了防止在域外的限制竞争行为对本国经济造成危害，因此，域外适用与域内适用都是为了维护本国市场的竞争秩序。我国《反垄断法》第2条规定，“中华人民共和国境内经济活动中的垄断行为，适用本法；中华人民共和国境外的垄断行为，对境内市场竞争产生排除、限制影响的，适用本法”。当然，反垄断法的域外适用在很大程度上依赖国际合作。

7. 外资并购的国家安全审查制度

我国《反垄断法》规定，对外资并购境内企业或者以其他方式参与经营者集中，涉及国家安全的，除依照法律规定进行经营者集中审查外，还应当按照国家有关规定进行国家安全审查。

对于外资并购或者以其他方式参与经营者集中（企业合并），有可能进行两种性质不同的审查，即反垄断审查和国家安全审查。需要注意的是，并非所有的外资并购（含或者以其他方式参与经营者集中，下同）都需要启动反垄断审查程序，也并非所有需要进行反垄断审查的外资并购都要启动国家安全审查程序。反垄断审查和国家安全审查都有各自启动的条件，只有一项外资并购同时具备反垄断审查和国家安全审查的条件时，该项外资并购才接受“双重审查”。在全球经济一体化的背景下，如何避免反垄断法沦落为民族产业及贸易保护的工具，值得探讨。

外资并购的反垄断审查和国家安全审查的联系包括：一是国家安全审查需要建立在经营者集中控制审查（属于反垄断审查）的基础性工作之上；二是外资并购之所以影响到国家安全，往往是外资在敏感行业形成垄断地位造成的；三是在多数情况下，应当接受国家安全审查的外资并购，同时也要接受反垄断审查，并且两种审查并行不悖。二者的区别主要有：一是目的和作用不同。外资并购的反垄断审查属于经营者集中控制，目的和作用在于维护竞争性的市场结构和公平竞争的市场秩序，增进社会公共利益和消费者福利。国家安全审查的目的和作用在于维护国家的经济主权，确保产业安全和经济安全。二是适用条件不同。反垄断审查的适用条件为外资并购达到一定的规模标准，且只有在并购产生市场支配力、可能损害竞争的情况下才启动。外资并购只要对国家经济的稳定、健康和长远发展形成威胁，不论其规模大小，都可能受到国家安全审查。三是适用范围不同。反垄断审查适用于所有可能产生垄断状态的行业，无论哪个行业中出现了达到一定规模标准、可能损害相关市场竞争的外资并购，都要进行反垄断审查。国家安全审查往往适用于对国家具有战略意义的重点、核心和支柱产业发生的外资并购，在一般竞争性行业中，对外资进入不实施安全审查。四是审查的内容不同。外资并购的反垄断审查首先界定相关市场，分析外资并购是否可能损害竞争或产生不利于市场竞争的潜在影响。国家安全审查考虑的重点是相关产业的重要程度、外资并购对相关产业可能的损害程度及对经济安全的影响程度等因素。

【案例评析1】

厦门餐饮具消毒行业串通涨价被及时制止

1. 案情简介

2010 年 4 月 19 日，福建省餐饮具行业协会厦门办事处召集全市 28 家餐饮具消毒企业举行会议，研究餐饮具消毒产品提价问题，决定从 5 月 1 日起统一提高产品配送价格，厦门岛内餐饮具消毒产品统一按每套（5 件套）0.8 元配送，岛外统一按每套 0.7 元配送，并形成《关于厦门餐饮具消毒产品提价的会议纪要》，要求各企业在 3 个月内不得竞相压价，互抢客户。①

2. 基本问题

本案是典型的行业协会限制竞争案，其主要方式就是固定价格。

3. 知识内容

本案中，该餐饮具行业协会的行为是违反我国《反垄断法》规定的。一方面，虽然行业协会具有一定的管理权限，但无权对经营者的定价自主权进行干涉，更不能以“会议纪要”方式要求企业不得竞相压价（实质上就是价格竞争行为）；另一方面，该行业协会显然违反了我国《反垄断法》的规定，相关的主管部门可以对其处以罚款，情节严重的，社会团体登记管理机关可依法撤销其登记。

---

① 参见《厦门餐饮具消毒行业串通涨价被及时制止》，见中国新闻网：http：//www.chinanews.com/cj/cj-xfsh/news/2010/04-30/2257945.shtml，2011-08-19。

【案例评析2】

微软公司垄断案

1. 案情简介

1997年，微软公司第二次被美国司法部起诉。在一审判决中，杰克逊法官认为微软的捆绑行为本身构成“搭售”，违反了《谢尔曼法》第1条的规定，应当适用“本身违法原则”处理。但根据上诉法院的判决，杰克逊法官关于“捆绑”本身违法的判决无效，并将该案发回重审。

2. 基本问题

本案涉及反垄断法两大原则——本身违法原则与合理原则的运用。

3. 知识内容

在微软案中，两级法院对捆绑行为的定性存在差异。显然，一审法院认为捆绑行为属于《谢尔曼法》第1条规定的垄断行为，应适用“本身违法原则”。二审法院认为捆绑行为确实存在一定的益处，如避免了消费者分别购买零部件的多次交易契约的高成本，也避免了自己组合的种种不便利，并使消费者获得更多的消费者剩余，有一定的创新，因此不能贸然断定其违法，而应当比较其正负方面的影响，再做判断。由此可见，二审法院在这个问题上就是适用了“合理原则”进行规制。

【疑难问题】

1. 自然垄断一般是因产业发展的自然需要而形成的垄断状态，其原因是规模经济和范围经济显著。在现实生活中，那些自然垄断行业如电信、铁路、煤气、自来水、电力等，往往更容易损害消费者的利益，至于服务的效率，也谈不上更高。根据传统的反垄断法理论，自然垄断是合理合法的。这种矛盾作何解释？

解答思路：针对此种问题，有学者提出了自然垄断市场量的问题。该理论认为，如果市场容量比较有限，则垄断是合理的，如果市场容量非常巨大（如中国），自然垄断合理与否，需要具体问题具体分析了。比如一家自来水公司，假设其供应极限是5 000万户，现在有1亿户需要用水，仅由这一家公司提供自来水，就不是最有效的，自然也是不合理的。我们认为，这种思路应当成为我们规制自然垄断的法理依据之一。

2. 作为经济宪法，反垄断法并没有一个专门的执法机构，而是依托现有的行政执法机构。这当然在某种程度上节约了资源，并且从技术的角度上讲也使反垄断法能够顺利出台，如何评价这种执法体制？

解答思路：反垄断法是经济宪法。但法律最重要的是执行。反垄断法的执法体制由于过分迁就现行体制，形成分散执法的格局，难免在执法中出现“竞相执法”

与“相互推诿”并存的情形。这种执法体制也很难说具有反垄断执法所要求的“独立性、权威性和专业性”。被寄予厚望的国务院反垄断委员会仅仅是一个“议事协调机构”，无力真正承载反垄断的重托。此外，反垄断法的三大执法机构与行业监管机构之间是一种什么关系，仍然值得探讨。

二、反垄断法的原则及实施机构

【知识要点】

（一）反垄断法的原则

自《谢尔曼法》颁行以后，本身违法原则和合理原则一直是对反垄断案件进行法律评判的主要原则 。

1. 本身违法原则

本身违法原则是反垄断规制限制竞争行为的两大基本原则之一，指法院在司法实践中根据市场结构或行为本身来判断是否违法，无须考虑对市场是否造成实质性的损害。本身违法原则起源于英国 18 世纪中期的判例法，19 世纪末在“美国诉艾迪斯顿管材和钢铁公司案”中正式确立。威廉·霍华德·塔夫脱（William Howard Taft）提出“商业行为两分法”的观点，认为协议只是为了限制竞争而没有任何其他合法商业目的的情况下，才适用“本身违法原则”，但具有“辅助性”（ancillary）特点的价格限制——服务于合理的商业目标并且有利于促进这一目标的更好实现——可以豁免适用“本身违法原则”。在该案件中，法官塔夫脱认为，对被告签订固定价格协议的行为可以追究其法律责任而无须考虑其固定的价格是否合理，从而形成“本身违法”原则。该原则反映了对垄断规制的严格司法态度，对后世产生了深远的影响。

一般来说，本身违法原则只适用于对市场竞争有着严重不利影响的行为，如价格卡特尔、生产数量卡特尔和分割销售市场的卡特尔。本身违法原则与结构主义的反垄断立法指导思想紧密相关。

2. 合理原则

合理原则是指某些市场行为虽然含有一些限制竞争因素，但如果没有超过法律上、商业上认定合理的限度，不会实质削弱或消灭市场竞争，就不判定为垄断行为，也不进行法律制裁。这意味着限制竞争的行为并不必然受到法律的制裁，只能在分析限制竞争是不合理的情况下对其予以规制。合理原则起源于英国的习惯法，但最早由美国最高法院在“美孚标准石油案”中提出。合理原则实际上是一种识别方法，用来确定案件中的行为是否属于法律禁止的行为。合理原则更多地体现了行为主义的立法取向。需要注意的是，适用合理原则时被告负有举证责任。

3. 本身违法原则与合理原则的比较

本身违法原则而言具有以下优点：第一，如果一种垄断行为适用本身违法原则，法院就无须进行调查和取证，可以节约反垄断诉讼的时间和费用。第二，适用本身违法原则体现了法律的确定性，在制定法为主的国家运用较多。本身违法原则也存在着一些不足：第一，美国等判例法国家的法院从未明确界定过本身违法的范围，对本身违法的解释差别较大。因此，本身违法原则的适用范围差别较大。第二，适用本身违法原则有一个理论前提，即被适用的行为一定是有害的，但在很多情况下，假设与事实之间不一定吻合。因此，这一原则的适用范围是被严格控制的，通常仅适用于固定价格、限制产量或市场划分协议等严重限制市场竞争的垄断行为上。[①]第三，在司法实践中适用本身违法原则通常会只关注一些硬性技术指标，使有些事实上对竞争不构成威胁的行为受到禁止，对企业合并的限制过于严格。

合理原则的优点是：第一，使法律的适用具有一定的灵活性和弹性，能够充分体现出反垄断法与经济政策、国际竞争力密切相连的特点，并能较好地实现反垄断法的社会整体利益目标；第二，隐含着立法者希望将不当干预可能产生的负面影响降到最低的愿望，反映了立法者对市场秩序的尊重，因此，合理原则成为各国认定垄断和限制竞争行为的首要原则。但合理原则也存在一些不足：第一，合理原则使法律的适用具有很大不确定性，并且造成诉讼过程的复杂性。[②] 法院或反垄断主管机构需要考虑许多相关因素，并且这些因素如何排序也是一个非常复杂的问题，导致每一个依据合理原则进行审理的案件都会成为大案，冗长的时间和复杂的判断往往使法院不堪重负。第二，在适用合理原则时，通常会将效果视为行为违法的唯一要件。此外，制定法的基础是对违法行为进行详细分类，依据不同的情况确定违法构成要件，合理原则使法律的适用不再考虑违法行为的类型化，只需考虑“合理”与否这一要件，造成法律适用的极大不确定性。

从各国反垄断立法的实践看，合理原则有扩大适用范围的趋势，经济全球化促使各国对垄断行为的态度从相对严厉转向宽容。为了克服合理原则的不足，一些国家在适用合理原则时，将相应的行为要件一并考虑。此外，有些国家往往将合理原则与本身违法原则一并使用，并将之作为对后者进行反证的依据。

(二) 我国反垄断法的实施机构

反垄断法的执法体制或者实施体制是一个涉及反垄断法实施主体及其权限配置的制度。不同国家和地区的反垄断执法机构并不相同，如美国的反垄断执法机构是司法部、联邦贸易委员会，德国的反垄断执法机构是卡特尔局（具体又包括联邦卡特尔局、联邦经济部、反垄断委员会和州反垄断机构），日本的反垄断执法机构是公正交易委员会，我国台湾地区的反垄断执法机构是“公平交易委员会”。一般认为，我国反垄断法的执法体制是“反垄断委员会＋反垄断执法机构”的双层构架。

根据我国《反垄断法》第 9 条的规定，反垄断委员会由国务院设立，其职责是

---

① 参见国家工商行政管理局条法司编：《现代竞争法的理论与实践》，42～43 页，北京，法律出版社，1993。

② 参见文学国：《滥用与规制——反垄断法对企业滥用市场优势地位行为之规制》，58 页，北京，法律出版社，2003。

组织、协调和指导反垄断执法工作，具体的职责包括：研究拟订有关竞争政策；组织调查、评估市场总体竞争状况；发布评估报告，制定、发布反垄断指南，协调反垄断行政执法工作，以及国务院规定的其他职责。对于反垄断委员会的性质，有两种看法：一是认为反垄断委员会是一个议事协调机构；二是认为反垄断委员会是一个反垄断主管机关。我们认为，反垄断委员会专门负责反垄断的组织、协调和指导工作，但不具体负责执法工作，因而不是一个反垄断执法机构。

在《反垄断法》出台之前，我国承担反垄断执法工作的机构主要包括：国家工商行政管理总局（主要负责查处滥用优势地位和滥用行政权力损害竞争的行为）、商务部（主要负责经营者集中的审查）以及国家发展和改革委员会（主管物价事务，包括查处价格同盟等价格违法行为）。此外，具有反垄断执法权的还有：电监会、工信部、民航总局、铁道部、国家烟草专卖局、证监会、银监会、保监会等行业监管机构。上述三个负责反垄断执法工作的部委，加上这些行业监管机构，共同构成了我国的反垄断执法体制。

三、反垄断法规制的四种垄断行为

【知识要点】

（一）垄断协议及其法律规制

1. 垄断协议的特征

垄断协议也称限制竞争协议，两个以上的企业达成的以限制竞争为目的，或者具有限制竞争的内容或后果的合意。垄断协议具有如下特征：

（1）垄断协议的主体是两个以上的企业

如何理解垄断协议的主体是两个以上的企业，需要注意以下两个问题：第一，所谓“两个以上的企业”，是指两个以上在经济上和法律上都相互独立的企业。这里关注的是企业事实上的独立性，而不是法律上的独立性。即使两个企业都具有独立的法人地位，如果事实上不能独立作出经营上的决策，也不能认为是反垄断法意义上的两个以上的企业。第二，这里的“企业”应作广义理解，包括以营利为目的而从事生产经营活动的组织，也包括不以营利为目的的其他组织，包括法人企业和自然人企业。因此，我国《反垄断法》将垄断协议的主体规定为“经营者”，没有对其他方面如法人资格规定限制。

（2）垄断协议为两个以上企业的合意

一方面，限制竞争协议是由两个以上的企业的共谋行为；另一方面，限制竞争协议中的“协议”应作扩大解释，除了法律意义上的协议以外，还应当包括企业间的其他协调一致的行为。我国《反垄断法》第 13 条垄断协议界定为“排除、限制竞争的协议、决定或者其他协同行为”。

（3）垄断协议具有限制竞争性

这是垄断协议受到法律管制的主要原因。垄断协议对竞争的限制可能体现在内容上，也可能体现在目的和后果上。这里需要注意几个问题：第一，垄断协议尽管具有限制竞争性，但并不当然具有违法性；第二，垄断协议因对竞争的影响程度不同，可分为两类：一类是适用本身违法原则的垄断协议，不管它们的具体情况，均被视为违法；另一类是适用合理原则的垄断协议，应结合具体案情，综合考虑其对市场的影响程度并在权衡利弊的基础上才能最终决定。

2. 垄断协议的表现形式

（1）横向垄断协议

横向垄断协议也称卡特尔，是指两个以上生产或销售同类产品或提供同种服务而处于相互直接竞争中的企业，通过共谋而达成的协议。简言之，指两个以上具有竞争关系的经营者达成的垄断协议。由于横向垄断协议的参加者是两个以上具有直接竞争关系的企业，所以，共谋限制竞争的行为对竞争的损害极大甚至可以消灭竞争。根据协议的内容不同，横向垄断协议可以分为如下几种类型：

一是横向限制价格的协议，即价格卡特尔，指具有竞争关系的企业联合制定、维持或变更商品（含服务）价格的行为。我国《反垄断法》第 13 条规定，禁止具有竞争关系的经营者达成固定或者变更商品价格的垄断协议。一般认为，价格卡特尔对竞争危害较大。

二是横向限制产量和销售量的协议，即数量卡特尔，指具有竞争关系的两个以上的企业共谋限定商品的生产或市场供应量的行为。我国《反垄断法》第 13 条规定，禁止具有竞争关系的经营者达成限制商品的生产数量或者销售数量的垄断协议。数量卡特尔危害也比较大：第一，它不是按照市场的需求进行产品生产和销售，而是人为地降低产品供应，制造虚假的卖方市场，使消费者不能获得充裕的产品，生产经营者却可以从中获得垄断利润；第二，它往往与价格卡特尔相伴随，具有强化价格卡特尔的消极作用。

三是横向分割市场的协议，即分割市场的卡特尔，指具有竞争关系的两个以上的企业共谋划分其各自的销售市场或者原材料采购市场的行为。我国《反垄断法》第 13 条规定：禁止具有竞争关系的经营者达成分割销售市场或者原材料采购市场的垄断协议。横向分割市场的垄断协议包括以下两种类型：其一，分割交易地区，指两个以上的经营者划定彼此之间的交易地域或约定在不同地域投放限额的商品或采购限额的原材料的垄断行为；其二，分割交易对象，指两个以上的经营者划定彼此之间的交易对象或约定对不同交易对象进行限额交易的行为。

四是横向限制购买新技术、新设备或者限制开发新技术、新产品的协议。这种协议不但在客观上维护了落后的技术和产品，阻碍技术进步乃至经济、社会发展，而且可以减缓相关市场中的经营者之间的竞争，是一种典型的横向限制竞争行为。

五是联合抵制交易的协议（集体拒绝交易），指两个以上的具有竞争关系的经营者达成的不与某一个或某一部分经营者交易的限制竞争协议。

六是其他横向限制竞争的协议。我国《反垄断法》除规定禁止上述限制竞争协议外，还规定了禁止“国务院反垄断执法机构认定的其他垄断协议”这样一个兜底条款，其目的在于避免其他具有限制、排斥竞争效果的垄断协议脱离反垄断法的规制。

(2) 纵向垄断协议

纵向垄断协议又称垂直限制竞争协议，是指两个以上在同一产业中处于不同经济阶段而有买卖关系的企业通过共谋达成的限制竞争协议。根据不同的标准，纵向垄断协议分为如下两大类：

一是纵向价格垄断协议，指供货方与销售方达成的要求销售方只能以固定价格或者限定的最低价格出售商品的协议。在美国，这种协议叫“纵向价格固定”（Vertical Price Fixing）或“维持转售价格”（Resale Price Maintenance），德国称为“纵向价格约束”（Vertikale Preisbindungen），而日本称为“维持再销售价格”（再贩壳价格维持）。一般认为，纵向价格垄断协议的消极作用包括如下方面：第一，使价格固定，从而使价格的信息传递和调节功能不能发挥作用；第二，妨碍了销售方相互间的价格竞争，由此使竞争的优胜劣汰效应不能发挥；第三，使消费者被迫接受被固定了的较高价格，故而使消费者的利益受到损害；第四，是一种严重损害竞争的行为，在国际上普遍适用“本身违法原则”对其加以处理。①

二是纵向非价格垄断协议，指所有不涉及价格成分的其他纵向限制竞争协议。纵向非价格垄断协议与纵向价格垄断协议不同：第一，在内容上，前者体现为非价格限制，后者体现为价格限制；第二，在法律态度上，前者通常适用合理原则，后者一般适用本身违法原则。一般来说，纵向非价格垄断协议通常包括独家销售协议、独家交易协议、选择性销售、知识产权中的许可证协议等类型。

3. 垄断协议的法律规制

在国外，对垄断协议的处理因规制原则不同而有所差异。对于适用合理原则的垄断协议，当事人应当向反垄断主管机关进行申报，反垄断主管机关在收到申报后，应当审查协议是否符合法律规定的豁免条件，然后作出准予豁免或者违法否定的决定。对于适用本身违法的垄断协议，以及被宣布为违法的适用合理原则的垄断协议，反垄断执法机关或司法机关应追究其相应的法律责任，包括禁令、罚款、宣布协议无效、赔偿损失、罚金等。

关于垄断协议的法律责任，在我国主要规定在以下两部法律中：一是我国《反垄断法》第46条的规定。根据该条，如果经营者违反反垄断法的规定，达成并实施垄断协议的，应当由反垄断执法机构责令停止违法行为，没收违法所得，并处上一年度销售额1%以上10%以下的罚款。尚未实施所达成的垄断协议的，可以处50万元以下的罚款。经营者主动向反垄断执法机构报告达成垄断协议的有关情况并提供重要证据的，反垄断执法机构可以酌情减轻或者免除对该经营者的处罚。此外，行业协会违反《反垄断法》的规定，组织本行业的经营者达成垄断协议的，反垄断执法机构可以处50万元以下的罚款，情节严重的，社会团体登记管理机关可以依法撤销登记。二是《价格法》的规定。该法对价格操纵行为及其法律责任作了规定，具体请参见我国《价格法》第14条以及第40条。

---

① 参见种明钊：《竞争法》，246页，北京，法律出版社，2005。

（二）经营者集中行为及其法律规制

1. 经营者集中的方式和种类

经营者集中也叫企业合并，其外延比较宽泛，是指能够使一个企业直接或间接地对其他企业发生支配性影响的所有企业联合方式。反垄断法上的企业合并包括但又不限于企业法或公司法意义上的合并（包括新设合并和吸收合并）。我国《反垄断法》使用“经营者集中”这个概念泛指反垄断法上的企业合并，以此彰显其与企业法或公司法意义上的企业合并的区别。

关于经营者集中的方式，我国《反垄断法》第 20 条有明确的规定。一般认为，经营者集中包括如下四种典型方式：一是取得资产，指一个企业通过购买、承担债务或者其他方式，取得另一企业的全部或大部分的财产，包括取得资产的主要方式有资产信托、资产租赁、资产转让等。二是取得股份。从理论上讲，一个企业取得另一个企业 50%以上的股份，即可以对其施加支配性影响，通常称为控股。在现代股份公司中，由于股份高度分散，众多小股东怠于行使其表决权，往往无须 50%的股份，就可以对该公司产生支配性影响。三是订立合同，指一个企业通过订立承包合同、租赁合同、管理合同等，从而取得其他企业的经营管理权。四是人事联合，指一个企业的董事会成员同时担任另一个企业董事会的成员。在人事联合中，董事互任或管理人员兼任是典型的形式。人事联合对企业而言，可能是全面的控制，也可能是部分控制。无论是哪种情况，对该受控企业都会产生具有决定性作用的影响，从而在实际上达到合并的效果，最终限制竞争。

关于经营者集中的种类，主要包括以下三种类型：一是横向合并，指因生产或销售同类产品，或者提供同种服务而处于相互直接竞争中的企业之间的合并。横向合并提高合并企业的市场占有率，从而提高了市场集中度，直接影响市场结构，故被认为最有可能引起垄断和破坏市场竞争。二是垂直合并，又称纵向合并，指同一产业中处于不同阶段而实际上具有买卖关系的企业之间的合并。纵向合并能够减少信息收集、谈判、签约等交易成本，也不直接导致企业市场占有率的提高和市场势力的增强，但合并后的企业会增强对上、下游市场的控制力量，影响市场竞争力量的对比。特别是强势企业可能采取掠夺性定价的方式排挤竞争对手。三是混合合并，指既不存在竞争关系，也不存在买卖关系的企业之间的合并，如信息产业和传统传媒行业的合并、金融企业与制造业的合并等，从当今各国的合并案例来看，混合合并已成为一种趋势。需要注意的是，不同部门资本的集中有可能导致少数大型混合企业对国民经济的垄断性影响，从而有悖于经济民主原则。同时，当这种合并成为市场集中的主要途径时，更不能忽视其对竞争的潜在负面影响。

2. 经营者集中的法律规制

（1）经营者集中的申报

经营者集中申报制度是反垄断执法机构对可能限制竞争的经营者集中行为进行审查和控制的措施。经营者集中申报的作用有以下两个方面：第一，有利于当局及时掌握市场集中的情况，恰当确定对一定时期、一定市场的经营者集中所采取的政策；第二，有利于反垄断主管机关选择对具体的经营者集中所采取的态度（禁止或者宽容）。申报分为事前申报和事后申报。我国《反垄断法》对经营者集中实行事先申报制度。

关于经营者集中的申报标准，我国《反垄断法》并未对此作出具体规定，而是授权国务院规定。其理由是：第一，对申报标准作出统一的规定难以反映不同产业之间的差别。第二，申报标准需要随经济的发展而不断地调整。特别在经济快速发展阶段，统一的申报标准更难以确定。一般认为，申报标准应当考虑参与集中的企业资产额、销售额和市场份额。2008 年国务院出台的《关于经营者集中申报标准的规定》明确了申报标准。

对于经营者集中申报的免除，我国《反垄断法》第 22 条规定，经营者集中有下列情形之一的，可以不向国务院反垄断执法机构申报：第一，参与集中的一个经营者拥有其他每个经营者 50%以上有表决权的股份或者资产的；第二，参与集中的每个经营者 50%以上有表决权的股份或者资产被同一个未参与集中的经营者拥有的。事实上，在上述情况下，尽管在形式上发生了经营者集中，但并没因此而改变相关市场的竞争状况，在已属于同一"康采恩"、彼此并非相互独立的企业之间发生的合并，不属于该规则所规制的"企业集中"①。

对于经营者集中申报应提交的文件、资料，我国《反垄断法》第 23 条规定，申报应当提交的文件和资料如下：第一，申报书。申报书应当载明参与集中的经营者的名称、住所、经营范围、预定实施集中的日期和国务院反垄断执法机构规定的其他事项。第二，集中对相关市场竞争状况影响的说明。第三，集中协议。第四，参与集中的经营者经会计师事务所审计的上一会计年度财务会计报告。第五，国务院反垄断执法机构规定的其他文件、资料。我国《反垄断法》第 24 条规定，如果经营者提交的文件、资料不完备的，应当在国务院反垄断执法机构规定的期限内补交文件、资料。一旦经营者逾期未补交文件、资料，将视为"未申报"，"未申报"的经营者集中因未经反垄断执法机构批准，不得实施。

（2）经营者集中的审查

负有申报义务的企业向反垄断主管机关提出企业合并申报以后，反垄断主管机关应当在规定的期限内决定是否批准合并。其具体步骤如下：

一是初步审查。国务院反垄断执法机构应当自收到经营者提交的文件、资料之日起 30 日内，对申报的经营者集中进行初步审查。如果发现申报的经营者集中属于免于申报的情形，应作出不实施进一步审查的决定。如果发现申报的经营者集中达到国务院规定的申报标准，具有或者可能具有排除、限制竞争效果，应作出实施进一步审查的决定。是否实施进一步审查的决定应书面通知经营者，国务院反垄断执法机构作出决定前，经营者不得实施集中。国务院反垄断执法机构作出不实施进一步审查的决定或者逾期未作出决定的，经营者可以实施集中。

二是进一步审查。国务院反垄断执法机构决定实施进一步审查的，应当自决定

---

① 王为农：《企业集中规制基本法理》，31 页，北京，法律出版社，2001。

之日起 90 日内审查完毕，作出是否禁止经营者集中的决定，并书面通知经营者。如果反垄断执法机关作出禁止经营者集中的决定，应当说明理由。初步审查期间，经营者不得实施集中。

三是进一步审查期限的延长。根据我国《反垄断法》的规定，有下列情形之一的，国务院反垄断执法机构经书面通知经营者，可以延长该法规定的审查期限，但最长不得超过 60 日：经营者同意延长审查期限的；经营者提交的文件、资料不准确，需要进一步核实的；经营者申报后有关情况发生重大变化的。

为了保障参与集中的企业的利益和提高审查的效率，我国《反垄断法》规定，国务院反垄断执法机构逾期未作出决定的，经营者可以实施集中。这就是所谓的经营者集中的“默示同意”制度。

(3) 禁止经营者集中实质性标准的确定

相关市场的界定是禁止经营集中实质性标准中的核心问题。所谓相关市场，是指与合并企业占有的市场有关的市场。在企业的年销售额确定的情况下，如果将企业置于一个较小的市场上，就占有较大的市场份额；如果将企业置于一个较大的市场上，就占有较小的市场份额。因此，界定相关市场对批准或禁止企业合并具有决定性的意义。我国《反垄断法》第 12 条规定，该法所称相关市场，是指经营者在一定时期内就特定商品或者服务（以下统称商品）进行竞争的商品范围和地域范围。相关市场包括相关产品市场和相关地域市场。

相关产品市场界定的意义在于确定哪些产品与参与合并的企业的产品存在竞争性（或处于同一市场）。正如美国法院在审理“布朗鞋诉美国”一案中所认为的，“一个产品的相关市场范围取决于对合理的可交换性的应用，或者对产品的本身和其替代品之间的交叉弹性的需求”[①]。相关产品市场的界定，需要注意以下几个重要问题：第一，相同的产品应视为处于同一产品市场并具有竞争性。例如，在两家生产洗衣粉的厂家合并时，这两家洗衣粉厂生产的洗衣粉与其他洗衣粉厂家生产的洗衣粉就可以认定为处于同一产品市场，并因此具有竞争性。第二，相同的产品也可能被置于不同的市场上来看待。第三，相互间可替代的产品也可能被视为处于同一产品市场上具有竞争性的产品。至于参与合并企业的产品与哪些产品具有替代性，应当根据产品的性能、用途、价格以及消费者的认知等多方面因素综合加以判断。例如，洗衣粉与肥皂在性能、用途上基本相同，消费者也认为二者是类似产品，由此就可以认定为是具有替代性的两种产品，并处于同一市场，具有竞争性。

相关地域市场界定的意义在于确定哪些地区的产品与参与集中的企业的产品具有竞争性。一般认为，处于一定地区的企业，其产品往往不可能与其他任何地区的企业的产品开展竞争。一般来说，确定相关地域市场应考虑的因素包括：第一，参与集中的企业销售产品的实际地域。只要参与集中的企业在某几个地区销售其产品，可以不考虑其他因素而认定这几个地区属于相关地域市场。第二，区域间交易的障

---

① ［美］马歇尔·霍华德：《美国反托拉斯法与贸易法规》，孙南申译，24 页，北京，中国社会科学出版社，1991。

碍。由于空间距离较大，使得一个地方企业的产品在另一个地方销售并不经济。例如，某些单位价值很低的产品在一个相对较远的地区销售会产生昂贵的运输成本。此时，这个相对较远的地区应当排斥在相关地域市场以外。第三，产品的性质。如果产品可长期保存，适合长途运输，或者运输成本相对于产品价值而言微不足道，那么，其地域市场就可以扩大到全国甚至全世界。这些产品如药品、电器、汽车等。一方面，如果产品本来就只针对一个地区销售，那么，其地域市场就只能限定在该地区。这类产品如各城市的晚报。另一方面，如果产品不适合长途运输，或者长途运输的成本高昂，那么，其地域市场必须根据具体情况加以限制。

测定市场的集中度是判定经营者集中的重要标准。在合并企业所属的相关市场被划定了以后，首先要测定市场的集中度。一方面，如果在一个集中度很高（即受少数企业操纵）的市场上，有着竞争关系的大企业之间进行集中将有碍竞争，从而宣布为违法；另一方面，如果在一个集中度很低（即众多中小企业分享）的市场上，具有竞争关系的中小企业之间集中不但不会损害竞争，而且还将有利于有效竞争的开展，从而被视为合法。

怎样测定市场的集中度？不同国家、同一国家在不同历史时期有不同的规定。以美国为例，其典型的做法就是于 1982 年开始采用的"赫尔芬达尔-赫希曼指数"(Herfindahl-Hirshmann-Index，简称 HHI）测度法。HHI 测度法是将一种市场上所有参与者的市场份额平方后再相加来计算的。

（4）作出禁止或允许集中的决定时应考虑的因素

反垄断执法机构在作出禁止或者允许集中的决定时应考虑的因素包括：第一，参与集中的经营者在相关市场的市场份额及其对市场的控制力；第二，相关市场的市场集中度；第三，经营者集中对市场进入、技术进步的影响；第四，经营者集中对消费者和其他有关经营者的影响；第五，经营者集中对国民经济发展的影响；第六，国务院反垄断执法机构认为应当考虑的影响市场竞争的其他因素。

反垄断执法机构在考虑上述因素的基础上，作出禁止或不予禁止集中的决定。根据我国《反垄断法》第 28 条的规定，经营者集中具有或者可能具有排除、限制竞争效果的，国务院反垄断执法机构应当作出禁止经营者集中的决定。但经营者能够证明该集中对竞争产生的有利影响明显大于不利影响，或者符合社会公共利益的，国务院反垄断执法机构可以作出对经营者集中不予禁止的决定。《反垄断法》第 29 条规定，对不予禁止的经营者集中，国务院反垄断执法机构可以决定附加减少集中对竞争产生不利影响的限制性条件。这就是国务院反垄断执法机构对经营者集中附条件不予禁止（或附条件批准）的规定。这些条件包括限期让渡部分资产给竞争者、对其业务进行拆分、限制产品的销售区域、退出部分经营领域等。

（5）经营者集中的豁免制度

经营者集中的豁免制度是指在特定条件下对形式上符合垄断要件的集中行为不予禁止和制裁的制度。有些经营者集中利大于弊，在法律上不需要禁止。具体讲，对某些经营者集中实施豁免的理由包括：一是集中有利于改善竞争条件。这里的改善竞争条件，并非指企业通过集中提高自身在某些方面的竞争优势，而主要指相关市场上竞争结构的改善。事实上，集中一方面使相关市场中的某个具体市场产生或加强了市场支配地位，但另一方面又使相关市场中的另一个具体市场的竞争条件得以改善。特别是对那些处于破产状态的企业进行合并的集中，不仅可以避免破产，在一定程度上满足企业股东、债权人和职工的利益，而且可以避免濒临破产的企业在竞争中退出市场，减少更高程度的市场集中。二是集中有利于整体经济和社会公共利益。如果集中对整体经济的好处超过了限制竞争的害处，或者合并有着显著的社会公共利益，就可以批准达到禁止规模标准的企业合并。三是集中有利于提高企业的国际竞争力。为提高企业的国际竞争力而豁免企业集中是现代国家比较普遍的做法。在全球经济一体化加深的今天，各国在控制经营者集中时一般不再局限于考虑其对国内竞争的影响，还需要考虑其对国际竞争力的影响。最典型的例子是，美国在面对欧洲空客的空前的挑战之际，支持其国内的世界第一大飞机制造公司（波音公司）与世界第三大飞机制造公司（麦道公司）合并，以维持美国在飞机制造业中的霸主地位。需要注意的是，由于企业的国际竞争力并不完全取决于企业的规模，并且通过集中扩大企业的规模并不一定能够带来综合效益，以此种理由豁免企业合并通常会具有不确定性。

（6）违法集中的法律责任

企业集中必须符合反垄断法的规定，违法实施的企业集中必须承担相应的法律后果。根据我国《反垄断法》第48条的规定，经营者违反该法规定实施集中的，由国务院反垄断执法机构责令停止实施集中、限期处分股份或者资产、限期转让营业以及采取其他必要措施恢复到集中前的状态，可以处50万元以下的罚款。

（三）滥用市场支配地位及其法律规制

1. 市场支配地位的含义

所谓市场支配地位，是指企业可以“不受限制”地开展经营活动的能力，并且这种能力本身构成其他企业进入市场的障碍。“不受限制”指不受来自竞争者的限制，而不是指不受法律、市场需求等方面的限制。所谓占市场支配地位的企业，是指在市场上有能力不受竞争制约的企业，或者说在市场上有能力不必考虑竞争者或交易对手的利益而开展经营活动的企业。我国《反垄断法》第17条规定，所谓市场支配地位，是指经营者在相关市场内具有能够控制商品价格、数量或者其他交易条件，或者能够阻碍、影响其他经营者进入相关市场能力的市场地位。

2. 滥用市场支配地位行为的表现

滥用市场支配地位，是指取得市场支配地位的企业利用其市场支配地位实施的限制或排斥竞争，损害消费者和用户的行为。滥用市场支配地位的行为包括如下几种：

（1）剥削性利用行为

此种行为指具有市场支配地位的企业向消费者和客户索取不合理的垄断高价的行为。具体表现为垄断者凭借其市场地位，向市场提供比它实际可能提供的产品数量少得多的产品，而索取与其生产成本相比非常不合理的垄断高价。

认定剥削性利用行为的难点和关键在于确定与竞争相一致的价格是什么，或者说在于判定占市场支配地位的企业所提供的产品的价格是否具有合理性。通常有三种方法：一是空间比较法，即对于存在着价格可比的产品，若占市场支配地位企业的产品明显高于该市场或其他地域市场上同类产品的价格，就可以认定该企业存在价格滥用行为；二是时间比较法，即对于不存在可比价格的产品，尤其是对于国内只有一家企业提供的产品，可以使用过去的价格与现在的价格进行比较，然后判断涨价是否合理；三是成本与合理利润的比较法，采用此种方法首先确定产品的成本，然后将价格与成本相比较，判断企业所获得的利润是否具有合理性。

（2）强制交易

强制交易是指具有市场支配地位的企业采用胁迫或其他手段，从事或安排他人从事市场交易的行为。强制交易的有三种典型情况：一是强制他人与自己从事交易。典型表现为搭售或附加其他不合理交易条件，即在商品交易中具有市场支配地位的经营者利用自己的优势地位，在供应某种商品时要求买受人必须同时购买另一种商品或者接受其他不合理交易条件的行为。二是强制他人不与自己的竞争对手进行交易。三是强制安排他人之间的交易。例如，煤气公司借为用户安装煤气管道之机，要求用户必须购买其指定的某种牌号的或某个商家经营的燃器具，否则不予安装或延期安装。

（3）差别对待

差别对待又称歧视，是指具有市场支配地位的企业滥用其优势地位，对处于相同地位的不同交易对象给予差别待遇的行为。从私法的角度看，给予歧视待遇并不违法，但前提条件是被歧视者有选择其他商品的可能性。如果一个生产商在市场上取得了支配地位，且购买者出于经济原因必须向该生产商购买商品的时候，那么生产商的歧视行为就会扭曲其产品销售阶段的竞争。我国目前发生的差别待遇主要有以下几种情形：一是没有正当理由而对相同条件的经营者进行不同的价格结算；二是以批发价向消费者销售商品，造成部分零售商利益的损害；三是地区性的价格差异，即现实中企业所谓的“拆了东墙补西墙”。由于歧视并非一概违法，因而通常对其适用合理原则。关于差别对待，我国《反垄断法》第 17 条有明确规定。

（4）拒绝交易

拒绝交易又称抵制。拒绝交易行为在欧共体的竞争法中又被称为拒绝供货，是指占有市场支配地位的经营者没有正当的理由，拒绝向其他经营者销售商品的行为。虽然根据合同自由原则企业有权选择自己的交易伙伴，但对于占优势地位的企业而言，却具有向所有具备资格的购买者提供货物的义务。需要注意的是，如果企业有正当理由拒绝交易，该行为也可以得到认可，因此对拒绝交易，通常适用合理原则。

（5）独家交易

独家交易又称排他性交易，是指处于支配地位的企业要求其他企业只经销自己的产品或者只向自己供货的行为。独家交易具有一定的合理性，能够使制造商与经销商建立长期、稳定的供销渠道，从而降低交易成本，并使经销商实现销售的专门化。但独家交易也有其危害性，可能阻止生产同类产品的企业进入市场，限制经销商的营业自由，最终也损害消费者的选择权。虽然各国反垄断法对独家交易都予以规制，但对其通常实行合理原则。

（6）低价竞销

低价竞销又称掠夺性定价，是指处于市场支配地位的企业以排挤竞争对手为目的，以低于成本的价格销售产品的行为。根据《关于制止低价倾销行为的规定》（1999年颁布），所谓低于成本，是指经营者低于其所经营的商品的合理的个别成本，而不是社会平均成本或者行业平均成本。此外，在理解低价竞销时，如何区分合法与非法的降价。合法的降价是正当竞争的一种策略，而非法的降价是一种垄断性策略。

3. 滥用市场支配地位的法律规制

对于滥用市场支配地位应如何规制，我国《反垄断法》及相关法律有明确的规定。例如，公用企业滥用市场支配地位受我国《反不正当竞争法》第6条、第23条的规制。对于以排挤竞争对手为目的的低价竞销，《反不正当竞争法》第11条和《价格法》第14条有禁止性规定。对于搭售和附条件交易行为，我国《反不正当竞争法》第12条有禁止性规定，该法第20条、第23条规定了相应的处理办法。至于价格歧视，我国《价格法》第14条及第40条有明确规定。

（四）行政垄断行为及其法律规制

1. 行政垄断的概念及特征

在我国，行政垄断的概念最早是由经济学家胡汝银提出来的。[①] 此后，经济学家胡鞍钢认为，行政垄断指的是由法律或政府行政权力直接产生，或由行政权力的滥用而产生的，并受到行政权力支持或保护的一种市场力量及其限制竞争的行为。[②] 本书认为，行政垄断是指行政机关和公共组织滥用行政权力，排除或者限制竞争而形成的垄断。行政垄断是行政权力恶性膨胀的产物，是行政权力直接介入经济，破坏正常经济秩序的集中反映。行政垄断具有以下三方面的特征：

（1）行政垄断的主体是政府及其所授权的公共组织

政府是指地方政府及其所属部门、国家行业管理行政部门。事实上，这也是行政垄断的主要主体。所谓政府授权的具有行政管理职权的公共组织，主要是指社会团体、行业组织等可能影响竞争的主体。

（2）行政垄断是行政权力的滥用

行政垄断是行政权力滥用的体现和结果，其产生的基础与市场要素及市场运行规律没有直接联系。因此，行政垄断对比经济垄断更具危害性，更难以排除。事实上，行政垄断就是一种使“公权力”变成“私权力”的行为。[③] 一般认为，行政权

---

① 参见胡汝银：《竞争与垄断：社会主义微观经济分析》，48页，上海，上海三联书店，1988。

② 参见胡鞍钢、过勇：《从垄断市场到竞争市场：深刻的社会变革》，载《改革》，2002（1）。

③ 参见郭宗杰：《行政性垄断之问题与规制》，27页，北京，法律出版社，2007。

力滥用包括具体行政行为和抽象行政行为的滥用，并且抽象行政垄断行为更加常见。行政垄断除以政府命令、决议或政策的形式表现于外，内容多数是针对不特定的市场主体或市场行为的抽象规范。

(3) 行政垄断的本质是限制竞争

行政垄断与市场垄断在本质上都具有限制竞争、影响市场效率增长的危害。由于政府可以采取发布文件、规定标准、制定政策等手段去影响市场行为，其所产生的限制竞争的后果可能比市场垄断更为严重。

2. 行政垄断的表现形式

(1) 行政性强制交易

行政性强制交易的主要表现形式有：第一，明示或者暗示限定单位和个人只能经营、购买和使用本行政辖区范围内经营者提供的商品；第二，以明示或暗示方式，要求单位和个人必须经营行政机关和公共组织挂靠企业的商品、必须到该挂靠企业购买有关商品、必须使用该挂靠企业的商品；第三，限定客户和消费者购买行政机关及其所属部门的关系户提供的商品；第四，限定客户和消费者购买和接受指定单位的有偿服务。关于行政性强制交易，我国《反垄断法》第 32 条有专门规定。

认定行政性强制交易时需要注意以下问题：第一，从行政性强制交易产生的原因看，一般是为了本地方经济利益，保护本地经营者，限制外地经营者，或者是为了本单位、本部门的小团体利益。例如，在办理有关行政许可或者提供有关行政服务时，对经营、购买、使用期指定的经营者提供的商品的单位或者个人优先办理或者优先提供服务，而对拒绝经营、购买、使用其指定的经营者提供的商品的单位或者个人，则进行无理刁难或迫使其经营、购买、使用其指定的经营者提供的商品。第二，行政性强制交易并不以客观上产生了排除或限制竞争的效果为要件。行为主体以排除或者限制竞争为目的实施滥用行政权力的行为，即使客观上未出现排除或限制竞争的效果，也应受到反垄断法的规制，出现排除或者限制竞争的效果是该行为的加重情节。第三，应注意《反不正当竞争法》第 7 条第 1 款与《反垄断法》的协调。

(2) 地区封锁

地区封锁又称“横向垄断”或“块块垄断”，指地方政府及其所属部门为了本地区利益，利用行政权力排斥、限制和禁止竞争的行为。地区封锁的基本形式包括限制外地商品进入本地市场和限制本地商品流向外地市场两种。需要注意的是，所谓外地，是指对于行政机关和公共组织所辖行政区域之外的地区。所谓歧视性，是指有意识地采取不同于本地商品、比本地商品更严格的标准，或者采取比本地商品更高的价格和收费等，使外地商品无法与本地商品处于公平竞争的地位。

地区封锁的具体表现形式有：第一，对外地商品设定歧视性收费项目、实行歧视性收费标准，或者规定歧视性价格——对外地商品设定本地商品所没有的行政、事业性收费项目，或者在行政事业性收费项目中，对外地商品实行高于本地商品的收费标准，或者在价格上，规定外地商品的价格必须高于本地商品或者必须低于本地商品。第二，对外地商品规定与本地同类商品不同的技术要求、检验标准，或者对外地商品采取重复检验、重复认证等歧视性技术措施，限制外地商品进入本地市场——对外地商品提出不合理、高于本地商品的技术要求、检验标准，或者对已经依法经过检验、认证的外地商品，要求其在进入本地市场时重复检验、重复认证。这类行为一般都以保证产品质量、安全，维护消费者利益为借口，但其真正的意图是通过采取歧视性的技术措施，不合理地提高外地商品进入本地市场的门槛，增加其成本负担，达到限制外地商品进入本地市场的目的。第三，采取专门针对外地商品的行政许可，限制外地商品进入本地市场——通过对外地商品设定本地商品所没有的行政许可项目，直接控制外地商品进入本地市场的数量，增加不必要的程序和手续等。第四，设置关卡或者采取其他手段，阻碍外地商品进入或者本地商品运出——在运输方面限制外地商品进入本地或者本地商品运出。设置关卡，一般是在车站、码头、行政区域的边界等设置各类名义的检查站，对外地特定种类的商品禁止运入，对一些紧俏的本地商品，特别是原材料等，则禁止运出。这些年的“羊毛大战”、“棉花大战”就是这类情形。第五，妨碍商品在地区之间自由流通的其他行为。

（3）限制跨地区招投标

我国《反垄断法》第 34 条规定，行政机关和法律、法规授权的具有管理公共事务职能的组织不得滥用行政权力，以设定歧视性资质要求、评审标准或者不依法发布信息等方式，排斥或者限制外地经营者参加本地的招标投标活动。这里需强调，所谓滥用行政权力，是指行政机关或公共组织本身具有该项行政权力，但权力行使者违反授权者授予其权力的目的和要求行使权力，如采取非法的手段，追求非法的利益等。

根据《招标投标法》规定，“依法必须进行招标的项目”即《招标投标法》第 3 条所列的强制招标项目，包括以下三类：一是大型基础设施、公用事业等关系社会公共利益、公共安全的项目；二是全部或者部分使用国有资金投资或者国家融资的项目；三是使用国际组织或者外国政府贷款、援助资金的项目。在三类项目中，第二类基本是属于国家投资的项目。另外，根据我国的实际情况，第一类及第三类项目中的大多属于公共投资项目。

（4）对外地经营者实行差别待遇

关于对外地经营者实行差别待遇，我国《反垄断法》第 35 条有具体规定。在此需要注意，多数情况下地方政府及其有关部门会采取措施积极吸引外地投资者到本地投资。但在特殊情况下，如某些稀有资源的开发等项目，地方政府及其有关部门也可能会排斥外地经营者在本地投资。差别待遇主要表现为以下两种形式：一是限制外地投资者的权利。采取各种不平等的方式限制外地投资者的权利，包括要求外地投资者具备与其从事的投资行为无关的资质条件，要求外地投资者进入时最低注册资本达到其要求，要求外地投资者投资或设立分支机构时提供不必要的高额担保，强制征收额外税款，明确限定投资项目，严格限制资金的投入、流向和使用，设置烦琐的审批程序和条件。二是倾斜性地保护本地经营者，包括要求银行给予本地经营者贷款支持，通过税收优惠或其他特权倾斜保护本地经营者，程序上给予本地经营者特殊关照。

（5）强制从事垄断行为

根据《反垄断法》第 36 条的规定，强制从事垄断行为指行政机关和法律、法规授权的具有管理公共事务职能的组织不得滥用行政权力，强制经营者从事该法规定的垄断行为。强制从事垄断行为具有以下特征：第一，对经营活动及市场秩序进行非法干预，严重扭曲市场竞争机制；第二，政府对经济生活和市场的调控与滥用行政权力强制经营者从事垄断行为不同，对政府为优化和调整产业结构等原因推动的经营者集中，不能视为强制经营者从事垄断行为。

强制从事垄断行为的行为方式包括：一是强制经营者达成垄断协议；二是强制具有市场支配地位的经营者滥用市场支配地位；三是强制经营者集中。

（6）抽象行政垄断行为

此种行为指行政机关滥用行政权力，制定含有排除、限制竞争内容的规范性文件的行为。我国《反垄断法》第 37 条规定，行政机关不得滥用行政权力，制定含有排除、限制竞争内容的规定。

3. 行政垄断的法律规制

关于行政垄断的法律责任，我国《反垄断法》第 51 条规定，行政机关和法律、法规授权的具有管理公共事务职能的组织滥用行政权力，实施排除、限制竞争行为的，由上级机关责令改正；对直接负责的主管人员和其他直接责任人员依法给予处分。反垄断执法机构可以向有关上级机关提出依法处理的建议。法律、行政法规对行政机关和法律、法规授权的具有管理公共事务职能的组织滥用行政权力实施排除、限制竞争行为的处理另有规定的，依照其规定。由此看来，我国《反垄断法》对行政垄断的法律责任，仅仅规定了行政责任，刑事责任和民事责任则是缺失的。因此，以下内容仅介绍行政责任。

行政垄断的行政责任是由上级机关责令改正，这里的难点是如何确定“上级机关”。一般认为，违法主体通常是地方人民政府，“上级机关”应指上级人民政府（不限于上一级人民政府）；对违法主体是地方人民政府有关部门的，“上级机关”是指本级人民政府以及上一级主管部门；对于实行垂直领导的行政机关，如海关、金融、国税、外汇等，其“上级机关”是指上级主管部门；对于实行省以下垂直领导的行政机关，如工商、质检、国土等，其“上级机关”是指上级主管部门。此外，公共组织的上级机关是指直接管理该组织的地方人民政府、地方人民政府有关部门或者国务院有关部门。

此外，行政责任还包括对自然人的处罚，即依法进行行政处分。需要指出的是，这里的所谓“法”指的是《公务员法》、《行政机关公务员处分条例》。同时，这种处罚仅仅对直接负责的主管人员和其他责任人员。所谓“直接负责的主管人员”，是指决定或者参与决定实施有关排除、限制竞争行为的行政机关和公共组织的领导成员。所谓“其他责任人员”，即积极执行本机关或者本组织作出的排除、限制竞争的决定，或者直接实施有关排除、限制竞争行为，并在其中发挥重要作用的人员。而对于常规性地执行本机关和公共组织的决定，参与实施排除、限制竞争行为的普通工作人员，一般不应认定为“其他直接责任人员”，也不应处罚。

【案例评析1】

欧洲染料企业联合涨价案

1. 案情简介

1967年8月，德国、瑞士、英国等国家生产染料的大企业在瑞士巴塞尔开会，会议的目的是交换生产经验和市场信息。瑞士G公司向与会者通告说，从1967年10月16日起，它们的产品市场价格将提高8%。其他公司出于对成本收益等方面的考虑，也表态说在考虑涨价问题。在以后的几周内，这些公司先后公告其染料价格从1967年10月16日起上涨8%。据悉，这些企业在德国占有80%的市场份额，并且在德国同时、同幅度开始涨价。因此，德国卡特尔局认定其存在秘密价格协议，从而依据《反对限制竞争法》对其处以罚款。[①]

2. 基本问题

本案反映的问题就是一个价格卡特尔问题。

3. 知识内容

在本案中，一方面，这些企业都是生产同种产品（染料）的企业，具有直接的竞争关系；另一方面，这些企业在德国占有较大的市场份额，同时及同幅度的涨价行为事实上消除了这些企业在德国市场上的价格竞争。因此，尽管这些企业之间没有一个具体的“协议”存在，但由于它们实施了“协同行为”（同时同幅度涨价），可认定存在一个价格卡特尔（横向价格垄断协议）。这种行为显然是非法的，应当受到法律的规制。

【案例评析2】

联合商标公司案

1. 案情简介

“联合商标公司”（United Brands Company，UBC）在欧盟的香蕉市场上占有40%的市场份额，在公司受到垄断指控时，UBC提出应该在水果市场中来确定其市场份额，在该公司看来，香蕉和其他水果是可以替代的，因此，其在欧盟市场上所

① 参见王晓晔：《欧共体竞争法》，73～75页，北京，中国社会科学出版社，2007。

占的份额是微不足道的。但欧洲法院认为，香蕉只是在一定限度内可以和其他水果相替代，并且，对老人、小孩和病人而言，由于香蕉具有质软的属性，其他水果不可能替代，香蕉市场构成了一个独立的市场。据此，欧盟法院判决 UBC 在欧盟具有优势地位。

2. 基本问题

本案中，判断联合商标公司的相关产品市场，就显示出这是一个主观性或者说随意性很大的问题。

3. 知识内容

相关产品市场的界定在本案中具有非常重要的意义。如果相关产品市场被判定为水果市场，联合商标公司就不可能造成什么垄断行为。将相关产品市场局限到香蕉市场，认定该公司具有市场优势地位就是一个容易得多的问题。因此，我们认为，判断一种产品与其他产品是否具有替代性，是一个主观性很大的问题。

【案例评析3】

机场经营者滥用市场地位案

1. 案情简介

中国各地机场中商品、饮食在不同程度上存在暴利已经是一个不争的事实。以国内某机场为例，有的商品、服务的价格甚至是市场价格的十几倍。例如，一听可乐在市场上定价 2～3 元，在机场的商场中定价 5 元，在机场餐厅中卖 15 元，在国内出发候机厅卖 20 元，在国际出发候机厅是 33 元。此外，一个包子 10 元，一个饺子 5 元，一份汉堡薯条套餐要 66 元。然而，这些昂贵的可乐、包子、饺子、汉堡与普通超市或者店面的产品质量上基本没有任何区别。

2. 基本问题

本案涉及的就是占有市场支配地位的经营者利用其优势地位索取垄断高价的行为。

3. 知识内容

根据反垄断法的有关理论，可以将垄断高价称为剥削性利用行为。剥削性利用行为的特点是直接利用其支配地位高卖低买，尽可能多地牟取超额利润。从法律的角度看，对剥削性利用行为分析的关键在于其定价是否合理。在本案中，由于机场经营者经营的产品与普通产品基本没有任何区别，其利用的就是其能够在机场经营这样一种市场支配地位或者说垄断地位，不合理地抬高产品的价格，是一种典型的滥用市场支配地位的行为，自然应当受到法律的规制。

【案例评析4】

煤气公司强行指定热水器案

1. 案情简介

2004年3月，某市一居民小区竣工，水、电、气等有待开通，竣工验收时，煤气公司的验收人员发现小区所用煤气灶具和热水器不是煤气公司指定的有关企业的产品，认为不符合要求不能通气。承建小区的单位辩称：我们选用的煤气灶和热水器是具有生产许可证的企业通过认证的优质产品，质量好，价格合理，比煤气公司指定的产品畅销。煤气公司的领导要挟：必须换上煤气公司指定的产品，否则不能通气，以免出现安全问题。

2. 基本问题

煤气公司的行为是一种典型的行政垄断行为。

3. 知识内容

公用企业在国家授权下垄断某一基础产业，占有独占地位，有可能实施强制性交易行为，令消费者和使用者在胁迫下不得不接受公用企业所限定购买的经营者的商品。煤气公司限定用户必须安装某种牌号的煤气灶和热水器，构成强制交易行为。在本案中，煤气灶、热水器等燃气具并不是国家授权由煤气公司统一经营的产品，而是由多家企业生产和经营。生产和经营煤气燃气具的经营者之间处于公平竞争的地位，当公用企业利用其优势地位限定购买其所指定的经营者的商品时，既剥夺了消费者的自由选择权，也排挤了其他经营同类煤气灶具的经营者。这种行为不仅违背了诚实信用的原则，更重要的是扰乱了市场经济秩序，构成典型的行政性强制交易行为。

【疑难问题】

1. 我们能够根据合同法的有关规定判断被禁止的垄断协议自始无效吗?

解答思路：不能。理由是：首先，垄断协议自始无效即意味着违反反垄断法的垄断协议不具有任何可补救性，当事人在协议成立之后没有任何修正协议内容的机会和可能，缔约中耗费的成本也只能全部付诸东流。其次，反垄断法不是私法，我国《反垄断法》第46条明确规定："经营者违反本法规定，达成并实施垄断协议的，由反垄断执法机构责令停止违法行为……"从字面意思解释，这里的"责令停止违法行为"只表达了对未来的效力，并没有"自始无效"的含义。最后，如果认定合同自始无效，反垄断执法机构责令垄断协议参与者修改合同的规制手段就无法使用了，这与国际通行做法不一致。

2. 经营者集中的申报标准应如何确定?

解答思路：申报标准是一把"双刃剑"：一方面，标准过低，企业集中动辄需要申报，不利于企业通过集中获得规模效益，也会加大反垄断执法机构的负担和成本；另一方面，申报标准定得过高，不利于防止因过度集中引发的垄断弊害。一般说来，在市场经济发展的初期，特别是对那些发展中国家，由于企业相对规模较小，则申报标准会定得稍微低一些。在市场经济较为发达的阶段，为了促进和培育市场，发挥规模效益，申报的标准通常就会制定得相对高一些。当然，这种权衡也取决于国家的总体经济政策，甚至是反垄断机构的执法立场。

3. “关键设施原则”对于我国规制公用企业滥用市场支配地位有何意义？

解答思路：关键设施原则是美国和欧洲反垄断判例法经常使用的一个原理，在分析和解决电信、电力等一些网络型公用企业的反垄断案件中具有特别重要的意义。但适用关键设施原则需要考虑以下几个前提性问题：一是设施必须是关键的，即其他企业没有这个设施，无法和垄断者进行竞争。二是设施必须是必不可少的。三是设施有无限的剩余能力。如果一个设施其能力非常有限，这样的设施也不能被称为关键设施。四是应当考虑竞争者进入的可能性。简单地讲，“关键设施”并不对有合理的商业或者技术理由而拒绝竞争者进入关键设施的独占者强加义务。

4. 根据我国《反垄断法》第 51 条的规定，行政垄断法律责任追究依赖于“上级行政机关”，这使得对行政垄断的处理常常陷入一个困境，如何解决这一困境？

解答思路：基本的思路是应当进一步明确法律的规定，具体包括以下内容：第一，规定上级机关在什么情况下启动对行政垄断的处理程序，适用的具体程序如何，具体经办的是什么部门或者机构。第二，从字面意思上理解，反垄断执法机构仅有权建议“上级机关”予以处理，但无权提出处理的方式和内容。这样就带来一些问题，例如当上级机关不予以处理时，是否有其他制约手段？后续程序如何？需要法律对此进一步明确。

实务训练

经营者集中行为规制中的“默示同意”如何具体落实？

所谓经营者集中规制中的“默示同意”制度，是指反垄断执法机构对经营者集中的申报逾期不作出决定，则推定该项申报所涉及的经营者集中被准予的制度。该制度的目的是为了保护经营者的合法权益，提高经营者集中的审查效率。

但该制度存在的种种不足将使得这一制度在现实中无法让经营者能够受益。原因是：其一，经营者要享受这种默示同意，必须承担举证“反垄断执法机构逾期没有作出决定”的举证责任，而这很困难。其二，该制度在面对异地经营者集中时，不光作为当事人的经营者无法证明“执法机关逾期没有作出决定”，就是监督管理机关，也无法或者难以查清经营者是否已经申报、反垄断执法机关是否逾期作出决定这样一些事实。

对策：建立材料提交收据制度。在经营者集中案件中，一旦经营者提交材料完毕，执法机关应开出收据，证明申报资料提交完毕。该收据可以直接作为证据。

课后练习

1. 对于国务院反垄断委员会的机构定位和工作职责，下列哪一选项是正确的？（　　）

A. 是承担反垄断执法职责的法定机构

B. 应当履行协调反垄断行政执法工作的职责

C. 可以授权国务院相关部门负责反垄断执法工作

D. 可以授权省、自治区、直辖市人民政府的相应机构负责反垄断执法工作

2. 根据《反垄断法》规定，下列哪些选项不构成垄断协议？（　　）

A. 某行业协会组织本行业的企业就防止进口原料时的恶性竞争达成保护性协议

B. 三家大型房地产公司的代表聚会，就商品房价格达成共识，随后一致采取涨价行动

C. 某品牌的奶粉含有毒物质的事实被公布后，数家大型零售公司联合声明拒绝销售该产品

D. 数家大型煤炭企业就采用一种新型矿山安全生产技术达成一致意见

3. 关于市场支配地位推定制度，下列哪些选项是符合我国《反垄断法》规定的？（　　）

A. 经营者在相关市场的市场份额达到 1/2 的，推定为具有市场支配地位

B. 两个经营者在相关市场的市场份额合计达到 2/3，其中有的经营者市场份额不足 1/10 的，不应当推定该经营者具有市场支配地位

C. 三个经营者在相关市场的市场份额合计达到 3/4，其中有两个经营者市场份额合计不足 1/5 的，不应当推定该两个经营者具有市场支配地位

D. 被推定具有市场支配地位的经营者，有证据证明不具有市场支配地位的，不应当认定其具有市场支配地位

4. 滥用行政权力排除、限制竞争的行为，是我国《反垄断法》规制的垄断行为之一。关于这种行为，下列哪些选项是正确的？（　　）

A. 实施这种行为的主体，不限于行政机关

B. 实施这种行为的主体，不包括中央政府部门

C.《反垄断法》对这种行为的规制，限定在商品流通和招投标领域

D.《反垄断法》对这种行为的规制，主要采用行政责任的方式

法律法规

1.《中华人民共和国反垄断法》

2.《国务院关于经营者集中申报标准的规定》

3.《国务院反垄断委员会关于相关市场界定的指南》

4.《金融业经营者集中申报营业额计算办法》

5.《外国投资者并购境内企业反垄断申报指南》

6.《最高人民法院关于认真学习和贯彻〈中华人民共和国反垄断法〉的通知》

7.《国务院办公厅关于国务院反垄断委员会主要职责和组成人员的通知》

8.《反价格垄断规定》

9.《中华人民共和国招标投标法》

10.《中华人民共和国价格法》

延伸阅读

1. [日] 根岸哲，舟田正之．日本禁止垄断法概论．王为农，陈杰译．北京：中国法制出版社，2007

2. 种明钊．竞争法．北京：法律出版社，2008

3. 王晓晔．竞争法研究．北京：中国法制出版社，1999

4. [美] 基斯·N·希尔顿．反垄断法：经济学原理和普通法演进．赵玲译．北京：北京大学出版社，2009

5. [美] 维斯库斯．反垄断与管制经济学．4版．陈甬军译．北京：中国人民大学出版社，2010

6. 时建中．反垄断法——法典释评与学理探源．北京：中国人民大学出版社，2008

7. 邓峰．传导、杠杆与中国反垄断法的定位——以可口可乐并购汇源反垄断法审查案为例．中国法学，2011 (1)

8. 张江莉．垄断法对垄断性监管的规范——从“电子监管网”到“绿坝软件”．中国法学，2010 (4)

9. 郑鹏程．美国规制地方保护主义法律制度研究．中国法学，2010 (2)

10. 慕亚平．我国外资并购中的国家安全审查制度．法学研究，2009 (5)

11. 郭洁．自然垄断产业授权立法成本的控制模式．法学研究，2009 (6)

12. 中国竞争法网．http：//www.competitionlaw.cn/

第六章　反不正当竞争法

【内容摘要】

本章首先对反不正当竞争法的一般条款进行了分析，对一般条款的概念、功能及实务进行了说明；其次对具体的不正当竞争行为进行了介绍，对市场混淆行为、虚假商业宣传行为、不正当有奖销售行为、诋毁他人商誉行为、商业贿赂行为、侵犯商业秘密行为进行了阐述，并辅以案例对其中的重点行为进行了分析；最后就反不正当竞争法对知识产权的保护进行了探讨，重点分析了无独创性的数据库、无独创性的作品名称、域名保护等典型法律问题。

一、反不正当竞争法的一般条款

【知识要点】

一般条款通常是指法律中的某些指导性规定，表达了立法者的价值倾向。一般条款是统摄全部法律规则，经过高度概括、抽象的基本准则，在法律规范体系中处于支配地位。在法律适用中，可依据一般条款进行价值判断并具体解释法律规则，从而弥补法律漏洞。反不正当竞争法是指制止经营者采用欺骗、胁迫、利诱以及其他违背诚实信用原则的手段从事市场交易行为，维护公平竞争的商业道德和交易秩序的法律制度。由于不正当竞争行为具有广泛性和多样性，导致了反不正当竞争法具有较强的不确定性，因此各国的反不正当竞争法都比较重视一般条款的作用，有些学者甚至将一般条款称为“帝王条款”，授予行政执法机关和法院根据个案认定不正当竞争行为的权力，以适合不正当竞争行为的多变性的需要。[①]

从各国法律及国际公约来看，许多国家和地区的反不正当竞争法都设置了一般条款。[②] 德国1896年制定的《反不正当竞争法》只着眼于禁止严重的不正当竞争行为，没有一般条款，使法律调整的范围和力度都有很大的局限性。在1909年重新制定该法时增加了一个一般条款，使该法成为由一般条款加行为列举构成的法律。这种新的法律结构既保证了法律的稳定性，又克服了制定法具有的封闭、僵硬的局限性，使法律能够灵活适应市场经济情况的变化。美国《联邦贸易委员会法》第5条随着实践的需要，其范围被不断拓宽，而这实际上是一种一般条款在适用范围上的不断拓宽。我国台湾地区"公平交易法"第24条规定："除本法另有规定者外，事业亦不得为其他足以影响交易秩序的欺罔或显失公平之行为。"这属于对该规范明文列举以外的不公平竞争行为的典型概括，属于一般条款。此外，从有关涉及不正当竞争的国际立法文件来看，都包含一般条款。例如，1883年的《保护工业产权巴黎公约》在其1925年的海牙修订本中规定了不正当竞争行为的定义，即第10条之二："凡在工商业活动中违反诚实经营的竞争行为即构成不正当竞争行为。"这已成为公认的关于不正当竞争的经典性规定。

对于我国《反不正当竞争法》是否存在一般条款，学界和实务界还存在争议。《反不正当竞争法》第2条第1款规定，"经营者在市场交易中，应当遵循自愿、平等、公平、诚实信用的原则，遵守公认的商业道德"。第2条第2款规定，"本法所称的不正当竞争，是指经营者违反本法规定，损害其他经营者的合法权益，扰乱社会经济秩序的行为"。对此，有学者认为这就是具有兜底作用的一般条款，不正当竞争行为不仅包括该法第二章列举的11种行为，还包括依据本条认定的其他不正当竞争行为。也有学者持反对意见，认为此条并非属于一般条款，该条款所称"违反本法规定"，仅指违反本法第二章所列举的11种不正当竞争行为，才能认定为不正当竞争行为，不允许执法部门认定其他形式的不正当竞争行为。

另外，有一种折中观点认为，由于行政违法行为实行法定主义，对于须予以行政处罚而《反不正当竞争法》又未列举的不正当竞争行为，应当按照该法第2条第2款将其确认为不正当竞争行为没有意义，除非其他法律、行政法规、地方性法规另有规定。由于民事违法行为不实行法定主义，对于受害人请求民事赔偿而《反不正当竞争法》又未列举的不正当竞争行为，法院则可以根据个案将其确认为不正当竞争行为，判令行为人承担民事责任。[③]

其实，关于第2条是否为一般条款的争论，意义并不大。当下的主流的观点认为，我国《反不正当竞争法》第2条在立法技术上存在缺陷，使得大家存在不同的理解，因此应当在以后的修订中加以完善，使其成为真正意义上的一般条款。但在

---

① 参见孔祥俊：《反不正当竞争法的适用与完善》，7页，北京，法律出版社，1998。

② 参见王先林：《我国〈反不正当竞争法〉的封闭性与一般条款的完善》，载《中国工商管理研究》，2003（8）。

③ 参见孔祥俊：《反不正当竞争法的适用与完善》，54页，北京，法律出版社，1998。

实践中，尤其在司法审判中，第 2 条第 2 款实际上是作为一般条款在使用的，它起到了兜底保护的重要作用。有学者对此做了社会学意义上的统计，发现 100 个反不正当竞争法的案件中，援引了第 2 条一般条款的，高达 39%，而单独适用一般条款的也达到了 9%。[①] 这也充分说明一般条款的重要性。

反不正当竞争法的一般条款之所以重要，是因为它具有以下重要功能，第一，提供行为人参与竞争的基本标准和价值判断。一般条款所要求的公平、诚信、道德是指导当事人参与竞争的基本准则。第二，衡平权利冲突、达致利益平衡。一般条款可以从衡平的角度对市场竞争中的竞争者、消费者和社会公众的权利和利益进行有效的配置。第三，作为法律渊源填补法律漏洞，有助于弥补法律的不周全、不完备性，减少漏洞，提供更为灵活的司法依据，作为一种法律渊源使天生僵硬的成文法变得富于弹性而顺应了社会经济生活的变迁。

【案例评析】

北京市京工服装工业集团服装一厂诉百盛购物中心等案

1. 案情简介

1993 年 12 月，鳄鱼国际机构私人有限公司（以下简称鳄鱼公司）授权北京同益广告公司（以下简称同益公司）在北京销售“鳄鱼”皮制品和“卡帝乐”服饰系列等。1994 年 4 月 15 日，同益公司以每条 188 元价格购买北京市京工服装工业集团服装一厂生产的“枫叶”男西裤 26 条，并将其中 25 条的商标更换为“卡帝乐”商标，在北京百盛购物中心同益公司所设的鳄鱼专卖店以每条 560 元的价格进行出售，并注明产地为新加坡。1994 年 4 月 28 日，服装一厂发现此事，于 5 月 3 日从该专卖店购买西裤两条并作公证。5 月 13 日，服装一厂起诉百盛购物中心侵权，后又将同益公司和鳄鱼公司追加为共同被告。

2. 基本问题

鳄鱼公司的行为是否构成不正当竞争行为？

3. 知识内容

本案属于反向假冒，在当时并无法律具体规定。[②] 法院认为原告服装一厂为建立良好的商业信誉和产品声誉，经过多年不懈的努力和投入，使其“枫叶”牌西裤在版型设计、面料选择、制作工艺等方面都具有自己的特点。其产品满足了不同消费者的需求，占有了一定的市场份额，在市场竞争中取得了一定信誉，“枫叶”商标也在市场上享有一定的知名度。服装一厂对其享有的商业信誉和公平竞争的权利，

---

① 参见谢晓尧：《竞争秩序的道德解读——反不正当竞争法研究》，56 页，北京，法律出版社，2005。

② 2001 年 10 月 27 日《商标法》修订时，第 52 条第 4 项才将反向假冒规定为一种侵犯注册商标专用权的行为。

应受到法律保护。同益公司表面上通过购买行为使原告对售出的服装的商标权权利用尽，欲使其行为合法化，但同益公司并非商业活动中的最终用户。同益公司是利用原告的优质产品为其牟取暴利，无偿地占有了原告为创立其商业信誉和通过正当竞争占有市场而付出的劳动，其行为违反了诚实信用、公平竞争的基本原则，妨碍原告商业信誉、品牌的建立，使原告的商业信誉受到一定程度的损害，正当竞争的权利受到一定的影响，从而依据《民法通则》第 4 条和《反不正当竞争法》第 2 条认定被告构成侵权。

【疑难问题】

1. 你认为应当如何完善我国反不正当竞争法的一般条款？

解答思路：从立法技术上调整《反不正当竞争法》第 2 条的规定，使其不自我矛盾。

2. 如何防止一般条款运用的不确定性？

解答思路：一般条款具有兜底性，但也可能具有较大的不确定性，需要从程序上来加以防范使用一般条款的随意性。

二、具体不正当竞争行为的规制

【知识要点】

（一）市场混淆行为

市场混淆行为是指经营者采取假冒、仿冒等欺骗性手段从事市场交易，使自己的商品或服务与其他经营者的商品或服务相混淆，造成或足以造成购买者误认误购的不正当竞争行为，通常也称之为假冒行为或仿冒行为。其特征主要有三个：一是市场混同行为涉及三方当事人，即仿冒人、被混淆人以及购买者；二是被混淆的客体是其他经营者商品或服务的特定标识；三是行为的目的是造成与其他经营者的商品或服务混淆。我国《反不正当竞争法》第 5 条规定：经营者不得采用下列不正当手段从事市场交易损害竞争对手的利益：一是假冒他人的注册商标；二是擅自使用知名商品特有的名称、包装、装潢，或者使用与知名商品近似的名称、包装、装潢，造成和他人的知名商品相混淆，使购买者误认为是该知名商品；三是擅自使用他人的企业名称或者姓名，引人误认为是他人的商品。该条规定将市场混淆行为分为三个基本种类：（1）假冒他人注册商标的行为；（2）仿冒知名商品特有的名称、包装、装潢的行为；（3）擅自使用他人企业名称或姓名的行为。

1. 假冒他人注册商标行为

假冒他人注册商标的行为是指未经注册商标所有人许可，在同一种商品或者类似商品上使用与其注册商标相同或者近似的商标的行为。

假冒他人注册商标的行为方式有四类：第一，在同一种商品上使相同商标；第二，在同一种商品上使用近似商标；第三，在类似商品上使用相同商标；第四，在类似商品上使用近似商标。同种商品和相同商标都易于判断，所以确定该类行为的核心在于如何判断近似商标和类似商品。对此，最高人民法院以司法解释的形式对如何认定作了较为详细的规定。[①] 所谓近似商标，是指被控侵权的商标与原告的注册商标相比较，其文字的字形、读音、含义或者图形的构图及颜色，或者其各要素组合后的整体结构相似，或者其立体形状、颜色组合近似，易使相关公众对商品的来源产生误认或者认为其来源与原告注册商标的商品有特定的联系。

在上述三个要素中，如有一个以上的要素相同或近似，即构成近似商标。在判断时应当遵循以下原则：首先，以相关公众的一般注意力为标准，相关公众是指消费商品的这类消费者以及经营者；其次，既要对商标进行整体的比对，又要对商标的主要部分进行比对，并且比对还应当在比对对象隔离的状态下分别进行；最后，判断商标是否近似，还应当考虑请求保护的注册商标的显著性和知名度。而类似商品是指在功能、用途、原料、生产部门、销售渠道、消费对象等某一方面有相同之处或者存在特定联系的商品，例如，冰柜和冰箱、运动服和旅游鞋、照相机与摄影机等。类似服务，是指在服务的目的、内容、方式、对象等方面相同，或者相关公众一般认为存在特定联系、容易造成混淆的服务。对类似商品的判断，其标准是：第一，以相关公众对商品的一般认识进行综合判断。第二，参考商品分类表，即《商标注册用商品和服务国际分类表》、《类似商品和服务区分表》可以作为判断类似商品或者服务的参考。

2. 仿冒知名商品特有的名称、包装、装潢的不正当竞争行为

仿冒知名商品特有的名称、包装、装潢的不正当竞争行为，是指擅自将他人知名商品特有的商品名称、包装、装潢作相同或者近似使用，造成与他人的知名商品相混淆，使购买者误认为是该知名商品的行为。

仿冒知名商品特有的名称、包装、装潢的不正当竞争行为的构成要件是：第一，被仿冒的商品必须是知名商品。第二，被仿冒的商品名称、包装、装潢必须是知名商品所特有的。第三，仿冒行为必须是对知名商品特有的名称、包装、装潢作相同或近似的使用。第四，仿冒行为必须是造成与他人知名商品相混同，使购买者误认为是该知名商品的行为，误认包括已经引起误认和可能引起误认两种情形。此外，足以使相关公众对商品的来源产生误认，包括误认为与知名商品的经营者具有许可使用、关联企业关系等特定联系的，也可以认定为误认。第五，仿冒行为必须是对他人知名商品有关标识的擅自使用。

3. 擅自使用他人的企业名称或姓名的行为

擅自使用他人的企业名称或姓名的行为，是指经营者未经他人许可而在市场交易中使用他人的企业名称或姓名，引人误认为是他人商品或服务的行为。

---

① 参见 2002 年 10 月 12 日颁布的《最高人民法院关于审理商标民事纠纷案件适用法律若干问题的解释》第 10 条、第 11 条、第 12 条。

擅自使用他人的企业名称或姓名的行为的构成要件为：第一，被仿冒的客体是他人的企业名称或姓名，包括法人的名称、自然人的姓名、个体工商户和个人合伙的字号等。企业的简称和缩写根据具体情况也可视为企业名称。例如，我国的四大银行，即工商银行、农业银行、中国银行、建设银行，往往简称为工行、农行、中行、建行，这样的简称具有很高的知名度和商业价值，显然应当受到法律的保护。最高人民法院的司法解释还规定：中国境内进行商业使用的外国（地区）企业名称，应当认定为反不正当竞争法规定的“企业名称”。具有一定的市场知名度、为相关公众所知悉的企业名称中的字号，可以认定为反不正当竞争法规定的“企业名称”[①]。此外，在商品经营中使用的自然人的姓名，应当认定为《反不正当竞争法》规定的“姓名”。具有一定的市场知名度、为相关公众所知悉的自然人的笔名、艺名等也可以认定为反不正当竞争法规定的“姓名”。第二，擅自使用，即行为人未经权利人的许可而加以使用的行为状态。第三，引人误认为是他人的商品，包括已经引起误认或具有误认的可能性。

（二）虚假商业宣传行为

虚假商业宣传行为，是指经营者在商品上，或者以广告或其他方法，对商品或服务的质量、制作成分、性能、产地等情况作引人误解的虚假宣传的不正当竞争行为。其特征主要有：一是宣传的内容涉及商品的质量、制作成分、性能、产地等情况；二是宣传的形式包括“在商品上”、“通过广告”和“其他方法”三种；三是作“引人误解的虚假宣传”，也就是说，宣传不仅是虚假的，而且引人误解，即消费者对宣传的商品的真实情况产生了错误认识和理解，包括足以使消费者产生误认误购的可能。根据我国《反不正当竞争法》第5条第4款以及第9条的规定，虚假商业宣传行为分为三类，即商品上的虚假标识行为、虚假广告宣传、其他虚假宣传的行为。

1. 商品上的虚假标识行为

商品上的虚假标识行为是指经营者在商品或其包装的标识上，对商品的质量标志、产地或其他反映商品质量、信誉状况的各种因素作不真实的标注，欺骗购买者的不正当竞争行为。它主要有三种类型：（1）伪造或者冒用质量标志。所谓质量标志，是指证明经营者的产品质量达到一定水平的标志。我国反不正当竞争法例举了两种，即认证标志和名优标志。此外，质量标志还应当包括其他类似标志，比如名牌标志、生产许可证标志等。（2）伪造产地。所谓伪造产地的行为，是指经营者在其生产或经营的商品上以及商品的包装、附着物上，隐匿商品真实的产地、标识虚假产地的不正当竞争行为。（3）其他方法对商品质量作引人误解的虚假表示。这种行为是指经营者除了采用伪造或者冒用质量标志以及伪造产地标识以外的其他方法，在商品上对反映商品质量的各种因素作不真实的标注，导致或足以导致购买者对商品质量产生错误认识的不正当竞争行为，其类型通常不包括在《产品质量法》第27

---

① 《最高人民法院关于审理不正当竞争民事案件应用法律若干问题的解释》第6条。

条规定的范围之内。

2. 虚假广告宣传

虚假广告宣传是指通过报刊、广播、电视、路牌、橱窗、印刷品、霓虹灯、电子显示牌、实物等广告媒介的形式，不真实地宣传和介绍商品或服务的情况，欺骗和误导购买者的不正当竞争行为。《反不正当竞争法》第 9 条规定经营者不得利用广告的方式对商品的质量、制作方法、性能、用途、生产者、有效期限、产地等作引人误解的虚假宣传。广告的经营者不得在明知或者应知的情况下，代理、设计、制作、发布虚假广告。虚假广告宣传的构成要件是：(1) 虚假广告宣传的主体包括经营者和广告的经营者；(2) 虚假广告宣传的主观方面，经营者是故意，广告经营者是故意或重大过失；(3) 虚假广告宣传行为的客观方面，采用的是广告的方式，对商品的质量、制作方法、性能、用途、生产者、有效期限、产地等作引人误解的虚假宣传。

此外，最高人民法院的司法解释规定[①]：经营者具有下列行为之一，足以造成相关公众误解的，可以认定为《反不正当竞争法》第 9 条第 1 款规定的引人误解的虚假宣传行为：(1) 对商品作片面的宣传或者对比的；(2) 将科学上未定论的观点、现象等当做定论的事实用于商品宣传的；(3) 以歧义性语言或者其他引人误解的方式进行商品宣传的。但是以明显的夸张方式宣传商品，不足以造成相关公众误解的，不属于引人误解的虚假宣传行为。人民法院应当根据日常生活经验、相关公众一般注意力、发生误解的事实和被宣传对象的实际情况等因素，对引人误解的虚假宣传行为进行认定。

3. 其他虚假宣传方式

其他虚假宣传方式是指经营者采用其他方法，对商品的质量、制作方法、性能、用途、生产者、有效期限、产地等作引人误解的虚假宣传。“其他方法”的表述体现了兜底条款的功能，对于具体有什么方法，《反不正当竞争法》并未明确规定，一般认为主要表现方式有：一是在经营场所内对商品的演示、说明、解释或者其他文字标注；二是利用大众传媒所作的宣传报道；三是通过产品鉴定会、座谈会、庆典等公共场合所作的商品介绍和宣传；四是指使他人冒充顾客进行销售诱导。

(三) 不正当有奖销售行为

1. 有奖销售

有奖销售是指交易一方在主卖商品之外无偿赠送其他商品给交易对方。根据奖品的赠与范围及确定方式的不同，可以将有奖销售分为附赠式有奖销售和抽奖式有奖销售。所谓附赠式有奖销售是指经营者一视同仁的对社会所有不特定的购买者提供赠品的销售，也就是说经营者对所有符合条件的购买者都赠与奖品，但奖品的价值通常较小，所以有的国家又称之为普遍式有奖销售。所谓抽奖式销售，是指经营者以抽奖、摇号、竞猜、游戏等方式或其他带有或然性的方式确定购买者是否中奖，

---

① 参见《最高人民法院关于审理不正当竞争民事案件应用法律若干问题的解释》第 8 条。

其特点是只向部分而不是全部购买者提供奖品，只有中奖的才可以获得奖品。由于抽奖式销售决定谁能中奖是具有偶然性和射幸性，所以又被称为悬赏。有奖销售作为经营者的一种营销手段，它具有一定的积极功能，的确能激发人们消费欲望，刺激消费增长，促进经济发展。但不正当的有奖销售行为却可能破坏竞争秩序，强化市场障碍，误导消费者并易于损害消费者权益，因此大多数国家都通过立法来加以限制。

2. 不正当有奖销售行为

所谓的不正当竞争销售行为，是指经营者在有奖销售的过程中弄虚作假或违反法律的限制向客户提供巨额奖励的行为。我国的《反不正当竞争法》规定了三类：一是欺骗性有奖销售行为；二是利用有奖销售手段推销质次价高的商品；三是最高奖金额超过 5 000 元的抽奖式有奖销售。

欺骗性有奖销售行为是指经营者在有奖销售活动中隐瞒事实真相、虚构有奖销售相关事实的行为。表现形式主要有：(1) 谎称有奖或对所设奖励作虚假表示；(2) 内定人员中奖；(3) 操纵中奖程序；(4) 其他欺骗性有奖销售行为。利用有奖销售手段推销质次价高的商品，往往表现为经营者在有奖销售过程中故意提高商品价格，借此推销低档次高价格的商品。此类有奖销售实为变相涨价，但需要注意的是质次商品不等于不合格商品，并且应由工商行政管理局根据同期市场同类商品的价格、质量和购买者的投诉认定，必要时会同有关部门认定。最高奖金额超过 5 000 元的抽奖式有奖销售，如果以非现金的物品或者其他经济利益作奖励的，则按照同期市场同类商品或服务的正常价格来折算其金额。

(四) 诋毁他人商誉的行为

1. 商誉

商誉就是商品声誉和商业信誉的合称，泛指社会对特定经营者的总体评价，即通常所说的口碑。商品声誉应当是建立在某种商品或服务本身的质量基础上的信誉，而商业信誉除了商品本身的影响，还涉及与经营者商业活动有关的其他因素，包括内部的管理、信用、偿债能力等。一般来讲，人们并不严格区分二者的关系，通常认为商誉就是包括商品声誉在内的商业信誉的简称。商誉的载体具有多元性和不确定性，包括所有可能影响经营者获得商誉的因素，包括商品的质量、价格、企业内部管理、产品生产与销售的业绩、售后服务、企业历史、信用、偿债能力等与商业活动有关的各种因素。

2. 诋毁他人商誉行为

诋毁他人商誉行为，又称为商业诋毁行为或商业诽谤，是指经营者自己或利用他人，通过捏造、散布虚伪事实等不正当手段，侵害竞争对手商誉的行为。诋毁他人商誉的表现形式通常有：在产品附属资料中诋毁他人商誉；在产品交易中诋毁他人商誉；在新闻发布、广告宣传中诋毁他人商誉；在公众中散布谣言诋毁他人商誉；组织、唆使、雇用他人诋毁他人商誉等。诋毁他人商誉的构成要件为：(1) 行为主体是经营者。经营者实施侵犯商誉行为，有两种途径：一是亲自实施，二是通过他人或利用他人实施。虽然多数情况下，经营者是自己实施对竞争对手的商业诽谤行为，但在有些情况下，经营者也可能不是自己实施此种行为，而是利用他人实施此种行为。所谓他人，既可能是其他同业经营者，也可能是非同业经营者或非经营者的社会组织或个人，例如会计、审计、质量检验等机构或其工作人员，政府机关或其工作人员，以及消费者个人等。如果这些组织或个人与经营者之间就实施商业诽谤行为有过共谋，即存在主观上的共同故意，他们就应与该经营者一起对该行为承担法律责任。此外，如果是两个或两个以上的经营者共同实施对其竞争对手的商业诽谤行为，则他们应对该行为承担连带责任。[①]（2）行为人主观上为故意。即侵权人主动实施行为且以损害竞争者商誉为目的。行为人实施商业诽谤行为，是以削弱竞争对手的市场竞争能力，并谋求自己的市场竞争优势为目的，这种主观故意性是明显而确定的。（3）侵害的客体是特定经营者的商誉，特定的人可以是单个的商事主体，也可以是一定类型的多个复合体。但如果行为人的说法没有确定的指向性，只涉及一般的人和事，即使言辞失实、攻击性强，甚至会导致公众对某一行业或部门信任的普遍性下降和偏见，也不构成商业诋毁。（4）客观上表现为捏造、散布有损他人商誉的虚假信息。侵权人一般既要捏造事实，又要散布这种捏造的事实，但如果明知是捏造的事实，仍然出于不正当竞争目的散布的，也构成商业诋毁。此外，散布的信息必须是虚假的，并且构成了对其他经营者的商誉的损害。

（五）商业贿赂行为

1. 商业贿赂

商业贿赂是贿赂的一种表现形式，它的一般含义是指具有竞争关系的经营者通过秘密收买竞争对手的代理人或者雇员的方式，争夺交易机会，获取市场竞争优势的不正当行为。我国《反不正当竞争法》第 8 条规定：“经营者不得采用财物或者其他手段进行贿赂以销售或者购买商品。在账外暗中给予对方单位或者个人回扣的，以行贿论处；对方单位或者个人在账外暗中收受回扣的，以受贿论处。”但法律并没有对商业贿赂有明确的定义。国家工商总局《关于禁止商业贿赂行为的暂行规定》第 2 条第 2 款规定：商业贿赂，是指经营者为销售或者购买商品而采用财物或者其他手段贿赂对方单位或者个人的行为。因此，我们可以认为商业贿赂是指经营者以一定的金钱、实物或其他利益，收买交易相对人或其有关人员，以获得交易机会的行为。

商业贿赂的特征主要有：（1）行为主体包括行贿者和受贿者，商业行贿者是指

---

① 此外，需注意两点：根据《最高人民法院关于审理名誉权案件若干问题的解释》，

（1）消费者对生产者、经营者、销售者的产品质量或者服务质量进行批评、评论，不应当认定为侵害他人名誉权。但借机诽谤、诋毁，损害其名誉的，应当认定为侵害名誉权。

（2）新闻单位对生产者、经营者、销售者的产品质量或者服务质量进行批评、评论，内容基本属实，没有侮辱内容的，不应当认定为侵害其名誉权；主要内容失实，损害其名誉的，应当认定为侵害名誉权。需注意的是，这里所讲的商誉权区别于民事法律上的名誉权和荣誉权。

经营者，但经营者的职工采用商业贿赂手段为经营者销售或者购买商品的行为，应当认定为经营者的行为。商业受贿者的主体范围不特定，包括交易相对方和与交易相对方有关的人员，例如交易相对人的代理人、雇员，有关国家工作人员等。所以主体既可以是经营者，也可以是非经营者。（2）主观上存在故意，过失不构成商业贿赂行为。但在目的方面商业行贿与商业受贿不同，前者是为了获取交易机会，后者则为了获得财物或其他不正当利益。（3）客体的多重性，当受贿人是一般经营者及其代理人时，侵害的客体是其他经营者的利益和公平竞争的市场秩序；当受贿人是国家机关或者国家公务员时，除经营者的利益和公平竞争的市场秩序外，还包括国家廉政制度。（4）客观方面：经营者采用财物或者其他手段进行贿赂以销售或者购买商品，法律所指的财物，是指现金和实物，包括经营者为销售或者购买商品，假借促销费、宣传费、赞助费、科研费、劳务费、咨询费、佣金等名义，或者以报销各种费用等方式，给付对方单位或者个人的财物。其他手段是指提供国内外各种名义的旅游、考察等给付财物以外的其他利益的手段。还有学者认为只要能满足个人不正当的社会地位和精神情感的需要，就算是其他手段，例如升学就业、职务升迁、户口迁移、房屋装修、性服务等。

2. 商业贿赂的主要表现形式

商业贿赂的主要表现形式是回扣、非法佣金和附赠式商业贿赂。回扣是指经营者销售商品时在账外暗中以现金、实物或者其他方式退给对方单位或个人的一定比例的商品价款。回扣发生在销售者与购买者之间，它的特征是：首先，从流向上讲只能是卖方给买方，而其他的商业贿赂则可能是买方给卖方。其次，返还一定比例的商品价款。这是从款源上讲，既可以是现金，也可以是实物，这也是回扣区别于其他商业贿赂的重要特征，一般商业贿赂不是商品价款的一部分，也未必发生在交易达成之后。最后，采用的是“账外暗中”方式。所谓“账外暗中”是指不按法定财务制度如实入账。

这里需要注意两点：第一，这里的“账”是指法定的财务账，即依法设立的反映其生产经营活动或者行政事业经费收支的财务账。第二，不能把“账外暗中”割裂开来理解，采用“账外明示”的方式也是不合法的。佣金指经营者在市场交易中给予为其提供服务的具有合法经营资格的中间人的劳务报酬，也即中间人在商业活动中，因代买、代卖或者介绍买卖而收取的劳动报酬。佣金是一种合法的支付方式，只有非法佣金才构成商业贿赂。实践中，非法佣金主要有两种情形：一是中间人不具有合法的经营资格，二是佣金比例违背法律规定或商业惯例。关于附赠式商业贿赂，《反不正当竞争法》没有明确规定，但《关于禁止商业贿赂行为的暂行规定》第 8 条却有相关规定：“经营者在商品交易中不得向对方单位或者其个人附赠现金或者物品。但按照商业惯例赠送小额广告礼品的除外。违反前款规定的，视为商业贿赂行为。”从本条规定来看，它有两个特征：一是它只规范经营者之间的附赠，因此如果是经营者则可能涉嫌附赠式商业贿赂；二是附赠的金额不能超过合理金额。

（六）侵犯商业秘密行为

1. 商业秘密

法律对商业秘密的界定是从信息的角度出发的，一般来讲，信息就是能给人们带来新知识的消息、新闻、情报、资料、图表、密码之类的东西。商业秘密就是一种不为公众所知的商业信息。按照《反不正当竞争法》第10条的规定，商业秘密，是指不为公众所知悉、能为权利人带来经济利益、具有实用性并经权利人采取保密措施的技术信息和经营信息。根据我国反不正当竞争法的定义，商业秘密的特征包括：

首先，应具有秘密性，即这种信息不为公众所知悉。最高人民法院的司法解释规定[①]：有关信息不为其所属领域的相关人员普遍知悉和容易获得，应当认定为反不正当竞争法规定的“不为公众所知悉”。具有下列情形之一的，可以认定有关信息不属于不为公众所知悉的范围：该信息为其所属技术或者经济领域的人的一般常识或者行业惯例；该信息仅涉及产品的尺寸、结构、材料、部件的简单组合等内容，进入市场后相关公众通过观察产品即可直接获得；该信息已经在公开出版物或者其他媒体上公开披露；该信息已通过公开的报告会、展览等方式公开；该信息从其他公开渠道可以获得；该信息无须付出一定的代价即可获得。

其次，具有保密性，有人又称之为管理性，是指权利人必须为这些信息采取了一定的保密措施。最高人民法院司法解释规定：权利人为防止信息泄露所采取的与其商业价值等具体情况相适应的合理保护措施，应当认定为反不正当竞争法规定的“保密措施”。具有下列情形之一，在正常情况下足以防止涉密信息泄露的，应当认定权利人采取了保密措施：限定涉密信息的知悉范围，只对必须知悉的相关人员告知其内容；对于涉密信息载体采取加锁等防范措施；在涉密信息的载体上标有保密标志；对于涉密信息采用密码或者代码等；签订保密协议；对于涉密的机器、厂房、车间等场所限制来访者或者提出保密要求；确保信息秘密的其他合理措施。

再次，具有实用性，即能适用于生产和经营，并创造经济效益和社会效益。从法律的规定来看，经济性与实用性是两个并列的条件，但从理论上讲，学界逐步认为没有必要特别强调所谓的实用性，例如研究了一半的技术成果，还不能用于生产和经营。如果强调实用性就可能被排除在外，但即使是研究了一半的技术成果仍然是投入了人力和物力并可能具有很高的商业价值，如果不保护，就会显失公平。最高人民法院的司法解释规定：有关信息具有现实的或者潜在的商业价值，能为权利人带来竞争优势的，应当认定为反不正当竞争法规定的“能为权利人带来经济利益、具有实用性”，显然是把“具有确定的可应用性”去掉了。因此对经济性和实用性特征应当这样理解：具有现实的或者潜在的商业价值，能为权利人带来竞争优势。

最后，具有经济性，即商业秘密的使用可以为权利人带来经济上的利益。

商业秘密的范围有一个拓展的过程，最初只限于财产特征比较明显的技术秘密

---

① 参见《最高人民法院关于审理不正当竞争民事案件应用法律若干问题的解释》第9条。

范围，而后逐步扩大到与商业活动有关的所有未披露的信息。根据我国《反不正当竞争法》及相关司法解释的规定，我国商业秘密主要有三种：（1）技术秘密，主要包括产品的设计、程序、配方、制作工艺、制作方法等知识信息。（2）经营秘密，是指产品流通环节以及与产品销售相关的情报信息，包括客户名单、货源情报、产销策略、招投标中的标底及标书内容等。（3）管理秘密，包括管理模式、公关技巧等。

2. 侵犯商业秘密行为

侵犯商业秘密行为是指经营者为了获得市场交易机会，采用非法的手段取得、披露或使用他人商业秘密的行为。其特征为：（1）行为主体一般是经营者。国家工商总局的《关于禁止侵犯商业秘密行为的若干规定》第 3 条第 4 项特别规定，权利人的职工违反合同约定或者违反权利人保守商业秘密的要求，披露、使用或者允许他人使用其所掌握的权利人的商业秘密属于侵犯商业秘密行为。[①]（2）行为的对象是商业秘密。（3）采用了非法的手段，包括盗窃、胁迫、利诱及其他手段。（4）主观上可能是故意，也可能是过失。侵犯商业秘密的表现形式主要是：以盗窃、利诱、胁迫或者其他不正当手段获取权利人的商业秘密；披露、使用或允许他人使用以前项手段获取的权利人的商业秘密；违反约定或违反权利人有关保守商业秘密的要求，披露、使用或允许他人使用其所掌握的商业秘密；“第三人明知或者应知前款所列违法行为，获取、使用或者披露他人的商业秘密，视为侵犯商业秘密”。

【案例评析1】

贵阳“老干妈”诉湖南“老干妈”不正当竞争案

1. 案情简介

1994 年 11 月，贵阳老干妈公司推出了以“老干妈”为商品名称的风味食品，其中包括“老干妈”风味豆豉，1996 年 8 月贵阳老干妈公司开始在其“老干妈”风味豆豉的外包装上使用由该公司经理李贵山设计的包装瓶瓶贴。1997 年 12 月李贵山就其设计的瓶贴向中国专利局申请了外观设计专利，于 1998 年 8 月 22 日获得外观设计专利权。李贵山还于 1997 年 12 月 30 日将该瓶贴在贵州省版权局进行了产品设计图纸的版权登记。湖南华越食品公司于 1997 年 9 月成立，同年 10 月与贵阳南明唐蒙食品厂签订了“联营协议书”，共同生产“老干妈”风味豆豉。同年 11 月，双方联合生产的“老干妈”风味豆豉上市，该产品使用的包装瓶瓶贴与贵阳“老干妈”的包装瓶瓶贴相比，在色彩、图案及“老干妈”三字的字体等方面基本相同。1998 年 1 月，湖南华越食品公司以其法定代表人易长庚设计的“老干妈”风味豆豉

---

① 但需注意的是，《最高人民法院关于审理不正当竞争民事案件应用法律若干问题的解释》第 13 条第 2 款规定：客户基于对职工个人的信赖而与职工所在单位进行市场交易，该职工离职后，能够证明客户自愿选择与自己或者其新单位进行市场交易的，应当认定没有采用不正当手段，但职工与原单位另有约定的除外。

的瓶贴向中国专利局提出外观设计专利权的申请，并于1998年10月被授予外观设计专利权。该瓶贴与李贵山设计的贵阳老干妈公司使用的瓶贴相比，将椭圆形图案变为了菱形图案。随后，湖南华越食品公司对其风味豆豉的瓶贴进行了改版，改版后的瓶贴使用了获得外观设计专利权的图案，但仍使用了与贵阳老干妈公司产品瓶贴中字体相似的“老干妈”字样。1998年4月，湖南华越食品公司与贵阳唐蒙食品厂解除了联营关系。华越食品公司开始单独生产“老干妈”系列风味食品，仍以“老干妈”为商品名称，并继续使用原来的包装、装潢。1999年5月，北京燕莎望京购物中心开始销售湖南华越食品公司生产的“老干妈”系列风味食品。1999年11月30日，贵阳老干妈公司以湖南华越食品公司生产的“老干妈”风味豆豉盗用其产品的特有名牌产品瓶贴，在消费者中造成混淆、误认，侵犯了其合法权益，北京燕莎望京购物中心违法销售湖南华越食品公司的“老干妈”产品，侵犯了其合法权益为由，向法院提起诉讼，请求停止在被控产品上使用与其产品瓶贴相近似的装潢，停止使用“老干妈”商品名称，销毁侵权产品及其标识、瓶贴，赔礼道歉、消除影响，赔偿经济损失40万元人民币。

2. 基本问题

本案较为复杂，涉及商标、版权、反不正当竞争等多方面的法律问题，在实务界和理论界至今也有非常大的争议。我们主要从反不正当竞争法的角度来展开分析。本案争议的核心在于湖南华越食品公司是否存在仿冒知名商品特有的名称、包装、装潢的行为。从仿冒知名商品特有的名称、包装、装潢的行为的构成要件来看，第三项作相同或近似的使用，第四项造成误认，第五项擅自使用都易于判断，本案的争议主要集中在第一项和第二项构成要件。具体而言，第一，贵阳老干妈的产品是否知名商品。被告湖南华越公司认为原告的产品不是知名商品，判定一个商品的知名度，要依据主张者提供的商品广告、销售历史、销售数量和市场占有率等方面的证据进行综合性判断。虽然原告产品被评为贵州省名牌产品，但该评比结果并不意味着其产品在贵州省以外的市场上也有知名度。相反，被告生产的“老干妈”风味豆豉比原告生产的“老干妈”风味豆豉在一定地区的市场上更具有知名度。因为被告所作的商品宣传广告覆盖面比较大，仅在1998年到1999年间，被告为宣传自己生产的“老干妈”风味豆豉就支出广告费270余万元。从产品的销售量和市场占有率方面看，被告产品已被湖南省工商局认定为湖南省知名商品，还在1997年中国国际食品博览会上获国际名牌食品奖。第二，“老干妈”是否是特有名称。被告认为本案诉争的“老干妈”风味豆豉的商品名称、包装、装潢并不为原告所特有，“老干妈”是一个通俗的称谓，不能为任何人所特有和独占。

3. 知识内容

我们首先分析第一个问题，对于什么是知名商品，我国反不正当竞争法并没有具体的标准。通常认为，知名商品是在中国境内具有一定的市场知名度，为相关公众所知悉的商品。从我国实践来看，国家工商总局采用推定判断。《关于禁止仿冒知名商品特有的名称、包装、装潢的不正当竞争行为的若干规定》中规定，商品的名称、包装、装潢被他人擅自作相同或者近似使用，足以造成购买者误认的，该商品即可认定为是知名商品。人民法院认定知名商品，则要考虑该商品的销售时间、销售区域、销售额和销售对象，进行任何宣传的持续时间、程度和地域范围，作为知名商品受保护的情况等因素，进行综合判断。原告还应当对其商品的市场知名度负举证责任。在本案中法院最终认为是知名商品，因为贵阳老干妈公司生产的“老干妈”风味食品自投放市场以来，受到消费者的青睐，在较短时间内产品便畅销全国，销售量一直呈上升趋势，为国家纳税上千万元。即使在市场上出现了侵权产品的情况下，其销售量仍然处于上升趋势。由于其产品质量好、知名度高，在全国各地相继出现了多家仿冒其产品的厂家，严重损害了广大消费者的利益。1998 年、1999 年，贵阳市工商行政管理局多次向全国各地工商行政管理局发出公函，请求予以查处。由于该商品在市场上具有一定的知名度，属于为相关公众所知悉的商品。故应认定该商品为知名商品。

其次，我们再来分析是否是特有的名称、包装、装潢。所谓特有是指商品名称、包装、装潢非为相关商品所通用，并具有显著的区别性特征。本案主要争议老干妈是否是特有名称。从法律上讲，知名商品的特有名称不需要任何部门的认定或授予，只要一种商品名称在市场上具有了明显区分相关商品的作用，就应认定具有了特有名称的意义。最高人民法院的司法解释规定：“具有区别商品来源的显著特征的商品的名称、包装、装潢，应当认定为反不正当竞争法第五条第（二）项规定的‘特有的名称、包装、装潢’。有下列情形之一的，人民法院不认定为知名商品特有的名称、包装、装潢：（一）商品的通用名称、图形、型号；（二）仅仅直接表示商品的质量、主要原料、功能、用途、重量、数量及其他特点的商品名称；（三）仅由商品自身的性质产生的形状，为获得技术效果而需有的商品形状以及使商品具有实质性价值的形状；（四）其他缺乏显著特征的商品名称、包装、装潢。前款第（一）、（二）、（四）项规定的情形经过使用取得显著特征的，可以认定为特有的名称、包装、装潢。”①

法院认为“老干妈”作为一种地方风味豆豉的商品名称是贵阳老干妈公司创先使用的，也是由于贵阳老干妈公司的使用而知名的。“老干妈”三个字虽然没有独特的创新，但由于贵阳老干妈公司的使用，“老干妈”三个字已经与贵阳老干妈公司及其生产的风味豆豉密切相关，不可分割，成为该商品的代表和象征。在社会上说起“老干妈”，人们自然会想到它代表贵阳老干妈公司生产的风味豆豉。故“老干妈”已经具有了与其他相关商品相区别的显著特征，应认定“老干妈”为贵阳老干妈公司生产的风味豆豉的特有名称。最后，法院判决湖南华越食品有限公司停止在风味豆豉产品上使用“老干妈”商品名称；停止使用与贵阳南明老干妈风味食品有限公司生产的“老干妈”风味豆豉瓶贴相近似的瓶贴；赔偿贵阳南明老干妈风味食品有限公司经济损失 40 万元；北京燕莎望京购物中心停止销售湖南华越食品有限公司生产的“老干妈”风味豆豉。湖南华越食品有限公司于判决生效后一个月内，在一家全国发行的报纸上向贵阳南明老干妈风味食品有限公司致歉。

---

① 《最高人民法院关于审理不正当竞争民事案件应用法律若干问题的解释》第 2 条。

【疑难问题】

1. 假冒他人的注册商标行为，是否有必要特别强调对注册商标的保护，对于非注册商标中的知名商标是否应当保护？

解答思路：一个商标之所以会被假冒，是因为其具有较高知名度和较大的商业价值并能为假冒者带来经济利益，而与商标注册与否没有关系。一方面，没有注册的商标可能非常有商业知名度；另一方面，注册商标却可能没有商业知名度，因此建议删去注册商标的限制，而改为驰名商标或有市场影响力的商标。

2. 是否只要擅自使用他人企业名称或姓名的行为，反不正当竞争法就应当规制，对于那些没有知名度的企业和自然人，会不会造成相关公众的误认？此外，反不正当竞争法强调是企业的名称，对于非企业，例如北京大学这样的具有很高知名度和商业价值的高校名称，是否也应当规制？

解答思路：反不正当竞争法主要保护市场秩序，对于没有知名度的企业而言，即使其名称被他人擅自使用，其实也不会对市场秩序造成影响，因此建议强调企业的知名性。此外，也没有必要特别强调企业，其实非企业的其他性质的组织只要其具有较高知名度和商业价值就应当受到反不正当竞争法的保护。

【案例评析2】

北京米兰春天婚纱影楼与北京巴黎婚纱摄影有限公司不正当竞争纠纷案

1. 案情简介

原告北京米兰春天婚纱影楼与被告北京巴黎婚纱摄影有限公司均系从事婚纱摄影等项服务的营利性企业。被告北京巴黎婚纱摄影有限公司为宣传本公司业务，多次在报刊《精品购物指南》上发布介绍该公司婚纱摄影业务的广告，其中在2000年3月10日、17日的广告中均使用了“北京婚纱的旗舰店全国第一、营业面积NO.1、豪华NO.1、服务NO.1”以及“再创北京摄影NO.1。营业面积达1 500平方米”等广告语；同年4月7日的广告中使用了“加赠皇家旗舰16′加长型娘家册(独家限量珍藏发行，数量有限)”广告语。

2. 基本问题

本案核心问题在于被告的广告宣传是否是引人误解的虚假宣传。

3. 知识内容

由于本案宣传采用广告方式，因而需要结合《广告法》加以分析，法院认为：我国《广告法》中明确规定：广告不得使用国家级、最高级、最佳等用语；不得贬低其他生产经营者的商品或者服务。《反不正当竞争法》也明文规定，经营者不得利用广告或者其他方法；对商品的质量等作引人误解的虚假宣传。被告北京巴黎婚纱摄影有限公司在发布的广告中将公司的服务质量、经营场所的豪华程度和营业面积描述为全国第一、独此一家，已经达到最佳、最高级，使消费者对被告提供的婚纱摄影实际服务水平产生误解，在不适当地抬高自身服务状况的同时，客观上贬低了其他同业经营者的商品及服务。被告的行为不仅违反了广告活动的行为规范，同时更违反了《反不正当竞争法》规定的有关经营者不得利用广告对商品质量等作引人误解的虚假宣传的法律规定，损害了原告以及其他同业经营者的合法权益，一定程度上扰乱了社会经济秩序，构成不正当竞争。

【疑难问题】

1. 我国《反不正当竞争法》强调引人误解的虚假宣传，但对于某些宣传其实很难用真假来分析，例如山寨刘德华的电视广告、山寨周杰伦的平面广告，有的律师认为这些山寨明星使用的是自己的肖像权，属于真实的宣传，因此不构成引人误解的虚假宣传，请问你如何认识这个问题。

解答思路：其实宣传的真假并不是判读的必需标准。有些片面的真的宣传如果造成误解，也应当受到法律规制，反之，有些宣传即使是假的，但假得让一个智力正常的消费者都不会误解，法律就没有必要进行规制。因此反不正当竞争法应当强调“引人误解的宣传”，而不是“引人误解的虚假宣传”。

2. 随着经济全球化的加快，一个产品往往是在几个国家进行生产，而最终在某个国家成品，请问从法律上我们应当如何来判定其产地。

解答思路：产地的认定原则有主要产地说和最终形成地说，法律可以作出明确的规定。

【案例评析3】

上海卓尚信息有限公司诉艺龙网信息技术有限公司不正当竞争纠纷案

1. 案情简介

原告上海卓尚信息有限公司设立的“影院热线”网站，是在互联网上专业从事影片推广、网上订票等活动的知名网站，继1999年成功举办“99奥斯卡”系列活动之后，2000年年初又开始策划“奥斯卡2000”系列活动。2000年2月11日，被告艺龙网信息技术有限公司总裁、副总裁等到原告处与原告协商合作事宜。协商过程中，被告了解了原告举办上述活动的基本设想，并表示有兴趣参与。后应被告要求，原告将此次活动的具体方案传真给被告。被告在了解了原告此次活动的内容、计划等信息后，虽多次口头应允合作，但迟迟不签订双方拟定的合作协议。原告遂于2月23日通知被告，终止合作谈判，被告不得采用原告的活动方式和活动内容。

同年3月，原告发现被告在其“e龙”网上举办了与原告完全相同的活动，并实施了以下不正当竞争行为：(1) 被告抄袭原告网页上的竞猜活动介绍和竞猜规则，冒用原告的网站名称和竞猜活动名称，误导网民浏览其网页并参加其活动；(2) 被告模仿原告的奖项设置，并以高出原告所设奖项十多倍的特等奖（“美国双人浪漫游”，价值人民币30 000元）吸引网民。被告的上述行为分别属于擅自使用他人知名商品名称和有奖销售的最高奖额超过人民币5 000元的不正当竞争行为。同时，被告的行为还直接影响到原告网站的访问量和参加该活动的客流量，损害了原告的商誉。

2. 基本问题

本案涉及仿冒行为、侵犯商誉行为以及不当抽奖销售行为，我们重点分析，被告是否构成了《反不正当竞争法》规定的最高奖金额超过5 000元的抽奖式有奖销售。本案中，被告虽然没有直接以金钱的方式进行奖励，但“美国双人浪漫游”价值人民币30 000元，已经超过5 000元的抽奖式有奖销售的法律限制，因为如果以非现金的物品或者其他经济利益作奖励的，应当按照同期市场同类商品或服务的正常价格来折算其金额。所以，本案的核心问题在于被告是否采用了抽奖式有奖销售的方式。被告认为其举办的有奖竞猜活动是一种公众参与性的娱乐活动，被告与竞猜者之间不存在买卖关系，谈不上有奖销售，因此不构成不当有奖销售。而原告认为：虽然网站不同于一般的商业企业，但其举办各种活动的目的，均在于吸引网民，增加网站知名度，然后再通过为其他客户提供广告、网上销售等方式获取利润。因此，网站举办的有奖竞猜活动本质上是一种推销营利行为。

3. 知识内容

从目前我国《反不正当竞争法来》来看，并没有对什么是有奖销售作出明确的规定，一般认为有奖销售的构成要件是两个：一是交易是有奖销售的前提，或者说有奖销售的前提条件是交易双方必须发生了现实的交易；二是赠品是无须额外付费的给付。所以本案中，双方把重点都放在“有奖竞猜活动”是否是销售行为上。本案的法官也是从这个角度来分析，认为销售一般是指卖方向买方提供特定的商品或服务，买方则向卖方支付货币或其他对价以取得相应的商品或服务。国家工商局《关于禁止有奖销售活动中不正当竞争行为的若干规定》第2条第1款对有奖销售作如下定义：本规定所称的有奖销售，是指经营者销售商品或者提供服务，附带性地向购买者提供物品、金钱或者其他经济利益的行为。

根据上述规定，可以得出有奖销售具有下列特征：(1) 有奖销售存在于销售商品或者提供服务的经营者和购买商品或者接受服务的消费者之间，一方给付商品或服务，另一方给付相应的对价；(2) 有奖销售中存在双重法律关系，即经营者向消费者提供商品或者服务的购销关系和经营者向消费者提供赠品的赠与关系；(3) 经营者有奖销售的目的不是奉献，而是为了招揽顾客，以此获取更大的利润。本案中，根据被告的竞猜规则，凡是参加被告有奖竞猜活动的网民必须是被告的注册用户，不是的应当注册为用户，也就是网民必须将自己的身份资料毫无保留地提供给被告，否则，被告的竞猜活动大门是不会向网民开启的。因此，从表面上看，网民参加被告举办的奥斯卡有奖竞猜活动无须支付任何费用，而实际上网民却必须将包括其姓名、身份证号等在内的身份资料无偿提供给网站，并同意注册为其用户，以此换取参加网站提供的有奖竞猜活动。网民与网站的关系虽然表面上不同于以货币换取商品或服务的消费者与销售者之间的关系，但其实质还是等价交换的关系，也就是网民必须拿被网站视为无形财产的身份资料去换取网站提供的服务。所以，被告举办的有奖竞猜活动实质是一种有奖销售活动。所以被告的行为是最高奖金额超过 5 000 元的抽奖式有奖销售。因此，被告不正当销售行为成立。

【疑难问题】

1. 有奖销售的概念，是否必须要求有基础交易为前提？在现实生活中有许多并没有基础交易的促销手段，是否也可纳入有奖销售范围？例如，某彩电企业作售后服务宣传，宣传任何品牌的电视机用户均可到现场咨询，凡现场咨询者均可获抽奖卡一张，设一等奖 10 000 元。这些咨询者并来购买，只是一种潜在客户，但该企业的售后推广目的还是扩大宣传效果，以此扩大销路，对于这类行为是否可以认定为有奖销售？

解答思路：《国家工商行政管理局关于有线电视台在提供电视节目服务中进行有奖竞猜是否构成不正当竞争行为的答复》中指出：《反不正当竞争法》第 13 条所称的有奖销售，是指经营者以附带性地提供金钱、物品或者其他利益（统称奖品）的引诱方式，促销其商品（包括服务）的行为。不论向商品的购买者提供奖品，还是向其他有关当事人提供奖品，只要经营者以促销商品为目的，均可构成有奖销售。所以有奖销售是指经营者以附带性地提供金钱、物品或者其他利益的引诱方式，促销其商品或服务的行为。在这个定义中，“有奖”是“销售”的手段，这正好体现了有奖销售作为利诱性竞争行为的基本特征。所以，无论是向商品的购买者提供奖品，还是向其他相关者提供奖品，只要是属于促销商品或服务的目的，均可构成有奖销售行为。

2. 实践中，有的抽奖销售奖品超过 5 000 元，当中奖者要求兑现时，经营者声称超过 5 000 元是违法，只同意给付 5 000 元。如何认识这种行为？

解答思路：问题的关键在于，是否所有违反法律强制性的规定合同都归于无效。从学理上讲，强制性规范可以分为效力性规范和管理性规范，只有违反效力性规范才必然无效。所以超过 5 000 元的抽奖式有奖销售应当兑现其奖励金额，同时还要对其进行行政处罚。

3. 对于有奖销售赠与的物品出现瑕疵，经营者往往以赠品是赠与物为由而不承担责任，如何认识这种行为？

解答思路：问题的关键在于：赠送是一个单独的民法意义上的赠与行为，还是属于销售行为本身。

4. 我国《反不正当竞争法》对于赠品的价值没有要求，请问有无必要加以规定？

解答思路：大多数国家规定应为赠送价值不大的小物品，这值得我国反不正当竞争法修改借鉴。

【案例评析4】

广州蓝月亮有限公司诉宝洁（中国）有限公司案

1. 案情简介

蓝月亮牌衣领净的包装瓶具有独特的外形。该包装瓶由广州市道明化学有限公司拥有“弯颈形包装瓶”的外观设计专利，并由该公司从1995年起授权许可给蓝月亮有限公司（以下简称蓝月亮公司）独占使用。1999年9月开始，宝洁（中国）有限公司（以下简称宝洁公司）在国内多家电视台播放新一代多功能汰渍洗衣粉的广告（1999年9月至2000年4月，播出的电视台有71家，包括中央电视台一台、二台、四台和湖南卫星电视台、凤凰卫星电视台等有影响的电视台以及一些省级电视台，播出的时段也大多集中在晚上的黄金时段）。广告中有“衣领最难洗，一定要用衣领净；新一代多功能汰渍，可不这样认为；用全新汰渍，很脏的衣服，不用衣领净，都能洗得干干净净……用汰渍，不需用衣领净”的广告语，广告中将与蓝月亮衣领净包装瓶形状相同的包装瓶代表衣领净来演示洗衣领，以其代表“传统洗衣想法”，并将其配以黑白的画面；与彩色的新汰渍洗衣粉洗衣画面比较后，出现用该洗衣粉包装袋（有标识）挡住上述包装瓶的画面。蓝月亮有限公司认为这是一种不正当竞争行为，已严重侵犯了蓝月亮公司的合法权益，损害了蓝月亮公司的商业信誉和商品声誉，给蓝月亮公司造成了巨大的损失，遂向法院提起诉讼。

2. 基本问题

本案争议的焦点在于，宝洁公司的广告是否针对蓝月亮公司的产品，其广告词是否诋毁了蓝月亮公司产品的商誉。宝洁公司就认为，广告中所述衣领净是泛指，而非专指蓝月亮公司产品。蓝月亮公司产品的瓶颈及外包装均为红色，而其广告画面上衣领净包装瓶全为白色，无明显表明是蓝月亮公司的产品，并未达到消费者一看就联想到蓝月亮公司产品的程度。此外，其发布的汰渍新一代多功能洗衣粉广告是客观事实的真实反映，不存在任何虚假宣传的成分，更不存在贬低原告产品的事实。蓝月亮公司认为其广告用语“用新汰渍不需用衣领净”贬低了其产品的指责不能成立。因为汰渍洗衣粉是一种含污渍溶解速效因子的新一代洗涤产品。1999年8月16日经国家轻工业局洗涤用品质量监督检测中心检测，结论是：“无须使用衣领净，汰渍新一代多功能洗衣粉能够去除衣领污渍，洗后衣领干净洁白。”其广告词就是根据这一结论作出的，“用新汰渍不需用衣领净”是说明新汰渍洗衣粉所包含的去污因子和所具有的去污能力，事实上已经涵盖了衣领净类产品所拥有的去污因子和去污能力。蓝月亮公司以广告中出现的衣领净包装瓶属于蓝月亮公司独占许可使用专利的包装瓶为由，认为其贬低蓝月亮产品依据不足。

3. 知识内容

我们首先来分析被告的广告是否是针对蓝月亮公司，从商业诋毁的构成要件来看，侵害的客体必须是特定经营者的商誉，虽然被告的广告并没有明确指明是蓝月亮公司，但从法理上讲，这里所谓“特定”，并不是要求行为人指名道姓，直接明示受攻击的主体，但必须能为受话人，即诋毁语言的受听者、承受公众识别，受话人在具有一般正常人的智力状态下，能够根据接受的信息分辨出诋毁者所指称的具体对象，并能对受害人产生清晰的印象记忆。本案一审法官正是从这个角度来加以分析的，他认为宝洁公司承认在其广告中使用的是蓝月亮衣领净包装瓶，该包装瓶虽然没有标贴且更换了瓶盖的颜色，但该广告指明该包装瓶是衣领净产品，宝洁公司提交的调查报告也显示有一定量的被访者知道广告中提及的衣领净为蓝月亮品牌，故应认定该广告对消费者可以产生是新汰渍洗衣粉和蓝月亮衣领净对比的想象，对蓝月亮衣领净产品有一定的影射作用。二审法官也认为，蓝月亮衣领净包装瓶具有独特的外观，其外观获外观专利保护，并由专利权人独占许可给蓝月亮公司使用。尽管更换了瓶盖颜色并去除了标贴，熟悉蓝月亮衣领净产品的消费者仍然会认为广告中使用的衣领净就是蓝月亮衣领净。

其次，对于客观上是否表现为捏造、散布有损他人商誉的虚假信息。一审法官认为，宝洁公司在电视台播放的新一代多功能汰渍洗衣粉广告，为了宣传其产品，使用了“用全新汰渍，很脏的衣服，不用衣领净，都能洗得干干净净”、“用汰渍，不需用衣领净”的广告语，并将与蓝月亮衣领净外形相近的包装瓶来演示洗衣领，以其代表“传统洗衣想法”，将其与新汰渍洗衣粉比较后，出现用该洗衣粉包装袋（有标识）挡住上述包装瓶的画面。该广告在一定程度上容易产生诱导消费者用汰渍洗衣粉替代蓝月亮衣领净的效果，对蓝月亮公司产品的市场产生消极的影响，也在一定程度上贬低了蓝月亮公司的产品，构成不正当竞争行为。二审法官也赞同一审法官的观点，认为宝洁公司的广告有言过其实的成分，会令人产生误解，并对衣领净产品有贬低之意，违反了反不正当竞争法的规定。综上，被告侵犯了原告的商业信誉。

【疑难问题】

1.《反不正当竞争保护的示范规定》第 5 条将商业诋毁界定为一种“说法”(Allegation)，这种说法既可能是虚假说法，也可能是不适当的说法，但我国《反不正当竞争法》第 14 条将商业诋毁仅限于“捏造、散布虚伪的事实”，你如何认识这个问题?

解答思路：我国反不正当竞争法只规定了捏造、散布虚假信息这一种方式，从实践来看，还应当包括不公正的评价（说法）这一种方式。

2. 对比广告是商业诋毁的一种重要方式，我国是否应当禁止对比广告?

解答思路：对比广告具有让消费者更好选择的功能，不能因为其可能成为商业诋毁的方式就完全禁止，而是从法律上加以相应限制即可。

【案例评析5】

某邮政公寓商业贿赂案

1. 案情简介

贵州某邮政公寓自其开业以来为提高客房的出租率，规定凡为其拉客的出租车驾驶员均可提供免费客房一间，价值人民币50元，实际上都是以支付现金的方式代替提供客房，并且现金支出未入其企业的基本账户。截至案发时当事人共支付款项合计11.3万余元。案件处理结果：贵州省工商行政管理局根据举报立案进行调查，核实了当事人的上述违法事实，并按照《反不正当竞争法》第8条第1款及国家工商局第60号令《关于禁止商业贿赂行为的暂行规定》第2条第2款之规定，认定其行为构成商业贿赂的不正当竞争行为，且根据《反不正当竞争法》第22条规定，给予责令其停止不正当竞争行为和罚款15万元的行政处罚。

2. 基本问题

本案属于何种类型的商业贿赂行为?

3. 知识内容

对于本案，在日常生活中，人们往往认为出租车驾驶员是拿"回扣"，但从法律的角度分析，本案并不是回扣的商业贿赂行为。根据回扣的特征，贿赂的金钱或财物从流向上讲只能是卖方给买方，但出租车驾驶员与邮政公寓并没有金钱买卖的交易关系，因此邮政公寓给付的只能是一种佣金，而且是非法佣金，因为合法佣金的中间人是具有合法的中介资格的，同时，佣金的支付方式也必须是公开的，在账目上反映为营业收入的抵减项目。而本案中，出租车驾驶员不属于合法的中间人，另外，邮政公寓支付现金也没有进入单位基本账户，因此本案行为应当认定为非法授受佣金的商业贿赂行为。

【疑难问题】

某公司的广告：开天之夏 无限优惠!!! 凡一次性购买任何一款同一配置的开天推荐产品10台以上（含10台），均可享受以198元的价格优惠购买价值2 888元的联想红外GPRS彩信手机G818一部。凡购买40台以上（含40台），可以998元的价格优惠购买价值8 388元的采用移动式英特尔奔腾4处理器－M联想昭阳E100笔记本一部。请问这样的广告属不属于商业贿赂。

解答思路：这是一则优惠购买的广告，由于优惠活动是公开的，所以它不属于回扣；另外不直接赠与物品并且该优惠活动面向所有购买者，所以它也不属于附赠；

但它的确徘徊在商业贿赂边缘，因为购买的数量较大，基本排除了个人消费的可能，其销售对象其实是针对单位。另外，赠送的金额差价为 2 690 元或者 7 390 元，远远超出小额广告礼品的范围。

【案例评析6】

中国青年旅行总社诉中国旅行总社侵犯商业秘密案

1. 案情简介

1994 年 9 月 13 日，中国青年旅行总社（以下简称青旅社）向法院起诉。诉称：1994 年 7 月至 8 月，中国旅行总社（以下简称中旅社）诱使青旅社欧美部十余名员工未办理调动手续，相继携带工作中使用、保管的青旅社的客户档案投奔中旅社。中旅社以这些人员组建了欧美二部，并以这些员工掌握的原客户档案与国外客户联系，致使青旅社国外客户在一周时间内取消了原订 1994 年 8 月至 12 月份旅游团队 151 个，占原订团队总数的 2/3，减少计划收入2 196.4万元，利润损失 353 万元。因而，原告请求法院制止被告的不正当竞争行为，要求被告归还其客户档案，赔偿经济损失 300 万元。被告辩称，在旅游业中，改变旅游计划是常见的。客户档案是指国外旅游机构的地址、电话、传真资料等，国外报纸广告上随处可见，无秘密可言。原告的工作人员来中旅社工作，属合理的人才流动。原告的诉讼请求不符合事实。最后，双方当事人在国家旅游协会的主持下，自愿达成协议：中旅社向青旅社致歉并给付人民币 100 万元作为青旅社的损失补偿。据此，青旅申请撤诉，法院裁定准许。

2. 基本问题

本案的问题是中旅社是否构成侵犯商业秘密的不正当竞争行为，而双方争议的焦点则在于青旅社的客户名单是否属于商业秘密。

3. 知识内容

反不正当竞争法规定了商业秘密具有秘密性、保密性、经济性和实用性四个特征。本案的客户名单的保密性、经济性和实用性都不会有争议，关键在于保密性的认定。被告认为客户名单可以公开获得，因此不是商业秘密。一般来讲，客户名单的确是可以通过公开渠道获知，不具备秘密性的特点，因此也不能构成商业秘密。但是，如果某个企业是通过努力，在不特定的客户群中经过选择并培育了一些特定客户，这些客户具有特殊的需要、特殊的交易习惯或特定的交易内容，那么这样的客户名单不仅能直接带来经济利益，而且具有不为公众所知悉的秘密性特点，应当属于经营秘密。在本案中，法官认为青旅社多年来已与北欧国家的五家旅行社建立了良好的业务关系。1994 年已商定由青旅社接待该五家旅行社组织的 151 个来华旅游团队。双方对来华时间、旅游景点、住宿标准、价格等具体事项多次传真询价及确认，为青旅社正在运营的业务。其中一些团队已来华旅游，其余团队也将来华。

青旅社在此项业务往来中付出了劳动和代价，而这些资料不为公众可知，可为青旅社带来商业利润，属《反不正当竞争法》规定的商业秘密范畴，应视为青旅社的经营信息类商业秘密，所以本案中的客户资料应当属于商业秘密。在后来出台的《最高人民法院关于审理不正当竞争民事案件应用法律若干问题的解释》中，对客户名单是否属于商业秘密也采纳了近似的观点，其中第 13 条规定："商业秘密中的客户名单，一般是指客户的名称、地址、联系方式以及交易的习惯、意向、内容等构成的区别于相关公知信息的特殊客户信息，包括汇集众多客户的客户名册，以及保持长期稳定交易关系的特定客户。"①

【疑难问题】

《与贸易有关的知识产权协议》（简称 TRIPS 协议）第 39 条规定：

1. 在保证按照巴黎公约 1967 年文本第 10 条之 2 的规定为反不正当竞争提供有效保护的过程中，成员应依照本条第 2 款，保护未披露过的信息；应依照本条第 3 款，保护向政府或政府的代理机构提交的数据。

2. 只要有关信息符合下列三个条件：

——在一定意义上，其属于秘密，就是说，该信息作为整体或作为其中内容的确切组合，并非通常从事有关该信息工作之领域的人们所普遍了解或容易获得的；

——因其属于秘密而具有商业价值；

——合法控制该信息之人，为保密已经根据有关情况采取了合理措施。

3. 当成员要求以提交未披露过的实验数据或其他数据，作为批准采用新化学成分的医药用或农用化工产品上市的条件时，如果该数据的原创活动包含了相当的努力，则该成员应保护该数据，以防不正当的商业使用。同时，除非出于保护公众的需要，或除非已采取措施保证对该数据的保护、防止不正当的商业使用，成员均应保护该数据以防其被泄露。

请分析我国《反不正当竞争法》对商业秘密的界定与 TRIPS 的规定有什么不同，你认为我国的法律规定有没有必要修订？

解答思路：TRIPS 没有"实用性"的规定，在我国的实践中其实也是将经济性和实用性合在一起理解的。早在 1995 年，国家工商总局颁布的《关于禁止侵犯商业秘密行为的若干规定》（1998 年修订）第 2 条第 3 款就是将两者作为一个要件来看待的："本规定所称能为权利人带来经济利益、具有实用性，是指该信息具有确定的可应用性，能为权利人带来现实的或者潜在的经济利益或者竞争优势。"在 2007 年 2 月 1 日实施的《最高人民法院关于审理不正当竞争民事案件应用法律若干问题的解释》中，第 10 条规定：有关信息具有现实的或者潜在的商业价值，能为权利人带

① 但司法解释同时指出：客户基于对职工个人的信赖而与职工所在单位进行市场交易，该职工离职后，能够证明客户自愿选择与自己或者其新单位进行市场交易的，应当认定没有采用不正当手段，但职工与原单位另有约定的除外。

来竞争优势的，应当认定为《反不正当竞争法》第 10 条第 3 款规定的“能为权利人带来经济利益、具有实用性”。该条把“具有确定的可应用性”也给去掉了。因此，反不正当竞争法也应当去掉“实用性”的要求。

三、反不正当竞争法对知识产权的保护

【知识要点】

反不正当竞争法对知识产权保护的原因主要在于知识产权的法定主义。知识产权的法定主义强调，“知识产权的种类、权利以及诸如获得权利的要件、保护期限等关键内容必须由成文法确定，除立法者在法律中特别授权外，任何机构不得在法律之外创设知识产权”[①]。虽然知识产权法定主义蕴涵了深刻而理性的“经对价获致平衡”的立法思想，但也极大地限制了被保护客体的范围，构成了知识产权法对知识的“强保护”与“窄保护”特点。在法定主义原则下，那些未申请专利或尚未达到申请专利条件的技术秘密、商品外观、未注册的商业标识以及个性化的商品包装等，都不被知识产权法确认和保护。但是，这些智慧劳动所形成的知识利益，同样是基于劳动价值而产生的自然权利和应然权利，不管其是否经过成文法或司法判例的确认，都具有法律上的正当诉求；而知识产权法却无法突破自身的建构规则和体系的局限，去完成对这些“边缘性知识”进行保护的使命。[②] 反不正当竞争法作为一种补充性保护机制，可以为知识产权提供兜底的法律保护，从而克服知识产权类型法定主义对权利保护与救济的缺陷。正如有学者所比喻的：“传统知识产权法的三项制度——专利法、商标法、著作权法好比是浮在海面上的三座冰山，反不正当竞争法则是托着这三座冰山的海水”[③]，即反不正当竞争法对知识产权起着补充和附加保护的作用。下面对反不正当竞争法保护知识产权的几种典型行为加以说明：

（一）保护无独创性的数据库

数据库，是指由有序排列的作品、数据或其他材料组成的，并且能以电子或非电子方式单独访问的集合体。对于数据库的法律保护，通常有著作权法保护、反不正当竞争法保护和特殊权利保护等模式，世界上大多数国家和地区采用的是著作权法保护的模式。数据库可以分为有独创性的数据库和无独创性的数据库，前者是指开发者对信息进行选择、编排、分类、筛选等工作，有智力创作的数据库，而后者则是指不包含智力创作的数据库。对于有独创性的数据库，许多国家和地区都将其视为编辑作品，从而采用著作权法加以保护，而对于无独创性数据库则由于不具备独创性而得不到著作权法保护，往往通过反不正当竞争法给予保护。

在我国知识产权体系中，尚未有数据库的概念，但我国《著作权法》第 14 条规

① 李杨：《知识产权法定主义及其适用》，载《法学研究》，2006（2）。

② 参见江帆：《竞争法对知识产权的保护与限制》，载《现代法学》，2007（2）。

③ 刘春田主编：《知识产权法》，315 页，北京，中国人民大学出版社，2000。

定：汇编若干作品、作品的片段或者不构成作品的数据或者其他材料，对其内容的选择或者编排体现独创性的作品，为汇编作品，其著作权由汇编人享有，但行使著作权时，不得侵犯原作品的著作权。因此我国《著作权法》对有独创性的数据库是可以提供有限度的法律保护的，但对于无独创性的数据库却难以提供法律救济。然而无独创性的数据库凝结了开发者的劳动，有财力、人力、物力的成本，如果有人未经数据库制造者或所有者许可而直接利用，就是经营者违背诚实信用原则、非法侵犯其他经营者的合法权益，应受《反不正当竞争法》提供兜底的法律保护。

（二）保护无独创性的作品名称

作品名称，又称为作品标题，是作品的重要组成部分。按照权威辞书的解释，作品标题是指“标明文章、作品等内容的简短语句”，如书名、歌曲名、戏剧名、影片名等。作品标题是作品的组成部分，作品能否受版权保护的条件是独创性，因此，从是否具有独创性这一角度来看，作品标题可分为有独创性和无独创性两种情况。有独创性作品标题是指在作者使用这个标题之前，没有人使用过同样的标题；无独创性作品标题，是指作品标题所使用的文字比较普遍，如大众话语、通用语或唯一的表达等。由于标题不等同于作品，因而在以著作权法保护标题时，其条件要苛刻得多，有较高的独创性要求。所谓“独”，指的是作品是否为作者所创作，强调的是作品与作者在身份上的统一；所谓“创”，指的是作品中哪些表达反映了作者自己才有的特点和个性，即可以享有版权的东西，强调的是作品与作者在实质上的联系。二者从不同侧面揭示了作品与作者的关系。① 正因为对作品独创性要求较高，所以对于作品名称的法律保护，许多国家都是采取著作权法与反不正当竞争法并行的保护模式，如法国、意大利、日本等国家。对于具有独创性的作品名称，采用著作权法保护；而对于非具有独创性的作品名称，如果涉嫌不正当竞争，则可以由反不正正当竞争法提供保护。

（三）规制域名抢注行为

根据1999年9月《WIPO保护驰名商标联合建议》对计算机网络域名所作的解释，域名是指代表国际互联网数字地址的字母数字串。域名由文字、数字和连接符等字符符号组成，与IP地址相对应，在全球范围内具有唯一性。域名是互联网上区别经营者的标记，有表达作用，也代表商品和服务，具有识别功能。正因为域名具有较高的商业价值，实践中才会发生域名抢注的行为，其表现方式通常是将他人知名的商标、商号等商业标志抢先注册为域名，抢注数量众多的域名以及公开出租或出售被抢注的域名以牟利。域名抢注的目的是通过假冒他人的知名商标、商号等商业标识，使消费者发生混淆，从而为自己争取竞争机会，因此反不正当竞争法也应当提供保护。

我国在2001年07月24日发布了《最高人民法院关于审理涉及计算机网络域名

① 参见高艳华：《作品标题版权保护须跨独创性“门槛”》，载《知识产权报》，2007-09-14。

民事纠纷案件适用法律若干问题的解释》，该解释规定：域名与商标发生冲突，人民法院审理域名纠纷案件，对符合以下各项条件的，应当认定被告注册、使用域名等行为构成侵权或者不正当竞争：原告请求保护的民事权益合法有效；被告域名或其主要部分构成对原告驰名商标的复制、模仿、翻译或音译；或者与原告的注册商标、域名等相同或近似，足以造成相关公众的误认；被告对该域名或其主要部分不享有权益，也无注册、使用该域名的正当理由；被告对该域名的注册、使用具有恶意。被告的行为被证明具有下列情形之一的，人民法院应当认定其具有恶意：为商业目的将他人驰名商标注册为域名的；为商业目的注册、使用与原告的注册商标、域名等相同或近似的域名，故意造成与原告提供的产品、服务或者原告网站的混淆，误导网络用户访问其网站或其他在线站点的；曾要约高价出售、出租或者以其他方式转让该域名获取不正当利益的；注册域名后自己并不使用也未准备使用，而有意阻止权利人注册该域名的；具有其他恶意情形的。被告举证证明在纠纷发生前其所持有的域名已经获得一定的知名度，且能与原告的注册商标、域名等相区别，或者具有其他情形足以证明其不具有恶意的，人民法院可以不认定被告具有恶意。

【案例评析1】

北京阳光数据公司诉上海霸才数据信息有限公司案

1. 案情简介

北京阳光数据公司（以下简称阳光公司）自 1994 年成立即与中国内地 15 家商品交易所和两家证券交易所订立了使用、编辑、转播其实时行情信息的许可合同。各交易所分别通过卫星将其实时行情信息发送给阳光公司；阳光公司在收到有关信息后，即将各交易所的信息通过计算机按照自己规定的格式分类整理，并汇总为一股综合数据流，再将其加密后通过卫星发给阳光公司的客户。这样，客户只需获得阳光公司提供的接收装置，并缴纳相应的费用即可收到国内各交易所的实时行情。经法院审理查明，在 1995 年至 1996 年的一段时间里，上海霸才数据信息有限公司（以下简称霸才公司）确实曾一度从阳光公司的综合数据流中萃取了上海和深圳两家证券交易所以及天津联合期货交易所的行情信息，并将其汇进霸才公司的综合数据流中转发给自己的客户。另外，原告阳光公司同被告霸才公司曾于 1995 年 8 月订有关于使用“SIC 实时金融”数据分析格式的合同，霸才公司据此了解阳光公司的数据格式。该合同中约定，阳光公司许可霸才公司以阳光公司的数据格式为基础开发有关分析软件，但不得对外转发阳光公司的数据。1996 年 5 月至 6 月，阳光公司两次请公证处对霸才公司综合数据流中的 3 家交易所行情与阳光公司的数据流间存在主从依附关系的事实出证。

2. 基本问题

本案的关键问题是如何认识被告发布的信息。

3. 知识内容

被告认为原告发送的行情信息均来自各个交易所，原告不是原始信息的所有权人，且被告公司也同样以有偿使用的方式与国内十几家商品交易所签订了数据转发合同，被告即使转发了原告编辑的行情信息，其信息也仍然是各交易所的行情信息，其转发行为是合法的，没有侵犯原告的权利，不应承担法律责任。原告提出了一系列可能的权利请求，如侵害著作权、商业秘密、专有技术成果权、劳动获益权等，但均不能有力地说明被告究竟侵犯了原告什么权利。

法院认为“SIC 实时金融”信息作为一种新型的电子信息产品，应属电子数据库，在本质上是特定金融数据的汇编，这种汇编在数据的编排和选择上并无著作权法所要求的独创性，不构成著作权法意义上的作品，不能受到著作权法的保护。但阳光公司作为特定金融数据的汇编者，对数据的收集、编排，即对“SIC 实时金融”信息电子数据库的开发制作付出了投资，承担了投资风险。该电子数据库的经济价值在于数据信息的即时性，阳光公司正是通过向公众实时传输该电子数据库的全部或部分内容而获取收益，阳光公司对于该电子数据库的投资及由此而产生的正当利益，应当受到法律保护。霸才公司未经阳光公司许可，于 1995 年 11 月至 1996 年 6 月，通过阳光公司在上海的客户易利公司，获取了“SIC 实时金融”信息电子数据库中上交所、深交所、天交所的行情数据，并为商业目的向其客户有偿即时传输，其行为违反了经营者在市场交易中应当遵循的诚实信用原则和公认的商业道德，损害了阳光公司的合法权益，已构成不正当竞争。因此本案原告所编辑的实时信息，由于不具有独创性，应当属于非无独创性的数据库，虽然难以获得《著作权法》的保护，但可以根据《反不正当竞争法》的一般条款加以保护。

【疑难问题】

有没有必要将侵犯非独创性的数据库提炼为一种不正当竞争行为？

解答思路：将某一种行为抽象为一种具体的不正当竞争行为，应当综合考虑其普遍性和法律专门规制的必要性。

【案例评析2】

“五朵金花”侵权案

1. 案情简介

1958 年，赵季康和王公浦接受指派创作了电影文学剧本《五朵金花》，作品署名为季康、公浦，该剧本被拍摄成同名电影于 1959 年公映。1983 年，曲靖卷烟厂以“五朵金花”为名向国家商标局申请香烟商标注册，“五朵金花”牌香烟生产销售至今。赵季康认为曲靖卷烟厂未经自己和王公浦同意，擅自将“五朵金花”作为香烟商标使用，侵犯了自己的著作权，并构成不正当竞争，遂将曲靖卷烟厂告上法庭，要求其停止侵害、赔礼道歉、消除影响。曲靖卷烟厂则认为，“五朵金花”一词不具有独创性，并非我国著作权法上所指的作品，其注册使用“五朵金花”商标的行为并未侵犯被告的著作权。

2. 基本问题

本案原被告双方争议的问题有两个：一是《五朵金花》这一电影名称是否属于著作权法保护的作品，如果属于作品，就应当受到著作权法的保护；二是曲靖卷烟厂的行为是否构成了不正当的竞争行为。

3. 知识内容

对于第一个问题，法院认为《五朵金花》剧本是一部完整的文学作品，“五朵金花”四字仅是该剧本的名称、是剧本的组成部分，不能囊括作品的独创部分，不具备法律意义上的作品的要素，不具有作品属性，不应受《著作权法》保护。对于第二个问题，法院认为根据我国《反不正当竞争法》的规定，确定不正当竞争行为要以纠纷双方均为从事商品经营或营利性服务的经营者为前提。而本案原告并非经营者，且双方并不同处于同类商业经营领域。被告生产的香烟所用的注册商标与原告的电影文学剧本名称虽然相同，但两个相同的名称下的内容却各不相干。本案纠纷不属于我国《反不正当竞争法》调整的范畴，原告主张被告的行为构成不正当竞争不能成立。对于法院的判决，其实也有不同的观点，《五朵金花》作为作品名称，的确属于非具有独创性的作品名称，但它已经具有很大的社会影响力，因此具有较高的商业价值。被告未经原告允许，擅自使用《五朵金花》的电影名称，虽然被告与原告不是所谓严格意义上的竞争关系，但其实被告的行为违反了诚实信用的原则和公认的商业道德，原告理应受到《反不正当竞争法》的保护。

【疑难问题】

反不正当竞争法是否只调整所谓有竞争关系的经营者？

解答思路：世界知识产权组织（WIPO）《反不正当竞争示范条款》第 1 条中规定：“除第 2 条至第 6 条指示的行为外，在工商业活动中违反诚实惯例的任何行为，应构成不正当竞争行为；受到不正当竞争行为损害或者可能受到损害的任何自然人或法人，应有权获得救济。”这表明竞争行为的界定已突破了竞争关系的限制，竞争法不仅保护竞争者的利益，而且保护其他市场参与者、消费者和公众的利益，体现了现代竞争法的价值取向。欧盟 2005 年 6 月 12 日实施的《不正当商业行为指令》（以下简称欧盟商业行为指令）则主要涉及经营者与消费者之间的不正当商业行为而非竞争行为，对不存在竞争关系的经营者和消费者提供相应保护，凸显了对消费者权益的保护。匈牙利《禁止不公平市场行为法》、比利时《关于交易行为信息和消费者保护法》、瑞典《市场行为法》和《瑞士联邦反不正当竞争法》亦同。2004 年修订实施的德国反不正当竞争法（以下简称2004年德国竞争法），旨在保护竞争者、消费者以及其他市场参与者，防止不正当竞争，同时保护公众在未被扭曲的竞争中的利益。因此从立法趋势来看，反不正当竞争法保护主体与客体也在逐渐扩展，已将消费者和公众以及他们的利益均纳入其保护范围。而无论是作为社团机构的消费者协会，还是营利性与否的新闻或医疗机构，或者经营者以外的组织或个人，只要其行为促进或足以促进其他经营者的竞争，不问是否存在直接竞争关系，皆可视为不正当竞争行为中的主体。①

【案例评析3】

宝洁公司诉天地集团不正当竞争案

1. 案情简介

原告宝洁公司始建于1905年，是“Tide”注册商标的所有人。该公司在中国投资组建了广州宝洁洗涤用品有限公司，并许可其使用上述“Tide”等商标。“Tide”商标是国内、国际市场上享有较高知名度和较高信誉、为广大消费者所熟知的驰名商标。随着电子商务的崛起和网络资源的开发和利用，宝洁公司制订了网上营销计划，在国际互联网上注册了www.tide.com域名。但当宝洁公司想在中国互联网上以“Tide”注册时，发现被告北京市天地集团已经抢先注册了域名www.tide.com.cn。原告认为被告明知“Tide”系宝洁公司享有商标专用权的驰名商标，却抢先注册了与其商标、商号或名称毫无联系的www.tide.com.cn域名，是不正当竞争行为。

2. 基本问题

本案的核心问题在于被告是否是恶意抢注。

3. 知识内容

法院认为被告天地集团在明知“Tide”为原告宝洁公司的驰名商标的情况下，注册包含有宝洁公司驰名商标“Tide”的“tide.com.cn”域名在互联网上使用，足以导致公众误以为该域名的持有者与“Tide”商标存在某种联系，引起公众对其出处的混淆。尽管进入被告天地集团的网页后，访问者不会对天地集团与宝洁公司产生联系，但天地集团将tide作为域名使用的行为使“Tide”的显著性降低，必然导致该商标的淡化。同时，被告注册“tide.com.cn”域名的行为，阻止了宝洁公司将其驰名商标以最简洁的方式用于域名注册，妨碍了宝洁公司在中国互联网上使用自己的商标进行商业活动。经营者应当遵循诚实信用的原则，遵守公认的商业道德，被告天地集团将原告宝洁公司的驰名商标注册为域名使用，无偿占有宝洁公司的商誉，误导欲访问宝洁公司网站的客户进入天地集团的网页，以增加其网站的访问率，

① 参见郑友德、伍春艳：《我国反不正当竞争法修订十问》，载《法学》，2009（1）。

为自己谋得不当利益；同时，该行为使宝洁公司无法在中国互联网上利用其已有的驰名商标“Tide”的知名度及商誉进行商业活动，降低了其驰名商标这一无形资产的价值。被告天地集团的行为违反了诚实信用原则，其行为亦构成了不正当竞争。

【疑难问题】

如何建构域名抢注的法律解决机制？

解决思路：可以实施行政和司法的双轨制，就行政机制而言，可以考虑设置专门的官方行政机构来处理国内的域名争议，这样可以避免冗长的诉讼程序，有利于维护网络的高效运作。

实务训练

1. 根据《反不正当竞争法》的规定，下列哪一行为属于不正当竞争行为中的混淆行为？（　　）

A. 甲厂在其产品说明书中作夸大其词的不实说明

B. 乙厂的矿泉水使用“清凉”商标，而“清凉矿泉水厂”是本地一知名矿泉水厂的企业名称

C. 丙商场在有奖销售中把所有的奖券刮奖区都印上“未中奖”字样

D. 丁酒厂将其在当地评奖会上的获奖证书复印在所有的产品包装上

2、某市甲、乙两厂均生产一种“记忆增强器”产品。甲厂产品的质量比乙厂产品好得多，因而其市场占有率远远高于乙厂。王某是甲厂技术人员。乙厂为提高本厂的市场占有率，付给王某一大笔“技术咨询费”，获取其提供的甲厂技术秘密。乙厂运用这些技术对自己的产品进行了改进。同时，乙厂在本市电视台发布广告，声称本厂生产的记忆增强器功效迅速质量可靠，其他厂家生产的同类产品质量无保证，呼吁消费者当心。另外，乙厂还以高额回扣诱使本市几家大型商场的购货人员不再采购甲厂产品。本市消费者李某等人在使用乙厂产品一段时间后，不仅记忆力没有增强，反而出现了神经衰弱症状。李某等人在电视台的协助下，向乙厂反映了情况。乙厂随后发现，王某提供的甲厂技术资料缺少几项关键技术，致使乙厂产品存在质量缺陷。

（1）请问乙厂的下列行为，何者构成不正当竞争？（　　）

A. 向甲公司的工作人员行贿，以获得甲厂的技术秘密

B. 向本市大型商场的购货人员行贿，使他们只采购本厂产品

C. 在电视广告中发布使人误解的虚假宣传

D. 在电视广告中散布虚假事实，损害竞争者的商品信誉

（2）对于王某行为的下列表述，何者为正确？（　　）

A. 王某未完整提供甲厂技术资料而获取乙厂重金，构成诈骗罪

B. 甲厂可以解除与王某的劳动合同，并且无须提前通知王某

C. 甲厂有权要求王某赔偿损失

D. 乙厂有权要求王某返还“技术咨询费”

3. 甲经贸公司租赁乙大型商场柜台代销丙厂名牌床罩。为提高销售额，甲公司采取了多种促销措施。下列措施哪一项违反了法律规定？（ ）

A. 在摊位广告牌上标明“厂家直销”

B. 在商场显著位置摆放该产品所获的各种奖牌

C. 开展“微利销售”，实行买一送一或者买 100 元返券 50 元

D. 对顾客一周之内来退货“不问理由一概退换”

4. 甲公司为宣传其“股神”股票交易分析软件，高价聘请记者发表文章，称“股神”软件是“股民心中的神灵”，贬称过去的同类软件“让多少股民欲哭无泪”，并称乙公司的软件“简直是垃圾”。根据《反不正当竞争法》的规定，下列哪些选项是正确的？（ ）

A. 只有乙公司才能起诉甲公司的诋毁商誉行为

B. 甲公司的行为只有出于故意才能构成诋毁商誉行为

C. 只有证明记者拿了甲公司的钱财，才能认定其参与诋毁商誉行为

D. 只有证明甲公司捏造和散布了虚假事实，才能认定其构成不正当竞争

5. 欣欣公司为了宣传其新开发的保健品，虚构保健品功效，并委托某广告公司设计了“谁吃谁明白”的广告，聘请大腕明星做代言人，邀请某社会团体向消费者推荐，在报刊和电视上高频率地发布引人误解的不实广告。根据《反不正当竞争法》的规定，下列哪些选项是正确的？（ ）

A. 欣欣公司不论其主观状态如何，都必须对虚假广告承担法律责任

B. 广告公司只有在明知保健品功效虚假的情况下才承担法律责任

C. 明星代言人即使对厂商造假不知情，只要蒙骗了消费者，就应承担民事责任

D. 社会团体在虚假广告中向消费者推荐商品，应承担民事连带责任

6. 甲旅行社的欧洲部副经理李某，在劳动合同未到期时提出辞职，未办移交手续即到了乙旅行社，并将甲社的欧洲合作伙伴情况、旅游路线设计、报价方案和客户资料等信息带到乙社。乙社原无欧洲业务，自李某加入后欧洲业务猛增，成为甲社的有力竞争对手。现甲社向人民法院起诉乙社和李某侵犯商业秘密，请回答以下问题：

（1）法院如认定乙社和李某侵犯甲社的商业秘密，须审查什么事实？（ ）

A. 甲社所称的“商业秘密”是否属于从公开渠道不能获得的

B. 乙社的欧洲客户资料是否有合法来源

C. 甲社所称的“商业秘密”是否向有关部门申报过“密级”

D. 乙社在聘用李某时是否明知或应知其掌握甲社的上述业务信息

（2）如法院判定乙社和李某侵权成立，确定其赔偿责任可以采用下列何种办法？（ ）

A. 按照甲社在侵权期间的利润损失进行赔偿，乙社和李某承担连带赔偿责任

B. 甲社在侵权期间的利润损失无法计算时，按照乙社所获利润进行赔偿，李某承担连带赔偿责任

C. 对李某按照其在甲社时的工资标准乘以侵权持续时间确定赔偿额，对乙社按其实际所得利润确定赔偿额

D. 按甲社请求的数额确定赔偿额

7. 甲欲买“全聚德”牌的快餐包装烤鸭，临上火车前误购了商标不同而外包装十分近似的显著标明名称为“仝聚德”的烤鸭，遂向“全聚德”公司投诉。“全聚德”公司发现，“仝聚德”烤鸭的价格仅为“全聚德”的1/3。如果“全聚德”起诉“仝聚德”，其纠纷的性质应当是下列哪一种？（　　）

A. 诋毁商誉的侵权纠纷

B. 低价倾销的不正当竞争纠纷

C. 欺骗性交易的不正当竞争纠纷

D. 企业名称侵权纠纷

课后练习

1. 你认为应当如何来完善《反不正当竞争法》的一般条款？

2. 随着社会经济的发展，你认为哪些行为可以在立法中明确为新型的不正当竞争行为？

3. 除课本提到的反不正当竞争法对知识产权保护的类型，还有哪些类型可以由反不正当竞争法提供附加保护？

法律法规

1. 《中华人民共和国反不正当竞争法》

2. 《关于禁止商业贿赂行为的暂行规定》

3. 《关于禁止有奖销售活动中不正当竞争行为的若干规定》

4. 《关于禁止仿冒知名商品特有的名称、包装、装潢的不正当竞争行为的若干规定》

5. 《关于禁止侵犯商业秘密行为的若干规定》

6. 《最高人民法院关于审理不正当竞争民事案件应用法律若干问题的解释》

延伸阅读

1. 种明钊．竞争法．北京：法律出版社，2008

2. 谢晓尧．竞争秩序的道德解读——反不正当竞争法研究．北京：法律出版社，2005

3. 孔祥俊．反不正当竞争法的适用与完善．北京：法律出版社，1998

4. 邵建东．竞争法教程．北京：知识产权出版社，2002

5. 王先林．我国《反不正当竞争法》的封闭性与一般条款的完善．中国工商管理研究，2003（8）

6. 郑友德，范长军．反不正当竞争法一般条款具体化研究——兼论《中华人民共和国反不正当竞争法》的完善．法商研究，2005（5）

7. 刘春田．司法对《反不正当竞争法》的补充和整合．法律适用，2005（4）

8. 郑成思．反不正当竞争对知识产权的附加保护．法律适用，2004（1）

第七章　金融服务与金融产品法

【内容摘要】

本章介绍了金融服务与金融产品的含义、金融服务与金融产品法的含义；金融服务与金融产品法的主体，包括金融服务者、金融消费者、金融行业自律组织、金融监管者；金融服务者提供的金融业务与金融产品，包括银、证、保等各类金融机构提供的金融业务与金融产品；金融服务者的经营规则，包括说明规则及信息披露规则、销售适合性规则、冷静期规则、禁止市场滥用规则；金融消费者的保护及金融消费争议的解决；金融服务者的法律责任，包括金融服务者法律责任的特点、金融服务者承担法律责任的形式、金融服务者法律责任追究中的特殊问题。

一、金融服务与金融产品法的界定

【知识要点】

近年来，随着全球范围内金融混业经营发展趋势的推进，金融法的理念与制度也随之发生着深刻的变革。金融服务与金融产品法是当代金融法的表现形式。在此，本章首先界定金融服务与金融产品的内涵，了解金融服务与金融产品法的内涵，以及金融服务与金融产品法产生和发展的背景。

（一）金融服务与金融产品的含义

对于金融服务（financial service），目前尚无统一的定义，简单地讲，是指金融服务的提供者通过开展金融业务为客户提供金融产品、以满足其融通资金需要的活动。实践中，金融服务的提供者包括银行、证券公司、保险公司、信托机构等金融机构，所服务的对象按照经济实力或投资经验的不同，可划分为业余客户（即金融消费者）和专业客户。值得注意的是，此处所说的金融服务仅指经营性金融机构提供金融产品的活动。中央银行和政策性金融机构所提供的金融服务不属本章探讨的范围。

所谓金融产品（financial products），又称金融商品或金融工具（financial instruments），是指金融机构中和金融市场上的交易对象。作为金融活动的载体，金融产品可分为原生金融产品（underlying financial products）和衍生金融产品（derivative financial products）。原生金融产品是指能够直接形成金融资产或者金融负债的合约（contracts），包括商业票据、债券等债权债务凭证和股票、基金等所有权凭证。衍生金融产品是原生金融产品的衍生物，是指其价值依赖于原生金融产品价值变动的合约，包括期货、远期合约、期权等。一般而言，金融产品具有无形性、专业性、收益性和风险性等特点。金融产品不是有形产品，没有可供判定其价值的外形和质地等要素，客户接受金融服务时高度依赖相关信息的质量；对金融产品的评价需要借助于各项法律和财务指标，因此正确地理解这些内容要求客户具备相关的专业知识。

（二）金融服务与金融产品法的含义

本书所说的金融服务与金融产品法，是指调整在金融服务与金融产品的提供和消费过程中所产生的社会关系的法律规范。从世界各国和地区金融服务与金融产品法的产生和发展历史来看，一个共同的趋势就是颁布和实施有助于推行混业经营的金融服务法。例如，英国于1986年制定了《金融服务法》，允许金融机构以子公司的形态跨业经营；2000年，英国又通过了《金融服务与市场法》，统一了监管标准，实现了金融业的横向规制。1999年，美国通过了《金融服务现代化法》，以“金融服务”的概念涵盖了银行、证券公司、保险公司、住宅贷款协会，以及经纪人等中介服务。2001年，澳大利亚通过了《金融服务改革法案》，该法建立了一个适用于所有金融服务的准入、交易、退出制度，实现了金融服务的横向规制。日、韩两国分别在2006年和2007年通过了《金融商品交易法》和《金融投资服务和资本市场法》，为两国整合金融市场、保护金融商品投资者提供了极为重要的法律框架。我国台湾地区也于2011年颁布了“金融消费者保护法”，以此法来保护金融消费者权益和促进金融市场健康发展。从以上列举的金融法产生和发展的概况可以看出，早期的金融法大都是以单行法的形式出现的，而近年来金融法却出现了从纵向的金融行业规制到横向的金融商品规制的发展趋势，出现了根据单一监管者的功能性监管模式来重新整理和改编原有的多部与金融市场、资本市场相关的法律而将传统的各类金融投资业整合在一部法律中的趋势。①

就我国现阶段的情况来看，国家根据金融业的划分实行纵向立法，制定了银行

① 参见杨东：《论金融法制的横向规制趋势》，载《法学家》，2009（2）。

法、证券法、保险法、信托法等。学界和实务界积极主张制定的金融服务与金融产品法应该是一部以规范金融服务行为、确保金融服务质量、保护金融消费者（投资者）利益为宗旨的法律。

【案例评析1】

重庆渝中区人民法院成立了长江上游地区首个金融审判庭

1. 案情简介

2010年7月，重庆渝中区人民法院成立了长江上游地区首个金融审判庭。金融审判庭受案范围覆盖储蓄、借款、信用卡、存单、担保、证券、期货、保险、票据、信托、基金等金融行业各个领域，采取金融案件民事、刑事、行政“三审合一”的审理模式。为提高案件审理速度，重庆渝中区人民法院建立了金融案件快速审理机制，设立金融案件立案组，推行网上远程立案，实行繁简分流，对按揭贷款、信用卡还款等事实清楚、争议不大的纠纷适用简易程序，对保险、票据、证券等重大、新颖或复杂的案件，适用普通程序。

2. 基本问题

重庆渝中区人民法院成立金融审判庭来审理金融案件的做法表明，司法机构应当创新审判机制，满足快速发展的金融业需要，积极应对由金融服务和金融产品的消费所引发的金融消费纠纷。

3. 知识内容

本案中，金融审判庭受案范围涉及金融服务和金融产品的基本问题，反映出金融服务业的发展为法律制度提出新的挑战。准确界定“金融服务”和“金融产品”的概念是理解金融服务和金融产品法的要点之一。

【案例评析2】

上海市第二中级人民法院审理人民币理财产品纠纷案

1. 案情简介

上海市第二中级人民法院曾经审理过一起因个人委托银行理财而引发的纠纷。该案中，银行向当事人刘某出售一款人民币理财产品，该理财产品描述如下：“人民币非保本浮动收益型投资产品；投资方向：由某证券公司作为投资管理人进行实际投资操作，银行代表本期产品全部投资者与该证券公司签署《受托投资管理合同》。”按约定，刘某将8.5万元存到指定账户，到期后提取理财本金64 315.41元（含利息），损失幅度较大。随后，刘某将银行告上法院。

2. 基本问题

本案涉及金融产品的特殊性及风险防范问题，金融消费者因专业知识的欠缺，应在投资前充分了解这些金融产品，选择适合自己承受能力的理财产品，并采用适当的风险防范措施。

3. 知识内容

本案涉及的知识内容是如何认识和把握金融产品的特点。由于金融产品具有无形性、专业性、收益性和风险性等特点，金融消费者在购买理财产品时应充分了解这些金融产品，选择适合自己承受能力的理财产品。同时，在签订理财合同时，也要谨慎，必要时可要求银行释疑。在本案中，刘某因没有认真了解条款内容，导致投资失利。法院判决该合同有效，损失由刘某自己承担。

【案例评析3】

美国金融改革法案签署颁行

1. 案情简介

2010 年 7 月 21 日，美国总统奥巴马亲手签署了 20 世纪 30 年代大萧条以来最全面、最严厉的一部金融改革法案——《多德—弗兰克华尔街改革与消费者保护法》，使之正式成为法律。奥巴马在签署仪式上称，此项改革代表着美国历史上最强有力的消费者金融保护，诸多保护性措施将由一家新的消费者保护机构执行。该机构的工作只有一个，就是照料个人消费者，而不是大型银行、贷款商或投资银行。

2. 基本问题

本案的基本问题是，在后金融危机时代，金融业比较发达的美国通过金融制度改革加强对金融消费者的保护，从而实现防范金融系统性风险的目标。

3. 知识内容

本案的知识内容反映了金融服务与金融产品法在后金融危机时代的发展。

【疑难问题】

1. 金融服务与金融产品的关系。

解答思路：金融机构提供金融服务的内容就是金融产品，而金融产品就是金融服务的表现形式和现实载体。

2. 金融服务与金融产品法的含义和功能。

解答思路：对金融服务与金融产品法含义的作答可参阅借鉴学者们的观点，在理解的基础上，提出自己的观点；对金融服务与金融产品法功能的作答应首先知道什么是法律的功能，然后阐释金融服务与金融产品法的功能。

3. 金融法近年来出现的各类金融投资整合进一部法律的发展趋势有何深层次的原因?

解答思路:可参阅相关阅读资料、结合混业经营对当代金融法制发展的影响来加以理解。

二、金融服务与金融产品法主体

【知识要点】

从传统金融法的角度来看,金融法的主体包括金融机构、金融客户、金融行业自律组织、金融监管机构。从当代金融法的角度来看,金融机构实际上是金融服务的提供者,面对的金融客户(仅指业余客户,专业客户除外)是接受金融服务和金融产品的消费者,规范金融服务提供者的行为和保护金融消费者的权益离不开金融监管机构。本部分将着眼于从当代金融法的角度介绍金融服务与金融产品法的四类重要主体,即金融服务者、金融消费者、金融行业自律组织以及金融监管者。

(一) 金融服务者

金融服务者,或者说金融服务的提供者,是金融服务与金融产品法的一个重要主体。实践中,金融服务者主要是各类金融机构。在西方国家,金融机构可以概略地分为银行机构和非银行金融机构,后者包括保险公司、投资公司、基金组织、租赁公司、金融公司、消费信贷机构、证券交易所等。在我国,金融服务与金融产品法范围内的金融机构具体包括国有商业银行、其他股份制商业银行、投资银行(在我国表现为证券公司)、保险公司、信托公司、金融资产管理公司、财务公司、金融租赁公司、汽车金融公司、村镇银行、农村信用合作社、农村资金互助社、贷款公司、在华外资金融机构等。[①] 从世界范围看,近年来各种金融机构的业务不断交叉、融合,相互间的界线越来越模糊,金融控股公司作为从分业经营向混业经营转变的组织形式,得到迅速发展并能向顾客提供更多方面的金融服务。[②]

(二) 金融消费者

金融消费者是指为生活需要购买、使用金融产品、接受金融服务的人。"金融消费者"这一概念反映了现代金融法对金融服务和产品提供的新理念。传统金融法没有将客户、存款人、投资者、股东、持有人、投保人、被保险人、受益人等视为消费者。在对待其与金融机构的关系问题上,主要是依照民商法的一般规则,将两者视为平等的民事主体,但这一界定并未反映现实要求。事实上,当今社会被社会学家喻为消费社会,而金融消费成为居民日常生活消费的一个重要组成部分。在法律

---

① 参见吴志攀:《金融法概论》,16页,北京,北京大学出版社,2011。

② 参见岳彩申、袁林等:《金融经营体制改革与金融控股公司法律制度的构建》,35页,北京,法律出版社,2008。

领域，越来越多的国家和地区把接受金融服务的一方弱势主体视为是消费者。例如，美国消费者保护法中的消费者包括为满足个人和家庭需要而取得和使用贷款的个人；菲律宾《消费者法》将消费者的范围扩大到金融领域内；我国台湾地区的“金融消费者保护法”将金融消费者界定为除专业投资机构和符合一定财力或专业能力的自然人或法人以外的“接受金融服务业提供金融商品或服务者”。这些例子表明，在金融服务者及其交易相对人的关系中，双方由于存在着实力、地位、信息上的实质的不平等。因此，有必要对接受金融服务的弱势一方提供倾斜性保护，赋予其金融消费者的身份和定位。

(三) 金融行业自律组织

金融行业自律组织是指金融机构为了协调相互之间的经营活动、解决同业问题、加强行业自律、维护本行业利益，而以章程或者公约的形式自发组织起来的一种社会中介机构。在我国，金融服务领域的行业自律组织众多，诸如银行业协会、证券业协会、保险业协会、信托业协会、财务公司协会、期货业协会等金融行业的自律组织都在各自的行业范围内发挥着行业协调、行业保护、行业自律的积极作用。

(四) 金融监管者

金融监管者是对金融服务者从事金融服务的资格和行为进行监管的规制机构。传统金融法基于金融业分业经营的前提，将金融监管者分为银行监管机构、保险监管机构和证券监管机构等，这已不符合当今金融领域混业经营、统一监管的发展趋势。目前，各国和地区大都以统一的金融监管机构来实施金融监管，而我国仍然保持了“一行三会”(即中国人民银行、银监会、证监会、保监会) 的金融监管体制。我国的金融业实现统一监管需要一个渐进的过程。关于金融监管者及其监管的问题本书将有专章论述，此处不再赘言。

【案例评析1】

我国基金管理公司逐渐发展壮大

1. 案情简介

自 2005 年 2 月国务院批准商业银行投资设立基金管理公司以来，以中国工商银行、中国银行、中国建设银行、交通银行等为代表，金融机构跨业投资步伐加快。截至 2011 年 3 月，在银行业，共有 8 家商业银行投资设立基金管理公司，4 家商业银行获得批准投资入股保险公司，7 家商业银行设立或投资入股金融租赁公司，2 家商业银行投资入股信托公司，3 家资产管理公司设立证券公司，19 家信托公司参股基金管理公司。在证券业，共有 3 家证券公司持有 3 家商业银行股权，33 家证券公司参股 39 家基金管理公司，在 165 家期货公司中，证券公司控股或实际控制的期货公司共65家。在保险业，共有4家保险集团公司投资控股了商业银行、信托公司、证券公司和基金管理公司。

2. 基本问题

各类金融机构的业务交叉、融合的案例表明，金融服务者从事混业经营的做法在目前已相当普遍。因此，在理解金融服务者这一金融服务与金融产品法的主体时，应注意其已经不再是简单的分业经营的金融机构。

3. 知识内容

本案涉及的知识点包括金融服务者、金融机构及其金融业务的交叉、融合。

【案例评析2】

我国金融领域消费者保护行动逐渐繁荣

1. 案情简介

在我国金融立法中首次使用"金融消费者"概念的是2006年12月银监会颁布的《商业银行金融创新指引》，而且该指引还专章规定了"客户利益保护规则"。2009年9月23日，为进一步推动我国金融领域消费者保护和教育事业，中国银监会召开了金融领域"公平对待消费者"项目启动会。该项目旨在推动银行业金融机构积极采取行动，更好地维护金融消费者权益，开展消费者教育，促进我国银行业的和谐健康发展。在此背景下，"金融消费者"的概念界定，其内涵与外延的确定关涉法律保护的范围，值得仔细斟酌。

2. 基本问题

我国金融立法首次使用"金融消费者"概念的案例表明，金融消费者是当代金融法研习中的一个重要概念，应该在金融法的立法和实施中确立金融消费者的地位，维护金融消费者的权益。

3. 知识内容

本案涉及的知识点是金融消费者的界定。

【案例评析3】

中国证券业协会发布《关于进一步加强证券公司客户服务和证券交易佣金管理工作的通知》

1. 案情简介

2010年10月7日，中国证券业协会发布《关于进一步加强证券公司客户服务和证券交易佣金管理工作的通知》，要求经纪业务采取全成本核算方式测算服务成本，规范佣金收取行为，并允许建立差别化的分类佣金收取标准。为加强执行力度，协会与地方协会将组织对各辖区5%～10%的营业部进行检查。检查中，协会将根据存在的问题采取自律管理措施和相应纪律处分，相关信息记入协会会员和从业人员诚信信息管理系统，并报证监会备案，提请其在证券公司分类评价中予以考虑。同一公司同类行为在一年内发生三次以上的，协会将建议证监会采取暂停新开户资格等监管措施。

2. 基本问题

本案的基本问题是中国证券业协会这一金融行业自律组织在行业自律中发挥积极作用。

3. 知识内容

本案涉及的知识内容是金融行业自律组织这一金融服务与金融产品法的主体。其中，特别应注意的是金融行业自律组织在各自的行业范围内发挥着行业协调、行业保护、行业自律的积极作用。

【疑难问题】

1. 作为金融服务者的各类金融机构与作为金融服务者的金融控股公司之间的区别与联系。

解答思路：本题的解答首先应明确各类金融机构与金融控股公司的含义，然后从区别和联系两个方面分别进行阐述。

2. 请思考金融消费者是否仅指个体，应否包括法人。

解答思路：本题的解答应首先关注学界对金融消费者的不同观点，在理清自己认同哪一种观点的基础上，给出充分的理由。

3. 在金融服务与金融产品法中，如何理解各类主体即金融服务者、金融消费者、金融行业自律组织、金融监管者间的关系？

解答思路：可参阅相关阅读资料，既要分别考虑各类主体相互之间的关系，又要从总体上把握金融服务与金融产品法的主体框架。

三、金融服务者提供的金融业务与金融产品

【知识要点】

金融服务者在经营时依法提供法律所规定的金融业务与金融产品，与金融消费者形成金融业务关系。目前，金融服务者提供的金融业务已经打破了传统的分业供给金融产品的限制，体现出业务种类的综合性特征或者说混业经营特征。为便于介绍金融服务者提供的金融业务与金融产品，我们仍然采用相对传统的划分方法，从不同类型的金融服务者所提供的金融业务与金融产品的角度分别介绍，主要包括商业银行、证券公司、保险公司、信托公司、基金管理人以及其他金融服务者提供的

金融业务与金融产品。[①]

(一) 商业银行提供的金融业务与金融产品

从全球范围来看，商业银行提供的业务种类正在由原始意义的商业银行业务种类向综合性商业银行业务种类转变。除发放短期商业贷款外，综合性商业银行业务种类还涉及提供周转资金，融通长期性的固定资金，包销企业证券，参与企业决策和提供咨询服务，甚至直接投资于新兴企业、直接入股工商企业等。[②] 在我国，根据《商业银行法》的规定，经银行业监督管理机构批准，商业银行可提供以下部分或全部的业务种类：吸收公众存款；发放短期、中期和长期贷款；办理国内外结算；办理票据承兑与贴现；发行金融债券；代理发行、代理兑付、承销政府债券；买卖政府债券、金融债券；从事同业拆借；买卖、代理买卖外汇；从事银行卡业务；提供信用证服务及担保；代理收付款项及代理保险业务；提供保管箱服务；经国务院银行业监督管理机构批准的其他业务。商业银行提供的业务品种由其章程规定，报国务院银行业监督管理机构批准。此外，商业银行经中国人民银行批准，可以经营结汇、售汇业务。需要注意的是，上述商业银行的业务种类中，发行金融债券，代理发行、代理兑付、承销政府债券，买卖政府债券、金融债券，从事同业拆借等业务并非面向消费者，故这类业务不在商业银行提供给金融消费者的业务范围之内。另外，从金融产品的角度来看，银行提供给金融消费者的金融产品包括贷款（个人抵押）、信用卡服务、咨询服务、存贷款业务等。[③]

(二) 证券公司提供的金融业务与金融产品

从全球范围来看，投资银行提供的业务种类可以概况为三种类型：其一，传统型业务，包括证券承销、证券经纪、证券自营等金融性业务；其二，创新型业务，包括公司并购、重组业务、理财顾问业务及项目融资等策略性业务；其三，引申型业务，包括基金管理、金融工程、资产证券化、风险管理、风险资本投资、委托理财等业务。[④] 在我国，根据《证券法》的规定，经国务院证券监督管理机构批准，证券公司可提供以下部分或全部业务种类：证券经纪；证券投资咨询；与证券交易、证券投资活动有关的财务顾问；证券承销与保荐；证券自营；证券资产管理；其他证券业务。其中，为金融消费者提供的业务包括证券经纪，证券投资咨询，与证券交易、证券投资活动有关的财务顾问，证券资产管理等。另外，从金融产品的角度来看，证券公司提供给金融消费者的普通股票就是一种典型的金融产品。

(三) 保险公司提供的金融业务与金融产品

通常而言，保险公司提供的业务种类受到财产保险与人身保险分业经营的限制，

---

① 参见岳彩申、盛学军主编：《金融法学》，25 页以下，北京，中国人民大学出版社，2010。

② 参见朱崇实主编：《金融法教程》，3 版，107 页，北京，法律出版社，2011。

③ 参见周晓明、唐小飞编：《金融服务营销》，57 页，北京，机械工业出版社，2010。

④ 参见朱崇实主编：《金融法教程》，3 版，135 页，北京，法律出版社，2011。

只有基于某些特殊险种的经营特性以及保险业务发展趋势的需要，才允许财产保险业可以兼营某些人身保险业务。[①] 在我国，根据《保险法》的规定，经国务院保险监督管理机构批准，保险公司可经营以下业务种类：人身保险业务，包括人寿保险、健康保险、意外伤害保险等保险业务；财产保险业务，包括财产损失保险、责任保险、信用保险、保证保险等保险业务；国务院保险监督管理机构批准的与保险有关的其他业务。保险人不得兼营人身保险业务和财产保险业务。但是，经营财产保险业务的保险公司经国务院保险监督管理机构批准，可以经营短期健康保险业务和意外伤害保险业务。同时，《保险法》规定，经国务院保险监督管理机构批准，保险公司可以经营人身保险业务和财产保险业务的再保险业务，包括分出保险和分入保险。另外，从金融产品的角度来看，保险公司提供给金融消费者的保险就是一种典型的金融产品。

（四）信托公司提供的金融业务与金融产品

一般而言，信托公司提供的信托业务可以从不同角度进行分类，如以信托法律关系主体作为标准，可以分为个人信托、雇员受益信托、公益信托、公司法人信托；以信托法律关系客体为标准，可分为贸易信托、不动产信托和金融信托。在我国，根据《信托公司管理办法》的规定，信托公司可以申请经营下列部分或者全部本外币业务：资金信托；动产信托；不动产信托；有价证券信托；其他财产或财产权信托；作为投资基金或者基金管理公司的发起人从事投资基金业务；经营企业资产的重组、购并及项目融资、公司理财、财务顾问等业务；受托经营国务院有关部门批准的证券承销业务；办理居间、咨询、资信调查等业务；代保管及保管箱业务；法律法规规定或中国银行业监督管理委员会批准的其他业务。此外，信托公司可以根据《信托法》等法律法规的有关规定开展公益信托活动。信托公司可以在上述业务范围内，根据市场需要，按照信托目的、信托财产的种类或者对信托财产管理方式的不同设置信托业务品种。

（五）基金管理人（基金管理公司）提供的证券投资基金业务

证券投资基金在各国均是适合公众投资者的一种投资方式。在我国，根据《证券投资基金法》和《证券投资基金销售管理办法》的规定，基金管理人（基金管理公司）或者代销机构宣传推介基金产品，发售基金份额，办理基金份额的申购、赎回等活动。基金管理人实际掌握基金份额持有人（投资者）的出资，根据自己的专业知识和获得的信息，以基金的名义进行投资决策，并向基金托管人（商业银行）发出具体的投资指示；托管人负债持有、保管基金资产，根据管理人的投资指示处分基金资产。全体持有人按照基金合同的约定就管理人的经营后果（无论是获利还是亏损）进行分配。[②] 另外，从金融产品的角度来看，基金管理人提供给金融消费

---

① 参见王文宇主编：《金融法》，224页，台北，元照出版有限公司，2005。

② 参见吴志攀：《金融法概论》，376页以下，北京，北京大学出版社，2011。

者的证券投资基金也是一种典型的金融产品。

（六）其他金融服务者提供的金融业务与金融产品

除上述各类金融机构提供的业务之外，其他金融服务者也根据相关法律法规的规定，提供相应的金融业务和金融产品。

具体而言，金融资产管理公司、财务公司、金融租赁公司、汽车金融公司、村镇银行、农村信用合作社、农村资金互助社、贷款公司等金融机构分别根据《金融资产管理公司条例》、《企业集团财务公司管理办法》、《金融租赁公司管理办法》、《汽车金融公司管理办法》、《村镇银行管理暂行规定》、《农村资金互助社管理暂行规定》等法规或规章在金融市场上提供各类金融业务与金融产品，以满足客户金融消费的需要。囿于篇幅所限，在此就不再展开介绍。

【案例评析1】

"中信理财之蓝筹计划2号"理财产品纠纷

1. 案情简介

2007年12月21日，高女士在中信银行某支行购买了一款名为"中信理财之蓝筹计划2号"（以下简称"蓝筹2号"）的理财产品，产品期限为两年（自2008年1月11日至2010年1月11日结束）。该产品是中信银行、中信证券和中信信托联合推出的产品，投资方向为中信银行委托中信信托设立的"蓝筹＋新股"信托计划，中信证券则担当投资顾问。在产品存续期间，受托人只能将信托资金投资于在中国境内依法公开发行的蓝筹股票、证券投资基金、首发新股、增发新股、首发可转债等金融产品。2010年该产品到期时亏损4.51％。与当时中信银行宣传资料中宣称的最高年收益率36％相差甚远。高女士遂以中信银行销售违规为由将其告上法庭。

2. 基本问题

本案中，高女士主张，"蓝筹2号"产品属于信托产品，中信银行销售该产品违反《商业银行法》第43条银行不得经营信托投资及证券业务的规定，因此理财合同无效。关于中信银行销售此产品的问题，涉及金融服务者的法定业务种类问题，金融服务者应依法提供金融产品。

3. 知识内容

本案涉及的知识点是金融机构向金融服务者提供的法定业务种类。本案中，法院认为，银监会允许商业银行在一定条件下从事个人理财产品的销售业务，中信支行就涉案理财产品"蓝筹2号"已向银监会履行了报备手续，故高女士关于中信银行销售违规的说法应属无效主张，缺乏相关依据，法院不予支持。

【案例评析2】

李某有关首创权证（580004）损失案

1. 案情简介

2007年4月16日，李某以5.33元的价格认购了首创权证（580004）5.7万股，共花了三十多万元。第二天，首创权证一直停盘，之后她多次与证券公司打电话咨询，对方只是说“看公告，23日认购”。结果到23日还没有开盘，24日一大早，李某上电脑一看，市值为0。原来，首创权证的最后交易日是2007年4月16日，行权期是4月17日至23日，共5个交易日。而在23日后仍未行权的权证，将予以注销——也就是说，李某一直把行权期当做了停盘，等到的结果是权证作废。李某承认，自己的金融知识很浅，不知道什么是权证。事后，李某多次到有关部门上访，但她的损失显然只能由自己承担。

2. 基本问题

本案涉及的基本问题是金融服务者应当在合法的范围内经营金融产品，而金融消费者也应当对金融产品进行必要的了解。

3. 知识内容

本案中，李某在权证交易中受损一事表明，证券公司提供权证产品属于经营范围内的合法经营，而李某认购权证应该对此事先了解必要的相关知识，然后再去购买证券公司的产品，这样才能减少不必要的风险。

【案例评析3】

中国保监会发布《保险公司委托金融机构代理保险业务监管规定》，并在全国范围公开征求意见

1. 案情简介

2011年4月8日，中国保监会发布《保险公司委托金融机构代理保险业务监管规定》，并在全国范围公开征求意见。该规定表明，除银行以外的证券、信托、金融租赁、典当行等金融机构代销保险被提上议程，银行业代理保险的“一保独大”局面将会得到改变。与此同时，有消息表明，保险公司有望成为基金代销名单中的新成员，相关部门正在研究保险机构如何代销基金。此外，自2010年以来，多家银行开始加速对保险公司渗透，目前已有4家银行入股保险公司的计划正在等待监管部门审批。市场人士普遍认为，银行、券商、保险等金融服务综合化经营的进度正在加快，“一站式”综合金融销售服务将成未来趋势。

2. 基本问题

本案的基本问题是金融服务者在综合化经营步伐不断加快的背景下，其合法经营的业务范围将会逐步扩大，超出现有法定业务种类的局限。因此，金融经营体制应当及时改进和完善。

3. 知识内容

本案涉及保险、银行、证券、信托等各类金融服务者的业务种类的发展变化问题。在混业经营不断扩张的进程中，应以发展的、开放的眼光认识金融服务者不断拓展的业务种类。

【疑难问题】

1. 如何确定各类金融服务者向消费者提供的金融业务和金融产品的范围?

解答思路：首先应理清金融业务和金融产品各自的含义及相互关系，然后应特别注意结合金融学和金融业务实践，认识金融业务和金融产品的范围。

2. 在综合化经营步伐不断加快的背景下，如何认识金融服务者所提供的金融业务超越现有法定范围的现象?

解答思路：可以借助不同的论证思路，言之成理即可，如可以从金融经营体制与金融业发展需要间的冲突，国际金融市场竞争，经营范围制度本身的弊端等角度分析。

四、金融服务者的经营规则

【知识要点】

金融服务者在提供金融服务的过程中，必须遵守一定的经营规则，这是保证金融市场经营秩序和维护金融消费者合法权益的需要。因此，各国的金融法制都十分重视在其金融法的制定与实施中确立若干必要的金融服务者的经营规则。在此，我们将集中介绍四种经营规则，即说明规则及信息披露规则、销售适合性规则、冷静期规则以及禁止市场滥用规则。

(一) 说明及信息披露规则

在金融服务和金融消费中，存在明显的信息不对称问题。为解决信息不对称造成的利益失衡，立法者和监管者基于利益衡平的考虑，要求金融服务者遵循说明规则和信息披露规则。

就说明规则而言，法律要求金融服务者在面对金融消费者销售金融产品时，应尽到说明义务。以保险法为例，该法要求保险人在保险合同中对于合同内容应尽到“一般说明义务”，而对合同中涉及免除保险人责任的条款则应尽到“明确说明义务”。并且，保险人的说明方式采取提示与解释相结合的方法，以此保证保险消费者获得相关的基本信息，并据此作出相应的投资决策。

就信息披露规则而言，法律要求金融服务者应真实、准确、完整、及时、有效地向投资者和社会公众公开与特定金融产品有关的信息。以银、证、保三个金融业的信息披露规则为例可以看到，《商业银行信息披露办法》要求商业银行应披露财务会计报告、各类风险管理状况、公司治理、年度重大事项等信息；《上市公司信息披露管理办法》要求证券公司应披露招股说明书、募集说明书、上市公告书、定期报告和临时报告等信息；《保险公司信息披露管理办法》要求保险公司应披露基本信息、财务会计信息、风险管理状况信息、保险产品经营信息、偿付能力信息、重大关联交易信息、重大事项信息等信息内容。信息披露义务人若违反相关的信息披露规定，将承担相应的行政责任或刑事责任。

（二）销售适合性规则

销售中的适合性规则要求金融服务者将合适的商品和服务推荐给合适的金融消费者。在金融消费领域，消费者的经济实力、知识水平、风险偏好等方面的情况存在显著差异，同时，金融商品种类繁多、大量的专业术语和复杂的金融产品结构也限制了消费者对产品的理解，如果金融机构不向消费者提供适合的交易建议就可能造成消费者的非理性消费以致经济利益的损失。对此，各国均确立了金融产品销售的适合性规则。例如，在美国，适合性原则经历了从自律性规则到行政监管规范，再经过法院的判例实践逐渐获得法律约束力的过程；在日本，适合性原则经历了从自律规范到行政监管规则，再到法定规则和法定义务的过程。[①] 据此可见，适合性规则乃是金融服务者应遵循的一项重要的经营规则。在我国，监管部门已经开始将适合性原则引入到监管规范当中，如银监会施行的《商业银行金融创新指引》中就有“不得向客户提供与其真实需要和风险承受能力不相符合的产品和服务”这一体现适合性原则的规定。随着我国金融服务和金融产品法的逐渐完善，适合性规则将会受到越来越多的重视和越来越广泛的运用。

（三）冷静期规则

冷静期规则是指卖方允许买方在合同签订并生效后的特定时间内撤销合同的规则。此项规则产生于美国，在美国联邦层面，其主要适用于上门买卖、商家经营场所以外其他地方完成的买卖或特定的贷款合同等情形。在金融服务领域，由于金融消费者处于信息不对称而难以知晓产品完全信息的不利位置，这就需要给予其在法定或约定的期限内无条件退货或撤销合同的机会。由此，确立冷静期规则在金融服务领域就具有积极的意义。目前，我国对冷静期规则没有直接的法律规定。但在实践中，一些金融机构为提高服务质量和吸引客户，通过制定特定规则来表明自己在金融产品的销售中作出承诺，以约束自己行为、给予客户更多的考虑和选择。[②] 除

---

① 参见何颖：《金融交易的适合性原则研究》，载《证券市场导报》，2010（2）。

② 参见马宗法：《论金融理财活动中实施“冷静期规则”的可行性》，载《上海财经大学学报》，2010（2）。

此之外，我国商务部在2011年发布的《第三方电子商务交易平台服务规范》中也明确鼓励平台经营者设立冷静期制度，允许消费者在冷静期内无理由取消订单（但冷鲜产品、食品、化妆品、药品等除外）。这也是冷静期规则的一个积极尝试。总之，金融服务领域的实践将会推动冷静期规则在我国金融法制上得到确立和完善。

（四）禁止市场滥用行为规则

金融服务领域往往存在着为法律所禁止的市场滥用行为。所谓市场滥用（market abuse），根据英国《金融服务与市场法》的规定，是指由一人单独或多人串通或合谋进行的扰乱市场秩序的行为。在现实中，市场滥用行为一般表现为内幕交易和市场操纵。其中，内幕交易主要是拥有内幕信息的人利用该信息来进行证券交易以获取利益或避免损失；市场操纵主要是个人或机构通过人为操纵证券价格来引诱他人参与证券交易从而为自己牟利。目前，我国及世界各国的法律均禁止市场滥用行为，这有助于维持投资者信心和维护其切身利益。由于禁止市场滥用行为规则实质上涉及金融监管制度，故此处亦不展开论述。

【案例评析1】

中信泰富投资KODA产品面临巨额亏损

1. 案情简介

KODA是一种高风险的衍生品，中信泰富正因投资于这一高风险衍生品导致186亿港币的巨亏。而在香港私人银行开户的一些内地富豪，也因这一产品遭受巨亏。但令这些内地富豪不忿的是，他们认为香港的私人银行在销售这一产品时有不规范行为。“我们绝大多数人的经历是，理财顾问们没有任何书面或口头提示此种交易将出现的风险。如果有提示，相信很多人不会去买这种产品。”遭受巨亏的客户们均认为，私人银行在向他们推销KODA产品过程都没有提示相关风险，甚至没有告知游戏规则。

2. 基本问题

本案涉及的一个基本问题是，经营KODA这一高风险衍生品的香港私人银行未遵循金融服务中的说明规则、信息披露规则。

3. 知识内容

本案涉及的重要知识内容就是金融服务者应遵循的说明规则、信息披露规则。在复杂的金融产品销售过程中，基于银行与客户之间信息不对称，银行负有信息披露和说明义务。因为客户获得金融产品信息的主要来源是银行的推介，银行就金融产品的推介说明和信息披露往往会成为客户决定是否接受某项金融服务、购买某种金融产品的判断依据。因此，银行在金融产品的推介说明和信息披露中不应存在隐瞒、误导以致欺诈，否则，银行应就此承担法律责任。

【案例评析2】

香港的雷曼“迷你债”投资者巨额损失案

1. 案情简介

金融风暴中，香港的雷曼“迷你债”投资者损失极为惨重。相比其他在港销售的投资产品，该事件发生的根源就在于“银行以不当方式向零售客户销售产品”。据香港证监会披露，在其所接获的投诉中，针对代销机构（银行）及其工作人员的占比高达96.82%。香港证监会指出，“就银行而言，最常见的指控包括：前线职员主动游说投诉人将已到期的定期存款投资于雷曼相关产品；在销售产品时并没有考虑投诉人的承受风险能力和个人情况，特别是已退休、年长、教育水平较低、对投资不太熟悉以及不愿承担风险的客户；没有提供条款表及章程等产品资料，也没有在销售点说明产品特点和风险”。

2. 基本问题

本案的基本问题涉及金融服务者提供金融产品时应遵循销售适合性规则。

3. 知识内容

本案涉及的一个重要知识内容就是金融服务者应遵循的销售适合性规则。本案中，银行在销售产品时没有考虑雷曼“迷你债”投资者的承受风险能力和个人情况，特别是已退休、年长、教育水平较低、对投资不太熟悉以及不愿承担风险的客户，而是将高风险的雷曼“迷你债”不合理、不适当地推销给不具有风险理解能力和承担能力的客户，因此，银行应当对该产品的市场风险所导致的客户损失承担责任。本案发展的结果是，香港银行公会2011年3月27日公布雷曼“迷你债”事件最终处理方案的建议。16家分销银行同意向合资格客户收回抵押品并为其提供额外特惠款项，合资格投资者可获相当于最初投资额85%至96.5%的款项。

【案例评析3】

东亚银行（中国）成为内地银行业首家推出理财产品销售流程的“冷静期”设置的银行

1. 案情简介

2009年7月9日，东亚银行（中国）宣布，在内地银行业首家推出理财产品销售流程的“冷静期”设置。“冷静期”，指客户认购产品当日起至募集期结束后的1至3天。在冷静期内，客户全部投资金额按活期存款利率计算，客户可申请撤销对其投资产品的认购，并无须为此支付费用。东亚银行（中国）常务副行长林志民说，之所以设立“冷静期”，是为了使得投资者在认购产品之后仍有一段时间充分考虑，并有机会作出第二次选择。“希望通过丰富产品内容、设置冷静期等多种方式，实现客户利益的保障。”

2. 基本问题

本案的基本问题涉及金融服务者提供金融产品时应遵循冷静期规则。

3. 知识内容

本案涉及的一个重要知识内容就是金融服务者应遵循的冷静期规则。与此相关的一个概念是“反悔权”。事实上，反悔权是冷静期的另外一个表达方式。刘俊海教授指出，冷静期规则适用于四种消费情况：一是购买标的金额巨大的消费品；二是网上购物、电视购物；三是上门推销；四是现实当中存在的先交钱后看合同或者先交钱后签合同的买卖行为。冷静期规则实施的本质就是消费者在信息不对称、盲目冲动或者被夸大渲染的宣传所诱惑的情况下买了某件产品，可以在一定期限内无条件退货，这就从法律资源配置上对消费者给予了一种倾斜。当然，消费者在冷静期内无条件退货必须遵循诚实信用原则，如果消费者恶意利用或滥用冷静期规则而损害经营者利益，将不会得到法律保护。

【疑难问题】

1. 请就说明规则及信息披露规则的异同进行比较分析。

解答思路：可参阅相关金融法资料，理清说明规则与信息披露规则的各自含义与异同之处。

2. 请查找案例，结合案例说明金融服务者应遵循的销售适合性规则。

解答思路：首先应当收集整理相关案例资料，在解读案例的基础上说明销售适合性规则。

3. 我国《直销管理条例》和《第三方电子商务交易平台服务规范》有关于冷静期规则的规定，请结合这两项规范论述冷静期规则的制定方式和操作手段。

解答思路：应首先找到相关法律文本，在仔细阅读文本的基础上，结合文本论述冷静期规则的制定方式和操作手段。

4. 请比较分析金融服务领域中的“市场滥用”与反垄断法中的“滥用市场支配地位”。

解答思路：明确这两个法律术语各自的内涵及其适用范围，以便在实践中正确运用。

五、金融消费者的保护

【知识要点】

如果说传统的金融法以效益性、安全性、流动性为其价值旨归，那么，当代的金融法就不仅限于这一目标，金融消费者的保护也已成为当代金融法的一个重要价值追求以及金融体制改革的一项重要指导原则。因此，金融消费者的保护就是金融服务与金融产品法中一个值得探讨的重要议题。

（一）金融消费者权益的界定

金融消费者的权益具体包含了金融消费者的利益和权利两个方面的内容。其中，金融消费者的利益是需要保护的具体内容，而权利是确认这种利益存在和对其加以实现的形式。

金融消费者的“利益”从词源上讲，就是金融消费者在金融消费过程中获得的某种“好处”，其具体包括以下几个方面的内容：金融消费者在购买、使用金融产品或接受金融服务时，其人身、财产安全能够得到保障；能够知悉其购买、使用的金融产品或接受的金融服务的真实情况；能够自主选择金融产品或金融服务；能够在与金融服务者进行交易时获得公平的交易条件；能够在因购买、使用金融产品或接受金融服务受到人身、财产损害时请求侵害者进行赔偿；能够对金融产品或金融服务以及金融消费者权益保护工作进行监督；能够获得有关金融消费和金融消费者权益保护方面的知识；能够在购买、使用金融产品或接受金融服务时受到尊重；能够依法成立维护自身合法权益的社会团体等。

相应地，金融消费者的利益在法律上的确认和实现就是其应当享有的安全权、知悉权、选择权、公平交易权、求偿权、监督权、受教育权、受尊重权以及结社权。

（二）金融消费者的保护

金融消费者合法权益的保护需要发挥国家和社会等各个方面的作用，形成全面、有机的金融消费者保护体系。

1. 金融消费者的立法保护途径

以立法的方式来确认金融消费者的权利及其保护途径是使金融消费者保护取得合法性的前提。目前，我国虽然还没有《金融服务与市场法》（英国）、《金融商品交易法》（日本）、《多德—弗兰克华尔街改革与消费者保护法》（美国）这一类旨在保护金融消费者的金融服务法，但现行的《消费者权益保护法》、《中国人民银行法》、《商业银行法》、《证券法》、《保险法》、《信托法》等法律制度也在保护金融消费者方面发挥了积极的作用。与此同时，也有必要加强金融服务与金融产品法的立法进程，以弥补现行法律制度在保护金融消费者权益方面所存在的缺乏针对性、全面性等问题。

2. 金融消费者的执法保护途径

以执法的方式来保护金融消费者的权益可发挥监管者执法资源丰富、执法力量雄厚的作用，因此，这也是应对大量金融消费者保护问题最主要的手段。目前，我国现有的保护金融消费者的执法途径可以借助于工商行政管理部门、竞争执法机构、金融监管机构等执法主体在各自主管范围内开展执法工作，但还缺少像“消费者保护与市场管理局”（英国）、“消费者金融保护局”（美国）、“金融消费者管理局”（加拿大）这样的专门负责消费者保护和金融业务监管的执法部门。而事实上，学界和实务界已经在大力主张设立兼具金融消费者保护与审慎监管职能的专门机构，这是加强金融消费者执法保护的重要方式。[①]

3. 金融消费者的司法保护途径

以司法的途径来保护金融消费者的权益是一个重要的维权手段。随着经济的不断发展，各种类型的金融案件不断涌现，这就给法院审理此类案件提出了新的要求。目前，金融消费者起诉到法院的纠纷案件广泛涉及储蓄、借款、信用卡、存单、证券、保险、票据、信托、基金等各个方面。在实践中，一方面，各地法院运用现有的审判程序来审理此类案件，另一方面，不少地方的法院还通过设立金融审判庭等专门化的组织机构来处理金融消费纠纷案件。随着司法实践的完善，金融消费者通过司法保护途径来维权将会变得越来越便利和有效。

4. 金融消费者的舆论监督保护途径

以大众传播媒介进行舆论监督的方式来保护金融消费者的权益也是一个有效的途径。此类保护途径主要是发挥广播、电视、报刊、网络等大众传播媒介的作用，积极宣传金融消费者保护方面的法律法规和消费知识，同时，对侵害金融消费者合法权益的行为进行舆论监督，而新闻机构保护金融消费者权益的舆论监督活动不应受到任何单位和个人的干涉。

5. 金融消费者的社会中间层组织保护途径

以发挥社会中间层组织的作用来保护金融消费者的权益也是一个不可或缺的途径。具有金融消费者保护作用的社会中间层组织主要是消费者组织、仲裁机构以及金融服务者的行业协会。其中，消费者组织是消费者行使结社权而成立的维护消费者权益的民间组织，此类组织应当在金融消费者维权方面发挥应有的作用。仲裁机构也是具有金融消费者权益保护功能的非政府组织。目前，仲裁委员会已经在解决当事人之间因金融交易、金融服务发生的争议方面发挥了积极的作用，此类金融纠纷解决方式将会得到越来越广泛的运用。此外，各类金融服务者的行业协会也应在金融消费者保护中发挥应有的作用。

（三）金融消费争议的解决

若以我国《消费者权益保护法》为参照，金融消费争议的解决可以通过以下途径实现[②]：

其一，与金融服务者协商和解。金融消费争议发生后，金融消费者可直接向金融服务者交涉，双方在平等、自愿的基础上，达成和解协议，及时解决纠纷。

其二，请求消费者组织调解。这种方式是在消费者组织的主持下，使争议双方自愿达成和解协议。消费者组织应在查明事实、分清是非、明确责任的基础上进行调解。从目前情况来看，由于金融消费纠纷本身具有复杂性，因此，消费者组织要

---

① 参见岳彩申、张晓东：《金融监管制度发展的新趋势——消费者保护与审慎监管的分离》，载《上海财经大学学报》，2011（3）。

② 参见李昌麒主编：《经济法学》，359页以下，北京，法律出版社，2008。

发挥好调解作用，还需要加强经办人员的专业素质和调解能力。

其三，向仲裁机构申请仲裁。金融消费争议的当事人约定将争议提交仲裁机构仲裁的，仲裁机构应当受理。仲裁裁决自作出之日起发生法律效力。对生效仲裁裁决，当事人应当履行。一方当事人不履行裁决的，另一方当事人可以根据法律规定向法院申请执行。

其四，向有关行政部门申诉。金融消费争议发生后，金融消费者可向行政机关提出行政申诉，寻求行政机关的保护。行政申诉提出后，行政机关应依法作出行政裁决。如果当事人对其处理不服，可向法院提起诉讼。

其五，向法院提起诉讼。金融消费争议双方没有签订仲裁条款或协议的，无论是否经过协商、调解、申诉，均可直接向法院起诉。

【案例评析1】

金融产品或金融服务消费者的安全权保障问题

1. 案情简介

2011年2月，一名保安人员在去值夜班的路上，发现银行附近的垃圾堆旁有一个塑料袋，里面装满储户的个人隐私资料，包括当事人的家庭住址、电话号码、收入状况等，至少涉及二百多位客户。资料上所盖的印章是“某银行某某支行”，客户大多是该行附近的商户、居民。律师事务所律师在接受记者采访时表示：“现有法律仅针对窃取、出卖或泄露他人信息有相关规定，对丢失信息未有明确规定；但信息丢失会导致其被他人（第三方）再利用，如果对客户造成严重后果的话，丢失责任方肯定得负责赔偿，要负民事责任。”

2. 基本问题

本案涉及的基本问题是，金融消费者在购买、使用金融产品或接受金融服务时，其信息安全权应该受到保护。

3. 知识内容

本案涉及的知识内容是金融消费者的信息安全权。现行金融法规定了对消费者安全权的保护，其中包括保护消费者的人身、财产和信息安全权。如《商业银行法》规定，商业银行应当为存款人保密。这里的“为存款人保密”即指保护消费者的信息安全。又如，《保险法》规定，保险公司及其工作人员在保险业务活动中不得有泄露在业务活动中知悉的投保人、被保险人的商业秘密的行为。值得一提的是，央行于2011年2月14日发布的《中国人民银行关于银行业金融机构做好个人金融信息保护工作的通知》要求，消费者在银行办业务时留下的个人身份信息、财产信息、信用信息、交易信息、衍生信息等，银行业金融机构应采取有效措施加强保护；同时，金融机构应严格遵守法律规定，确保消费者个人金融信息安全，防止信息泄露和滥用。这对保护金融消费者的信息安全权具有重要参考价值。

【案例评析2】

银行理财纠纷案件的新特点

1. 案情简介

从上海市一中院及辖区基层法院自 2009 年以来受理的 80 件银行理财纠纷案件来看，原告诉讼请求类型主要集中在三个方面：第一，以银行存在欺诈或误导为由要求撤销理财合同；第二，以格式条款显失公平或未予告知为由主张条款无效；第三，以银行披露的理财产品盈亏信息不实为由要求银行提供理财产品交易明细或按预期收益率赔偿投资人损失等。上述三类诉请占全部诉请的 95%左右，且主要涉及金融消费者的知情权。

2. 基本问题

上述统计资料证明，金融消费者的知情权受到侵犯是引起金融消费纠纷的重要原因，应当从法律等方面加强对消费者的保护。

3. 知识内容

本案涉及的知识内容是金融消费者的知情权。为充分保障客户的知情权，金融机构应该依约或依法履行信息披露义务，让金融消费者了解理财产品的运作情况和收益情况。金融机构履行信息披露义务、维护金融消费者知情权的具体表现有：在金融产品销售阶段，应在产品说明书中对产品信息进行充分披露；在产品存续阶段，应准确、充分、及时地向金融消费者披露理财资金运用和收益情况；在产品终止阶段，应向金融消费者提供理财计划投资、收益的详细情况报告。

【案例评析3】

金融服务者采取措施维护金融消费者的受教育权

1. 案情简介

早在 2005 年，经合组织发布的《有关消费者金融教育问题的若干建议》就对成员国和非成员国的金融机构在金融消费者教育方面提出若干原则和具体建议。在美国，其《社区投资法》也要求银行必须划拨一部分资金用于搞理财教育。在我国，金融机构在推动消费者教育方面也发挥了积极作用，如 2010 年花旗银行启动的主题金融教育活动在上海、北京、重庆、广州等四所城市的 25 所学校展开，使八千多名学生受益。同时，花旗携手培训协会，推出青少年理财教育读本，该项目为 15 岁到 17 岁的中学生提供了诸如财务规划、投资等金融理念，学生可以通过免费获赠图书，获取重要的金融知识。

2. 基本问题

本案涉及的基本问题是，金融服务提供者应积极维护金融消费者的受教育权。

3. 知识内容

本案涉及的知识内容是金融消费者的受教育权。金融消费者受教育权的保护不仅有助于金融消费者的维权，也有助于金融机构更好地开展业务。例如，在我国，小额信贷是金融机构新近开展的一项业务，其服务的很多对象都是文盲，特别是农村妇女，因此，金融机构首先必须进行金融扫盲，然后才能进一步开展业务。对于小额信贷客户受教育权的保护应体现在为其提供适度的贷款额度、合理的定价、公开透明的信息、有效的投诉机制等，并向其提供相关教育知识。

【案例评析4】

“中国银行业协会金融消费者权益保护及公众教育服务专业委员会”获民政部批准成立

1. 案情简介

2011 年 5 月，中国银行业协会决定成立的“中国银行业协会金融消费者权益保护及公众教育服务专业委员会”获民政部批准。中国银行业协会将通过该委员会的平台进一步整合行业资源，积极引导全行业主动承担起公众教育服务的社会责任，全面开展金融消费者教育服务、金融消费者诉求研究工作。中国银行业协会负责人表示，委员会将通过普及相关的金融知识，提高公众教育识别和防范金融风险的能力，维护消费者合法权益，这是银行业协会及其会员单位为之努力的工作方向。

2. 基本问题

本案涉及的基本问题是，由金融服务提供者组成的行业协会应当如何发挥保护金融消费者的的作用。

3. 知识内容

在本案中，中国银行业协会决定成立“中国银行业协会金融消费者权益保护及公众教育服务专业委员会”，是金融服务提供者组成的行业协会在金融消费者保护方面采取的措施，是自治机构采取的自律性措施，有助于推动金融消费者的保护。

【案例评析5】

《南京地区银行业金融机构保护金融消费者权益公约》签订

1. 案情简介

2011 年 8 月 26 日，中国人民银行南京分行营业管理部联合南京地区 31 家内资银行业机构和6家外资银行业机构，共同签署了《南京地区银行业金融机构保护金融消费者权益公约》。此举标志着南京地区金融消费者权益保护工作向纵深推进。中国人民银行南京分行营管部要求，各金融机构要结合本单位实际情况，进一步完善金融消费纠纷投诉受理制度、投诉处理制度、协商调解制度、考核评价制度和监测分析制度，形成分工合作、互相配合的内部工作格局。

2. 基本问题

本案涉及的基本问题是，中国人民银行在金融消费者保护中发挥什么样的独特作用。

3. 知识内容

本案涉及的知识内容是中国人民银行提供的金融服务有什么特殊性，其在金融消费者保护中有什么职权和职责。明确中国人民银行的金融服务内容对理解经营性金融机构提供的金融服务很有帮助，且具有一定的特殊性——它的服务对象是政府、商业银行和其他金融机构以及整个社会公众，而不是工商企业和个人。中国人民银行为政府提供的服务有：经理国库，持有、管理、经营国家外汇储备、黄金储备等。中国人民银行为金融机构提供的服务有：监督管理银行业同业拆借市场、债券市场、外汇市场，维护支付、清算系统的正常进行，负责金融业的调查、统计、预测，对金融机构提供再贷款。中国人民银行对社会公众提供的服务有：发行货币，管理人民币流通，反洗钱，维护货币的信誉和币值的稳定，征信管理。中国人民银行在金融消费者保护中也要发挥作用，由中央银行集中行使金融消费者保护职权是一些国家的共同做法，如美国政府在美联储下设立消费者金融权益保护局，集中行使金融消费者保护职权；英国政府将其金融服务管理局的监管职能转交给英格兰银行；加拿大则设立金融消费者管理局，保护金融消费者利益。目前，中国人民银行已经在各地设立金融消费者权益保护中心，作为金融消费者保护的专职机构，其具体的职责是受理和处理金融消费者在征信、银行卡、票券、人民币流通、外汇等领域对金融机构的投诉和建议。因此，需要注意经营性金融机构与中国人民银行在提供金融服务和进行金融消费者保护方面的区别。

【疑难问题】

1. 请结合防范金融机构的不合理收费、附加不合理交易条件、强制办理保险、办理公证等行为，论述金融消费者公平交易权的保护。

解答思路：在解答本题之前，应收集相关案例资料，然后在结合案例的基础上进行回答。

2. 中国人民银行的金融服务与其他金融机构的服务有何不同？中国人民银行在金融消费者保护中具有哪些法律上的职权和职责？

解答思路：本题的作答首先是要明确中国人民银行在金融服务以及金融消费者保护体系中的角色定位，然后再论述其发挥作用的具体内容。

六、金融服务者的法律责任

【知识要点】

金融服务者的法律责任具有自身的特点，其表现形式也体现了当代金融法的独特之处，而金融服务者法律责任追究中的特殊问题也是从事金融法制实践需要应对和加以改进的问题。尤其对金融创新的法律责任，国内有学者提出应当从责任理念更新、责任主体、责任形式、责任模式及归责原则等方面进行创新和改进。[①]

（一）金融服务者法律责任的特点

金融服务者的法律责任是指金融服务者在不履行法定义务或约定义务时所必须承担的不利法律后果。金融服务者法律责任的特点体现在以下几个方面：

其一，从其构成要件来看，金融服务者法律责任的主体是以提供金融产品来进行服务的金融机构；该责任是由各种金融服务行为引起的；该责任受到追究是因为金融服务者的行为造成了金融市场正常秩序的损害和金融消费者的利益损害。

其二，从其性质来看，金融服务者法律责任具有综合性特征，它包括了民事责任、行政责任、刑事责任。

其三，从不同性质责任的适用顺序来看，为了及时、有效地维护金融消费者的利益，金融服务者法律责任的适用体现了民事责任优先原则，即金融服务者应当承担民事赔偿责任和缴纳罚款、罚金，其财产不足以同时支付时，先承担民事赔偿责任。

其四，从不同性质责任的适用比例来看，为了对金融服务行为起到强制性约束和适度性监管的效果，金融服务者法律责任的适用以追究行政责任的比例为重。

其五，从对责任认定的难度来看，金融服务者法律责任的认定因金融服务领域违法行为的复杂性，对其认定需要很强的专业性依据。

其六，从其制度设立的目标来看，由于金融服务中的违法行为均具有很强的外部性和社会性，因此，金融服务法律责任制度设立的目标着眼于兼顾个体利益和公共利益，综合适用民事责任、行政责任、刑事责任。

（二）金融服务者承担法律责任的形式

金融服务者承担法律责任的形式包括了民事责任、行政责任、刑事责任这三种不同性质的责任形式：

金融服务者承担民事责任的方式主要有停止侵害、返还财产、赔偿损失、支付违约金等。金融服务者承担行政责任的方式主要是接受警告、罚款、没收违法所得、责令停业、暂扣或吊销许可证、暂扣或吊销营业执照以及其他行政处罚措施（如撤

---

① 参见岳彩申、张晓东：《金融创新产品法律责任制度的完善——后金融危机时代的反思》，载《法学论坛》，2010（5）。

销任职资格、暂停或取消从业资格、限制股东权利、责令转让所持股权等)。金融服务者承担刑事责任的方式主要是接受罚金、没收财产、拘役、有期徒刑等刑事处罚。

(三) 金融服务者法律责任追究中的特殊问题

金融服务者法律责任的追究应考虑到通过使金融服务者承担法律责任而起到预期的惩戒、教育、维系秩序、维护权益等效果。而要实现这样的效果,就应注意以下几个方面的特殊问题:

其一,法律责任认定方面的问题。由于金融消费争议中双方当事人在经济实力、掌握技术知识的能力、举证机会和能力等方面存在巨大差异,因此,应考虑加大金融服务者的举证责任。金融消费者仅需在形式上证明侵权事实发生,其他的举证责任都由金融服务者承担。

其二,不同性质法律责任的追究顺序问题。如前所述,为了切实维护金融消费者的利益,在金融服务者应同时承担民事赔偿、行政罚款、刑事罚金时,应坚持民事责任优先原则。

其三,金融企业破产时消费者的赔偿请求权实现问题。应考虑建立在金融企业破产时消费者的赔偿请求权优先受偿的原则,包括优先于有担保的债权。[①]

其四,在探讨金融消费争议案件中引入精神损害赔偿的问题,应当重点分析在金融消费争议案件中引入精神损害赔偿的可行性,把握制度实施的效果。

其五,惩罚性赔偿责任的追究问题。应考虑在今后的立法中,将惩罚性赔偿制度引入金融服务领域的侵权案件和违约案件之中,确立合理的惩罚性赔偿制度适用条件以及惩罚性赔偿金额的确定标准。

其六,在金融服务领域的纠纷案件中引入公益诉讼的问题。应考虑与诉讼制度改革相衔接,引入公益诉讼制度来解决广泛涉及金融消费者利益和金融秩序的金融消费纠纷案件。

【案例评析1】

T市邮政局与客户焦某之间举证责任的分配问题

1. 案情简介

焦某在T市邮政局下属某邮政储蓄所办理活期存款存折,同时还办理了自动取款卡1张。截至案发前三日,焦某在该账号的存款余额为58 594.47元。案发当日,焦某取款时,自动柜员机上打印的客户凭条显示其存款为947.66元。焦某即找邮政储蓄人员查询,发现存款余额为49 549.47元,仍短少9 045元。经焦某将存折和自

---

① 参见刘俊海:《侵害消费者权益的法律责任》,载《论侵害消费者权益的法律责任——〈消法〉修改中的前沿问题研讨会之四》,见 http://www.civillaw.com.cn/article/default.asp?id=50637,2011-08-20。

动取款卡交T市邮政局审验，该局发现焦某的存款在案发当日和案发之前2日内每日发生三次异地取款，每次1 000元，每次手续费5元，共计异地取款9 000元，手续费45元。查询结果还表明异地取款均发生在C市火车站邮局、走马街邮局。后T市邮政局告知焦某此事关联高科技团伙犯罪，正在公安局审理中。因此事未获解决，焦某起诉于T市H区法院，请求T市邮政局赔偿其损失9 045元。

2. 基本问题

本案涉及的基本问题是，双方当事人举证责任的分配问题。

3. 知识内容

本案涉及的知识内容是金融服务者法律责任的追究中当事人举证责任的承担问题。最高人民法院就此案举证责任的函复中指出，焦某的举证责任在于，证明自己与T市邮政局之间存在储蓄合同关系，证明自己的存款数目，存折和取款卡没有丢失。焦某提交了存折和取款卡，即已完成了举证责任。根据证据学原理，只能要求主张事实发生或者存在的当事人承担举证责任，而不能要求主张事实不存在或者没有发生的当事人负举证责任。因此不能要求焦某举证证明自己没有为异地取款行为。案发当日，焦某持取款卡在T市邮政局的储蓄所取款的事实证明，其本人当时肯定在T市，且未遗失取款卡，而同日在C市仍然发生了使用焦某的取款卡连续3次从其账户中取款的事实。T市邮政局主张焦某恶意支取，则应当就其使用或者指使他人使用取款卡，于案发当日和案发之前2日在C市火车站邮局、走马街邮局取款的事实负举证责任。T市邮政局在不能举证证明焦某恶意支取的情况下，应承担举证不能的后果。

【案例评析2】

某银行因没有尽到安全保障义务而赔偿客户损失

1. 案情简介

陈某从某信用社提取存款80万元到某银行支行办理汇款业务。为安全起见，由信用社使用专用钱箱装载并开车相送，陈某好友纪某驾驶摩托车相随。到支行营业大厅后，陈某将现金80万元码在营业柜台窗口外，纪某将专用钱箱送交给信用社工作人员王某，王某随即驾车离去。此时，支行营业员以业务数额太大需找领导帮助一起办理为由让其等待。陈某随行人员纪某在将钱箱送出后即去了洗手间，回来后在营业大厅内闲逛。在等待期间，陈某20万元现金遭到抢夺。后经公安机关追回赃款10.34万元，但仍有9.66万元无法追回。陈某以银行没有尽到安全保障义务为由起诉，要求其赔偿损失9.66万元。

2. 基本问题

本案主要涉及如何认定银行法律责任的问题。

3. 知识内容

本案涉及的知识内容是金融服务者法律责任的认定和承担。本案中，被告以双方间的金融服务合同尚未成立作为抗辩理由，表明被告承认双方处于订立合同过程中，这符合缔约过失责任的特征，被告违反了先合同义务，因此应承担缔约过失责任。被告赔偿范围限于因信赖合同成立所遭受的损失。

【疑难问题】

1. 金融服务提供者所承担的法律责任的特征。

解答思路：首先应当归纳金融服务提供者按照法律应当承担哪些法律责任，再从比较的角度分析这些法律责任的特点有哪些。

2. 如何确定金融服务者承担不同性质法律责任的顺序？

解答思路：首先应当理清金融服务提供者应当承担的不同性质法律责任的含义，然后阐释金融服务提供者承担不同性质法律责任的顺序及理由。

3. 金融服务提供者是否应当承担惩罚性赔偿责任？

解答思路：首先应当明确什么是惩罚性赔偿责任，然后论述金融服务者承担惩罚性赔偿责任的意义和条件，以及如何追究其惩罚性赔偿责任。

4. 在金融服务领域能否引入公益诉讼？如果能够引入公益诉讼制度，应当如何建立相应的公益诉讼制度？

解答思路：该问题涉及对公益诉讼的理解和认识，以及论述清楚在金融服务领域的纠纷案件中引入公益诉讼的条件及具体的提起公益诉讼的程序。

实务训练

参与金融机构、金融行业自律组织、与金融消费争议解决有关的政府部门和社会中间层组织等实务部门的工作，在这些部门从事实务训练。熟悉金融机构提供金融服务和金融产品的业务内容，熟悉与金融消费争议有关的案件中律师办案的基本技巧，熟悉法院、金融仲裁院、人民银行设立的金融消费者权益保护中心等实务部门的相关工作要点等。

课后练习

1. 某市工商局负责人在做客一档访谈节目时表示，股民、基民的行为是投资行为，不是消费者，不适用消费者权益保护法保护。但也有学者认为，只要是接受金融服务的即为金融消费者。投资者是否是金融消费者？

请结合上述材料，谈谈你对这一问题的认识，要求应当找到相关的理论支持。

2. 杨某、武某两人从某汽车金融公司指定经销商捷世通公司购买轿车一部，向金融公司申请汽车贷款。杨某、武某作为共同借款人在捷世通公司签署贷款合同和抵押合同。金融公司随后按约定发放贷款。按约定，杨、武两人应自当年5月起，每月18日归还贷款本息，但两人一直未偿还借款。金融公司多次催款未果后诉至法院，要求杨、武二人连带偿还购车贷款及相关费用。杨某辩称，借款属实，但他无力偿还。车辆一直由他所在公司司机使用，应由该司机还款。武某则说，他并不知道借款事宜，是杨某代他在合同上签的字，不同意金融公司的诉讼请求。法院审理查明，涉案的贷款合同等文件并非武某本人签字，且没有其他证据证明武某有作为共同借款人承担贷款合同义务的意思表示。

请结合上述材料，分析杨某、武某两人是否承担法律责任以及如何承担法律责任。

3. 南京投资者胡女士于2007年年底在渣打银行购买6款QDII理财产品，累计投入180万元，2010年赎回时总计亏损80万元。然而，银行每月寄来的月结单却一直显示“零亏损”，胡女士为此找到银行“讨说法”，银行却以各种理由与胡女士“打太极”。无奈之下，胡女士希望通过其他渠道主张自己的权益，她想到媒体，想到消费者权益协会，又想到去银行业协会或是银监部门投诉……但她始终也没有想明白：作为“金融消费者”，应该去哪一个部门为自己维权？

请结合此案分析我国金融消费者维权的困境和解决对策。

4. 2010年6月29日，最高人民法院颁发了《关于为加快经济发展方式转变提供司法保障和服务的若干意见》的司法文件，该意见指出：“妥善审理金融纠纷案件，保障和服务现代金融业的发展。依法审理借贷纠纷案件，切实保护银行等金融机构的合法债权，防范逃废银行债务行为，维护金融秩序和金融安全；依法审理存款纠纷案件，切实维护存款人储蓄的安全和利益；做好金融票据纠纷案件审判工作，依法维护金融信用秩序和交易安全；依法审理保险纠纷案件，依法支持被保险人、保险受益人得到及时的保险赔付，维护保险行业的健康发展；依法审理证券纠纷案件，充分保护股东权益，促进证券市场的有序发展；妥善审理非金融借贷纠纷案件，正确认定非金融借贷合同效力，依法打击各种以合法形式掩盖的非法集资等违法犯罪活动，维护金融安全和社会稳定；依法保护合法的民间借贷和企业融资行为，维护债权人合法权益，拓宽企业融资渠道。在经济发达地区可以设立金融法庭，专门审理相关金融案件。”

请结合此司法文件，论述司法机构在金融消费者保护中的作用以及相关的司法制度改革。

5. 《上海金融仲裁院仲裁规则》（2008年3月1日起施行）第4条规定：“当事人约定将金融争议提交上海金融仲裁院仲裁的，上海金融仲裁院应当受理。当事人约定将金融争议提交上海仲裁委员会或者其他分支机构仲裁的，当事人可以直接向上海金融仲裁院申请仲裁，上海金融仲裁院应当受理。当事人将上述争议提交上海仲裁委员会的，上海仲裁委员会受理后，可以决定将上述案件交由上海金融仲裁院审理。上海金融仲裁院仲裁案件所作出的裁决书、调解书和决定书，加盖上海仲裁委员会公章，具有法律效力。”

请结合此仲裁规则，论述金融消费争议解决的法律机制。

6. 原告何某之子白某于某年 8 月 15 日在某银行储蓄所存入人民币 3 万元整（为记名整存整取一年期储蓄存款，未留印鉴或密码）。次年元月 31 日，白某因车祸死亡，该笔存款的存折下落不明。次日，原告委托亲戚陈某办理存款的挂失止付手续。该储蓄所向陈某收取了挂失手续费，在挂失申请书上加盖业务章，并出具挂失申请书第三联单给陈某。同年 2 月 2 日，被告内部监督部门审查认为，该笔挂失“缺乏储户本人身份证，违反银行挂失原则，挂失无效，请立即予以撤销”，并发出内部通知给该储蓄所。同年 8 月 16 日（即该笔存款期限届满后第二天），储蓄所凭取款人所持的存折支付了该笔存款的本息。同年 11 月，当原告何某持继承白某存款的继承公证书等证件再次向储蓄所要求取款时，该储蓄所才将存款已被他人领走的事实告知原告。为此，原告向法院起诉，要求被告支付该款本息。

请分析本案中被告法律责任的认定和法律责任的承担。

法律法规

1. 《中华人民共和国商业银行法》
2. 《中华人民共和国证券法》
3. 《中华人民共和国保险法》
4. 《中华人民共和国信托法》
5. 《中华人民共和国证券投资基金法》
6. 《汽车金融公司管理办法》
7. 《村镇银行管理暂行规定》
8. 《农村资金互助社管理暂行规定》

延伸阅读

1. 北京大学金融法研究中心．金融法苑．北京：中国金融出版社，1998～2011
2. 郭锋主编．金融服务法评论．北京：法律出版社
3. 吴志攀．金融法概论．北京：北京大学出版社，2011
4. 朱崇实主编．金融法教程．第 3 版．北京：法律出版社，2011
5. 强力，王志诚．中国金融法．北京：中国政法大学出版社，2010
6. 岳彩申，盛学军主编．金融法学．北京：中国人民大学出版社，2010
7. 刘少军，张宇锋主编．金融法审判裁断标准．北京：法律出版社，2010
8. 中国金融服务法治网．http：//www. financialservicelaw. com. cn/
9. 中国民商法律网．http：//www. civillaw. com. cn/
10. 中国社会科学院金融研究所．http：//ifb. cass. cn/
11. 西南政法大学经济法研究中心网

第八章　税　法

【内容摘要】

本章主要介绍了税法的基本理论、税法上的主要税种制度以及税收征收管理的主要制度。具体由税收与税法概述、税种分类、典型税种制度、税收征收管理制度等几部分组成。本章阐述了税收与税法的概念及特征、税法的构成要素、税收法律关系、税种分类等基本原理，重点介绍了增值税、消费税、营业税、企业所得税、个人所得税的征收制度，并对房产税、契税、资源税、行为税进行了概略介绍，对税收征收管理的主要制度进行了总结。

一、税收与税法的界定

【知识要点】

（一）税收的概念与特征

税收是指国家为实现其公共职能而凭借政治权力，依法强制、无偿地课征的货币或者财物。它是财政收入的主要形式，是国家参与社会分配的重要手段。

税收与其他财政收入形式相比具有以下三个特征：

1. 强制性。负有纳税义务的社会集团和社会成员，都必须遵守国家强制性的税收法律制度，依法纳税，否则就要受到法律制裁。

2. 无偿性。国家取得税收收入既不需偿还，也不需对纳税人付出任何对价。尽管从社会整体来看，纳税人缴纳的税款与国家提供的公共服务之间具有共同的报偿性（即所谓“取之于民，用之于民”），但就个别纳税人而言，纳税人缴纳的税款与其从国家公共支出中所得到的利益之间并无必然的等值对价关系，因此，税收的无偿性亦称无个别对价性。[①]

3. 固定性。税收是按照国家法律制度规定的标准征收的，在征税之前就以法律形式将课税对象、征收比例或数额等公布于众，然后按事先确定的标准征收。税收的这一特征与税法的税收法定主义原则是密不可分的。

（二）税法的概念及其构成要素

税收属于经济学概念，而税法则属于法学概念。所谓税法，即税收法律制度，是国家权力机关和行政机关制定的用以调整国家与纳税人之间在征纳税方面的权利和义务关系的法律规范的总称。

税法与其他法律规范一样，都是由假定（条件）、处理（行为模式）和制裁（法律后果）三个部分组成的。税法的条件部分是指适用税法的前提，如纳税人的范围、征税对象、纳税环节等；税法的行为模式部分是指税法具体要求税法主体从事或禁止从事何种行为，如应纳税的税种、数额、期限、地点等；税法的法律后果部分是指税法主体一定行为产生的法律后果，包括对合法行为的保护或奖励，对违法行为的制裁。综合来看，税法的构成要素包括：税法主体、征税对象、税目、计税依据、税率、纳税环节、纳税期限、纳税地点、税收特别措施、违法处理。税法构成要素包含了税收课征的实体和程序要件。

1. 税法主体。税法主体是指税法规定的享有税收权利（力）和承担税收义务的当事人，包括征税主体和纳税主体两大类。

征税主体是指依法享有税收征管权力、履行税收征管职能并承担相应税收义务的国家机关。在严格意义上，国家是享有征税权力的唯一主体，但税收征管的各项具体权力又是由各级不同的国家行政机关来行使的。各级财政机关、税务机关、海关是实际履行税收征收管理职能的具体部门。其中，海关总署与地方各级海关主要负责关税的监管，并代征进口环节的增值税、消费税，其他大部分税种则由各级税务机关征收管理。因而，税务机关被认为是最重要的征税主体，负责对各项具体税收活动进行全面、直接、具体的管理。

纳税主体是指依法享有税收权利并承担纳税义务的主体。我国的纳税主体在总体上可从以下两个方面进行划分：（1）狭义的纳税主体。它是指法律、行政法规规定享有税收权利、负有纳税义务的单位和个人，这也是最基本的纳税主体。按照其具体身份的不同，还可分为自然人纳税人、法人纳税人和其他组织纳税人；按照税权行使标准的不同，在个人所得税中纳税主体分为居民纳税人与非居民纳税人，在增值税中纳税主体分为一般纳税人与小规模纳税人。（2）广义的纳税主体。它是指除了前述意义上的纳税主体之外，还包括税收法律、法规规定负有代扣代缴、代收代缴义务的单位和个人，亦即扣缴义务人。

2. 征税对象。征收对象是区别各种不同税种的主要标志，我国税收的分类以及

---

① 参见朱大旗编著：《税法》，5页，北京，中国人民大学出版社，2010。

税法的分类都是依据征收对象的不同而进行的。根据大多数国家税收立法，征收对象主要有四类：即流转额、所得额、财产与行为。依据征收对象的不同，税收被划分为流转税、所得税、财产税、行为税四大税种，进而构成一国税法体系的主体框架。

3. 税目。税目是税法规定的征税的具体项目，可以看做是征税对象在质的方面的具体化。比如，个人所得税的具体税目就包括了工资、薪金所得，个体工商户的生产、经营所得，稿酬所得、特许权使用费所得等共计11项。当涉及的征收对象范围较广时，往往就会将一个抽象的征收对象细分为多个税目。

4. 计税依据。计税依据也称计税标准、计税基数，或简称税基，是指根据税法规定用以计算应纳税额的依据，可以看做是征税对象在量的方面的具体化。计税依据与征收对象往往是一致的，如营业税中作为计税依据与征收对象的都是营业额。当然在一些特殊情况下，计税依据是在明确征收对象基础上的进一步量化。比如个人所得税的一个基本计算公式就是应纳税额＝应纳税所得额×税率。此处的应纳税所得额便是计算最终的应纳税额的一个计算依据或税基，而应纳税所得额是将纳税人所得扣除法定费用后的余额，是在明确个人所得这一基本征收对象基础上的进一步量化。

5. 税率。税率反映的是应纳税额与计税依据之间的数量关系或比率，因而也是衡量税负高低的重要指标，是税法的核心要素。税率可分为比例税率、累进税率和定额税率。比例税率和累进税率适用于从价税的计征，表现为应纳税额与计税基数之间的比率；定额税率也称固定税额，适用于从量税的计征，体现为应纳税额与计税基数之间的数量关系。

（1）比例税率，即对同一征税对象，不论数额大小，均按同一比例计算其应纳税额。比例税率通常适用于流转税，同时，在所得税法规定的税率中，除了工资薪金所得等个别税目适用累进税率外，其他税目均适用20%的税率。比例税率最为显著的优势表现在针对同一征收对象，适用同一税率，税负均等，且计算简便，但同时由于比例税率并不考虑纳税人收入或所得数额的大小，无法有效调节不同纳税人之间的收入水平，因而在实现税收公平方面具有自身的局限性。

（2）累进税率，即根据征税对象数额的大小，划分为几个等级，规定不同的税率，递增征税，数额越大，税率越高，税负也就越重。此种税率一般适用于对所得额征税。由于累进税率根据征收对象数额的大小适用不同的税率，因而能够比较充分地体现税负公平原则。累进税率可以分为全额累进税率与超额累进税率。我国税法中所采用的主要是超额累进税率。全额累进税率是对征税对象的全部数额都按照与之相对应的等级税率征税。因税基较大，故由此计算出的应纳税额就较大，纳税人税负较重。超额累进税率是将征税对象的数额分别按照与之相适应的等级的税率来计征，然后再加总计算总额。因税基被逐级分解，仅仅对高于低等级征税对象的数额部分适用相应的高税率，故由此计算出的应纳税额相对缩小，纳税人税负减轻，有利于体现税收公正。

（3）定额税率，也称固定税率或者固定税额，是指按征税对象的计量单位直接规定其应纳税额的固定数额，而不采用百分比形式。此种税率一般适用于从量计征的税种。

6. 纳税环节。纳税环节是指法律、行政法规规定商品从生产到消费的过程中应当缴纳税款的环节。按纳税环节的多少，可以分为一次征收制与多次征收制。一次征收制，即一种税在商品流转过程中的一个环节征税，如消费税；多次征收制，即一种税在商品流转过程中的多个环节征税，如增值税。纳税环节的规定直接关系到纳税主体、税负大小、税收征纳等问题，是税法重要因素之一。

7. 纳税期限和纳税地点。纳税期限，是指法律、行政法规规定的或征税机关依据法律、行政法规核定的纳税人应当缴纳税款的期限。纳税地点，是指法律、行政法规规定的纳税人申报缴纳税款的地点。纳税时间与纳税地点根据各单行税种的不同而有所区别，其内容在各单行税种立法中有具体规定。

8. 税收特别措施。税收特别措施是指在上述基本的税法要素之外，体现税法规制性特征与调节功能的一系列调整措施，具体包括税收优惠措施与税收重课措施。税收优惠措施主要是指减轻或免除纳税人税收负担的各种措施的总和。这些措施一般采取降低适用税率、减少税基或者直接减免应纳税额的方式来进行，以达到降低税负的目的。最为常用的便是税收减免。这种特别措施一方面彰显税法的激励功能，以鼓励某些特定行为；另一方面彰显税法的保护功能，以扶持某些特定的行业、产业或其他需要保护的事业。税收重课措施则是加重纳税人税收负担的各种措施的总和。较为重要的方式是加倍征收，如针对个人所得畸高的税目进行加成征收。税收重课措施体现的是税法的限制功能，表明税法对社会行为的有力干预与调节。

9. 违法处理。违法处理，是指法律、行政法规规定的征税机关、征税人员、纳税人以及其他当事人违反税法应承担的法律后果。违法处理是税法强制性的集中体现。制裁措施主要包括经济责任、行政责任与刑事责任。

【案例评析】

个人所得税中超额累进税率的运用

1. 案情简介

王某 2008 年 5 月取得的工资薪金所得为 4 400 元，用超额累进税率计算其应纳的个人所得税（按税法规定：月应纳税所得额 500 元以下的税率 5%；超过 500 元不超过 2 000 元的税率 10%，速算扣除数为 25；超过 2 000 元不超过 5 000 元的税率 15%，速算扣除数为 125）。

2. 基本问题

本例涉及的基本问题是对超额累进税率的理解。

3. 知识内容

按照个人所得税法规定，计算王某的月应纳税所得额：应纳税所得额＝4 400－

2 000＝2 400（元）；应纳税额＝500×5％＋（2 000－500）×10％＋（2 400－2 000）×15％＝235（元）。

累进税率是一种变动比例税率。在实际工作中，为了计算简便，往往先用最高税率全额计算税金，然后减去高低税率差别导致的税款差（税法上称之为速算扣除数）。在税率既定的情况下，速算扣除数也是固定的。如果本例用速算扣除数，应纳税所得额＝2 400×15％－125＝235（元）。

【疑难问题】

如何认识税收法律关系的性质？

解答思路：税收法律关系是经税收法律确认与调整之后形成的具有权利与义务内容的社会关系，对税收法律关系的性质的认识在税法学界一直存有争议。主要有两种代表性的观点：一种是税收权力关系说，另一种是税收债务关系说。税收权力关系说将税收法律关系作为国民对国家的课税权的服从来理解，认为在税收法律关系中，国家是作为优越性的、权力性的意志主体出现的，并凭借具体行政权力的作用与具体的税收行政行为而进行税收课征，纳税人必须服从。税收债务关系说认为征税机关与纳税人之间形成的是请求履行税收债务的关系，而并不以行政权（行政行为）的介入为必要条件。将税收法律关系看做与私法上的债相近似的一种法律关系，以蕴涵着平等精神的契约观念取代传统的权力观念，可谓对税收权力关系说在性质上的根本颠覆。两种学说围绕税收法律关系的本质、税收法律关系的主体、税收法律关系的内容等方面都提出了各自不同的主张，而要完整地概括税收法律关系的性质，很难“一元性地归为权力关系和债务关系”[①]。因为在实然的税收法律关系中，可能既包括侧重权力、强制或命令因素的权力关系，亦包括侧重权利、请求、平等因素的债务关系；既包括更正、决定和滞纳处分等从法技术层面来看属于权力关系的内容，亦包括纳税义务成立、纳税申报、税收抵销、税收担保等从法制度体系层面来看属于债务关系的内容；既彰显依程序法进行税款征收过程中的权力实质，亦包括依实体法确立并履行纳税义务过程中的债务内核。总之，以割裂的方式无法对整个税收法律关系的性质作出令人信服的总结性结论。基于税收法律关系可能同时包含上述两方面要素的原因，有学者提出了折中观或二元论。即根据税收法律关系所处的条件范围以及环节、阶段等，分别按税收权力关系说与税收债务关系说来阐明其性质。[②] 比如在税收征纳的程序关系中，具有较为明显的权力服从性质，因而，“权力说”的解释存在合理性；但在税收征纳实体关系中，纳税义务是否能够确立，并非由行政机关单方决定，而是需要依据税法所规定的“课税要素”来具体加以确定，从而“债务说”更具有说服力。

---

① ［日］金子宏：《日本税法》，战宪斌等译，21页，北京，法律出版社，2004。

② 参见张守文：《税法原理》，25页，北京，北京大学出版社，2001。

二、税种的分类

【知识要点】

税种的分类，就其理论基础而言，是主要借助经济学而展开的。但是这种分类可以帮助我们从不同的角度观察和理解各国曾经和仍旧存在的各个税种，而且世界上大多数国家的税收立法也主要基于其中一种分类标准而建立，因此，了解税收的分类标准具有重要的意义。

(一) 所得税、流转税、财产税、行为税

依据征税对象的不同，可将税收划分为所得税、流转税、财产税、行为税。

所得税，以所得为征税对象。"所得"是一个宽泛的概念，包括了总的收益与纯的收益、经济收益与其他收益、经常性的收益与偶然性的收益、合法收益与非法收益。从各国所得税立法来看，作为课税对象的"所得"通常是指纯收益，或者净收入，经济收益，经常性的收益，合法收益。

流转税，以商品以及劳务为征税对象。[①] 具体而言，是对在商品流通、转让过程中产生的价值额以及对所提供的特定劳务进行征税的一种税种。国际上通称为"商品和劳务税"，有些教科书亦简称为"商品税"（商品包括劳务在内）。对于流转税，有必要强调的是：第一，作为征收对象的商品通常指有形动产，以商品作为征收对象的流转税包括增值税、消费税、关税等；作为征收对象的劳务一般是指特定服务行业所提供的劳务，以劳务作为征收对象的流转税主要包括营业税。第二，在流转税的各个具体的税种中，可根据流转额的不同性质，也就是流转总额或流转的增值额而将流转税划分为不同的类型，如营业税是对流转的总额进行征税，增值税是对流转中产生的增值额部分进行征税。

财产税，以财产为征税对象。财产税主要针对某些价额较高、对国民经济影响较大的个别财产，如对不动产或特定动产征税。相对于前面的流转税而言，财产税是抛开财产的流通或交易过程而特别着眼于财产本身设计的税种；而与所得税相比，财产税是对仅依"所得"来衡量纳税人税负能力之不足的有力补充。仅依"所得"来衡量其税负能力往往面临制度上和实践上的限制，比如某些大企业或高额所得者的税负能力并不完全体现在其"所得"上，因而，为体现税负公平的基本要义，有必要"导入一定的财产税作为所得税等的补充"[②]。目前，我国实行的财产税包括资源税、房产税、土地税、契税、车船税等。以土地税为例，围绕土地的占有、使用、收益分别形成了土地使用税、耕地占用税、土地增值税等几个具体的税种，其中土

---

① 一般认为，征税对象主要包括商品、所得与财产三大类，并由此形成流转税（亦称商品税）、所得税与财产税三大税种。亦有学者认为征税对象主要包括商品流转额、所得额与财产额或其他收益。两种观点的区别在于后一种主张将征税对象进行了量化或价值化，并无实质差异。

② [日] 北野弘久：《税法学原论》，陈刚等译，32 页，北京，中国检察出版社，2000。

地增值税与对一般的商品和劳务在流通过程中征收的增值税不同，它的征税对象是土地这种特殊的不动产。

行为税，以特定行为为征税对象。行为税主要是基于对某种行为的鼓励或限制的政策目的，而对从事该种行为的人征收的一种税种，因而也被称为特定目的行为税或特定行为税。比如固定资产投资方向调节税、印花税、城市维护建设税等。这类税种在各国税收立法体系中占据的比例不大。在理论上，有学者认为行为税不属于对商品和所得征税，但与财产的占有、使用和收益有关，因而主张列入财产税中，不再单独列出。[①] 而在税收征纳实践中，考虑到固定资产投资方向调节税税收效益不佳，并且也会随着经济发展的变化和政府职能的转变而降低其功效，2000 年该税已经暂停征收；此外，筵席税经国务院令（第 516 号）宣布已经失效。从整体来看，行为税的内容在现代税法体系中已经逐渐减少。

（二）中央税、地方税、中央地方共享税

依据税权归属的不同，可以将税收划分为中央税、地方税、中央地方共享税。

中央税，是指税收立法权、税收管理权和收入支配权归属于中央政府的税收。地方税，是指税收立法权、税收管理权和收入支配权归属于地方各级政府的税收。在我国税收立法权高度集中于中央政府的情况下，中央税和地方税的划分主要以税收征管权和税收受益权的归属为标准。中央地方共享税，是指中央政府和地方政府按一定的比例分享税收收入，目前由国家税务局负责征收管理。

（三）从价税与从量税

按计税依据不同，可以将税收分为从价税和从量税。从价税，是以征税对象价格为计税依据，其应纳税额随商品价格的变化而变化，能充分体现合理负担的税收政策，大部分税种均采用这一计税方法。从量税，是以征税对象的数量、重量、体积等作为计税依据，其课税数额与征税对象数量相关而与价格无关。

（四）直接税与间接税

直接税是税负不能转嫁于其他人，而由纳税人直接承担税负的税种。这意味着，直接税中法律上的纳税义务人与经济上的税收负担人为同一人。间接税是税负可以转嫁于他人，而纳税人只是间接地承担税负的税种。这又意味着间接税中法律规定的纳税义务人与经济上的税收负担人不为同一人。就几大税种而言，所得税、财产税为直接税，流转税为间接税。

与前文述及的几种分类标准相比，“税负能否转嫁”并非简单代表经济学上的判断，它还涉及税收课征的成本问题、税负公平问题，乃至纳税人的税权问题。因而，不能从单一维度考量两个税种的取舍或优劣。事实上，无论是纳税人直接承担税负的直接税，还是纳税人间接承担税负的间接税，都各自存有利弊。就直接税而言，

---

① 参见张守文：《税法原理》，271 页，北京，北京大学出版社，2001。

它是彰显纳税人主体性的典型税种：纳税人通过自己计算、申报、缴纳税金，树立自身的“税意识”并以此作为参与政治的一种制度形式；它亦是贯彻量能课税与税负公平原则的典型税种，纳税人以能够真实反映其收入状态与纳税能力的净收益申报纳税，既不影响其最低生活标准又可以有效保障税收水平。但直接税的税负不能转嫁，对于纳税人自身而言税负较重，这可能造成纳税人的抗拒心理，因而偷逃税的情况较为普遍，税款流失不易控制；同时直接税的征纳往往需要考虑各种扣除因素（如所得税法中都规定了准许扣除的项目），税收的课征较为复杂，征纳成本偏高。就间接税而言，由于税款可计入成本，纳税人的税负相对较轻，征纳阻力较小，征收成本较低。但间接税具有的税负转嫁的特点亦引发了不小争议，日本著名税法学家北野弘久教授甚至对此提出了尖锐的批评。[①] 他认为间接税中实际承担税负的税收负担人并不具有税收法律关系人的法律地位，他们不能从法律上主张任何权利；间接税违背了量能课税与税负公平的原则，因为间接税的大部分实际承担者是广大的消费者，间接税具有累退性的特点；甚至“租税转嫁”本身“只不过是摆在税法上的概念区别，现实中‘直接税的间接税化’或‘间接税的直接税化’现象却比比皆是”[②]。由上观之，直接税的优势所在恰是间接税无法实现的，反之，直接税的弊端又正好为间接税所弥补。直接税与间接税均无法完全替代对方，考虑到直接税的税种设计更加契合税法的基本原则与公平正义的法律精神，因此，建立一个以直接税为中心的税法体系是必要的，间接税则主要发挥其经济优势，利用其税基宽、税源稳定、税收征纳便捷的特点确保税收收入的水平。

（五）价内税与价外税

依据价格与税收的关系，可将税收划分为价内税与价外税。价内税是指征税对象的价格中包含税款的税种形式，如消费税、营业税。当商品经过多个流通环节最终为消费者获得时，消费者所支付的价款实际上是一种由前面诸多环节转嫁而来的含税的价格。价外税是指征税对象的价格中不包含税款的税种形式，如增值税。购买者是在支付商品价款之外，另行向卖方支付的按规定的税率计算出来的税款，而买方在这一环节所缴纳的税款又可以通过他自身的销售活动转移到下一环节从而得到足额补偿，直至最终的消费者。价外税可以有效避免价内税出现的重复稽征的情况。这是因为，作为价内税的消费税和营业税，是对商品流转过程中形成的价值总额征税，因此，税务机关在上一环节已经征收的税收，在下一个环节按全额征收时又会重复征收一次，使得生产同种商品的不同企业因为流转环节的不同，而承担的税负有所不同。而作为价外税的增值税，是对商品流转过程中形成的价值增额部分征收，因此，税务机关在上一环节已经征收的税收，在下一个环节征纳中就从应纳

---

① 参见［日］北野弘久：《税法学原论》，陈刚等译，25～26页，北京，中国检察出版社，2000。

② 北野弘久教授所说的“直接税的间接税化”或“间接税的直接税化”是指经营者在税法规定不能进行税负转嫁而采取此种措施或者税法规定能进行税负转嫁而不采取此种措施的情况，以此表明理论上的分类与现实之间的距离。

税额中予以扣除，也就是只对在本环节内新创造的价值征税，从而克服了重复稽征的现象。

【案例评析】

增值税作为价外税的性质问题

1. 案情简介

某企业为一般纳税人，购进原材料取得增值税专用发票，注明金额 160 000 元，增值税额 27 200 元，材料验收入库。

2. 基本问题

本例表明增值税具有价外税的性质问题。

3. 知识内容

增值税属于价外税，即在征税对象价格之外另行向买方征收的税收。

【疑难问题】

如何认识所得税的征税范围?

解答思路：在理解所得税的征税范围时，需要注意以下几方面的问题：其一，纳税人在一定期间内获取的总收益，在严格意义上，不被纳入所得税范畴。但曾经长期存在的农业税是以农业常年产量计算的农业收入为计税依据，属于对总收益课税的税种，2006 年 1 月 1 日起农业税已经废止。其二，经常性的收益是所得税征税的主要对象，但并不排斥偶然性的所得，比如在个人所得税法上偶然所得是法定税目之一。其三，对于非法收益是否纳入所得税的征收范围，目前理论界存在不同的观点。传统观点认为非法收益不应纳入所得税征收范围，理由是目前已经颁行的《个人所得税法》、《企业所得税法》及其实施细则等法律法规都对自然人和法人的应税所得作出规定，并没有将非法所得明确包含在内，如果不能从所得税法和立法意图中合乎逻辑地推出应税所得包含非法所得，那么法律解释就应当局限于现有法律，不能超越法律规定。另一种观点认为违法行为产生的收益，如赌博、贩毒、贪污、盗窃等违法收益只要满足课税要素，并符合所得税的具体课税要件就可以进行征税。原因在于，首先，税收征收的主要判断基准乃是税法意义上的经济效果，因此只需依据税法的课征要素与具体的课税要件对一定的行为或事实作出判断，而无须对该行为是否违反其他法律进行实质审查。其次，“所得”本身乃是一个税法的固有概念，是将社会生活或经济生活中的行为和事实直接纳入税法规定，并参照税法的宗旨和目的、根据税法自己的见解来确定其含义的一个概念。因而某一利益所得是否构成税法意义上的“所得”并非以构成利益所得原因的行为和事实的法律评价来确定，而是以业已实现了的经济性成果来确定[①]，只要该利益增加了纳税人的税负能力，达到课税标准就进入了税法的调整范围。再次，如果仅对合法所得征税而不对非法所得征税，有失公允。本书赞成后一种观点，认为对非法收益征税并不会出现一般公众所担心的因税收课征致使违法行为合法化的问题。该违法行为被相关行政职能部门或司法机关查处并产生违法收益被依法没收、追缴或返还被害人等情况时，征税机关可与相关机构协调，采取退税或其他更正措施。

三、我国的主要税种制度

【知识要点】

（一）增值税

增值税是以商品销售额和应税劳务营业额为计税依据，运用税款抵扣原则计算征收的一种流转税。其实质是对增值额课税。所谓增值额就是企业或个人在生产经营过程中新创造的那部分价值，相当于商品价值扣除在生产过程中消耗的生产资料的转移价值之后的余额，它主要包括工资、利润、利息、租金和其他属于增值性的费用。各国在制定增值税法律制度确立应纳税增值额时，除对纳税人外购生产资料中非固定资产的价值予以普遍扣除外，对于外购生产资料中固定资产的价值扣除会采取不同的做法，从而形成生产型增值税、收入型增值税和消费型增值税三种类型。

生产型增值税是指在计算应纳税增值额时，不允许扣除外购固定资产所含税款的增值税。由于从整个社会而言，负担税款的是生产资料和消费资料，相当于国民生产总值，故被称为生产型增值税。

收入型增值税，是指在计算应纳税增值额时，只允许扣除外购固定资产当期折旧部分所含税款的增值税。由于从整个社会而言，相当于对国民收入征税，故被称为收入型增值税。

消费型增值税，是指在计算应纳税增值额时，允许一次性全部扣除外购固定资产所含税款的增值税。这种类型的增值税使纳税人用于生产的全部生产资料都不在课税范围。从整个社会而言，课税对象实际上是消费资料，故被称为消费型增值税。

我国增值税制度的主要内容如下：

1. 征税范围。凡在我国境内销售货物或者提供加工、修理修配劳务以及进口货物的，均属增值税的征收范围。属于应缴纳营业税的交通运输业、建筑业、金融保险业、邮电通信业、文化体育业、娱乐业、服务业税目在增值税上属非应税劳务，不属增值税的征收范围。

2. 纳税主体。凡在我国境内销售货物或者提供加工、修理、修配劳务及进口货物的单位和个人为增值税纳税义务人。增值税纳税义务人分为一般纳税人和小规模纳税人。

---

① 参见［日］金子宏：《日本税法》，战宪斌等译，91～92 页，北京，法律出版社，2004。

小规模纳税人是指年销售额在规定标准以下，不能按规定报送有关增值税的税务资料，会计核算不健全的纳税人。按照规定，小规模纳税人的标准是：

（1）从事货物生产或者提供应税劳务的纳税人，以及以从事货物生产或者提供应税劳务为主，并兼营货物批发或者零售的纳税人，年应征增值税销售额在50万元以下（含本数）的。

（2）除前（1）规定以外的纳税人，年应税销售额在80万元以下（含本数）的。

（3）年应税销售额超过小规模纳税人标准的其他个人按小规模纳税人纳税；非企业性单位、不经常发生（增值税）应税行为的企业可选择按小规模纳税人纳税。

一般纳税人是指年应征增值税销售额超过国务院财政、税务部门规定的小规模纳税人标准的纳税人。小规模纳税人会计核算健全，能够提供准确税务资料的，也可以向税务机关申请一般纳税人资格认定，除国家税务总局另有规定外，纳税人一经认定为一般纳税人后，不得转为小规模纳税人。

划分一般纳税人与小规模纳税人的意义在于两者计算应纳增值税的方法有明显区别：一般纳税人可以使用增值税专用发票，并采用“抵扣法”抵扣发票上注明的已纳增值税额；小规模纳税人不得使用增值税专用发票，不能进行税款抵扣，而是按照销售额乘以规定的征收率的简易方法计算纳税。

3. 税率。我国增值税的税率依照中性和简便原则设计。一般纳税人适用的税率具体分三档，即基本税率、低税率和零税率。

基本税率为17%。纳税人销售或者进口货物，提供加工、修理修配劳务的，一般适用17%的基本税率。

低税率为13%。适用于下列货物的销售或进口：（1）粮食、食用植物油；（2）自来水、暖气、冷气、热水、煤气、石油液化气、天然气、沼气、居民用煤炭制品；（3）图书、报纸、杂志；（4）饲料、化肥、农药、农机、农膜；（5）国务院规定的其他货物。

零税率仅适用于法律不限制或不禁止的报关出口的货物，以及输往海关管理的保税区等特殊区域的货物。零税率与增值税制度中的出口退税制度直接相关，按照增值税的一般原理，以前各环节缴纳的增值税税款在出口环节都可以通过税款抵扣，申请出口退税。零税率是一种税收优惠政策。

小规模纳税人适用的税率自2009年1月1日起统一规定为3%。

4. 计税依据和方法。增值税以不含增值税税金的价格为计税依据。

（1）一般纳税人销售货物或者提供应税劳务，应纳税额为当期销项税额抵扣当其进项税额后的余额。其计算公式为：

应纳税额＝当期销项税额－当期进项税额

①销项税额的确定

当期销项税额＝销售额×税率

销项税额在销售额之外一并向购买方收取。一般纳税人销售货物或提供应税劳务采用销售额和销项税额合并计算的，作为计税依据的销售额的计算公式为：销售额＝含税销售额/（1＋税率）。纳税人销售货物或者提供应税劳务的价格明显偏低而无正当理由，或者视同销售行为而无销售额的，由主管机关按下列顺序核定其销售额：第一，按纳税人最近时期同类货物的平均销售价格确定；第二，按其他纳税人最近时期同类货物的平均销售价格确定；第三，按组成计税价格确定，公式为：组成计税价格＝成本×（1＋成本利润率），如该货物属于应征消费税的范围，其组成计税价格还应加上消费税税额。

②进项税额的确定

准予从销项税额中抵扣进项税额的项目限于下列在增值税扣税凭证上载明的增值税额：一是纳税人购进货物或应税劳务，从销售方取得的增值税专用发票上记载的增值税额；二是纳税人进口货物，从海关取得的海关进口增值税专用缴款书上记载的增值税额；三是购进农产品，除取得增值税专用发票或海关进口增值税专用缴款书外，按照农产品收购发票或者销售发票上记载的农产品买价和13％的扣除率计算进项税额；四是购进或销售货物以及在生产经营过程中支付运输费用的，按照运输费用结算单据上记载的运输费用金额和7％的扣除率计算进项税额。

下列情形不得从销售税额中抵扣进项税额的项目：纳税人取得的增值税扣税凭证不符合法律、法规或国务院税务主管部门有关规定的；用于非增值税应税项目、免征增值税项目、集体福利或者个人消费的购进货物或者应税劳务的进项税额；非正常损失的购进货物及相关的应税劳务的进项税额；非正常损失的在产品、产成品所耗用的购进货物或者应税劳务的进项税额；国务院财政、税务主管部门规定的纳税人自用消费品的进项税额；前述所列款项涉及的货物运输费用和销售免税货物的运输费用计算的进项税额；小规模纳税人不得抵扣进项税额。此外，如果一般纳税人会计核算不健全，或者不能够提供准确税务资料；纳税人销售额超过小规模纳税人标准，未申请办理一般纳税人认定手续的（除《增值税暂行条例实施细则》第29条规定外），均应按销售额依照增值税税率计算应纳税额，不得抵扣进项税额，亦不得使用增值税专用发票。

（2）小规模纳税人缴纳增值税实行简易方法，即按照销售额乘以3％的征收率。其计算公式为：

应纳税额＝销售额×征收率

纳税人进口货物，按照组成计税价格和规定的税率计算应纳税额，不得抵扣任何税款。

（二）消费税

消费税是以特定的消费品（或消费行为）的流转额为征税对象的一种税。

我国消费税制度的主要内容如下：

1. 征税范围。《消费税暂行条例》以列举方式确立了消费税的征收范围。1994年列入消费税征收范围的消费品共分5类11个税目。第一类是对人类健康、社会秩序、生态环境等方面有害的特殊消费品，如烟、酒及酒精、鞭炮、焰火；第二类是奢侈品和非生活必需品，如贵重首饰及珠宝玉石、化妆品；第三类是高能耗及高档消费品，如小汽车、摩托车；第四类是不能再生和不可替代的石油类消费品，如汽油、柴油；第五类是具有财政意义的消费品，如汽车轮胎、护肤护发品。我国消费税的征收范围随着国家经济发展和消费结构的变化已经做了多次调整。

2. 纳税主体。在中华人民共和国境内从事生产、委托加工和进口应税消费品的单位和个人为消费税纳税义务人。消费税主要是一种对生产环节征收的流转税、间接税①，虽然并不直接体现消费者是纳税人，但消费税的实际承担者是最终消费者。

3. 税目和税率。1994 年开征消费税时共设置了 11 个税目、13 个子目。为适应社会经济形势的变化，进一步完善税制，我国在 2006 年 3 月 20 日发布了《关于调整和完善消费税政策的通知》，对消费税的税目、税率及相关政策进行了重大调整。2008 年以来，我国又相继调整了部分乘用车、成品油的消费税。目前根据 2009 年新修订的《消费税暂行条例》及其实施细则，我国除酒类中的黄酒、啤酒以及成品油实行定额税率、从量计征，粮食和薯类白酒、卷烟实行复合征税外，大部分应税消费品采取比例税率，从价计征，最高税率为 45%，最低税率为 1%。

纳税人兼营不同税率的应税消费品的，应当分别核算不同税率应税消费品的销售额、销售数量。未分别核算销售额、销售数量，或者将不同税率的应税消费品组成成套消费品销售的，从高适用税率。

4. 计税依据和方法。消费税实行从价定率和从量定额的办法计算应纳税额，按不同消费品分别采用比例税率和定额税率。实行从价定率征收的消费税以应税消费品的销售额为计税依据，实行从量定额征收的消费税以销售数量为计税依据。值得注意的是，自 2005 年 5 月 1 日和 6 月 1 日起，粮食白酒、薯类白酒和卷烟开始实行从价定率和从量定额复合计税的办法计算应纳税额。

从价定率方法，即用销售额乘以税率，用公式表示为：

应纳税额＝应税消费品的销售额×税率

从量定额方法，即用销售数量乘以单位税额，用公式表示为：

应纳税额＝应税消费品的销售数量×单位税额

从价定率和从量定额复合方法，其计算公式为：

应纳税额＝应税消费品的销售数量×定额税率＋应税消费品的销售额×比例税率

（三）营业税

营业税是对在我国境内从事应税劳务、转让无形资产、销售不动产的单位和个人，根据其提供应税劳务的营业额、转让无形资产的转让额或者销售不动产的销售额所征收的一种税。

我国营业税制度的主要内容如下：

---

① 也存在一些在销售环节缴纳消费税的特别规定。比如自 1995 年 1 月 1 日起，金银首饰消费税由生产销售环节（包括进口环节）改为零售环节征收，相应的金银首饰消费税的纳税人，是在我国境内从事金银首饰零售业务或受托加工（另有规定除外）、受托代销金银首饰的受托方。自 2002 年 1 月 1 日起，钻石及钻石饰品也由生产、进口环节改为零售环节纳税，相应的钻石及钻石饰品消费税的纳税人，是在我国境内从事钻石及钻石饰品零售业务的单位和个人。

1. 征税范围。征税范围包括交通运输业、建筑业、金融保险业、邮政电信业、文化体育业、娱乐业、服务业税目征收范围的劳务，销售不动产和转让无形资产。加工和修理修配劳务属于增值税的征收范围，不属于营业税的应税劳务。单位或个体经营者聘用的员工为本单位或雇主提供的劳务，也不属于营业税的应税劳务。应税劳务的提供与不动产、无形资产的转让属于有偿行为，即以取得货币、货物或其他经济利益为条件。但纳税人有下列情形之一的，视为有偿，视同发生应税行为，应当计征营业税：

(1) 单位或个人将不动产或土地使用权无偿赠送给其他单位或个人；

(2) 单位或个人新建建筑物后销售，其所发生的自建行为；

(3) 财政部、国家税务总局规定的其他情形。

营业税的征收范围还有以下特殊规定：

(1) 金融机构从事的外汇、有价证券、期货买卖业务应征收营业税；非金融机构和个人买卖外汇、有价证券或期货不征收营业税。

(2) 混合销售行为（一项销售行为既涉及应税劳务又涉及货物）的计税方式与企业主营业务有关。除另有规定者外，从事货物生产、批发或零售的企业、企业性单位和个体工商户，以及以从事货物生产、批发或零售为主，并兼营应税劳务的企业、企业性单位和个体工商户的混合销售行为，视为销售货物，不缴纳营业税，应当缴纳增值税；其他单位和个人的混合销售行为，视为提供应税劳务，缴纳营业税。这里的例外规定是指《营业税暂行条例实施细则》第 7 条，纳税人的下列混合销售行为，应当分别核算应税劳务的营业额和货物的销售额，其应税劳务的营业额缴纳营业税，货物销售额缴纳增值税；未分别核算的，由主管税务机关核定其应税劳务的营业额：①提供建筑业劳务的同时销售自产货物的行为；②财政部、国家税务总局规定的其他情形。

(3) 纳税人兼营应税行为和货物或者非应税劳务的，应当分别核算应税行为的营业额和货物或者非应税劳务的销售额，其应税行为营业额缴纳营业税，货物或者非应税劳务销售额缴纳增值税，不缴纳营业税；未分别核算的，由主管机关核定其应税行为的营业额。

2. 纳税主体。在中华人民共和国境内提供应税劳务、转让无形资产或者销售不动产的单位和个人，为营业税的纳税人。单位，是指企业、行政单位、事业单位、军事单位、社会团体及其他单位；个人，是指个体工商户和其他个人。除另有规定外，负有营业税纳税义务的单位原则上为发生应税行为并收取货币、货物或者其他经济利益的单位，不包括单位依法不需要办理税务登记的内设机构。依据《营业税暂行条例实施细则》，关于营业税的纳税主体还有以下特殊规定：

(1) 单位以承包、承租、挂靠方式经营的，承包人、承租人、挂靠人（以下统称承包人）发生应税行为，承包人以发包人、出租人、被挂靠人（以下统称发包人）名义对外经营并由发包人承担相关法律责任的，以发包人为纳税人；否则以承包人为纳税人。

(2) 中央铁路运营业务的纳税人为铁道部，合资铁路运营业务的纳税人为合资铁路公司，地方铁路运营业务的纳税人为地方铁路管理机构，基建临管线运营业务的纳税人为基建临管线管理机构。

3. 税目和税率。营业税的税目、税率基本上是按行业设置的。税目为9个，税率分3%和5%的比例税率以及5%—20%的幅度比例税率。具体适用情况为：交通运输业、建筑业、邮电通信业、文化体育业适用的税率为3%；服务业、转让无形资产、销售不动产及金融保险业适用的税率为5%；娱乐业适用5%—20%的幅度比例税率。

4. 计税依据和方法。营业税的计税依据为纳税人的营业额。营业额为纳税人提供应税劳务、转让无形资产或销售不动产向对方收取的全部价款和价外费用。其中价外费用包括收取的手续费、补贴、基金、集资费、返还利润、奖励费、违约金、滞纳金、延期付款利息、赔偿金、代收款项、代垫款项、罚息及其他各种性质的价外收费，但不包括同时符合法定条件代为收取的政府性基金或者行政事业性收费。我国还对营业额确定的特殊方法进行了规定。

营业税按照营业额和规定的税率计算，其计算公式为：

应纳税额＝营业额×税率

(四) 企业所得税

企业所得税是指对中华人民共和国境内的一切企业（除外商投资企业和外国企业外），就其来源于中国境内和境外的生产经营所得和其他所得而征收的一种税。

我国企业所得税制度的主要内容如下：

1. 征税范围。企业所得税征税范围是企业生产、经营所得和其他所得。生产、经营所得，是指从事物质生产、交通运输、商品流通、劳务服务，以及经国务院财政部门确认的其他营利事业取得的所得。其他所得，是指股息、利息、租金、转让各类资产、特许权使用费以及营业外收益等所得。企业的生产、经营所得和其他所得，包括来源于中国境内、境外的所得。企业应纳税所得额是指纳税人每一纳税年度的收入总额，减除不征税收入（财政拨款；依法收取并纳入财政管理的行政事业性收费、政府性基金；国务院规定的其他不征税收入）、免税收入、各项扣除以及允许弥补的以前年度亏损后的余额。

2. 纳税主体。企业所得税的纳税义务人是指取得应税收入并依法应向我国政府缴纳企业所得税的企业和组织。这里的“企业和组织”既包括依照中国法律、法规在中国境内成立的企业、事业单位、社会团体以及其他取得收入的组织，也包括依照外国（地区）法律成立的企业和其他取得收入的组织。具体包括国有企业、集体企业、私营企业、联营企业、中外合资经营企业、中外合作经营企业、外资企业、外国企业、事业单位、社会团体等，但是不包括个人独资企业和合伙企业。我国2007年颁布的《企业所得税法》改变了过去《企业所得税暂行条例》以列举及“独立核算法定条件”方式（即纳税人是同时具备在银行开设结算账户；独立建立账簿，编制财务会计报表；独立计算盈亏等条件的企业或者组织）界定纳税人的做法，采取国际通例，以营利性标准将各类企业和其他取得收入的组织纳入企业所得税的征税范围，使纳税主体范围的界定更为全面、科学。依据《企业所得税法》的规定，我国企业所得税纳税主体分为居民企业和非居民企业。

（1）居民企业是指依法在中国境内成立，或者依照外国（地区）法律成立但实际管理机构在中国境内的企业。“实际管理机构”是指对企业的生产经营、人员、账务、财产等实施实质性全面管理和控制的机构。居民企业负有绝对纳税义务，应当就其来源于中国境内、境外的所得（包括销售货物所得、提供劳务所得、转让财产所得、股息和红利等权益性投资所得、利息所得、租金所得、特许权使用费所得、接受捐赠所得和其他所得）缴纳企业所得税。

（2）非居民企业是指依照外国（地区）法律成立且实际管理机构不在中国境内，但在中国境内设立机构、场所的，或者在中国境内未设立机构、场所，但有来源于中国境内所得的企业。非居民企业承担有限纳税义务。非居民企业在中国境内设立机构、场所的，应当就其所设机构、场所取得的来源于中国境内的所得，以及发生在中国境外但与其在中国所设机构、场所有实际联系的所得，缴纳企业所得税；非居民企业在中国境内未设立机构、场所的，或者虽设立机构、场所但所取得的所得与其在中国所设机构、场所没有实际联系的，应当就其来源于中国境内的所得缴纳企业所得税。所谓“实际联系”，是指非居民企业在中国境内设立的机构、场所拥有据以取得所得的股权、债权，以及拥有、管理、控制据以取得所得的财产等。

3. 税率。企业所得税的税率及其适用分为以下三种情况：

（1）法定基本税率25%。在一般情况下，居民企业应当就其来源于中国境内、境外的所得，在中国境内设立机构场所的非居民企业应当就其所设机构场所取得的来源于中国境内的所得，以及发生在中国境外但与其在中国境内所设机构场所有实际联系的所得，按照25%的基本税率计算缴纳企业所得税。

（2）预提所得税税率20%。非居民企业在中国境内未设立机构、场所的，或者虽设立机构、场所但取得的所得与其所设立机构、场所没有实际联系的，应当就其来源于中国境内的所得，按照20%的税率计算缴纳企业所得税。但是，依据《企业所得税法实施条例》的规定，我国目前实际减按10%的税率征收预提所得税。

（3）优惠税率20%和15%。对符合条件的小型、微型企业，减按20%的税率征收企业所得税；对国家需要重点扶持的高新技术企业，减按15%的税率征收企业所得税。

4. 计税依据和方法。企业所得税的计税依据是企业的应纳税所得额，应纳税所得额的计算分成以下几种情况：

（1）应纳税所得额的一般计算

应纳税所得额＝每一纳税年度的收入总额－不征税收入－免税收入
－各项扣除－允许弥补的以前年度亏损

①收入总额

纳税人的收入总额包括：销售货物收入、提供劳务收入、转让财产收入、股息和红利等权益性投资收益、利息收入、租金收入、特许权使用费收入、接受捐赠收入、其他收入。

企业应纳税所得额的计算，以权责发生制为原则，属于当期的收入和费用，不论款项是否收付，均作为当期的收入和费用；不属于当期的收入和费用，即使款项已经在当期收付，均不作为当期的收入和费用。但特殊情况下企业可以分期确定收入的实现，并据以计算应纳税所得额。

②不征税收入

不征税收入包括：财政拨款；依法收取并纳入财政管理的行政事业性收费；依法收取并纳入财政管理的政府性基金；国务院规定的其他不征税收入。

③免税收入

免税收入与前述不征税收入不同。不征税收入是不具备可课税性而不列入征税范围的收入，其从性质和根源上不属于企业营利性活动产生的收益；免税收入则是具备可课税性，属于企业的应税所得，但基于特定经济或社会政策目标而免于征税的收入。

下列收入属于企业免税收入：国债利息收入；符合条件的居民企业、红利等权益性投资收益；在中国境内设立机构、场所的非居民企业从居民企业取得与该机构、场所有实际联系的股息、红利等权益性投资收益，但不包括连续持有居民企业公开发行并上市流通的股票不足 12 个月取得的投资收益；符合条件的非营利组织的收入，不包括非营利组织从事营利性活动取得的收入，但国务院财政、税务主管部门另有规定的除外。

④准予扣除项目

准予扣除项目是企业实际发生的与取得收入有关的、合理的支出，包括成本、费用、税金、损失和其他支出。另外，企业发生的合理工资薪金支出、企业为职工缴纳的基本社会保险费和住房公积金支出、企业借款费用支出、符合法定条件的企业利息支出、汇兑损失、企业依法提取的环境保护或生态恢复方面的专项资金、财产保险费支出、租赁费支出、合理的劳动保护支出、分摊的总机构费用支出（非居民企业在中国境内设立的机构、场所，就其中国境外总机构发生的与该机构、场所生产经营有关的费用，能够提供总机构出具的费用汇集范围、定额、分配依据和方法等证明文件，并合理分摊的）准予扣除；企业发生的职工福利费支出中不超过工资薪金总额 14%的部分、企业拨缴的工会经费中不超过工资薪金总额 2%的部分、企业发生的职工教育经费支出中不超过工资薪金总额 2.5%的部分、企业发生的符合条件的广告费和业务宣传费中不超过当年销售（营业）收入 15%的部分、企业发生的公益性捐赠支出中不超过年度利润总额 12%的部分准予扣除；企业发生的与生产经营活动有关的业务招待费支出按照发生额的 60%准予扣除，但最高不得超过当年销售（营业）收入的 5‰。

⑤不得扣除的项目

下列收入不得从收入总额中扣除：向投资者支付的股息、红利等权益性投资收益款项；企业所得税税款；税收滞纳金；罚金、罚款和被没收财物的损失；非公益性捐赠支出及超过规定标准的公益性捐赠支出；赞助支出；未经核定的准备金支出；企业对外投资期间投资资产的成本；企业之间支付的管理费、企业内营业机构之间支付的租金和特许权使用费，以及非银行企业内营业机构之间支付的利息；除企业依照国家有关规定为特殊工种职工支付的人身安全保险费和国务院财政、税务主管部门规定可以扣除的其他商业保险费外，企业为投资者或职工支付的商业保险费；其他与取得收入无关的支出。

⑥亏损弥补

企业纳税年度发生的亏损，准予向以后年度结转，用以后年度的所得弥补，但结转年限最长不得超过5年。

纳税人如果以会计上的利润总额为基础，则应纳税所得额计算公式为：

应纳税所得额＝会计利润总额＋纳税调整增加数－纳税调整减少数

（2）核定征收时的应纳税所得额计算

居民企业纳税人具有下列情形之一的，应当采取核定征收方式征收企业所得税：依照法律、行政法规的规定可以不设置账簿的；依照法律、行政法规的规定应当设置但未设置账簿的；擅自销毁账簿或者拒不提供纳税资料的；虽设置账簿，但账目混乱或者成本资料、收入凭证、费用凭证残缺不全，难以查账的；发生纳税义务，未按照规定的期限办理纳税申报，经税务机关责令限期申报，逾期仍未申报的；申报的计税依据明显偏低，又无正当理由的。

核定征收方式包括核定应税所得率与核定应纳所得税额，由税务机关根据纳税人具体情况选择确定。如果采取某一种方式不足以正确核定应纳税所得额或应纳税额的，可以同时采用两种以上的方法核定。采用两种以上方法测算的应纳税额不一致时，可以从高核定。采取应税所得率方式核定征收企业所得税的，其应纳税所得额计算公式为：

应纳税所得额＝应税收入额×应税所得率

（3）实行源泉扣缴的非居民企业应纳税所得额计算

非居民企业在中国境内未设立机构、场所或者虽设立机构、场所但取得的所得与该所设机构、场所没有实际联系的，在这种情况下，对该非居民企业实行源泉扣缴，以支付人为扣缴义务人。该非居民企业来源于中国境内所得的应纳税所得额计算按照下列规定进行：

①股息、红利等权益性投资收益和利息、租金、特许权使用费所得，以收入全额为应纳税所得额；

②转让财产所得，以收入总额减去财产净值后的余额为应纳税所得额；

③其他所得，参照前两项规定的方法计算应纳税所得额。

5. 企业所得税应纳税额的计算

企业所得税应纳税额等于纳税人应纳税所得额乘以适用税率，并减除按照《企业所得税法》和国务院的税收优惠规定减征、免征和抵免的应纳税额后的余额。计算公式为：

应纳税额＝应纳税所得额×税率－减免税额－抵免税额

6. 企业所得税征纳过程中的特殊制度

企业所得税征纳过程中，涉及两项特殊制度，一是税收抵免制度，二是特别纳税调整制度。

（1）税收抵免

税收抵免是一种避免对跨国纳税人所得进行双重征税的重要制度。税收抵免可以分为直接抵免和间接抵免、全额抵免和限额抵免等。

依据《企业所得税法》的规定，企业取得的下列所得已在境外缴纳所得税税额，可以从其当期应纳税额中抵免，抵免限额为该项所得依照税法规定计算的应纳税额；超过抵免限额的部分，可以在以后5年内，用每年度抵免限额抵免当年应抵税额后的余额进行抵补：

第一，居民企业来源于中国境外的应税所得；

第二，非居民企业在中国境内设立机构、场所，取得发生在中国境外但与该机构、场所有实际联系的应税所得。

以上规定体现我国对纳税人实行的直接抵免与限额抵免。此外，我国税法还规定了间接抵免制度，即居民企业从其直接或间接控制的外国企业分得的来源于中国境外的股息、红利等权益性投资收益，外国企业在境外实际缴纳的所得税税额中属于该项所得负担的部分，可以作为该居民企业的可抵免境外所得税税额，在上述的抵免限额内抵免。

（2）特别纳税调整

特别纳税调整是指税务机关基于反避税目的而对纳税人特定纳税事项所做的税务调整，包括针对纳税人转让定价、避税港避税、资本弱化及其他避税情况所做的税务调整等。特别纳税调整主要适用于关联企业领域。

①转让定价的特别纳税调整

第一，纳入特别纳税调整的行为表现。

企业与其关联方之间的业务往来，不符合独立交易原则而减少企业或者关联方应纳税收入或所得额的行为，将纳入特别纳税调整的范畴。独立交易原则是指没有关联关系的交易各方，按照公平成交价格和营业常规进行业务往来遵循的原则。

第二，特别纳税调整的具体方式。

税务机关有权按照下列合理方式进行调整：可比非受控价格法，是指按照没有关联关系的交易各方进行相同或者类似业务往来的价格进行定价的方法；再销售价格法，是指按照从关联方购进商品再销售给没有关联关系的交易方的价格，减除相同或者类似业务的销售毛利进行定价的方法；成本加成法，是指按照成本加合理的费用和利润进行定价的方法；交易净利润法，是指按照没有关联关系的交易各方进行相同或者类似业务往来取得的净利润水平确定利润的方法；利润分割法，是指将企业与其关联方的合并利润或者亏损在各方之间采用合理标准进行分配的方法；其他符合独立交易原则的方法。

第三，特别纳税调整的辅助手段。

包括规定预约定价安排，即企业可以就其未来年度关联交易的定价原则和计算方法，向税务机关提出申请，与税务机关按照独立交易原则协商、确认后达成协议，税收征纳双方将据此协议来解决关联交易的定价及相应税收问题；规定纳税人等当事人的相关报表资料的提供义务，即税务机关在进行关联业务调查时，企业及其关联方以及与关联业务调查有关的其他企业，应当按照规定提供相关资料；规定应纳税所得额的核定方法，即税务机关依法核定企业的应纳税所得额时可以采用参照同类或类似企业的利润率水平、按照企业成本加合理费用和利润的方法、按照关联企业集团整体利润的合理比例等方法核定。

②对避税地的反避税措施

为防止企业利用国外的避税地的低税负将利润转移到设在避税地的关联企业，逃避国内纳税义务，我国《企业所得税法》规定了反避税措施，即由居民企业或者由居民企业和中国居民控制的设立在实际税负明显低于税法规定的税率水平的国家（地区）的企业，并非由于合理的经营需要而对利润不做分配或者减少分配的，上述利润中应归属于该居民企业的部分，应当计入该居民企业的当期收入。所谓“明显低于税法规定的税率水平”是指低于《企业所得税法》第 4 条第 1 款规定税率的 50%，即实际税负水平低于 12.5%。

③限制资本弱化的反避税措施

资本弱化是指企业为实现避税目的而降低权益性投资的比重、提高债权性投资的比重的行为。资本弱化行为将增加企业借款利息支出，从而减少企业所得税的税前扣除，属于典型的避税行为。我国《企业所得税法》规定企业从其关联方接受的债权性投资和权益性投资的比例超过法定标准而发生的利息支出，不得在计算应纳税所得额时扣除。

④对无合理商业目的行为的反避税措施

为规制企业从事具有其他多种避税目的的避税行为，我国《企业所得税法》规定，企业实施其他不具有合理商业目的的安排而减少其应纳税收入或所得额的，税务机关有权按照合理方法调整。

（五）个人所得税

个人所得税是对我国境内的个人从中国境内外取得的所得和境外个人来源于我国境内的所得征收的一种税。

我国个人所得税制度的主要内容如下：

1. 征税范围。我国采取的是分项所得税制，具体包括：工资、薪金所得，个体工商户生产、经营所得，对企事业单位的承包、承租经营所得，劳务报酬所得，稿酬所得，特许权使用费所得，利息、股息、红利所得，财产租赁所得，财产转让所得，偶然所得和其他所得。

2. 纳税主体。个人所得税的纳税义务人为在中国境内有住所或者无住所而在境内居住满 1 年的个人及在中国境内无住所又不居住或者无住所而在境内居住不满 1 年的个人。在中国境内有住所或者无住所而在境内居住满 1 年的个人在税法上称为居民纳税人；在中国境内无住所又不居住或者无住所而在境内居住不满 1 年的个人，有来源于中国境内应纳税所得的个人，在税法上称为非居民纳税人。根据《个人所得税法》及其实施条例的规定，居民纳税人应就其来源于我国境内和境外的所得对我国政府负有纳税义务，同时享受以下优惠措施：对在中国境内无住所，但是居住1年以上5年以下的个人，其来源于中国境外的所得，经主管税务机关批准，可以只就中国境内公司、企业以及其他经济组织或个人支付的部分缴纳个人所得税；对于在我国境内居住超过5年的个人，从第6年起应就其来源于中国境外的全部所得缴纳个人所得税。非居民纳税人只对来源于我国境内的所得对我国政府负有纳税义务。但对在中国境内无住所且在一个纳税年度内在中国境内连续或累计居住不足90天的个人，其来源于中国境内的所得，由境外雇主支付并且不由该雇主在中国境内的机构、场所负担的部分，免于缴纳个人所得税。

3. 税率。个人所得税的税率分项目确定：工资、薪金所得适用九级超额累进税率，最低级为3%，最高级为45%；个体工商户的生产、经营所得和对企事业单位的承包、承租经营所得适用五级超额累进税率，最低级为5%，最高级为35%；稿酬所得，适用比例税率，税率为20%，并按应纳税额减征30%，实际税率为14%；劳务报酬所得，适用三级超额累进税率，最低级为20%，最高级为40%；特许权使用费所得，利息、股息、红利所得，财产租赁所得，财产转让所得，偶然所得和其他所得，适用20%的比例税率。值得注意的是，储蓄存款利息从2007年8月15日起减按5%的比例税率征收个人所得税，后国务院又决定自2008年10月9日起对储蓄存款利息所得暂免征收个人所得税；2001年1月1日起，对个人出租房屋取得的财产租赁所得暂减按10%的税率征收个人所得税。

4. 计税依据和方法。个人所得税的计税依据为个人取得的各项应纳税所得减去按规定标准扣除费用后的余额。因个人所得的项目不同，其扣除标准也不相同。根据2011年修订的《个人所得税法》的规定，不同所得项目的应纳税所得额计算如下：

(1) 工资、薪金所得，以每月收入额减除费用3 500元后的余额，为应纳税所得额。对在中国境内无住所而在中国境内取得工资、薪金所得的纳税义务人和在中国境内有住所而在中国境外取得工资、薪金所得的纳税义务人，可以根据其平均收入水平、生活水平以及汇率变化情况确定附加减除费用，附加减除费用适用的范围和标准由国务院规定。目前确定的附加减除费用标准为2 800元。

(2) 个体工商户的生产、经营所得，以每一纳税年度的收入总额减除成本、费用以及损失后的余额，为应纳税所得额。

(3) 企事业单位的承包经营、承租经营所得，以每一纳税年度的收入总额，减除必要费用后的余额，为应纳税所得额。目前确定的减除费用为按月减除2 000元。

(4) 劳务报酬所得，稿酬所得，特许权使用费所得，财产租赁所得，每次收入不超过4 000元的，减除费用800元；4 000元以上的，减除20%的费用，其余额为应纳税所得额。

(5) 财产转让所得，以转让财产的收入额减除财产原值和合理费用后的余额，为应纳税所得额。

(6) 利息、股息、红利所得，偶然所得和其他所得，以每次收入额为应纳税所得额。

5. 个人所得税应纳税额的计算

(1) 工资薪金所得、个体工商户的生产经营所得、企事业单位的承包承租经营所得的应纳税额计算

应纳税额=应纳税所得额×适用税率−速算扣除数

(2) 稿酬所得应纳税额的计算

①每次收入不足 4 000 元的:

应纳税额=应纳税所得额×适用税率×(1−30%)=(每次稿酬收入−800)×20%×(1−30%)

②每次收入超过 4 000 元的:

应纳税额=应纳税所得额×适用税率×(1−30%)=每次稿酬收入×(1−20%)×20%×(1−30%)

(3) 特许权使用费所得、财产租赁所得应纳税额的计算

①每次收入不足 4 000 元的:

应纳税额=应纳税所得额×适用税率=(每次收入额−800)×20%

②每次收入超过 4 000 元的:

应纳税额=应纳税所得额×适用税率=每次收入额×(1−20%)×20%

(4) 劳务报酬所得应纳税额的计算

劳务报酬每次收入的应税所得额超过 2 万元的,按加成征收的规定计算应纳税额。应纳税所得额超过 2 万元至 5 万元的部分,依照税法规定计算应纳税额后再按应纳税额加征五成,超过 5 万元的部分,加征十成。

应纳税额=应纳税所得额×税率−速算扣除数=每次收入额×(1−20%)×税率−速算扣除数

(5) 利息、股息、红利所得,偶然所得和其他所得应纳税额的计算

应纳税额=利息、股息、红利所得,偶然所得和其他所得每次收入额×20%

(6) 个人捐赠的应纳税额的计算

个人将其所得通过中国境内的社会团体、国家机关向教育和其他社会公益事业以及遭受严重自然灾害地区、贫困地区的捐赠,捐赠额未超过纳税义务人申报的应纳税所得额 30%的部分,可以从其应纳税所得额中扣除。计算公式为:

捐赠限额=应纳税所得额×30%

允许扣除的捐赠额=实际捐赠额小于或等于捐赠限额的部分

应纳税额=(应纳税所得额−允许扣除的捐赠额)×税率−速算扣除数

6. 个人所得税征纳过程中的税收抵免制度

依据《个人所得税法》及其实施条例的规定,纳税人从中国境外取得的所得,准予其在应纳税额中扣除已在境外缴纳的个人所得税税额,但扣除额不得超过该纳税人境外所得依照我国《个人所得税法》规定计算的应纳税额。计算原则是分国(地区)、分项目抵扣法,具体方式是:区别来自不同国家(地区)和不同应税项目,依照我国《个人所得税法》规定的费用减除标准和适用税率计算扣除限额;对于同一国家或地区的不同应税项目,依照我国税法计算的应纳税额之和为来自该国或地

区所得的扣除限额。

如果纳税人在中国境外的国家或地区实际已经缴纳的个人所得税税额低于依照上述规定计算出的扣除限额，则应当在中国缴纳差额部分的税款；超过依照上述规定计算出的扣除限额，则超过部分不得在本纳税年度的应纳税额中扣除，可以在以后纳税年度的该国或地区的扣除限额的余额中补扣，该补扣期限最长不超过5年。

(六) 财产税、特定行为税和资源税

1. 财产税

财产税是指对拥有应纳税财产的纳税人征收的一种地方税，包括房产税、契税等。

房产税，是指以城市、县城、建制镇和工矿区范围的房产为征收对象的一种税。纳税人为房产的所有人。其中，产权属于全民的，纳税人为其经营管理人；产权出典的，为其承典人；产权所有人、承典人不在房产所在地或产权未确定以及租典纠纷没有解决的，由房产代管人或使用人缴纳。房产税的税率采用比例税率，以房产价格计征的，年税率为1.2%；以租金收入计征的，年税率为12%。此外，从2001年起，对个人按市场价格出租的居民用房，可暂减按4%的税率征收房产税；从2008年3月1日起，对企事业单位、社会团体以及其他组织按市场价格向个人出租用于居住的住房，减按4%的税率征收房产税；从2010年起重庆、上海两地作为对个人住房征收房产税的试点城市分别颁布个人住房房产税征收管理实施细则，将原来立法中限于城镇经营性房屋而排除个人所有的非营业房产的征税范围扩大至个人住房。

契税，是指以财产所有权发生转移变动时的不动产价值为征税对象，向产权承受人征收的一种税。契税的征税范围具体包括国有土地使用权出让、土地使用权转让、房屋买卖、房屋赠与、房屋交换等。契税的纳税人具体是指国有土地使用权出让或转让中的受让人、房屋的买主、房屋的受赠人、房屋交换中多交付货币或实物的交换方。契税适用3%～5%的幅度税率。契税的适用税率，由省、自治区、直辖市人民政府在前款规定的幅度内按照本地区的实际情况确定，并报财政部和国家税务总局备案。契税的计税依据为：国有土地使用权出让、土地使用权出售、房屋买卖的计税依据为成交价格；土地使用权赠与、房屋赠与的计税依据，由征收机关参照土地使用权出售、房屋买卖的市场价格核定；土地使用权交换、房屋交换的计税依据为所交换的土地使用权、房屋的价格的差额。如果成交价格明显低于市场价格并且无正当理由的，或者所交换土地使用权、房屋的价格的差额明显不合理并且无正当理由的，由征收机关参照市场价格核定。

2. 特定行为税

特定行为税，又称特定目的税，是指对某些特定行为征收的一种税。它具有分散、灵活的特点。征收特定行为税的主要目的是对某种行为加以监督、管理和限制。我国征收的特定行为税包括固定资产投资方向调节税（2000年起暂停征收）、印花税、城市维护建设税。固定资产投资方向调节税是对在中国境内进行固定资产投资的单位和个人就其固定资产投资项目实际完成额征收的一种税收，该种税收在一定

时期对于调整我国投资结构、引导投资方向、促进国民经济持续稳定发展起到了显著的作用，但伴随着经济发展形势的变化，尤其是面对亚洲金融危机以后通货紧缩、投资低迷的情况，国家决定从2000年起暂停征收固定资产投资方向调节税。印花税是对在经济活动和经济交往中书立、领受具有法律效力的凭证的行为征收的一种税。城市建设维护税是对从事工商业经营，缴纳增值税、消费税、营业税的单位和个人，以其实际缴纳的增值税、营业税、消费税税额为计税依据，与“三税”同时缴纳的一种税。

3. 资源税

资源税是以自然资源为征税对象的税类。自然资源是指未经人类加工而可以利用的天然物质资源，它包括空中、地上、地下的资源，如土地、森林、河流、草原、海洋、阳光、空气、风能等资源。资源税类的最显著特征是具有选择性，即作为征税对象的自然资源是指那些具有商品属性、有交换价值和使用价值的自然资源。征收资源税的主要目的是为了促进资源的合理开发和有效利用，合理调节资源的级差收入，创造平等竞争环境，增加财政收入。

资源税有广义和狭义之分，广义上的资源税，是指对资源级差收入征税，即对开发、使用我国资源的单位和个人，就各地的资源结构和开发、销售条件差别所形成的级差收入征收的一种税。广义上的资源税除了包括《资源税暂行条例》规定的狭义资源税之外，还包括城镇土地使用税、耕地占用税、土地增值税。

狭义上的资源税，是指对在我国境内开采原油、天然气、煤炭、其他非金属矿原矿、黑色金属矿原矿、有色金属矿原矿、盐的单位和个人取得的收入征收的一种税。该税根据国务院1993年12月25日发布的《资源税暂行条例》征收。

【案例评析1】

一般纳税人增值税计算问题

1. 案情简介

某企业为增值税一般纳税人，2009年5月发生以下业务：

（1）从农业生产者手中收购玉米40吨，每吨收购价为3 000元，共计支付收购价款120 000元。企业将收购的玉米从收购地直接运往异地的某酒厂生产加工药酒，酒厂在加工过程中代垫辅助材料款15 000元。药酒加工完毕，企业收回药酒时取得酒厂开具的增值税专用发票，注明加工费30 000元、增值税额5 100元，加工的药酒当地无同类产品市场价格。本月内企业将收回的药酒批发售出，取得不含税销售额260 000元，另外支付给运输单位的销货运输费用12 000元，取得普通发票。

（2）购进原材料取得增值税专用发票，注明金额160 000元，增值税额27 200元，材料验收入库。本月生产加工一批新产品450件，每件成本价380元（无同类产品市场价格），全部售给本企业职工，取得不含税销售额171 000元。月末，盘存发现上月购进的原材料被盗，金额 50 000 元（其中含分摊的运输费用 4 650 元）。

2. 基本问题

本例涉及对企业增值税、消费税的计算问题。

3. 知识内容

关于委托加工应税消费品，酒厂代收代缴的消费税税额计算。按增值税法的规定，收购农产品可以按照农产品买价和 13%的扣除率计算进项税额，因此，本例购进玉米可抵扣的进项税额为 120 000×13%=15 600 元，购进玉米的材料成本=120 000−120 000×13%=104 400 元。按消费税法的规定，受托加工的药酒应由受托方代收代缴消费税，由于该酒厂无同类消费品的销售价格，故应按组成计税价格计税。药酒的组成计税价格=（材料成本+加工费）/（1−消费税税率）=166 000 元，酒厂应代收代缴的药酒消费税=组成计税价格×税率=16 600 元。

关于药酒销售行为，应当依法缴纳增值税的计算。企业当月销项税额=260 000×17%=44 200 元，当月可抵扣的进项税额包括：购进玉米按购进金额和 13%的扣除率计算的进项税额；运费按运费发票注明金额和 7%的扣除率计算的进项税额；加工费按专用发票注明的税额抵扣。故当月进项税额=120 000×13%+5 100+12 000×7%=21 540 元，当月应纳增值税=当期销项税额−当期进项税额=22 660 元。

关于自产货物出售给职工行为的应纳增值税计算。将自产货物出售给职工个人消费应视同销售货物的行为，应当计征增值税，由于是新产品，纳税人无当月或最近时期同类货物的销售价格，也无同类产品市场价格可以参照，故首先应按组成计税价格计算销售额：单位组成计税价格=成本×（1+成本利润率）=380×(1+10%）=418 元，销售额=单位组成计税价格×数量=188 100 元，当月销项税额=销售额×税率=188 100×17%=31 977 元。其次，确定当期可以抵扣的进项税额：外购已验收入库的货物进项税额可以抵扣，但被盗货物的进项税额不得抵扣，已经抵扣的应冲减当期进项税额。计算不得抵扣的进项税额时，要将被盗货物的进项税额与其运费中的进项税额分别计算。由于运费是按普通发票载明的金额全额的 7%计算可以抵扣的进项税额的，故计入成本的运费实际上只相当于支付运费全额的 93%。应当首先将该运费还原为含税运费，然后再将被盗物品运费中包含的进项税额从可以抵扣的进项税额中冲减。因此，可以抵扣的进项税额=27 200−［（50 000−4 650）×17%+4 650/（1−7%）×7%］=19 140.5 元。应纳增值税=当期销项税额−当期进项税额=12 836.5 元。

【案例评析 2】

企业所得税计算问题

1. 案情简介

A 企业为我国居民企业，其 2010 年的经营业务如下：

（1）取得销售收入 2 500 万元；

（2）销售成本 1 100 万元；

（3）发生销售费用 670 万元（其中广告费 450 万元），管理费用 480 万元（其中业务招待费 15 万元），财务费用 60 万元；

（4）销售税金 160 万元（含增值税 120 万元）；

（5）营业外收入 70 万元，营业外支出 50 万元（含通过公益性社会团体向贫困山区捐款 30 万元，支付税收滞纳金 8 万元）；

（6）计入成本、费用中的实发工资总额 150 万元、拨缴职工工会经费 3 万元、支出职工福利费和职工教育经费 29 万元。

计算 A 公司 2010 年度实际应纳的企业所得税税额。

2. 基本问题

本例涉及企业所得税计算中扣除项目的确定问题。

3. 知识内容

首先，计算 A 公司的利润总额：2 500－1 100－670－480－60－（160－120）＋70－50＝170 万元。

其次，计算 A 公司的纳税调增额与调减额。

纳税调增额：广告费扣除限额＝2 500×15％＝375 万元，广告费调增额＝450－375＝75 万元；业务招待费扣除限额＝2 500×5‰＝12.5 万元，在扣除限额内按招待费的实际发生额的 60％扣除，即 15×60％＝9 万元，业务招待费调增额＝15－9＝6 万元；捐赠性支出扣除限额＝170×12％＝20.4 万元，捐赠性支出调增额＝30－20.4＝9.6 万元；税收滞纳金不允许扣除，此部分应调增 8 万元；职工工会经费、福利费和职工教育费应调增额＝3＋29－（150×2％＋150×14％＋150×2.5％）＝4.25 万元。A 公司共计调增额为 102.85 万元。

纳税调减额：0。

A 公司 2010 年应纳税额＝（170＋102.85－0）×25％＝68.212 5 万元。

【疑难问题】

1. 在增值税征纳过程中，涉及哪些特殊经营行为，如何对其进行税务处理？

解答思路：在增值税征纳过程中，涉及如下特殊经营行为的税务处理问题：

（1）兼营不同税率的货物或应税劳务的税务处理问题

如某农业机械厂既生产销售税率为 13％的农机，又利用本厂设备从事税率为 17％的加工、修理修配业务；某农村信用社既销售税率为 17％的家用电器，又销售税率为 13％的农药。上述企业的销售行为如何计税？

本例涉及兼营不同税率货物或应税劳务的计税问题。兼营不同税率的货物或应税劳务的行为是指纳税人生产或销售不同税率的货物，或者既销售货物又提供应税劳务。比如依照《增值税暂行条例》的规定，对于上述兼营行为的税务处理方法是：

应当分别核算不同税率货物或者应税劳务的销售额，未分别核算销售额的，从高适用税率。所谓分别核算，主要是指对兼营的不同税率货物或应税劳务在取得收入后，应分别如实记账，分别核算销售额，并按照不同的税率各自计算应纳税额，以避免适用税率混乱，出现少缴或多缴税款的现象。未分别核算销售额的，从高适用税率，比如本应按 17%或 13%高低不同税率分别计税，但由于未分别核算，因此对混在一起的销售额统一按 17%高税率计征。

(2) 兼营非应税劳务行为的税务处理问题

如某墙纸材料销售商店，从事多种经营业务，既进行墙纸批发、零售，又对外承揽墙纸安装、装饰业务。对该商店行为应当如何计税？

本例涉及兼营非应税劳务行为的计税问题。兼营非应税劳务行为是指增值税纳税人在从事应税货物或提供应税劳务的同时，还从事非应税劳务（营业税规定的各项业务），且从事的非应税劳务与某一项销售货物或提供应税劳务并无直接的关系，在这种情况下，应当分别核算货物或应税劳务以及非应税劳务的销售额，对货物和应税劳务的销售额按增值税适用税率征收增值税，对非应税劳务的营业额按适用的税率征收营业税。如果不分别核算或不能准确核算应税货物、应税劳务和非应税劳务销售额的，其非应税劳务应与货物或应税劳务一并征收增值税。

(3) 混合销售行为的税务处理问题

如某生产冰箱的企业向某地商场批发 100 台冰箱，双方协议由该企业动用自己的交通运输工具向商场运货，商场交付运输费。该企业在此次销售活动中取得的收入应当如何计税？

本例涉及混合销售行为如何计税的问题。混合销售行为是指一项销售行为既涉及增值税应税货物又涉及非应税劳务。非应税劳务是指属于应缴营业税的交通运输业、建筑业、金融保险业、邮电通信业、文化体育业、娱乐业、服务业税目征收范围的劳务。出现混合销售行为，涉及的货物和非应税劳务是针对一项销售行为而言的，并不是完全独立的两种行为，非应税劳务是为直接销售一批货物而提供的。对混合销售行为的税务处理方法是：从事货物的生产、批发或零售的经营者，以及以从事货物的生产、批发或零售为主，兼营非应税劳务的经营者，视为销售货物，应当征收增值税；其他单位和个人的混合销售行为，视为提供非应税劳务，不征收增值税。“以从事货物的生产、批发或零售为主，并兼营非应税劳务”是指纳税人年货物销售额与非应税劳务营业额的合计数中，年货物销售额超过 50%，非应税劳务营业额不到 50%。在上例中，生产冰箱的企业在销售活动中发生了销售货物和不属于增值税规定的劳务的混合销售行为，视为销售货物，就其取得的货款和运输费一并作为货物销售额，按 17%税率征收增值税，对其取得的运输收入不再单独征收营业税。

2. 在消费税征纳过程中，涉及哪些特殊行为，如何对其进行税务处理？

解答思路：(1) 自产自用应税消费品的计税问题

如某化妆品公司 2009 年将一批自产的化妆品用做职工福利，护肤品的成本为 6 000元，该化妆品无市场同类产品销售价格，但已知其成本利润率为 5%，消费税税率为30%。对该批自产自用的消费品是否纳税？如何计征消费税？

自产自用是指纳税人生产应税消费品后，不是直接用于对外销售，而是用于自己连续生产应税消费品或其他方面。自产自用是经济活动中一种非常常见的方式，但也容易在是否纳税及如何纳税上出现问题。纳税人自产自用的应税消费品用于连续生产应税消费品的，不纳税。“用于连续生产应税消费品”是指作为生产最终应税消费品的直接材料并构成最终产品实体的应税消费品。比如卷烟厂生产出烟丝，烟丝本身是应税消费品，卷烟厂再用生产出的烟丝连续生产卷烟，在这种情况下，用于连续生产卷烟的烟丝就不缴纳消费税，只对生产的卷烟征收消费税。纳税人自产自用的应税消费品用于其他方面时，应当于移送使用时纳税。“用于其他方面”是指纳税人用于生产非应税消费品和在建工程，管理部门、非生产机构，提供劳务，以及用于馈赠、赞助、集资、广告、样品、职工福利、奖励等方面的应税消费品。比如石化工厂将自己生产的柴油用于本厂基建工程的车辆、设备使用，摩托车厂将自己生产的摩托车赠送或赞助给摩托车拉力赛赛手使用，兼做商业广告等。上述行为视同销售，应当依法缴纳消费税。

纳税人自产自用的应税消费品计征消费税时，按照纳税人生产的同类消费品的销售价格计算纳税，即纳税人当月销售的同类消费品的销售价格。如果当月同类消费品各期销售价格高低不同，应按照销售数量加权平均计算，但销售的应税消费品价格明显偏低又无正当理由的或无销售价格的，不得列入加权平均计算。如果没有同类消费品销售价格的，按照组成计税价格计算纳税。组成计税价格与应纳税额的计算公式：

实行从价定率办法计算纳税的组成计税价格计算公式：

组成计税价格＝（成本＋利润）÷（1－比例税率）

实行复合计税办法计算纳税的组成计税价格计算公式：

组成计税价格＝（成本＋利润＋自产自用数量×定额税率）÷（1－比例税率）

应纳税额＝组成计税价格×适用税率

在上例中，纳税人自产应税消费品并将其用于职工福利，应当在移送使用时缴纳消费税。由于无同类产品销售价格，按照组成计税价格计征消费税。

（2）委托加工应税消费品的计税问题

如某乡镇企业将购买的小客车底盘和零部件提供给某汽车改装厂，加工组装成小客车供自己使用。该委托加工的消费品是否缴纳消费税？如何计征消费税？

委托加工应税消费品是指由委托方提供原料和主要材料，受托方收取加工费和代垫辅助材料加工的应税消费品。对于由受托方提供原材料生产的应税消费品或者受托方先将原材料卖给委托方，然后再接受加工的应税消费品，以及由受托方以委托方名义购进原材料生产的应税消费品，不论纳税人在财物上是否做销售处理，都不得作为委托加工应税消费品，而应当按照销售自制应税消费品缴纳消费税。构成委托加工应税消费品的，由受托方代收代缴消费税。没有同类消费品销售价格的，按照组成计税价格计算纳税。组成计税价格与应纳税额的计算公式：

实行从价定率办法计算纳税的组成计税价格计算公式：

组成计税价格＝（材料成本＋加工费）÷（1－比例税率）

实行复合计税办法计算纳税的组成计税价格计算公式：

组成计税价格＝(材料成本＋加工费＋委托加工数量×定额税率）÷（1－比例税率）

应纳税额＝组成计税价格×适用税率

对于不符合委托加工应税消费品限定条件的，不论纳税人在财物上是否做销售处理，都不得作为委托加工应税消费品，而应当按照销售自制应税消费品缴纳消费税。

上例中乡镇企业委托加工应税消费品，应当由受托方即客车厂代收代缴消费税。

四、税收征收管理制度

【知识要点】

税收征收管理制度是税务机关代表国家行使征税权，指导纳税人和其他税务当事人履行法定义务，依法对日常税收活动进行组织、管理、监督和检查的基本制度，是整个税务管理活动的重要组成部分。

我国现行税收征收管理法律规定了以下几项主要制度：

（一）税务登记制度

税务登记是税务机关依照《税收征收管理法》的规定，对纳税人的生产、经营活动的基本状况进行登记管理的一项制度。它是建立法定的税收征纳关系的起点，是税务机关对纳税人实施管理、了解税源情况的基本手段。税务登记根据办理登记的具体情况不同，可分为开业登记、变更登记和注销登记。

（二）账簿、凭证管理制度

纳税人、扣缴义务人应当按照有关法律、行政法规和国务院财政、税务主管部门的规定设置账簿，根据合法、有效凭证记账，进行核算。从事生产、经营的纳税人、扣缴义务人必须按照规定的期限保管账簿、记账凭证、完税凭证及其他有关资料，并不得伪造、变造或者擅自毁损上述资料。

税务机关对所有发票进行统一管理，其主要内容有：发票的种类、联次、内容和使用范围由国家税务总局规定；发票的印制由省、自治区、直辖市税务机关指定的企业印制，但增值税专用发票由国家税务总局统一印制；发票的领购、开具和保管都要符合法律规定。

（三）纳税申报制度

纳税申报是纳税人、扣缴义务人为了正确履行纳税义务或扣缴义务，就有关纳税事项向税务机关提出书面申报的一种法定手续。我国税法规定，纳税人、扣缴义务人必须在法律、行政法规规定的申报期限内办理纳税申报，报送纳税申报表、财务会计报表及税务机关根据实际需要要求其报送的其他纳税资料。

纳税人在享受减税、免税待遇期间也应当按照规定办理纳税申报。纳税人、扣缴义务人应当在规定的期限内办理纳税申报，如果确有困难需要延期的，应当在规定的期限内向税务机关提出书面延期申请，经税务机关核准后，在核准的期限内办理。

（四）税款征收制度

税款征收是指税务机关按照事先确定的标准，采取查账征收、查定征收、查验征收、委托征收等方法形成的税收收入过程。它是税收征收管理工作的中心环节。

依法征税是税务机关在征税过程中必须严格遵循的一个原则。因此，税务机关必须依照法律、行政法规的规定征收税款，不得违反法律、行政法规的规定开征、停征、多征或者少征税款。

（五）纳税担保、税收保全和税收强制执行制度

税务机关认为从事生产、经营活动的纳税人有逃避纳税义务行为的，可以在规定的纳税期之前，责令其限期缴纳应纳税款；在限期内发现纳税人有明显的转移、隐匿其应纳税商品、货物及其他财产或者应税收入迹象的，税务机关可以责成纳税人提供纳税担保。此外，有下列情形的，也可以适用纳税担保：欠缴税款、滞纳金的纳税人或者其法定代表人需要出境的；纳税人同税务机关在纳税上发生争议而未缴清税款，需要申请行政复议的；税收法律、行政法规规定可以提供纳税担保的其他情形。

如果纳税人不能提供纳税担保，经县以上税务局（分局）局长批准，税务机关可以采取书面通知纳税人开户银行或者其他金融机构暂停支付纳税人金额相当于应纳税款的存款，扣押、查封纳税人的价值相当于应纳税款的商品、货物或者其他财产等税收保全措施。

纳税义务人、扣缴义务人或纳税担保人未按期纳税的，由税务机关责令其限期缴纳，逾期仍未缴纳的，经县以上税务局（分局）局长批准，税务机关可以采取书面通知其开户银行或者其他金融机构从其存款中扣缴税款，扣押、查封、依法拍卖或者变卖其价值相当于应纳税款的商品、货物或者其他财产，以拍卖或者变卖所得抵缴税款等强制执行措施。

（六）税收优先制度

税收优先是指为了保证国家财政收入的稳定、可靠，增强税法的可操作性和刚性，在税收法律上确定税款优先于其他债权或款项支付的制度。2001 年修改的《税收征收管理法》第一次规定了这项制度。

税务机关征收税款，税收优先于无担保债权，但法律另有规定的除外；纳税人欠缴的税款发生在纳税人以其财产设定抵押、质押或者纳税人的财产被留置之前的，税收应当先于抵押权、质权、留置权执行。

纳税人欠缴税款，同时被行政机关决定处以罚款、没收违法所得的，税收优先

于罚款、没收违法所得。

【案例评析】

税收优先权问题

1. 案情简介

2003年8月16日，因为某市物资经贸公司欠缴增值税69万多元，并在规定的期限内未缴纳所欠税款，该市国税局小岗分局将其"凌志400型"轿车予以查封，未到车辆管理部门办理查封手续。2003年11月2日，小岗分局委托该市经济技术开发区商信拍卖行，对轿车进行拍卖。2003年11月30日拍卖成交，买受人为该市散装水泥办公室，拍卖成交价为19万元人民币。小岗分局扣除拍卖佣金后，余款17万多元，于2003年12月20日上缴国库，用以抵缴税款。

"凌志400型"轿车，后又被该市河口区人民法院执行庭，在处理物资公司和另外一家私营公司的经济纠纷时，进行查封扣押。在散装水泥办公室递交了执行异议申请后，河口区人民法院仍然在2004年3月16日，下达了执行异议裁定书，认定小岗分局未到车辆管理部门办理查封手续，因此查封行为不合法，强行将散装水泥办公室已合法购置，但尚未办理过户手续的凌志轿车，抵偿给物资公司的另一债权人。2004年6月25日，买受人市散装水泥办公室，将商信拍卖行、市国税局小岗分局作为共同被告，向该市经济技术开发区人民法院提起诉讼。

2. 基本问题

本例涉及税收优先权的性质、认定及行使问题。

3. 知识内容

根据《税收征收管理法》的规定，税收优先权是指税收优先于无担保的债权，以及欠缴的税款优先于设立在后的担保物权得以实现的权利。在本案中判断税款是否具有优先地位，主要是根据两笔债权成立的时间以及各自的性质，是否到相关部门完成查封程序不影响税收优先权的成立与行使。本例中，税收优先权依法成立，市国税局小岗分局有权就纳税人财产进行查封、扣押、拍卖或变卖，就其所得价款抵偿欠缴税款。拍卖行的行为也并无不当。原告作为拍卖品的合法买受人，其不宜采取民事诉讼的方式追究拍卖行与小岗分局的责任，其认为法院的执行行为违反法律规定的，有权依据《最高人民法院关于适用〈中华人民共和国民事诉讼法〉执行程序若干问题的解释》、《民事诉讼法》的相关规定，向负责执行的法院提出书面异议，对异议裁定不服的，可以在规定时间内向上一级法院申请复议。值得注意的是，《民事诉讼法》规定对法院已经查封、扣押、冻结的财产任何机关不得再行查封、扣押、冻结，否则法院有权根据《民事诉讼法》第102条的规定予以罚款、拘留，构成犯罪的要追究刑事责任，但并未规定人民法院可否对其他机关已合法查封扣押的财产予以二次查封，甚至于二次执行。因此，对税收优先权的保护还亟待制度完善。

【疑难问题】

采取税收保全措施与税收强制执行措施的条件及应注意的事项分别是什么?

解答思路：采取税收保全措施的条件是：第一，纳税人有逃避纳税义务的行为；第二，必须是在规定的纳税期之前和责令限期缴纳应纳税款的限期内，如果纳税期和责令缴纳应纳税款的限期届满，纳税人还没有缴纳应纳税款的，税务机关可以按规定采取强制执行措施。采取税收保全措施应当注意的问题是遵循税收保全的法定程序。采取税收保全措施的法定程序是：首先，税务机关有根据认为纳税人有逃避纳税义务行为的，可以在规定的纳税期之前，责令限期缴纳应纳税款；其次，在限期内，纳税人有明显转移、隐匿应纳税商品、货物以及其他财产或应纳税的收入迹象的，税务机关可以责令纳税人提供纳税担保；再次，纳税人不提供纳税担保的，经法定程序可以冻结纳税人的存款；最后，如果纳税人没有存款、存款不足或者税务机关无法掌握其存款情况的，税务机关可以扣押、查封纳税人的价值相当于应纳税款的商品、货物或其他财产。

采取税收强制执行措施的条件是：第一，纳税人、扣缴义务人未按照规定的期限缴纳或者解缴税款，纳税担保人未按照规定的期限缴纳所担保的税款；第二，由税务机关规定限期缴纳；第三，上述主体逾期仍未缴纳。采取税收强制执行措施应当遵守法定的程序，即经县以上税务局（分局）局长批准，书面通知其开户银行或其他金融机构，从其存款中扣缴税款；没有存款或存款不足的，税务机关可以拍卖、变卖其价值相当于应纳税款的商品、货物或者其他财产，以拍卖、变卖所得抵缴税款。同时应当注意，对于被执行人必要的生产工具、生活必需品应当予以保留，不得对其进行扣押、查封、拍卖或者变卖。

实务训练

位于城市市区的一家电视机生产企业（以下简称甲企业）和一家百货商场（以下简称乙商场）均为增值税一般纳税人。2009 年 3 月份发生以下业务：

(1) 甲企业销售给乙商场一批电视机，不含税销售额为 70 万元，采用托收承付方式结算，货物已经发出，托收手续已经办妥，但尚未给乙商场开具增值税专用发票。甲企业支付销货运费 4 万元并取得运输发票。

(2) 因乙商场 2008 年 12 月份从甲企业购进一批电视机的货款 10 万元、增值税 1.7 万元尚未支付，经双方协商同意，本月乙商场以一批金银首饰抵偿此笔债务并由乙商场开具增值税专用发票，乙商场该批金银首饰的成本为 8 万元，若按同类商品的平均价格计算，该批首饰的不含税价格为 10 万元；若按同类商品最高销售价格计算，该批首饰的不含税价格为 11 万元。

(3) 甲企业本月依据乙商场上年销售电视机的销售额按 1%的比例返还现金

5.85 万元，甲企业未开具红字发票。乙商场收到返还的现金后，向甲企业开具了普通发票。

（4）甲企业购进一台气缸容量为 2.4 升的小汽车，取得增值税专用发票，支付金额 20 万元、增值税 3.4 万元。

（5）甲企业本月购进原材料取得增值税专用发票，支付金额 18 万元、增值税 3.06 万元。

（6）因甲企业管理不善，从乙商场取得的金银首饰被盗 40%。

（7）乙商场零售金银首饰取得含税销售额 10.53 万元，其中包括以旧换新首饰的含税销售额 5.85 万元。在以旧换新业务中，旧首饰作价的含税金额为 3.51 万元，乙商场实际收取的含税金额为 2.34 万元。

（8）乙商场销售粮食、食用植物油、鲜奶取得含税销售额 22.6 万元，销售家用电器取得含税销售额 58.5 万元。

（9）乙商场采购商品取得增值税专用发票，注明的增值税额合计为 3.5 万元。

（说明：有关票据在本月均通过主管税务机关认证并申报抵扣；增值税月初留抵税额为 0；金银首饰的消费税税率为 5%。）

根据以上资料，回答以下问题：

（1）计算甲企业 3 月份的增值税进项税额。

（2）计算甲企业 3 月份应缴纳的增值税。

（3）计算乙商场 3 月份以金银首饰抵偿债务应缴纳的消费税。

（4）计算乙商场 3 月份以金银首饰抵偿债务的增值税销项税额。

（5）计算乙商场 3 月份零售金银首饰应缴纳的消费税。

（6）计算乙商场 3 月份零售金银首饰的增值税销项税额。

（7）计算乙商场 3 月份应缴纳的增值税。

此题综合考察在经济交往活动中，交易双方应纳增值税、消费税的计算问题。

（1）甲企业 3 月份的增值税进项税额

4×7%+1.7+3.06−1.7×40%=4.36（万元）

（2）甲企业 3 月份应缴纳的增值税

70×17%−4.36=7.54（万元）

（3）乙商场 3 月份以金银首饰抵偿债务应缴纳的消费税

抵偿债务应按最高价计算消费税：

11×5%=0.55（万元）

（4）乙商场 3 月份以金银首饰抵偿债务的增值税销项税额

抵偿债务应按平均价计算增值税销项税额：

10×17%=1.7（万元）

（5）乙商场 3 月份零售金银首饰应缴纳的消费税

（10.53−5.85）÷1.17×5%+2.34÷1.17×5%=0.3（万元）

（6）乙商场 3 月份零售金银首饰的增值税销项税额

（10.53−5.85）÷（1+17%）×17%+2.34÷（1+17%）×17%=1.02（万元）

(7) 乙商场 3 月份应缴纳的增值税

1.7＋1.02 ＋［22.6÷（1＋13%）×13%＋58.5÷1.17×17%］－［3.5－5.85÷（1＋17%）×17%］＝11.17（万元）

课后练习

某知名财经网站，具有增值电信业务经营资质，2010 年 3 月发生以下业务：

(1) 开展“金牌理财师”远程培训业务，取得培训费收入 130 万元，并向学员出售配套培训教材取得收入 70 万元。

(2) 发布网络广告，取得广告收入 5 000 万元，其中支付某动漫设计室设计费 1 000万元。

(3) 自行开发的“钱通”证券分析软件已完成国家版权局的登记手续，转让著作权给香港某证券研究机构，获得转让收入 200 万元。

(4) 出售 2009 年度上市公司财经信息数据库光盘 10 000 张，每张售价 1 000 元；光盘交付使用后通过网络为客户提供远程技术支持，另收取技术服务费 100 万元。

根据以上资料，回答以下问题：

(1) 计算远程培训及教材出售业务应缴纳的营业税。

(2) 计算网络广告业务应缴纳的营业税。

(3) 计算软件转让业务应缴纳的营业税。

(4) 计算远程技术支持业务应缴纳的营业税。

法律法规

1. 《增值税暂行条例》
2. 《增值税暂行条例实施细则》
3. 《消费税暂行条例》
4. 《消费税暂行条例实施细则》
5. 《营业税暂行条例》
6. 《营业税暂行条例实施细则》
7. 《资源税暂行条例》
8. 《资源税暂行条例实施细则》
9. 《中华人民共和国企业所得税法》
10. 《企业所得税法实施条例》
11. 《中华人民共和国个人所得税法》
12. 《中华人民共和国税收征收管理法》

延伸阅读

1. 朱大旗．税法．第 2 版．北京：中国人民大学出版社，2010

2. 张守文．税法学．北京：法律出版社，2011
3. 徐孟洲等．财税法律制度改革与完善．北京：法律出版社，2009
4. ［日］北野弘久．税法学原论．陈刚等译．北京：中国检察出版社，2001
5. ［日］金子宏．日本税法．战宪斌等译．北京：法律出版社，2004
6. 张守文．财税法疏议．北京：北京大学出版社，2005
7. 刘剑文．财政税收法．北京：法律出版社，2003
8. 刘隆亨．中国税法概论．4 版．北京：北京大学出版社，2003
9. 中国财政部网站．http：//www. mof. gov. cn
10. 中国国家税务总局网站．http：//www. chinatax. gov. cn

第九章　金融监管法

【内容摘要】

本章重点介绍金融监管和金融监管法的概念；金融监管和金融自由化的关系；金融监管法的原则；金融监管体制；银行业监督管理的对象、机构、职责、内容；证券业监督管理机构；证券发行监管；证券交易监管；证券机构监管；保险业监督管理的主体；保险公司监管；保险公司偿付能力的监管；保险代理机构、保险经纪机构和保险营销员的监管；其他金融机构的监督管理。

一、金融监管法概述

【知识要点】

（一）金融监管法的定义

金融监管有狭义和广义之分。狭义的金融监管是指金融主管当局依据国家法律法规的授权对金融业，包括对金融机构以及它们在金融市场上的业务活动，实施监督、约束和管制，使其依法稳健运行的行为。广义的金融监管则指除主管当局的监管之外，还包括金融机构的内部控制与稽核、行业自律性组织的监督以及社会中介组织的监督等。

金融监管法是调整国家在对金融市场进行监督和管理的过程中形成的权利义务关系的法律规范的总称。与金融监管相对应，金融监管法律关系也有广义与狭义之分。广义的金融监管法律关系是指由金融监管法调整的在金融监管活动和金融业务活动过程中形成的具有权利义务内容的社会关系。狭义的金融监管法律关系仅指国家法定的监管机关在对金融机构行使监管权的过程中形成的权利义务关系。本书涉及的主要是狭义的金融监管法律关系。

金融监管与金融自由化有着密切的联系。金融自由化是指政府放松金融监管，使一国金融部门的运行从主要由政府管制转变为由市场力量决定的过程。金融自由化追求的是金融市场的效率，金融监管的目标则偏重于金融市场的安全与稳定。没有监管的金融自由化是脆弱的，金融市场可能充斥着道德风险；没有以金融自由化为先导的金融监管是低效的，金融市场可能无法实现有效融资等基本功能。

（二）金融监管法的原则

金融监管法的原则是指能够全面、充分反映金融监管法所调整的金融监管关系的客观要求的、具有普遍意义的基本准则和指导思想。金融监管法的基本原则，理论上具有代表性的观点有四原则说，即保持币值稳定、促进经济发展原则、维持金融业稳定发展原则、保护投资者原则和与国际接轨原则；五原则说，即合法、公平、公开原则、适度监管原则、监管主体特定原则、效率原则和协调性原则；六原则说，即依法监管原则、合理监管原则、适度监管原则、高效监管原则、公平公正原则、审慎监管原则；七原则说，即实行管理和经营分开原则、稳定币制、促进经济发展原则、保护投资者原则、促进竞争原则、防范和化解金融风险原则、分业经营、分业监管原则、与国际接轨原则。

在上述指导整个金融监管法体系的基本原则中，有一些对金融监管规则不具有普遍指导意义，不宜作为法律原则，如与国际接轨原则；有一些似乎属于一般意义上的法律原则，没有反映金融监管规则的特性，不宜作为金融监管法的原则，如公平公正原则；还有一些只是体现金融监管领域某些局部的要求，也不宜作为整个金融监管法的原则，如保持币值稳定原则。鉴于上述分析，本书认为，金融监管法的原则包括以下四个方面①：

1. 依法监管原则

金融监管是监管机关实施的一种行政行为，该行为必须遵循法治原则的要求，防止监管机关滥用自由裁量权。具体来说，依法监管原则主要包括以下内容：其一，金融监管机关的设立及其职权的取得必须有法律依据，这是保证金融监管的有效性和权威性的基础条件。其二，金融监管权的行使必须依照法律规定的程序和内容进行。金融监管机关必须在法律授权的范围内行使权力，其金融监管行为必须符合金融监管实体法和程序法的要求，不得超越法律赋予的权限。其三，金融监管权的行使也应受到监督和约束。为防止监管主体的越权行为，监管权的行使应受到相应的制约和监督，如国家权力机关的监督、社会舆论的监督等。鉴于金融监管机关大多采取垂直管理形式，金融监管机关和地方政府的相关部门之间也可能形成授权和监督关系。

---

① 参见岳彩申、盛学军主编：《金融法学》，192～193页，北京，中国人民大学出版社，2010。

2. 适度监管原则

适度监管是指金融监管行为应当以保证金融市场自我调节功能为基本前提，通过金融监管形成和保持金融市场适度竞争的环境和格局，并以此促进金融业的发展。适度监管原则的核心在于对市场和监管之间关系的认识，它对金融监管行为提出了以下要求：

第一，金融监管不能替代金融市场的作用。监管部门要充分尊重金融市场机制作用的规律，尽可能顺应而不是违背市场力量。只要没有市场失灵等情况发生，监管部门就不应主动介入，更不应该人为设置障碍阻止金融机构对市场机会的利用，以免损害金融市场调节的自然本性。第二，监管部门应避免直接干预金融机构的具体经营决策。监管部门不是金融机构的经营管理者，其职责并非对金融机构的具体经营事务进行微观管理，不应压制金融机构的正常竞争和发展。第三，监管部门应充分重视金融业自律机制和社会中介机构的监督功能，发挥其在金融监管中应有的作用。

3. 保障金融安全原则

金融安全是指以体制、机制和技术手段的建设，强化和完善金融领域的薄弱环节和链条，防范和化解金融风险，避免金融市场爆发系统性、全面性的风险。融资体系和结构不合理、对金融企业的不当干预、金融业内部风险管理不到位和控制机制不规范等因素，都可能引发一定程度的金融风险，破坏金融安全。金融风险达到一定程度时，其特有的社会性、扩张性和周期性又会产生连锁反应，进一步引发整个经济系统的风险。因此，在促进金融业发展的同时，必须将防范金融风险，保障金融安全作为金融监管的重要原则。党的十七大报告明确提出了形成多种所有制和多种经营形式、结构合理、功能完善、高效安全的现代金融体系。其中，高效安全的要求表明完善的现代金融体系应当把防范和化解金融风险作为金融监管的一项重大任务。

4. 保护金融消费者和投资者合法权益原则

保护金融消费者和投资者合法权益是金融监管的核心任务，也是规范金融市场的根本目的。把保护金融消费者和投资者合法权益作为金融监管的基本原则，有利于增强消费者和投资者的信心，保障金融市场稳定的资金来源，实现金融业的健康发展。一国或地区对金融消费者和投资者的保护越好，金融资本市场就越发达，抵抗金融风险的能力就越强，对经济增长的促进作用也就越大。保护金融消费者和投资者利益的关键是要建立起公平、公开、公正的市场环境，为金融消费者和投资者提供平等的交易机会和获取信息的机会，使金融消费者和投资者能够在理性的基础上，自主地决定交易行为。

金融消费者和金融投资者有时会出现身份竞合，这使得两者在实践中容易混用。尽管绝对严格地区分这两个概念有困难，但两个概念在使用中还是存在一定区别的。区分这两个概念可以考虑特征和对象两个因素。从特征来看，金融消费者的行为目标主要是为了满足个人金融的需要，其主体范围一般仅限自然人。从对象来看，判断金融消费者和投资者需要考察具体的交易对象。以证券市场上的自然人主体为例，相对于自然人投入资金的上市公司而言，该自然人应视为投资者；相对于提供证券买卖服务的证券公司和证券交易所而言，该自然人应视为消费者。

对金融消费者的定义目前主要存在两方面的争议：一是金融消费者是否包括法人组织；二是确定金融消费者身份是否需要考虑金融专业知识。一些英美法系国家的立法将消费者局限于自然人，不包含法人或非法人组织，日本的立法则没有此限制。同样，一些英美法系国家在确定金融消费者身份时不考虑消费者的金融专业知识水平，日本的《金融商品销售法》则规定金融消费者应不具备金融专业知识。

(三) 金融监管体制

金融监管职责在不同机构之间的不同分配，可以形成不同的金融监管体制。金融监管体制有多种选择，但并没有在任何国家的任何时期都绝对适用的最佳模式。一国金融监管选择何种体制取决于该国政治、经济、金融、文化和法律等多种因素。归纳起来，目前世界各国形成的主要金融监管体制有统一监管、分业监管、混业监管和多元多层监管四种模式。[①]

1. 统一监管模式

统一监管模式是指对不同的金融行业、金融机构和金融业务由一个统一的监管主体负责监管。这个监管主体可以是中央银行或其他监管机构。统一监管模式的主要优势在于节约监管成本，在监管目标和监管的手段上容易保持协调一致，防止监管真空和监管重叠，方便监管主体及时了解金融系统的风险状况，减少多头监管对金融创新的阻碍。主要劣势在于监管权缺乏竞争性，容易被监管主体滥用，监管职责难以体现不同金融业的差异，不利于提高监管的专业化水平等。

2. 分业监管模式

分业监管模式是指针对不同的金融行业和领域，分别设立专门的机构负责监管。典型的分业监管模式是在银行、证券和保险三个最主要的金融行业各自设立一个专职的监管机构，对三个主要金融行业之外的金融领域，按照一定的原则将监管权分配给三个监管机构中的一个。分业监管模式应用较为普遍。该监管模式的主要优点是能够发挥专业化优势，监管职责明确，重点突出，力度较强，有利于提高监管效率，实现监管目标。该监管模式的主要缺点是多个监管机构之间难以协调，容易出现监管真空和重复监管，使监管对象借以逃避监管；监管目标过多或不透明，被监管对象难以理解和遵循；监管机构过于庞大，监管成本高，难以综合评估金融集团控股企业的风险等。

3. 混业监管模式

混业监管模式是在金融业综合经营体制下，结合单一机构监管和多机构监管而形成的一种监管模式。这种监管模式兼顾了单一机构监管和多机构监管的优点，具体形式又分为牵头监管和双峰监管两种。牵头监管是在多重监管主体之间建立磋商和协调机制，特别指定一个牵头监管机构负责不同监管主体之间的协调工作；双峰

---

① 参见岳彩申、盛学军主编：《金融法学》，194页，北京，中国人民大学出版社，2010。

监管是根据监管目标设立两类监管机构：一类负责对金融机构进行审慎监管，控制金融体系的系统性风险；另一类负责对不同金融业务经营进行监管。与统一监管模式相比，混业监管模式一定程度上保持了监管机构之间的竞争与制约，各监管主体在其监管领域内容易保持监管规则的一致性；与分业监管模式相比，混业监管模式通过定期和不定期的磋商协调，各机构间相互交换信息和密切配合，降低了监管成本。该模式的主要缺点是监管机构设置比较复杂，如果各监管机构之间协调性差，容易产生监管的“灰色区域”，进而导致监管成本上升等。

4. 多元多层监管模式

多元多层监管模式以美国为代表，也称为“伞形”监管模式或“双线多头式”监管模式，主要体现在对金融控股公司的监管上。美联储作为“伞式监管人”，负责对金融控股公司的综合监管；同时，金融控股公司附属的各类金融机构按经营业务的种类而非机构类型接受不同行业主要监管者（称为“功能监管人”）的监管。伞式监管人与功能监管人相互协调，共同配合。为避免重复与过度监管，伞式监管人的权力受到一定限制，一般不得直接监管金融控股公司的附属机构，应尽可能采用功能监管人的监管结论。通过这种特殊的监管安排，金融控股公司经营的稳健与效率得以保障。该模式是在美国监管体制发展的复杂历史背景和双轨银行制特点下产生的，其他国家或地区要效仿比较困难，如果不能建立良好的沟通协调机制，容易造成职责不明，监管不力。伞式监管人的监管失误，可能给金融体系造成重大影响。

（四）我国的金融监管体制

我国目前采取的是分业监管模式。改革开放后，我国的金融监管体制有一个逐步演变的过程。1983年前，中国人民银行是一家“超级商业银行”，既负责货币政策的制定，又负责对金融业进行监督。当时的专业银行虽然在银行经营业务范围上有较严格的分工，但并不禁止银行机构设立附属信托公司，从而在事实上形成了一种简化的混业经营模式。1983年，工商银行作为国有商业银行从中国人民银行中分离出来，首度实现了中央银行与商业银行的分离，从而使中国人民银行集金融监管、货币政策制定、商业银行职能于一身的金融管理体制宣告结束，产生了现代金融监管模式的雏形。

20世纪90年代，我国资本市场迅速发展，对金融监管提出了新的要求。1992年10月中国证监会成立，1998年11月中国保监会成立，监管证券、保险市场的职能从中国人民银行剥离出来。2003年年初中国银监会的成立，使中国金融业“分业经营、分业监管”的框架最终完成，由此形成了我国“一行三会”的金融监管体制。在该监管体制中，银监会主要负责对银行业和除证券业、保险业外的非银行金融机构的监管；保监会负责对保险业的监管；证监会负责对证券业的监管；中国人民银行则主要负责制定货币政策，监督管理银行间同业拆借市场和银行间债券市场。

在世界各国金融监管体制的发展演变过程中，需解决的主要是两个选择：分业监管还是混业监管、机构性监管还是功能性监管。两个选择又可以分别转化为监管主体多元化还是一元化和按机构类型还是按业务类型进行监管两大问题。

任何选择都不是完美的，但不同的选择在具体的时空下有优劣之分。一国金融监管体制的选择主要取决于金融市场、政治环境和法律文化，并随外部环境的变化适时作出必要的调整。英国金融监管体制的分分合合就是一个典型的例子，英国对金融服务管理局监管职能的重新分立，并非历史的简单倒退，而是针对金融危机的一种变革。

不同的金融监管体制也可能具有内在的同质性，不同体制间的差异可能并没有想象中的那么大。在金融分业经营模式下实施的机构性监管，与在金融混业经营模式下实施的统一监管，其差异或许只是设立几个独立的专门行业监管组织，还是在一个监管组织中设立监管不同行业的几个内部机构而已。后者通过这种差异获得的最大益处可能是：把独立的监管机构之间的协调转化成同一监管组织内不同部门的协调。

【案例评析1】

对民间融资的监管

1. 案情简介

从2005年5月至2007年2月，吴某以高额利息为诱饵，先后从林某、杨某、杨某等11人处非法集资人民币77 339.5万元，用于偿还本金、支付高额利息、购买房产、汽车及个人挥霍等，实际集资诈骗人民币38 426.5万元。金华市中级人民法院作出一审判决，以集资诈骗罪，判处被告人吴某死刑，剥夺政治权利终身，并处没收其个人全部财产。

2. 基本问题

对民间融资应如何进行监管?

3. 知识内容

由于银行对民营企业融资的审批非常严格，在我国私营经济发达的地方，如以浙江省为代表的"长三角"地区，民间游资丰厚，民营企业对资金的需求极其旺盛，资金供求总量和结构的矛盾造就了民间融资的盛行。我国法律并不禁止民间融资，法律只是对民间集资的范围、方式和利率有一定的限制，当超出法律的要求时，进行的集资不但得不到法律保护，而且可能因为触犯刑律而受到极其严厉的惩罚。然而，对民间融资的监管并不能解决民间资本的供求矛盾，合法的民间融资和非法集资之间的界限依然有待进一步澄清。

【案例评析2】

地方政府融资的金融风险

1. 案情简介

2002年成立的重庆渝隆集团有限责任公司（下称"渝隆集团"），为重庆市九龙坡区政府所属融资平台。在政府信用支持下，以国有土地为抵押，以开发贷款为主体，渝隆集团资产负债迅速做大。2009年的财务报告显示，截至12月31日，渝隆集团的总资产已经达到122亿元，负债80亿元，其中贷款余额为55亿元，债券10亿元。无论是资产总额，还是从银行贷款数量，渝隆集团都在重庆区县所属百余家平台公司里排名第一。

2010年，经过重庆银监局近半年的检查，渝隆集团包括土地占注册资本金比例超标、贷款改变使用用途、项目报建手续不齐备、一个项目多头贷款远超过预算总额等7大问题逐一浮出水面。4月22日，重庆银监局牵头渝隆集团15家债权银行组成联合工作小组，通报了对渝隆集团贷款的检查情况，随即对该公司实施整改。

2. 基本问题

地方政府融资平台的资本构成、治理结构和潜在风险。

3. 知识内容

地方政府建立融资平台为市政基础设施融资由来已久，最早可以追溯到1992年7月上海成立的上海市城市建设投资开发总公司。之后，各级地方政府组建了各种类型的投融资公司或集团公司，这些公司以地方政府注入的国债转贷资金、公共收费、土地收益权、国有存量资产和税收返还等作为资本金，以项目收益并辅之以财政补贴作为还款承诺，向银行等金融机构融通城市建设资金。近年来，此类地方融资平台发展快、数量多、融资规模大，其融资主体主要是市、县（区）一级的地方政府，资金主要来自国有商业银行，并大多投向当地的基础设施和公共工程。在平台中，地方政府、城市投融资公司与商业银行通过股权、债权、担保等各种经济法律关系，形成了利益共同体。近年来，随着商业银行存款准备金和信贷额度的收紧，地方融资平台开始转而以信托方式进行融资，自然人也因此越来越多地成为融资的对象，成为融资平台公司的债权人，并在一定程度上转移了银行的储蓄存款。

【案例评析3】

不合理的银行收费

1. 案情简介

2011年3月某日，海口市民罗先生去某银行查询近四年的房贷还贷明细，银行要价100元/次。由于打印超过了5页，银行要求按两次的费用收取，即收取200元。

“到复印店里打印一张A4纸一般最多0.2元，在外面打最高一张也不超过1元钱，银行为何收费这样高?”罗先生认为，提供对账单应该是银行服务的一个项目，银行以管理账户为由每年对银行卡收取年费，客户需要其中的一项服务时又要再收取高昂费用，太不合理了。对此，银行的解释是：打印对账单对银行来说，既要查询，还要打印，造成资源的浪费，因此必须收费。

对于银行收费问题，一些市民呼吁银行应减免不合理收费，银行追求利润可以理解，但是收费当中该收哪些，该收多少有待商榷。有专家认为，金融消费者保护制度的滞后是导致此类争议的重要原因。

2. 基本问题

如何实现对金融消费者的保护?

3. 知识内容

金融消费者保护是近些年来的热门话题。英国、美国和加拿大等国金融市场创新能力强，其金融机构率先从传统的存贷利差盈利模式向金融产品买卖价差盈利模式转化，因而对金融消费者保护的重视程度高于其他国家。英国 2001 年颁布的《金融服务和市场法》规定金融服务管理局（FSA）负责金融消费者保护和在消费者中开展金融知识教育。金融危机后，英国决定将此项工作交给从 FSA 中分拆出来的金融行为管理局（FCA）。加拿大在 2001 年 6 月制定并颁布了《金融消费者事务署法》，并在此基础上正式成立了加拿大金融消费者事务署。2010 年 6 月，美国国会通过了《多德·弗兰克法案》，决定设立消费者金融保护局，专门负责金融消费者保护工作。

【案例评析4】

英国金融监管体制的变迁

1. 案情简介

1997 年前，英国实行的是分业金融监管。当年 5 月 20 日，英国政府宣布改革金融监管体制，对在资金供需与支付清算系统中居枢纽地位的银行体系和隶属证券投资委员会的各类金融机构业务的监管整合，成立单一的监管机构：金融服务管理局（Financial Services Authority，简称“FSA”）。在法律地位上，FSA 并不是政府机构，而是一个独立的非政府的监管组织，它的经费直接来源于它所监管的金融机构。FSA 虽然要全面负责对拥有一百多万员工的英国金融业的监管，但机构并不庞大，雇员仅 2100 人。

次贷危机引发全球金融危机后，英国对原来推崇宽松管制的策略进行了反思，决定再次改革金融监管体制，从金融服务管理局中分拆出金融行为管理局（FCA），由原香港证监会主席韦奕礼出任 FCA 行政总裁；将原来负责金融机构系统风险的审慎监管局（PRA）并入央行，从而形成系统性风险和金融行为操守分开监管的“双峰”模式。

2. 基本问题

英国金融监管体制何以出现“分久必合、合久必分”的发展演变?

3. 知识内容

金融监管体制并非一成不变。外界环境和金融系统本身发生的变化都会对监管体制提出与以往不同的要求，金融体制应当适应市场环境的变化，而非让市场环境来适应监管。不管采取何种监管体制，金融监管都应当服务于以尽可能低的监管成本提高金融市场的安全性、保障金融市场交易更加自由、高效进行的目标。

【疑难问题】

1. 境外银行对内地投资者销售金融产品是否属于我国金融监管的管辖范围?

解答思路:我国对衍生金融产品的法律规制尚不完善,主要表现为这些金融产品的基本法律性质不明,基础法律关系不清,交易规则模糊,发生纠纷如何处理,法律并无明确规定。金融衍生产品的审批、定性、风险评估乃至监管措施,并没有系统的基本法律规范与之相适应。

2. "以原则为基础"的金融监管和"以规则为基础"的金融监管各有什么特点?这种金融监管模式在中国适用能成功吗?

解答思路:政府管制有规则导向和原则导向两类,具体哪种更合适应考虑政府的机制和整体法律环境、文化等因素。一般而言,经济比较发达,民主化、法治化程度较高的国家和地区具有实施"以原则为基础"的金融监管的潜在可能。

3. 对民间融资应该进行监管吗?如果应该监管,监管者如何把握监管的内容和程度?

解答思路:民间融资具有天然的合法性,但是否应当接受监管以及监管的内容和程度都是存在很大争议的问题。民间融资作为正规金融的补充,应当承认其合理性和合法性,在允许其自由定价(如利率)的同时,也不可忽视其对正规金融构成的冲击和非理性行为。

4. 地方融资平台反映出我国各级政府在干预经济的手段方面具有何种特点?

解答思路:地方政府融资平台的出现是地方政府在发展地方经济的过程中,由于财政资金的不足,为了拓宽融资渠道,盘活国有资产,通过设立国有独资企业从金融市场融资,并将资金主要投入到地方公共基础设施项目之中。政府通过平台直接参与到金融市场中去,利用金融工具发挥出国有资产的作用,对市场经济活动产生不可忽视的影响。

二、银行业监督管理法

【知识要点】

1949年以来,我国的银行业监管经历了大一统的人民银行体制、人民银行和专业银行分工体制和分业监管体制等几个阶段。鉴于中央银行既行使货币政策的制定的职能,又进行商业银行的监督和管理,在一定程度上降低了中央银行的独立性,为了对商业银行实施更有效的监管,2003年3月,第十届全国人民代表大会决定成立中国银行业监督管理委员会。2003年4月28日银监会正式挂牌成立,标志着中国人民银行集宏观调控与银行监管职能于一身的管理模式正式结束,我国商业银行监管从此进入了由专门的银行监管机构监管的专业化监管阶段。

2003年12月27日,第十届全国人民代表大会常务委员会第六次会议通过了

《银行业监督管理法》。同届全国人大常委会又于 2006 年 10 月 31 日作出了《关于修改〈中华人民共和国银行业监督管理法〉的决定》。该法共分 6 章，52 条，分别对银行业监管对象、监管机构、监管职责、监管措施等做了明确的规定。此外，《中国人民银行法》和《商业银行法》也是有关银行业监管的重要法律。

（一）监管对象

银行业监管的对象包括银行业金融机构、境内设立的非银行金融机构和境外设立的金融机构三类。银行业金融机构，是指在中华人民共和国境内设立的商业银行、城市信用合作社、农村信用合作社等吸收公众存款的金融机构以及政策性银行。境内设立的非银行金融机构，是指在中华人民共和国境内设立的金融资产管理公司、信托投资公司、财务公司、金融租赁公司以及经国务院银行业监督管理机构批准设立的其他金融机构。除上述两类机构外，国务院银行业监督管理机构对经其批准在境外设立的金融机构以及上述金融机构在境外的业务活动实施监督管理。

（二）监管机构

国务院银行业监督管理机构，即银监会，负责全国银行业金融机构及其业务活动的监督管理工作。国务院银行业监督管理机构的监督管理程序应当公开，并建立监督管理责任制度和内部监督制度。同时，新修订的《中国人民银行法》规定，中国人民银行可以就有关货币政策执行和银行间市场等方面，对银行业进行监管。由此，我国的银行业监管主体由银监会和中国人民银行共同担任，其中银监会发挥主要的监管作用。

以银监会为主的监管模式有以下特点：首先，银监会受国务院的直接领导，向国务院负责并报告工作。其次，银监会在国务院的领导下独立履行监督管理职责，不受地方政府、各级政府部门、社会团体和个人的干涉。再次，银监会统一监管全国银行业金融机构及其业务活动，既包括境内的中资、外资银行业金融机构及其业务活动，也包括境外的中资银行业金融机构和境内中资银行业金融机构的境外业务活动。

（三）监管职责

中国银监会根据国务院授权，统一监督管理银行、金融资产管理公司、信托投资公司及其他存款类金融机构，维护银行业的合法、稳健运行，其主要职责是：制定有关银行业金融机构监管的规章制度和办法；审批银行业金融机构及分支机构的设立、变更、终止及其业务范围；对银行业金融机构实行现场和非现场监管，依法对违法违规行为进行查处；审查银行业金融机构高级管理人员任职资格；负责统一编制全国银行数据、报表，并按照国家有关规定予以公布；会同有关部门提出存款类金融机构紧急风险处置的意见和建议；负责银行业、国有重点金融机构监事会的日常管理工作；承办国务院交办的其他事项。

《中国人民银行法》在“金融监督管理”一章规定了人民银行行使必要的金融监督管理职能的目标、手段与措施，同时也要求银行业监督管理机构的监管与人民银行的监管相协调。中国人民银行监督管理职能包括以下几个方面：监管银行间同业拆借市场、银行间债券市场、银行间外汇市场和黄金市场；根据实施货币政策和维护金融稳定的需要，可以建议银监会对银行业金融机构进行检查；当银行业金融机构出现支付困难，可能引发金融风险时，为维护金融稳定，人民银行经国务院批准，有权对银行业金融机构进行检查；人民银行根据履行职责的需要，有权要求银行业金融机构报送有关资料等。

(四) 监管内容

对商业银行的监管主要包括四个方面：市场准入监管、银行风险监管、银行业务监管和市场退出监管。

1. 市场准入监管

银行市场准入的监管被称为银行监管的第一道防线。市场准入监管是指监管机构依照法律规定的标准选择合格的机构获得从事金融经营业务的资格。市场准入监管是监管当局保证银行具备从业的基本条件，"防患于未然"的一种预防性监管措施。市场准入监管主要解决是否需要规定准入条件以及规定什么样的准入条件两个问题。世界各国大都出于维护金融业信用体系的考虑，规定了严格的银行业市场准入条件。中国银监会负责银行业金融机构的市场准入审查，不同类型的银行业金融机构有不同的准入条件、程序和管理要求，中国银监会及其分支机构依据法定权限和程序进行审批。

2. 银行风险监管

银行风险监管，又称审慎性监管，核心内容是防范和控制金融风险，使银行业金融机构稳健运行。审慎性监管一般通过审慎经营规则得以实现。《银行业监督管理法》第 21 条规定：银行业金融机构的审慎经营规则，由法律、行政法规规定，也可以由国务院银行业监督管理机构依照法律、行政法规制定。审慎经营规则包括风险管理、内部控制、资本充足率、资产质量、损失准备金、风险集中、关联交易、资产流动性等内容。现选取其中几项主要内容做简要介绍。

（1）资本充足率监管

资本充足率是《巴塞尔资本协议》的三大支柱之一，是衡量银行资本安全和承担风险能力的重要指标，它能有效地衡量银行机构经营的稳健程度。资本充足率越小，风险就越大，安全度就越差。资本充足率过高，会增加筹集资本金的成本，影响银行的利润。2011 年 4 月 27 日，根据《第三版巴塞尔协议》确定的新标准，银监会发布了《关于中国银行业实施新监管标准的指导意见》(以下简称《指导意见》)。该《指导意见》改进了资本充足率的计算方法，将监管资本从两级分类修改为三级分类，将现行的两个最低资本充足率要求（一级资本和总资本占风险资产的比例分别不低于 4% 和 8%）调整为三个层次的资本充足率要求。此外还引入了杠杆率监管标准，以弥补资本充足率标准的不足，控制银行业金融机构以及银行体系的杠杆率积累。

（2）资产流动性监管

资产流动性是指银行可以随时满足所有提款或还款的客户信用需求的能力。银行资产的流动性越高，资金周转就越灵活，随时满足客户提取存款或要求贷款的需求的能力就越强。如果资产流动性差，一旦出现挤提，可能很快导致银行倒闭。因此需要对银行资产的流动性进行监管。

此前我国关于银行资产流动性监管方面的法律、法规和规章主要有《商业银行法》以及中国人民银行于1994年2月发布的《商业银行资产负债比例管理暂行监控指标》（现已失效）等。其中相关的规定主要涉及对商业银行资本质量的监管、对存贷款比例的监管、对资产流动性的监管、对商业银行举债和同业拆借的监管、备付金比例监管等。

在前述《指导意见》中，资产流动性监管变得更加复杂。银监会要求建立多维度的流动性风险监管标准和监测指标体系，包括建立流动性覆盖率、净稳定融资比例、流动性比例、存贷比以及核心负债依存度、流动性缺口率、客户存款集中度以及同业负债集中度等多个流动性风险监管和监测指标。同时，推动银行业金融机构建立多情景、多方法、多币种和多时间跨度的流动性风险内部监控指标体系。新的流动性风险监管标准和监测指标体系自2012年1月1日开始实施。

（3）内部控制监管

内部控制是金融机构为实现经营目标，通过制定和实施一系列制度、程序和方法，对风险进行事前防范、事中控制、事后监督和纠正的动态过程和机制。内部控制是现代金融监管的基础，只有金融机构形成良好、严格的内控机制，外部的金融监管才能有效地发挥作用。内部控制监管不到位，容易造成金融机构缺乏竞争力和盈利能力。

1997年，为有效防范金融风险，保证金融业安全稳健运行，监管部门制定了《加强金融机构内部控制的指导原则》，要求各金融机构必须建立科学、完善的内部控制制度。2002年，又根据巴塞尔银行监管委员会有关银行机构内部控制制度的框架和有关原则，重新对1997年的规则进行了修改和完善。2005年和2007年，银监会分别施行了《商业银行内部控制评价试行办法》和《商业银行内部控制指引》，这两个文件成为商业银行内部控制监管方面最主要的规范性文件。

商业银行内部控制主要包括授信、资金业务、存款和柜台业务、中间业务、会计工作、计算机信息系统等方面的内部控制。商业银行治理结构在内部控制中依照相关规定形成比较明确的责任分工，这种分工基本遵循了公司法中董事会决策、高级管理层执行、监事会监督的公司内部治理结构要求。

3. 银行业务监管

《商业银行法》要求银行主要业务必须遵守法律法规，接受监管机构的监管，其中包括负债及放款业务监管、同业拆借监管等。近年来，针对银行业的改革发展，监管机构在银行业务监管方面有针对性地补充了一些新的内容，如对股票质押贷款的监管和对商业银行设立基金公司的监管等。

除了直接针对银行业务的监管外，资本充足率、杠杆率、流动性、贷款损失准备等监管规则和标准也会对银行业务产生影响，从而起到间接的监管作用，如开拓新业务渠道、调整业务结构、强化业务管理、健全风险制衡机制等。监管者有时候还需要处理好交易自由原则和银行业务监管之间的关系。

4. 市场退出监管

市场准入监管是监管当局的首要任务，是一种积极的监管。当银行发生危机时，则需要采取保护性的事后监管作为补充手段，控制危机的不利影响，是一种被迫的监管。银行市场退出监管，旨在由政府采取及时有效的措施，建立起一个保护网，防止银行倒闭和产生连锁反应。银行业市场退出监管主要包括存款保险制度、最后贷款人制度和市场退出制度等。

（1）存款保险制度

吸收存款是银行的主要业务，存款的规模构成银行负债的规模，而负债规模和银行风险程度直接相关。鉴于银行风险对存款人资金安全的直接影响，为保护存款人的利益，世界上一些国家建立了存款保险制度。根据该制度，银行需将其吸收到的存款向存款保险机构投保，参加投保的银行破产时，由存款保险机构对银行支付法定数额保险金。在我国，存款保险制度从 1993 年正式提出到论证、方案制作，《存款保险条例》现已进入立法进程。

（2）最后贷款人制度

中国人民银行作为中央银行，为银行办理资金融通业务，是银行的最后贷款者，当商业银行发生资金短缺、周转不灵时，可以向中央银行融通资金，请求贷款，其主要方式是票据再贴现和抵押贷款。《中国人民银行法》第 23 条第 1 款第 4 项规定，中国人民银行向商业银行提供贷款。第 28 条规定："中国人民银行根据执行货币政策的需要，可以决定对商业银行贷款的数额、期限、利率和方式，但贷款的期限不得超过一年。"对因资金融通出现困难、面临退出市场的商业银行，中央银行的最后贷款职能无疑是极其重要的拯救措施。

（3）市场退出制度

银行的市场退出，是指停止办理有关银行业务，吊销其营业许可证，使该银行失去作为金融机构的资格。银行的市场退出分为法人的退出和分支机构的退出两种情况。虽然我国四大国有商业银行未曾有过市场退出的事件，但一些中小金融机构发生的退出事件，也给银行业敲响了警钟。我国有关银行业市场退出的法律依据为《银行业监督管理法》、《商业银行法》和《金融机构撤销条例》等。银行市场退出制度的核心内容是各种退出方式，如接管、解散、撤销、破产等。

【案例评析1】

对房地产业可能引发银行风险的监管

1. 案情简介

近年来，我国房地产市场存在较为明显的泡沫，在北京、上海、深圳等一线城市对房屋的非刚性需求超过了 50%，平均租售比甚至超过了 1：500。2010 年 8 月，中国银行业曾进行了一次房价下跌压力测试，当时许多银行表示，即使基于最糟糕的假设情形，来自房地产贷款方面的风险也是可控的。银监会人士指出，压力测试表明房地产调控对银行形成坏账压力的底线数字是30%。2011年4月，银监会再次要求银行业对房地产贷款进行第二轮压力测试，并加大力度防范信贷风险。据报道，银行业被要求基于以下三种情形进行压力测试，分别是：房价下跌30%、利率上调27个基点；房价下跌40%，利率上调54个基点；房价下跌50%，利率上调108个基点。

2. 基本问题

如何防范房地产泡沫对金融行业造成的风险？

3. 知识内容

金融业和房地产业有着非常紧密的关系。随着房地产业的迅速发展，银行资金主要通过按揭贷款形式大量流入房地产市场，其数额甚至超过了房地产企业的自有资金。一旦房地产市场的泡沫破灭，将很可能直接导致金融业发生严重问题，而金融系统内的交易链又会将此问题扩散到整个金融系统，甚至是全球金融市场。美国次贷危机引发的全球性金融危机即为例证。中国房地产业面临着类似的问题，银行业很可能成为房地产市场泡沫风险的直接和主要承受者。

为了最大限度地防范和消除房地产业引发金融危机的隐患，政府可以选择从供求两个方向对金融机构资金进入房地产业的活动进行干预，同时加强商业银行业务监管和风险管理。为此，国务院、银监会、住建部等发布了《国务院关于坚决遏制部分城市房价过快上涨的通知》（俗称“国十条”）等一批文件，采取了一系列调控银行资金流入房市和稳定房价的措施。

【案例评析2】

银行拒办存折业务

1. 案情简介

2011年7月的某日上午，一位山东电视台的记者来到了位于济南经七纬二路口的中国农业银行山东省分行的营业部，在营业大厅找到了大堂经理。银行工作人员告诉记者现在不能办理银行存折。随后记者又来到了位于经七路上的一家建行，大堂经理也一口回绝了记者办理存折的要求。并提示记者可以去济南最大的建设银行去问一下。按照这家建设银行大堂经理的指引，记者来到了中国建设银行山东省分行所在地。没有任何通融的余地，不论任何理由，仍然是不能办理。

记者又转身走进了旁边的中国民生银行山东省分行的营业部。中国民生银行山东省分行大堂经理告诉记者，他们所有的营业点都可以办理存折。这让记者有点迷糊，有的银行可以办理，有的银行却坚决不办，这到底是怎么回事呢？带着疑问记者打通了山东省银监局的电话，山东省银监局办公室负责人告诉记者，拒绝办理存折业务属于银行的客户服务范围，他们不能采取罚款等极端监管措施，并表示这属于客户服务，他们只能是指导，教育。

2. 基本问题

如何从制度规则上落实对银行业务经营活动有效、及时的监管?

3. 知识内容

银行业务复杂多样，一方面需要金融立法中适当地规定金融监管机构的监管权限，使监管充分及时有效；另一方面，应当合理适用现有的法律法规对银行等金融机构开展监管。政府行政部门的金融监管活动应注意在法律法规授予的权限之内实施，并做好与司法救济手段之间的配合协调。

【案例评析3】

海南发展银行倒闭

1. 案情简介

海南发展银行成立于巴林银行破产的 1995 年。海南成立经济特区后，房地产业迅速扩张，催生了大量的金融机构，这些机构缺乏有效的监控，各金融机构之间争相采取高息揽储的方式扩展业务。20 世纪 90 年代后期海南房地产泡沫破灭后，许多信用社出现不良资产。1997 年，海南发展银行托管了 5 家已破产的信用社，兼并了 28 家经营状况不佳的信用社。随后，海南发展银行宣布只保证给付原信用社储户本金及合法的利息，造成大量存款到期或未到期的客户开始将本金及利息取出，转存其他银行。即便后来一些营业部把存款年息开到 18%也难以吸收到存款。1998 年 6 月 21 日，中国人民银行宣布关闭海南发展银行。

2. 基本问题

如何依法实施金融机构的破产倒闭?

3. 知识内容

金融机构的破产影响大、问题多，需要十分慎重地对待。2006 年通过的《企业破产法》对金融机构的破产规则做了另行立法的规定，该法第 134 条规定商业银行、证券公司、保险公司等金融机构符合规定的破产情形的，国务院金融监督管理机构可以向人民法院提出对该金融机构进行重整或者破产清算的申请。国务院金融监督管理机构依法对出现重大经营风险的金融机构采取接管、托管等措施的，可以向人民法院申请中止以该金融机构为被告或者被执行人的民事诉讼程序或者执行程序。金融机构实施破产的，国务院可以依法制定实施办法。此后，一直有金融机构破产立法工作正在紧锣密鼓地进行的相关报道。然而直到 2011 年下半年，依然没有一部与《企业破产法》配套的法规规章出台。

【疑难问题】

从金融监管角度考虑对房地产市场的调控，其必要性和可能的后果是什么？

解答思路：房地产市场的过度繁荣会形成资产泡沫。一旦房地产价格下跌，资产泡沫破灭，银行发放的以房地产为抵押的按揭贷款难以收回，银行的不良资产可能会在短期内急剧增加。如果房地产按揭贷款占银行贷款总额的比例过高，银行会因此陷入危机。对房地产市场的调控力度掌握得不合适，也会产生类似的效应。

三、证券业监督管理法

【知识要点】

证券业监管是指证券监管机构以矫正和消除证券市场失灵为目的，制定直接或间接干预证券市场的规则和实施相应的行为。我国的证券业监管体制经历了从多头到统一、从分散到集中的发展过程。从 20 世纪 80 年代初至今大致可以分为主要由上海、深圳两地地方政府管理，由中央与地方，中央各部门共同参与管理和集中统一的证券业监管体制三个阶段。在证券业监管制度方面，逐步构建起了以《证券法》为龙头，以相关行政法规、部门规章、规范性文件和政策为调控依据的证券业监管规则体系，监管范围包括发行监管、市场监管、机构监管、公司监管、基金监管、期货监管等诸多内容。

（一）监管主体

我国目前证券业监管主体是中国证券业监督管理委员会。证监会是国务院直属机构和全国证券、期货市场的主管部门，依照国务院授权履行行政管理职能，依照法律、法规对全国证券、期货业进行集中统一监管，维护证券市场秩序，保障其合法运行。证监会在管理证券市场的过程中行使建立统一的证券期货监管体系以及其他法律授予的职能，并对各级监管机构或监管机构内部实行垂直管理。

（二）证券发行监管

我国证券发行监管的法律规范主要包括《证券法》、《公司法》、《上市公司证券发行管理办法》、《首次公开发行股票并上市管理办法》、《上市公司向社会公开募集股份操作指引（试行）》、《证券发行与承销管理办法》、《公司债券发行试点办法》、《证券发行上市保荐制度暂行办法》等。这里主要以股票为例介绍发行监管规则。

1. 发行条件监管

（1）首次公开发行股票。首次公开发行股票并上市，应当符合《证券法》、《公司法》和《首次公开发行股票并上市管理办法》规定的发行条件。发行人应当是依法设立且合法存续的股份有限公司。在发行主体、独立性、规范运行、财务与会计、募集资金运用等方面应主要满足下列条件：具有完整的业务体系和直接面向市场独立经营的能力；已经依法建立健全股东大会、董事会、监事会、独立董事、董事会秘书制度，相关机构和人员能够依法履行职责；资产质量良好，资产负债结构合理，盈利能力较强，现金流量正常；募集资金应当有明确的使用方向，原则上应当用于主营业务。

（2）上市公司公开发行证券。上市公司发行证券的一般条件有：组织机构健全、运行良好；盈利能力具有可持续性；财务状况良好；财务会计文件无虚假记载，且不存在重大违法行为；募集资金的数额和使用应当符合规定。在发行股票、可转换公司债券方面还存在一些具体的要求。

（3）上市公司非公开发行股票。上市公司非公开发行股票，是指上市公司采用非公开方式，向特定对象发行股票的行为。非公开发行股票的特定对象应当符合下列规定：特定对象符合股东大会决议规定的条件；发行对象不超过 10 名；发行对象为境外战略投资者的，应当经国务院相关部门事先批准；发行价格不低于定价基准日前 20 个交易日公司股票均价的 90%；发行的股份自发行结束之日起，12 个月内不得转让；控股股东、实际控制人及其控制的企业认购的股份，36 个月内不得转让；募集资金使用符合法律规定；发行股票将导致上市公司控制权发生变化的，还应当符合中国证监会的其他规定。

2. 发行审核

为了保证在股票发行审核工作中贯彻公开、公平、公正的原则，提高股票发行审核工作的质量和透明度，中国证监会下设股票发行审核委员会，依法对发行人的股票发行申请文件和中国证监会有关职能部门的初审报告进行审核。发审委委员由有关行政机关、行业自律组织、研究机构和高等院校推荐，由中国证监会聘任。每届任期 1 年，连续任期最长不得超过 3 年。

3. 发行中的信息披露监管

发行人应以招股说明书、募集说明书、上市公告书等形式披露与发行相关的重要信息，包括发行概况、风险因素、发行人基本情况、业务和技术信息、公司治理结构、财务会计信息、募股资金运用、董事及有关中介机构声明等。只要发行人真实、准确、完整、及时地披露信息，无虚假记载、误导性陈述或者重大遗漏，投资人的知情权就基本可以得到保证。

（三）证券交易监管

1. 一般规定

证券交易当事人可以买卖的证券，必须是依法发行并交付的证券。依法公开发行的股票、公司债券及其他证券，应当在依法设立的证券交易所上市交易或者在国务院批准的其他证券交易场所转让。证券在证券交易所上市交易，应当采用公开集中交易方式或者国务院证券监督管理机构批准的其他方式。

2. 内幕交易监管

内幕交易是指利用内幕信息进行证券交易以牟取利益的行为。我国《证券法》禁止证券交易内幕信息的知情人和非法获取内幕信息的人利用内幕信息从事证券交易活动，并明确了内幕信息和证券交易内幕信息的知情人的含义和范围。证券交易内幕信息的知情人和非法获取内幕信息的人，在内幕信息公开前，不得买卖该公司的证券，或者泄露该信息，或者建议他人买卖该证券。内幕交易行为给投资者造成损失的，行为人应当依法承担赔偿责任。

3. 证券交易中的持续信息披露

为保证投资者的知情权，上市公司在其证券上市交易期间应持续地将一些必要事项向社会公众公开。这类信息披露主要以定期报告和临时报告的形式进行，其中定期报告包括年度报告、中期报告和季度报告。当发生可能对上市公司证券及其衍生品交易价格产生较大影响的重大事件，投资者尚未得知时，上市公司应当立即通过临时报告的形式披露，说明事件的起因、目前的状态和可能产生的影响。当上市公司违反相关法律规定时，证监会有权对上市公司及其高管进行处罚。

(四) 机构监管

机构监管包括对上市公司、证券公司、证券投资咨询机构、证券登记结算机构、证券监管业协会、证券服务机构、合格境内外机构投资者等的监管。以下主要以证券公司为例介绍机构监管。

1. 证券公司的设立审批

设立证券公司，应当具备《公司法》、《证券法》和《证券公司监督管理条例》规定的条件，并经证监会批准。证券公司的股东应当用货币或者证券公司经营必需的非货币财产出资。证券公司股东的非货币财产出资总额不得超过证券公司注册资本的30%；证券公司应当有3名以上在证券业担任高级管理人员满2年的高级管理人员；设立时，其业务范围应当与其财务状况、内部控制制度、合规制度和人力资源状况相适应。

2. 组织机构

证券公司应当依法建立健全组织机构，明确决策、执行、监督机构的职权。证券公司可以设独立董事，独立董事不得在本证券公司担任除董事外的其他职务，不得与本证券公司存在可能妨碍其作出独立、客观判断的关系。证券公司经营证券经纪业务、证券资产管理业务、融资融券业务和证券承销与保荐业务中两种以上业务的，其董事会应当设薪酬与提名委员会、审计委员会和风险控制委员会。证券公司设合规负责人，对证券公司经营管理行为的合法合规性进行审查、监督或者检查。

3. 监管措施

对证券公司的监管措施主要是报告和信息披露。证券公司应当自每一会计年度结束之日起4个月内，向中国证监会报送年度报告；自每月结束之日起7个工作日内，报送月度报告。发生影响或者可能影响证券公司经营管理、财务状况、风险控制指标或者客户资产安全的重大事件的，证券公司应当立即向国务院证券监督管理机构报送临时报告，说明事件的起因、目前的状态、可能产生的后果和拟采取的措施。证券公司应当依法向社会公开披露其基本情况、参股及控股情况、负债及或有负债情况、经营管理状况、财务收支状况、高级管理人员薪酬和其他有关信息。必要时，证监会还可要求证券公司、相关单位或个人，在指定的期限内提供与证券公司经营管理和财务状况有关的资料、信息。

【案例评析1】

立立电子首次发行股票被否决

1. 案情简介

立立电子在2008年3月5日通过证监会发审委审核，在6月26日网上申购之前的6月24日，《每日经济观察》记者率先撰文：《“易方达基金”教父“买立立电子狂赚数亿揭秘”》。此后，媒体对此有跟踪报道。2008年6月28日，媒体称证监会内部人士表示，如果立立电子违法将一查到底。拟上市日2008年7月8日的前一天，立立电子接到保荐人中信建投证券有限责任公司的通知，将对媒体就公司进行的相关报道进行核查。此后8个月，立立电子经历了公司自查，保荐机构核查，以及始于2008年10月7日由证监会与国资委、监察部、审计署、工商总局以及浙江省政府参与的联合调查。在此期间，相关媒体披露了立立电子的中签股民因苦等多时，欲讨说法的消息。

2009年4月3日，证监会发审委否定了立立电子的首发申请，撤销立立电子公开发行股票核准决定，理由是“调查发现，立立电子在2002年与浙大海纳部分股权交易程序上有瑕疵，存在权属纠纷的不确定性”。这是证监会首次作出撤销发行的决定。作为中国股市首例过会之后被撤销公开发行股票核准的案例，市场对立立电子否决案给予了积极和肯定的反应。在一片喝彩声中，也有为中签投资者鸣不平的声音，立立电子中签的投资者表示欲找证监会讨要说法。

2. 基本问题

如何有效实施证券发行审核制度？

3. 知识内容

对证券发行的监管有核准制和注册制两种基本模式。前者注重审核申请人是否符合法律法规规定的证券发行条件，强调形式审查和实质审查相统一。后者采取审查机关以形式审查为主，在形式审查通过后，以公开申请文件和材料的方式把实质审查的工作和责任交给了证券市场。

【案例评析2】

潘琦、姚国平市场禁入决定

1. 案情简介

中国证监会2011年5月25日发布《市场禁入决定书》，对潘琦、姚国平两人作出了市场禁入决定，该决定书内容如下（有整理和删节）：

银河科技为了骗取发行可转换债券的资格，有策划、有组织地通过制作虚假出库单据、开具虚假销售发票并按比例虚构成本的方式，连续多年实施大规模的虚构营业收入、虚构成本、虚构利润活动。同时，银河科技隐瞒向关联方划款，未及时披露向关联方划款；隐瞒对外担保和银行贷款。此外，银河科技还存在不及时披露受到地方政府处罚的事项。银河科技的上述行为，既包括定期报告披露违法，也包括临时报告披露违法，持续时间长，涉及事项多，涉案数额巨大，集上市公司信息披露违法之大成，情节特别严重，市场影响非常恶劣，应当依法予以从重处罚。

时任银河集团董事长、银河科技董事长、银河科技实际控制人潘琦，授意、指挥银河科技有关人员实施了虚构财务指标的行为，知悉有关人员虚构财务指标的事项但未进行制止、纠正，并以董事长或董事身份在年度报告上签字确认；口头授权下属审批 190 次向关联方划款，在对外担保合同上签字 12 次，口头授权其他高管签字提供对外担保，却蓄意隐瞒或者未督促公司按规定披露这些关联方资金往来与对外担保事项；决策不披露被财政部广西专员办检查和被北海市人民政府处罚的事项。综合这些情况，认定潘琦是银河科技一系列信息披露严重违法行为的主谋、主使和主要参与者，系负有最主要责任的直接负责的主管人员，应当予以严惩。

时任银河科技董事、总经理姚国平的违法事实和董事长潘琦类似，认定其为银河科技一系列信息披露严重违法行为的决策者、组织者、参与者，系负有重要责任的直接负责的主管人员，应当予以从重处罚。

根据当事人违法行为的事实、性质、情节与社会危害程度，依据《证券法》以及《证券市场禁入暂行规定》的有关规定，决定：

（1）认定潘琦为市场禁入者，自宣布决定之日起，10 年内不得担任任何上市公司和从事证券业务机构的高级管理人员职务；

（2）认定姚国平为市场禁入者，自宣布决定之日起，7 年内不得担任任何上市公司和从事证券业务机构的高级管理人员职务。

2. 基本问题

违反信息披露规则应当承担哪些法律责任？

3. 知识内容

《证券法》规定了违反信息披露义务的法律责任，并且赋予证监会相应的监管权。发行人、上市公司公告的招股说明书、公司债券募集办法、财务会计报告、上市报告文件、年度报告、中期报告、临时报告以及其他信息披露资料，有虚假记载、误导性陈述或者重大遗漏，致使投资者在证券交易中遭受损失的，发行人、上市公司应当承担赔偿责任。其中规定证券交易所应当对上市公司及相关信息披露义务人披露信息进行监督，督促其依法及时、准确地披露信息。信息披露义务人未按照规定披露信息，或者所披露的信息有虚假记载、误导性陈述或者重大遗漏的，将可能承担责令改正，给予警告，并处罚款的法律责任。对直接负责的主管人员和其他直接责任人员同样应给予警告并处罚款的处罚。我国刑法也对依法负有信息披露义务的公司、企业向股东和社会公众提供虚假的或者隐瞒重要事实的财务会计报告，或者对依法应当披露的其他重要信息不按照规定披露，规定了相应的刑事责任。因此，违反信息披露规则可能相应承担民事、行政和刑事责任。2011 年 4 月 29 日，证监会正式公布了《信息披露违法行为行政责任认定规则》。

【案例评析3】

中国券商内幕交易第一案

1. 案情简介

2009 年 1 月 9 日上午，董正青等三人涉嫌泄露内幕信息和内幕交易案在广州市天河区法院作出一审判决。原广发证券总裁董正青泄露内幕信息罪名成立，被判处有期徒刑 4 年，并处罚金人民币 300 万元。

据广州市天河区人民检察院指控，原广发证券总裁董正青 2006 年将“广发证券借壳延边公路上市”的内幕信息透露给其弟董德伟及其同学赵书亚，董德伟和赵书亚利用该内幕信息大量买卖延边公路股票，分别获利五千多万元和 101.73 万元。2007 年 7 月 19 日，公安机关对董正青等人执行逮捕。

2008 年 7 月、8 月，董正青涉嫌内幕交易案一审两度开庭，但查处难度颇大。董正清等三名被告均推翻了此前在案件侦查阶段所作供述，称在侦查阶段，公安机关办案人员采取了威胁和引诱等方式迫使其在虚假的审讯笔录上签字确认。庭审中，公诉机关出示了中国证监会出具的认定函。中国证监会调查后认定，“广发证券借壳延边公路上市”属于内幕信息，董正清等人确实存在内幕交易行为。而被告人及其律师则指出，证监会作为行政主管部门，其认定函不具有在本案中作为证据的效力。

公诉人指出，董德伟炒股多年，但其取得较大收益的几支股票如延边公路、吉林敖东、辽宁成大等都与广发证券有着直接联系，董一直声称买卖延边公路是基于技术分析，但却说不出是基于什么样的分析。2006 年 1 月至 6 月，买卖延边公路获利 100 万元以上的投资人仅有 4 人，而董德伟一人就获利五千余万元，显然受益于内幕信息。三被告则反驳公诉人对证券投资所知甚少，坚持自己无犯罪行为。该案从公安机关逮捕到法院一审判决共耗时约一年半。

2. 基本问题

如何认定内幕交易?

3. 知识内容

内幕交易的认定是摆在各国证券监管机构面前的一个共同课题。证监会在法律规定的基础上，借鉴发达国家的市场经验，针对中国市场情况，于 2007 年制定了《内幕交易认定办法》和《市场操纵认定办法》，确定了一系列内幕交易和市场操纵的认定标准。上述两项标准尚处于业内试行阶段。

【疑难问题】

证券业监管是否存在局限性?

解答思路：证券业监管的目的是为了弥补证券市场的不足，降低证券市场的运行成本，充分发挥市场配置资源的功能。然而证券业监管本身也是有成本的，无论是监管机构设置、人员开支、规则制定、系统运行等都需要费用支出。一旦监管的方式和力度控制不当，还可能对市场产生负面效应。监管者被利益集团俘获，扭曲市场主体行为，也会造成社会资源的巨大浪费，限制证券市场的正常发展。

四、保险业监督管理法

【知识要点】

保险分为商业保险和社会保险，商业保险是指投保人根据合同约定，向保险人支付保险费，保险人对于合同约定的可能发生的事故因其发生所造成的财产损失或人身伤害承担赔偿或给付保险金责任的商业行为。在我国，商业保险的监管由中国保险业监督管理委员会负责，社会保险则由劳动与社会保障部进行管理。本章只介绍对商业保险的监管。

(一) 监管主体

中国保监会是国务院直属事业单位和全国商业保险的主管机关。根据国务院授权，保监会依法履行监督管理我国保险市场的职能，其中包括：

拟定保险业发展的方针政策，制定行业发展战略和规划；

起草保险业监管的法律、法规，制定业内规章；

审批保险公司及其分支机构、保险集团公司、保险控股公司的设立；

审查、认定各类保险机构高级管理人员的任职资格；

制定保险从业人员的基本资格标准；

审批关系社会公众利益的保险险种、依法实行强制保险的险种和新开发的人寿保险险种等的保险条款和保险费率；

监管保险公司的偿付能力和市场行为。

(二) 对保险公司的监管

1. 保险公司的设立审批

目前我国保险公司设立审批依然采取内外有别的模式，并实施许可证管理。内资保险公司的设立须经保监会批准，采取股份有限公司或国有独资公司的组织形式，并有符合《保险法》和《公司法》规定的章程；有符合规定的注册资本最低限额；有具备任职专业知识和业务工作经验的高级管理人员；有健全的组织机构和管理制度；有符合要求的营业场所和与业务有关的其他设施。

外资保险公司的设立同样须经保监会批准，其中合资保险公司、外商独资保险公司的注册资本最低限额为2亿元人民币或者其等值的自由兑换货币；外国保险公司分公司应当由其总公司无偿拨给不少于2亿元人民币等值的自由兑换货币的营运资金。保监会根据外资保险公司业务范围、经营规模，可以提高外资保险公司注册资本或者营运资金的最低限额。

除注册资本最低限额外，外资保险公司还需满足的条件包括：经营保险业务30年以上；在中国境内已经设立代表机构2年以上；提出设立申请前1年年末总资产不少于50亿美元；所在国家或者地区有完善的保险监管制度，并且该外国保险公司已经受到所在国家或者地区有关主管当局的有效监管；符合所在国家或者地区偿付能力标准；所在国家或者地区有关主管当局同意其申请以及中国保监会规定的其他审慎性条件。

2. 保险公司董事和高级管理人员任职资格监管

保监会及其派出机构对商业保险机构的董事、高级管理人员任职资格实行分级审查、分级管理，分别规定不同的任职资格条件。高级管理人员是指对保险机构经营管理活动具有决策权或者重大影响的人员，包括：总公司、分公司、中心支公司的总经理、副总经理、总经理助理；总公司董事会秘书、合规负责人、总精算师、财务负责人；支公司、营业部经理以及与上述高级管理人员具有相同职权的负责人。

3. 保险公司资金运用的监管

保监会为了保证各保险公司的资金运用稳健、安全，保证其资产的保值升值，对保险公司的资金运用做了一定的规定。随着我国分业经营体制的逐步放宽，保险公司资金开始进入股票投资市场和商业银行次级债市场。保监会同时加强了对保险机构进入上述市场的资格、投资范围等方面的监管措施。

（三）保险公司偿付能力的监管

偿付能力是指保险公司履行赔偿或给付责任的能力。对偿付能力的监管主要是考察保险公司资金能力是否足以履行其承担的危险赔偿责任。保险公司具备基本的偿付能力，不仅是保护被保险人利益的需要，也是保险公司自身稳定经营的需要。为了确保保险公司的偿付能力，法律规定了强制提取保险准备金和在一定情况下增加资本金。在保险公司的实际资产减去实际负债后的差额低于保监会规定的金额时，保险公司应增加资本金，补足差额。此外，保险公司还应依法提取保险保障基金以增强偿付能力。

保险公司的偿付能力是指给被保险人或受益人支付赔偿或给付保险金的能力。偿付能力可以通过一些指标来反映，如偿付能力充足率。2008年7月，保监会发布了《保险公司偿付能力管理规定》，把偿付能力充足率低于100%的称为不足类公司，偿付能力充足率在100%～150%之间的称为充足Ⅰ类公司，超过150%的称为充足Ⅱ类公司。对消费者来说，偿付能力充足率的数字越大，在索赔或者领取保险金时，兑现越有保证。

影响保险公司偿付能力的主要因素有实际资本额、投资收益、责任准备金、资产与负债的匹配程度和经营策略等。保险公司实际运营中偿付能力不足的原因可能是保险投资不成功、业务经营策略不合适以及交易成本过高等。当保险公司偿付能力不足时，监管部门可以采取责令增加资本金、限制向股东分红、限制董事和高级管理人员的薪酬和在职消费水平、限制商业性广告、限制增设分支机构、限制业务范围、限制资金运用渠道、责令拍卖资产、调整负责人及管理人员、接管等多种措施。

（四）保险代理机构、保险经纪机构和保险营销员的监管

在中华人民共和国境内设立保险代理机构及其分支机构，应当经保监会批准。保险代理机构应符合保监会规定的资格条件，并取得经营保险代理业务许可证。保险代理机构可以采取合伙企业、有限责任公司和股份有限公司的组织形式。保险代理机构以合伙企业或者有限责任公司形式设立的，其注册资本或者出资不得少于人民币 50 万元；以股份有限公司形式设立的，其注册资本不得少于人民币 1 000 万元。

保险经纪包括直接保险经纪和再保险经纪。直接保险经纪是指保险经纪机构与投保人签订委托合同，基于投保人或者被保险人的利益，为投保人与保险公司订立保险合同提供中介服务，并按约定收取佣金的行为。再保险经纪是指保险经纪机构与原保险公司签订委托合同，基于原保险公司的利益，为原保险公司与再保险公司安排再保险业务提供中介服务，并按约定收取佣金的行为。保险经纪机构可以采取合伙企业、有限责任公司和股份有限公司的组织形式。保险经纪机构以合伙企业或者有限责任公司形式设立的，其注册资本或者出资不得少于人民币 500 万元；以股份有限公司形式设立的，其注册资本不得少于人民币 1 000 万元。

保险营销员是指取得中国保监会颁发的资格证书，为保险公司销售保险产品及提供相关服务，并收取手续费或者佣金的个人。保监会根据国务院授权，对保险营销员履行监管职责。从事保险营销活动的人员应当通过保监会组织的保险代理从业人员资格考试，取得《保险代理从业人员资格证书》。《保险代理从业人员资格证书》持有人应当取得所属保险公司发放的《保险营销员展业证》，方可从事保险营销活动。

【案例评析】

我国保险公司汹涌增资为哪般

1. 案情简介

2011 年在起初四个多月的时间内，保监会已公开批复 24 家保险公司共计 232.74 亿元的增资扩股，相当于上一年度全年险企总增资额的 70%。与此同时，人保集团也宣布已完全具备在 A 股和 H 股上市的条件，上市方案正报国务院批准，

首批引资 100 亿元。保险业如此汹涌的“增资潮”与保险公司提高偿付能力、满足监管要求之间有着紧密联系。

2. 基本问题

如何提高保险公司的偿付能力，防范保险公司偿付能力不足风险？

3. 知识内容

根据《保险公司偿付能力管理规定》确立的分类标准，结合影响保险公司偿付能力的相关因素，保险公司如果出现偿付能力不足，保监会可以采取包括增资在内的九类监管措施。

【疑难问题】

偿付能力不足是否就意味着保险公司应当破产？

解答思路：保险公司偿付能力不足关系到每个投保人的利益和保险公司经营的可持续，监管部门对出现偿付能力不足的保险公司一般会采取一系列措施增加其资本和实际资产，限制董事、高管们的薪酬和股东分红，减少其他的业务成本开支，期望能通过这些途径，提高偿付能力充足率，防止风险的扩大和带来更严重的后果。

五、其他金融业监督管理法

【知识要点】

（一）其他金融机构的范围

除银行业金融机构、证券机构和保险机构外，我国还存在金融资产管理公司、信托公司、财务公司、金融租赁公司、融资公司、融资中心、金融期货公司、信用担保公司、典当行、信用卡公司以及经国务院银行业监督管理机构认定的其他从事金融业务的机构。一般把这些机构称为狭义的非银行金融机构（在本章中称为“其他金融机构”），如果加上证券机构和保险机构，则可称为广义的非银行金融机构。

（二）对其他金融机构的监管

在中华人民共和国境内设立的金融资产管理公司、信托投资公司、财务公司、金融租赁公司以及经国务院银行业监督管理机构认定的其他从事金融业务的机构，适用《银行业监督管理法》对银行业金融机构监督管理的规定。因此，银监会是其他金融机构的主要监管机构。

除《银行业监督管理法》外，其他金融机构还分别受到《金融资产管理公司条例》、《信托公司管理办法》、《金融租赁公司管理办法》、《企业集团财务公司管理办法》等法规、规章以及规范性文件的监管。本章介绍对几类常见的其他金融机构的监管。

1. 对金融资产管理公司的监管

金融资产管理公司是指经国务院决定设立的收购国有银行不良贷款，管理和处置因收购国有银行不良贷款而形成的资产的国有独资非银行金融机构。金融资产管理公司以最大限度保全资产、减少损失为主要经营目标，依法独立承担民事责任。中国人民银行、财政部和中国证券监督管理委员会依据各自的法定职责对金融资产管理公司实施监督管理。金融资产管理公司的注册资本为人民币100亿元，由财政部核拨。金融资产管理公司收购国有银行不良贷款的范围和额度由国务院确定；超出确定的范围或者额度收购的，须经国务院专项审批。金融资产管理公司应当按照中国人民银行、财政部和中国证券监督管理委员会等有关部门的要求，报送财务、统计报表和其他有关材料。金融资产管理公司还应当依法接受审计机关的审计监督。

2. 对信托公司的监管

信托公司是指依照《公司法》和《信托公司管理办法》成立的，主要从事以营业和收取报酬为目的，以受托人身份承诺信托和处理信托事务的经营行为的金融机构。设立信托公司，应当采取有限责任公司或者股份有限公司的形式，并经银监会批准，领取金融许可证。设立信托公司应当有符合《公司法》和银监会规定的公司章程；有具备银监会规定的入股资格的股东；具有法定的最低限额的注册资本；有具备银监会规定任职资格的董事、高级管理人员和与其业务相适应的信托从业人员；具有健全的组织机构、信托业务操作规程和风险控制制度；有符合要求的营业场所、安全防范措施和与业务有关的其他设施以及银监会规定的其他条件。信托公司注册资本最低限额为3亿元人民币或等值的可自由兑换货币。此外，信托公司在设立分支机构、变更名称、注册资本、公司住所、组织形式等方面，均应经银监会批准。在经营外汇业务时，还应接受外汇主管部门的检查、监督。

3. 对企业集团财务公司的监管

企业集团财务公司是指以加强企业集团资金集中管理和提高企业集团资金使用效率为目的，为企业集团成员单位提供财务管理服务的非银行金融机构。企业集团财务公司依法接受银监会的监督管理，其设立应经银监会批准。企业集团设立财务公司应当具备的条件包括：确属集中管理企业集团资金的需要，经合理预测能够达到一定的业务规模；有符合法律规定的章程；有符合《企业集团财务公司管理办法》规定的最低限额注册资本金；有符合银监会规定的任职资格的董事、高级管理人员和规定比例的从业人员，在风险管理、资金集约管理等关键岗位上有合格的专门人才；在法人治理、内部控制、业务操作、风险防范等方面具有完善的制度；有符合要求的营业场所、安全防范措施和其他设施等。设立财务公司的注册资本金最低为1亿元人民币。经营外汇业务的财务公司，其注册资本金中应当包括不低于500万美元或者等值的可自由兑换货币。财务公司的业务范围、设立分公司等须经银监会批准，其经营业务应遵守规定的资产负债比例要求。

4. 对金融租赁公司的监管

金融租赁公司是以经营融资租赁业务为主的非银行金融机构。融资租赁是指出租人根据承租人对固定资产和供货人的选择或认可，将其从供货人处取得的固定资产按合同约定出租给承租人占有、使用，向承租人收取租金的交易活动。对金融租赁公司实施监督管理的主管机关是银监会。申请设立金融租赁公司应具有符合法律法规要求的出资人、最低限额注册资本和章程；具有符合银监会规定的任职资格条件的董事、高级管理人员和熟悉融资租赁业务的合格从业人员；具有完善的公司治理、内部控制、业务操作、风险防范等制度；具有合格的营业场所、安全防范措施和与业务有关的其他设施等。金融租赁公司的出资人分为主要出资人和一般出资人。主要出资人是指出资额占拟设金融租赁公司注册资本50%以上的出资人，通常为银行、租赁公司、大型企业等。一般出资人是指除主要出资人以外的其他出资人。设立金融租赁公司，应由主要出资人作为申请人向银监会提出申请。金融租赁公司的最低注册资本为1亿元人民币或等值的自由兑换货币。金融租赁公司设立分支机构、变更名称、住所、注册资本等须经银监会批准，其董事和高级管理人员的任职资格须经银监会核准。金融租赁公司须遵守法定的监管指标，并按照相关企业会计准则及银监会有关规定进行信息披露。

5. 对期货市场的监管

证监会下设期货监管部，负责对全国期货市场进行监督管理。期货交易所和期货公司是两个主要的被监管主体。

期货交易所是依照《期货交易管理条例》和《期货交易所管理办法》规定设立，履行法律规定的职责，按照章程和交易规则实行自律管理的法人。设立期货交易所，由证监会审批。未经批准，任何单位或者个人不得设立期货交易所或者以任何形式组织期货交易及其相关活动。期货交易所可以采取会员制或公司制的组织形式。会员制期货交易所的注册资本划分为均等份额，由会员出资认缴。公司制期货交易所采用股份有限公司的组织形式。证监会对期货交易的监管主要通过审批和报告制度实施。

对期货公司监管分为三个层次：证监会及其派出机构依法对期货公司及其分支机构实行监督管理；中国期货业协会、期货交易所依法对期货公司实行自律管理；期货保证金安全存管监控机构依法对保证金安全实施监控。

申请设立期货公司，应当符合《公司法》、《期货交易管理条例》和《期货公司管理办法》的相应规定，其注册资本最低限额为人民币3 000万元。此外，证监会对期货交易人员的从业资格、期货公司的经营、变更、营业部的设立、停业、终止等均作出了相应的监督管理规定。

【案例评析】

艺术品份额化交易的监管

1. 案情简介

天津文化艺术品交易所于2009年9月17日经天津市人民政府批准发起设立，

注册地为天津滨海新区于家堡金融区，注册资本为1.35亿元人民币。天津文交所在2011年1月推出一项交易创新，即艺术品份额化，假如一件艺术品价格确定为100万元，可将其拆分为100万份，按每份1元申购，通过交易所的电子交易平台进行交易。在份额化后的29个交易日中，两只投资品较最初的发行价上涨了1 700%以上。

6月初，媒体报道称，国务院办公厅向国资委、证监会、商务部等部委下发了关于进一步整顿产权交易所的征求意见稿，内容直指交易所内份额交易、交易所内股权交易超200名股东上限等行为。消息一出，天津文交所旗下10只艺术品股票应声跌停。

有专家表示，任何证券化网上交易的产品，一个基本的要求是容易标准化，而任何艺术品都是个性化的产品，把个性化产品做成标准化产品，并不合适。还有专家认为，交易形式的变化只是工具上的创新，不是问题的关键，关键是必须实施有效监管。

2. 基本问题

如何对新型金融机构、业务和产品实施监管？

3. 知识内容

迅速发展的金融市场随时可能产生新型的金融机构、业务和产品，对这些金融创新的监管滞后是一种正常现象，但并不意味着应当放弃对其监管。监管者应正确认识监管的必要性和可行性，依据合理的监管原则和科学的监管方法，努力借鉴现有的监管规则，或者及时创设相应的监管规则和要求，达到既能促进金融创新，又能防范金融风险的监管目标。

【疑难问题】

艺术品份额化交易的特点是什么？存在何种法律风险？

解答思路：艺术品份额化交易的共同特点：一是以《物权法》关于不动产或者动产可以"按份共有"的规定，作为艺术品份额化的法律依据。二是交易模式基本比照股票市场，将艺术品产权证券化后，采取二级市场集合竞价和连续交易模式。三是虽然有的在一级市场发售中面向特定对象，人数限制在200人以内，但随着二级市场交易的持续，不同程度上出现了公众化问题。当前此类交易缺乏充分的、专门的法律依据，公开发售机制不健全，隐藏交易信用风险，容易形成艺术品资产泡沫。

实务训练

1. 你是一家商业银行的经理。一天，领导委派你参与和美国一家金融控股公司、新加坡一家银行、香港一家公司合资成立投资银行的项目谈判。请你就以下问题提出意见：

（1）你所在的商业银行参与该项目是否合法？

（2）该项目涉及哪些法律、法规、规章和其他规范性文件？

（3）你能为该投资银行设计出合理的资本结构、治理结构与内设部门吗？

（4）合资企业可以直接使用“投资银行”的名称吗？

（5）合资的投资银行可以从事哪些业务？核心业务是什么？

2. 一位外国法学学者研读了中国的金融法后，提出了一些疑问：

（1）为什么金融机构高管的任职资格要由监管机构规定和审查，而不是由股东自己决定呢？

（2）在设立金融机构的条件中往往有一些类似资产质量良好、盈利能力较强的抽象、模糊的表述，监管者如何去把握这样的规则呢？

（3）如何在非公开市场之外合法地筹集资金？

假设你是立法者、监管者、金融业从业者或学者，你将如何回答上述问题？

课后练习

1. 金融监管只是政府部门的事情吗？

2. 为什么对濒临倒闭的金融机构特别规定了接管制度？监管部门任命的接管组织和负责人的管理一定会比以前更有效吗？谁会愿意去担任濒临倒闭的金融机构的管理者呢？

3. 地方融资平台的主要法律关系有哪些？其核心风险是什么？如何采取相应的法律控制？

4. 在我国，金融消费者的保护应当由哪个部门来负责？

5. 英国金融体制分分合合背后的原因是什么？

6. 统一监管和多头监管各有何利弊？

7. 商业银行应该从哪些方面防范房地产市场引发的金融风险？

8. 如何用经济法的基本理论解释对保险公司偿付能力不足的监管？

9. 在我国境内设立的下列哪一个机构不属于银行业监督管理的对象？（　　）

A. 农村信用合作社

B. 财务公司

C. 信托投资公司

D. 证券公司

法律法规

1.《中华人民共和国银行业监督管理法》

2.《中华人民共和国中国人民银行法》

3.《中华人民共和国证券法》

4.《中华人民共和国保险法》

5.《中华人民共和国信托法》

6.《金融资产管理公司条例》

7.《信托公司管理办法》

8.《金融租赁公司管理办法》

9.《企业集团财务公司管理办法》

10.《期货交易管理条例》

延伸阅读

1. 杰克逊·西蒙斯．金融监管．吴志攀等译．北京：中国政法大学出版社，2003

2. 乔纳森，梅斯等．银行法．北京：中信出版社，2003

3. 陈志武．金融的逻辑．北京：国际文化出版公司，2009

4. 黄毅．银行监管与金融创新．北京：法律出版社，2009

5. 郭锋总编纂．全球化时代的金融监管与证券法治．北京：知识产权出版社，2010

6. 熊玉莲．金融衍生工具法律监管问题研究——以英、美为主要分析视角．北京：北京大学出版社，2009

7. 北京大学金融法研究中心编．金融法苑．北京：中国金融出版社，1998~2011

8. 强力主编．西北金融法学研究．北京：法律出版社，2010

9. 张守文．金融危机的经济法解析．法学论坛，2009（3）

10. 谢俊．次贷危机后金融监管改革述评．上海金融，2010（5）

11. 陶长高．从高盛“欺诈门”看美国的金融监管．国际融资，2010（7）

12. 河合正弘，迈克尔·波默里诺等．防范金融危机：宏观审慎监管与最低国际标准．新金融，2010（4）

13. 李晗．国际金融监管立法的发展趋势．前沿，2010（7）

14. 黄泽民．建立一元化金融监管体系是现实选择．沪港经济，2010（4）

15. 金融时报

16. 中国证券报

17. 证券市场周刊

18. 中国人民银行网站．http：//www.pbc.gov.cn

19. 中国银监会网站．http：//www.cbrc.gov.cn

20. 中国证监会网站．http：//www.csrc.gov.cn

21. 中国保监会网站．http：//www.circ.gov.cn

22. 中国银行法律网．http：//www.bankinglawsociety.org

23. FT中文网．http：//www.ftchinese.com

第十章　劳动与社会保障法

【内容摘要】

本章在劳动法部分界定了劳动关系与劳动法律关系的基本内涵，介绍了劳动合同和集体合同法律制度、劳动基准法律制度、就业促进与职业培训法律制度的基本内容，探讨了劳动合同制度对劳动关系的调整、法律的强制性规定为劳动者提供基本的保护，以及国家与社会为增强劳动者劳动能力而采取的各项措施，分析了劳动法律救济制度，讨论了劳动者争议解决与劳动法律责任问题。在社会保障法部分，探讨了社会保障法的原则、功能等理论问题，介绍了工伤保险法律制度、养老保险法律制度、失业保险法律制度、医疗保险法律制度、生育保险法律制度和社会保险基金法律制度等法律制度基本知识。

一、劳动关系与劳动法律关系

【知识要点】

劳动关系是劳动法的调整对象，指劳动力所有者与劳动力使用者之间为实现劳动而发生的一方有偿提供劳动力而由另一方用于同自己的生产资料相结合的社会关系[①]，简言之，就是人们在从事劳动过程中发生的社会关系。劳动关系具有以下特征：

1. 劳动关系主体一方为劳动者，另一方是用人单位。劳动者是劳动力的所有

① 参见王全兴主编：《劳动法学》，2 版，31～32 页，北京，法律出版社，2004。

者，用人单位是生产资料的所有者和劳动力的使用者。用人单位以其占有的生产资料作为劳动力的吸收器，吸收劳动者和它的生产资料相结合。劳动关系就是在劳动力与生产资料相结合的前提下在劳动者与用人单位之间形成的。

2. 劳动关系兼具人身和财产关系的双重性质。劳动者付出劳动获得报酬，这一关系具有财产性。然而“劳动合同不是传统意义上关于给付和对等给付的债权合同，相反，它是一种带有很强人身权色彩的、关系到雇员生存的法律关系”[①]。由于劳动力的存在、使用与人身不可分离，劳动者向用人单位提供劳动力也将其人身交给了用人单位，所以劳动关系又具有很强的人身性。

3. 劳动关系兼有横向的平等关系和纵向的隶属关系。劳动者付出劳动从而获得报酬，这体现了双方的平等关系。同时劳动者是在用人单位的组织、管理下劳动并且要遵守用人单位的劳动纪律和规章制度，这体现了劳动者对用人单位的隶属性。

劳动关系以及与劳动关系密切相关的其他社会关系一经劳动法的调整就演变为劳动法律关系。劳动法律关系是指劳动者与用人单位依据劳动法律规范所形成的权利和义务关系。其中，劳动者享有以下权利：平等就业和选择职业的权利、取得劳动报酬的权利、休息休假的权利、获得劳动安全卫生保护的权利、接受职业技能培训的权利、享受社会保险和福利的权利、提请劳动争议处理的权利，以及法律规定的其他劳动权利。同时，用人单位应当依法建立和完善规章制度，保障劳动者享有劳动权利和履行劳动义务，通过劳动者和用人单位之间权利义务的安排，实现劳动者的合法权益。劳动法就是围绕劳动关系而展开的，并以劳动法主体间的权利义务妥善安排为手段，最终实现劳动法律关系的规范与和谐。

【案例评析】

徐州市某民办幼儿园教师与幼儿园发生劳动纠纷案

1. 案情简介

2007 年，徐州市某民办幼儿园的两名女教师先后怀孕，同时收到了幼儿园“严重违纪开除通知”。该两名女教师认为，按照《劳动法》的规定，企业不能与怀孕的女职工解除劳动关系。两名女教师决定拿起法律武器维护自己的权益，她们立刻向当地劳动仲裁委员会提起了劳动争议仲裁。可是，仲裁的决定却令她们十分意外。裁决书中指出，由于该幼儿园属于民办非企业单位，因而双方的争议不属于劳动争议仲裁委员会的受理范围。两名女教师又向当地法院提起了诉讼。可是，法院同样面临着《劳动法》立法规定的限制。[②]

---

① ［德］W. 杜茨：《劳动法》，张国文译，4 页，北京，法律出版社，2005。

② 参见《新劳动法关于适用范围的案例及相关规定》，见 http://www.xuzhoujob.com/News/5820071212201341.html，2011-07-25。

2. 基本问题

两名女教师与民办幼儿园的劳动关系是否受《劳动法》调整?如何维护她们的合法权利?

3. 知识内容

上述案例涉及我国劳动法律的适用范围问题。1994 年颁布的《劳动法》第 2 条规定:“在中华人民共和国境内的企业、个体经济组织(以下统称用人单位)和与之形成劳动关系的劳动者,适用本法。国家机关、事业组织、社会团体和与之建立劳动合同关系的劳动者,依照本法执行。”该法未规定民办非企业单位与劳动者的劳动关系是否适用该法的问题。2007 年通过的《劳动合同法》规定:“中华人民共和国境内的企业、个体经济组织、民办非企业单位等组织(以下称用人单位)与劳动者建立劳动关系,订立、履行、变更、解除或者终止劳动合同,适用本法。国家机关、事业单位、社会团体和与其建立劳动关系的劳动者,订立、履行、变更、解除或者终止劳动合同,依照本法执行。”可见,《劳动合同法》采取列举加概括的规定,明确了该法的调整范围。根据该法,中华人民共和国境内的用人单位和劳动者之间建立劳动关系,订立、履行、变更、解除和终止劳动合同,均适用该法。用人单位主要指企业、个体经济组织、民办非企业单位以及符合用人资格的其他劳动组织,在一定情况下还包括事业单位、国家机关、社会团体等组织。需要说明的是,用人单位并不仅限于上述种类,立法者在列举用人单位类型之后加了一个“等”字,为《劳动合同法》的适用范围拓展了空间。未来出现的新型用工主体也将适用《劳动合同法》的规定。上述案例中的情况,在《劳动合同法》施行之后基本上不会重现。

【疑难问题】

现实生活中经常出现“非正式劳动者”与“用人单位”发生争议却得不到救济的现象,原因是他们之间的关系难以进入劳动法律的调整范围。如何解决这一难题呢?

解答思路:可以通过法律解释的方式,对劳动关系作扩大解释。《劳动合同法》虽然用列举加概括的规定,明确了“用人单位”的范围,但是,该法有关“用人单位”的列举还存在一些不完整、不周延的地方,这需要有权机关对用人单位的范围用更细化的方法加以列举,从而更加明确“用人单位”的范围,减少有关“用人单位”的争议,明确劳动法律的调整范围。

二、劳动合同与集体合同法律制度

【知识要点】

(一)劳动合同法律制度

劳动合同是劳动者和用人单位之间关于确立、变更和终止劳动权利和义务关系的协议。劳动合同一方面从形式上确立劳动关系，从而为劳动者获得劳动报酬、休息休假、社会保险等各项法定权益奠定了基础；另一方面，劳动合同为劳资双方确定劳动条件提供了合意的制度基础。[①] 劳动合同具有以下特征：

1. 劳动合同的形式与内容

从形式上讲，劳动合同包括书面合同和口头合同，我国法律规定，建立劳动关系应当订立书面劳动合同。“过分强调劳动合同书面形式的成立或生效效力，在当前我国劳动法制尚不完善的背景下仍有较多障碍……故对劳动合同的书面形式，目前以确认其证据效力为妥。”[②] 因而法律认可口头劳动合同，规定用人单位自用工之日起即与劳动者之间建立了劳动关系。

2. 劳动合同的订立与效力

用人单位和劳动者订立劳动合同，双方法律地位平等，所达成的合同条款应不偏不倚，对双方有同等效力；同时合同订立应出于自愿，任何一方都不得强迫对方接受相应合同条款。关于合同的内容、形式、期限、程序等均应在协商一致的基础上达成。合同的主体、目的、内容等也要符合法律的规定。另外，双方订立合同还应当坚持诚信原则。

劳动合同在具备下列条件时是有效的：(1) 合同主体合格；(2) 合同内容合法；(3) 意思表示真实；(4) 合同形式合法；(5) 订立程序合法。但是，下列劳动合同无效：(1) 以欺诈、胁迫的手段或者乘人之危，使对方在违背真实意思的情况下订立或者变更劳动合同的；(2) 用人单位免除自己的法定责任、排除劳动者权利的；(3) 违反法律、行政法规强制性规定的。

3. 劳动合同的履行、变更、终止和解除

劳动合同的履行，是指劳动合同的双方当事人按照合同约定完成各自义务的行为。具体而言，劳动者应完成劳动任务，用人单位应及时足额地支付劳动报酬。用人单位与劳动者协商一致，可以变更劳动合同约定的内容。变更劳动合同，应当采用书面形式。

劳动合同的终止，是指劳动合同的法律效力依法被消灭，亦即劳动合同所确立的劳动关系由于一定法律事实的出现而终结，劳动者与用人单位之间原有的权利和义务不复存在。对此，《劳动合同法》第 44 条有明确规定。

劳动合同的解除，是指在劳动合同订立后，尚未履行完毕之前，由于某种因素导致双方当事人提前终止合同效力的法律行为。具体而言，劳动合同解除包括劳动合同的双方解除、用人单位的单方解除、劳动者的单方解除等情形。

(二) 集体合同

1. 集体合同的内容与形式

集体合同是指由工会或上级工会指导劳动者推举的人代表企业职工一方与用人

---

① 参见曹燕：《劳动合同制度的政策基础与功能冲突》，载《政法论丛》2007 (3)。

② 王全兴主编：《劳动法学》，2 版，152 页，北京，高等教育出版社，2008。

单位订立的合同。集体合同当事人是工会或上级工会指导劳动者推举的代表和用人单位，所以集体合同又称为团体协约或团体合同。

一般而言，集体合同包括标准性条款、目标性条款和劳动关系运行规则条款。其中标准性条款规定的是关于单个劳动关系内容的标准，即单个劳动关系当事人双方的权利和义务的标准，比如《劳动合同法》规定，企业职工一方与用人单位通过平等协商，可以就劳动报酬、工作时间、休息休假、劳动安全卫生、保险福利等事项订立集体合同。它可以作为劳动者和用人单位签订劳动合同的标准，甚至可以直接作为劳动合同的内容。目标性条款规定的是集体合同有效期内应当达到的目标和实现该目标的主要措施。这种目标性条款在实践中一致认为可以规定诸如建成某项劳动保护工程，增设某项生活福利设施之类的劳动者利益目标。[①] 另外集体合同还包括职工录用规则，劳动合同续订和变更规则，辞退辞职规则，集体合同的履行、解释、续订、变更、解除、违约责任、争议处理等方面的规则。

由于集体合同关涉劳动者集体的利益，并且要报送劳动行政部门审查批准，有时还需要作为证据使用，所以集体合同必须以书面形式订立。

2. 集体合同的订立与生效

订立集体合同的主要目的是为确立劳动关系设定具体标准。集体合同订立的程序包括要约阶段、准备阶段、谈判阶段、讨论通过阶段、确认阶段、公布阶段。我国法律规定，集体合同并非一经订立就立刻生效，而是要经过劳动行政部门的审查批准。县级劳动行政部门对集体合同的主体签约资格、签约程序的环节、合同条款的实质内容进行审查，并在 15 日内作出答复，劳动行政部门没有异议的合同即行生效。

3. 集体合同的履行、变更、解除和终止

集体合同履行应针对不同的合同条款采用不同的履行方法。对于标准性条款的履行，在集体合同有效期内始终按集体合同规定的各项标准签订和履行劳动合同。目标性条款的履行，着重将集体合同所列各项目标具体落实在企业计划和工会工作计划中。[②]

集体合同变更或解除条件如下：（1）用人单位被兼并、解散、破产等原因，致使集体合同无法履行的；（2）不可抗力等原因致使集体合同无法履行或部分无法履行的；（3）集体合同约定的变更或解除条件出现的；（4）法律、法规、规章规定的其他情形。变更或解除集体合同适用集体协商程序并需报劳动行政部门审查。

集体合同在下列情况下终止：（1）因集体合同期限届满而终止；（2）因合同目的实现而终止，例如以完成一定工作为期限的集体合同，在约定的工作完成后，合同就应当终止；（3）因依法解除而终止，其中包括因劳动仲裁机构或人民法院依法作出解除集体合同的裁决而终止。

---

① 参见王全兴主编：《劳动法学》，2 版，167 页，北京，法律出版社，2004。

② 参见王全兴主编：《劳动法学》，2 版，177 页，北京，法律出版社，2004。

【案例评析】

某外商投资企业解除员工张某劳动合同案

1. 案情简介

张先生就职于登记注册在北京原宣武区的某外商投资企业，是该企业在辽宁的分公司员工，在该公司已工作了8年多。后来由于该外资企业在辽宁当地成立了关联公司，张先生所在部门的业务被全部转入在辽宁当地的关联公司。成立关联公司后，该外资企业要与张先生所在部门的所有员工解除劳动合同，然后让这些员工重新进入当地的关联公司并签订新的劳动合同，原企业只保证原来的员工进入关联公司工作1年内工资不下调，1年后由关联公司决定。张先生不同意原企业的这种做法，坚持认为因为自己与企业签订的劳动合同并未到期，所以不同意解除合同。而企业以劳动合同签订时所依据的客观情况发生重大变化，致使劳动合同无法履行为由，通知张先生解除劳动合同，并停止了张先生的工作。①

2. 基本问题

该外商投资企业解除张先生等劳动合同的行为是否合法？

3. 知识内容

《劳动合同法》第40条第（三）款规定，劳动合同订立时所依据的客观情况发生重大变化，致使劳动合同无法履行，经用人单位与劳动者协商，未能就变更劳动合同内容达成协议的时，用人单位可以提前30日以书面形式通知劳动者本人或者额外支付劳动者1个月工资后，解除劳动合同。而这里的客观情况是指履行原劳动合同所必要的客观条件，如自然条件、原材料或能源供给条件、生产设备条件、产品销售条件、劳动安全卫生条件以及企业本身的生存状况等。而该企业的情况是成立关联公司并把一部分业务转移到关联公司，而绝没有出现致使企业生产经营发生重大变化的因素。所以该用人单位援引《劳动合同法》第40条第（三）款是站不住脚的。另外，用人单位的业务转入集团内关联公司，同时将从事这些业务的员工也全部转入该关联公司，这说明原用人单位与关联公司之间存在一种权利与义务的转移与承受关系。就劳动合同而言，只是合同主体发生了形式上的变化，而不应当看做原用人单位主体资格的消失。在这种情况下，用人单位可以通过变更劳动合同来解决而不能解除劳动合同侵害劳动者的权利。综上，该企业解除劳动合同的行为于法无据。

---

① 参见中工网：《单位违法解除劳动合同，北京工会异地调解员工获补偿》，见 http：//right. workercn. cn/c/2010/07/27/08282087621589. html，2011-07-26。

【疑难问题】

劳务派遣单位违反《劳动合同法》规定的，给被派遣劳动者造成损害的，为何用工单位要承担连带赔偿责任？

解答思路：尽管劳动者与劳务派遣单位是劳动合同的当事人，但实际上派遣单位与用工单位是被派遣劳动者的共同雇主，或者说二者是雇主的两个层次，派遣单位与用工单位对被派遣劳动者存在默示担保关系。[①] 无论是派遣单位还是用工单位，只要违法侵害劳动者权利都要承担连带赔偿责任。

根据权利与义务相一致原则，用人单位在劳务派遣活动中获得巨大利益，比如降低了用人单位的对劳动者的搜寻成本，有效规避了劳动法要求的用人单位的许多义务，减少了职工的社会保险和福利支出等。所以用人单位理应在享受权利的同时承担对被派遣劳动者的责任。《劳动合同法》规定："劳务派遣单位违反本法规定的，由劳动行政部门和其他有关主管部门责令改正；情节严重的，以每人一千元以上五千元以下的标准处以罚款，并由工商行政管理部门吊销营业执照；给被派遣劳动者造成损害的，劳务派遣单位与用工单位承担连带赔偿责任。"

三、劳动基准法律制度

【知识要点】

劳动基准法是有关劳动报酬和劳动条件最低标准的法律规范的总称。劳动基准法与劳动合同法在本质上是劳动基准中的国家强制与劳动合同中的契约自由之间的关系，整个劳动立法就是寻求国家干预和契约自由之间的平衡点。[②] 所以国家在尊重合同自由的同时，还应当对最关乎劳动者基本权利的事项作出强制性的规定。

（一）工资基准制度

工资基准是指国家规定的用人单位在核算和支付劳动者工资时所应遵守的最低标准。我国工资法律调整坚持按劳分配、同工同酬的原则，在经济发展的基础上，逐步提高工资水平，同时加强对工资的宏观调控。

1. 最低工资制度

最低工资是指劳动者在法定工作时间或依法签订的劳动合同约定的工作时间内提供了正常劳动的前提下，用人单位依法应支付给劳动者的最低工资报酬。

确定最低工资标准应坚持：（1）非效益原则；（2）非歧视原则；（3）基本生活

---

① 参见王全兴主编：《劳动法学》，2 版，218 页，北京，高等教育出版社，2008。

② 参见冯彦君教授、郭明政教授在"中国法学会社会法学研究会 2006 年年会暨海峡两岸社会法理论研讨会"上的发言。

保障原则；(4) 分级管理原则。确定最低工资标准要考虑劳动者本人及平均赡养人口的最低生活费用、城镇居民消费水平、社会平均工资水平、劳动生产率、就业状况、地区之间经济发展水平的差异。从技术上讲，城镇居民消费价格指数是确定最低工资标准的重要参考因素，既可以使最低工资的实际购买力在短期内维持稳定，在长期内分享经济增长的收益，也容易为劳动者、用人单位和立法者所理解，因而是调整最低工资标准最简单且符合劳动力市场普遍预期的办法。[①] 最低工资标准一经确定公布，在其所适用区域和范围内，用人单位必须按照不低于最低工资标准以货币形式向劳动者支付工资。

2. 工资保障制度

(1) 劳动者工资水平保障。随着经济发展，工资水平也应当相应提高。一方面国家采取措施保障劳动者实际工资不因物价因素的影响而下降，通过宏观调控稳定物价，发放临时性物价补贴或其他补助，使劳动者工资水平不断提高；另一方面国家建立最低生活保障制度，使劳动者的工资水平能满足劳动者及其家人的最低基本生活需要。[②]

(2) 劳动者工资支付保障。工资支付应遵循下列原则：1) 货币支付规则。工资应当以法定货币支付，不得以实物和有价证券替代货币支付。2) 直接支付规则。用人单位，应当将工资支付给职工本人，但是，职工本人因故不能领取工资时可由其亲属或委托他人代领，用人单位或委托银行代发工资。3) 全额支付规则。法定和约定应当支付给职工的工资项目和工资额必须全部支付，不得克扣。4) 定期支付规则。工资必须在固定的日期支付。5) 优先支付规则。企业破产或依法清算时，职工应得工资必须作为优先受偿的债权。6) 紧急支付规则。在职工因遇有紧急情况致不能维持生活时，用人单位必须向该职工预支其可得工资的相当部分。

(二) 工作时间和休息休假制度

1. 工作时间制度

工作时间又称法定工作时间，指劳动者为履行劳动义务在法定限度内应当从事劳动或工作的时间。工作时间方面的法律规定应当与经济发展和人民生活水平相适应，应当有利于保障劳动者的身体健康和休息的权利，应当有利于提高劳动生产率。

从形式上讲，工作时间分为标准工时和非标准工时。标准工时指法定的在正常情况下普遍适用的，按照正常作息办法安排的工作日和工作周。非标准工时指法定的只适用于特殊情形，并且工时长度和作息办法都不同于标准工时制的工时形式，可以分为缩短工作日、延长工作日、不定时工作日、连续工作日等。

2. 休息休假制度

休息包括一个工作日之内的间歇休息时间、工作日之间的休息时间、工作周

---

① 参见罗小兰：《中国企业最低工资制度研究》，47页，上海，立信会计出版社，2009。

② 参见郭捷主编：《劳动与社会保障法》，3版，168页，北京，法律出版社，2008。

之间的休息时间。休假法律制度包括法定节假日休假、探亲假、婚丧假、产假和带薪年休假制度等。我国《劳动法》和《职工带薪年休假条例》对此作出了详细规定。

3. 延长工作时间的规定

劳动者享有休息的权利，但是有时用人单位及特种行业需要劳动者延长工作时间，为了平衡两者的关系并保障劳动者的利益，《劳动法》第 41 条、第 42 条对延长工作时间的限制与例外作出了严格规定。

（三）劳动安全卫生制度

劳动安全卫生制度是旨在消除工作环境中危害劳动者生理、心理健康和人身安全的风险，并规定一系列措施以提高工作环境中健康、安全保障水平的法律制度。[①]劳动安全卫生制度具有以下内容：

1. 劳动安全卫生制度的一般内容

（1）劳动安全卫生行政部门的职责包括：制定劳动安全卫生法规和统一的标准并监督用人单位执行；把劳动安全卫生管理工作纳入日常职责范围，通过日常审批、鉴定、考核、认证、事故查处等来督促用人单位做好该项工作；加强劳动保护监察，制止、纠正并制裁劳动保护中的违法行为；组织和推动劳动安全卫生科学研究工作；向企业直接提供或支持提供劳动保护设施。

（2）用人单位的义务和权利包括：向劳动者提供符合国家标准、行业标准的劳动安全卫生条件；对劳动者进行劳动安全卫生教育和技术培训；建立并实施劳动安全卫生管理制度；为女职工和未成年工提供特别保护；接受行政部门、工会和职工的监督。为促进劳动安全卫生工作的实施，用人单位还有权制定并实施内部劳动安全卫生规章，有权对违反企业劳动安全卫生规章并造成事故的职工予以处罚。

（3）劳动者的权利和义务包括：有权获得符合标准的劳动安全卫生条件；有权获得本岗位安全卫生知识、技术的学习和培训；有权拒绝单位的违章操作、冒险作业的要求；有权对单位执行劳动安全卫生的情况进行监督。同时劳动者负有学习掌握劳动安全卫生知识、技术，严格遵守操作技术规程的义务。

2. 女职工和未成年工特别保护

由于女职工和未成年工特殊的身体条件和生理特点，相关法律法规对女职工和未成年工规定了特别保护，比如《劳动法》第 59 条规定："禁止安排女职工从事矿山井下、国家规定的第四级体力劳动强度的劳动和其他禁忌从事的劳动。"第 64 条规定："不得安排未成年工从事矿山井下、有毒有害、国家规定的第四级体力劳动强度的劳动和其他禁忌从事的劳动。"

劳动安全卫生制度体系庞杂、内容繁多，特提供下表以供参考学习。

---

① 参见陈信勇主编：《劳动与社会保障法》，176 页，杭州，浙江大学出版社，2007。

表 10—1　　　　　　劳动安全卫生制度体系①

<table>
<tr><td>法律法规</td><td colspan="26">相关内容</td></tr>
<tr><td>宪法</td><td colspan="26">《宪法》中有关劳动安全卫生的规定</td></tr>
<tr><td>劳动法典</td><td colspan="26">《劳动法》中有关劳动安全卫生的规定</td></tr>
<tr><td>综合性基本法</td><td colspan="26">《劳动安全生产法》、《职业病防治法》</td></tr>
<tr><td rowspan="3">专门性基本法（法律或行政法规）、单项规章（部门规章）、劳动安全卫生标准</td><td colspan="5" rowspan="2">劳动安全技术法</td><td colspan="5" rowspan="2">劳动卫生技术法</td><td colspan="11">劳动保护管理法</td><td colspan="2" rowspan="2">特殊主体保护法</td><td colspan="3" rowspan="2">劳动保护监督法</td></tr>
<tr><td colspan="6">劳动保护综合管理</td><td colspan="5">劳动保护专项管理</td></tr>
<tr><td>矿山安全</td><td>特种设备安全</td><td>建筑安装工程安全</td><td>危险性产品材料安全</td><td>特定劳动场所安全</td><td>粉尘危害防护</td><td>职业性毒物危害防护</td><td>噪声危害防护</td><td>电磁辐射危害防护</td><td>其他职业危害防护</td><td>劳动保护计划</td><td>劳动保护教育</td><td>劳动保护设施“三同时”制度</td><td>劳动保护认证与考评</td><td>劳动保护检查</td><td>其他综合性劳动保护管理措施</td><td>安全生产责任</td><td>生产安全事故调查处理</td><td>职业病危害项目申报</td><td>职业健康监护</td><td>其他专项性劳动保护管理措施</td><td>女职工特殊劳动保护</td><td>未成年工特殊劳动保护</td><td>矿山安全监察</td><td>特种设备安全监察</td><td>其他劳动保护监察</td></tr>
</table>

【案例评析】

某服装生产企业工人小李就加班费的计算与单位发生争议案

1. 案情简介

小李是广东某服装生产企业的工人，劳动合同明确约定月工资为 900 元，其每月的实际收入为 1 200 元，包含有交通费 80 元/月、通信补贴 40 元/月、伙食补贴 180 元/月，但这三种补贴以充值卡和现金的形式发放，未在工资总额中体现。当地最低生活保障收入为 750 元/月。2008 年春节前一月，由于工作忙，小李被要求在一个周末加班两天，在春节前第二周，由于事情做不完，她自己决定每天加班 2 小时。而且，在春节期间，还安排了值班三天，分别是初一、初四和初五。当月累计加班时间 50 小时。当小李向单位请求加班费时，双方就加班费的计算问题发生很大

① 参见王全兴主编：《劳动法学》，2 版，340 页，北京，高等教育出版社，2008。

争议。

2. 基本问题

关于加班费主要涉及哪些法律问题?①

3. 知识内容

关于加班费的问题主要集中在以下几个方面:

(1) 关于加班事实的认定。一般而言,单位安排的加班才属于法律意义上的加班,员工自愿加班不属于法律意义上的加班,不会得到法律的支持和保护。如果有证据证明单位安排了加班,而该证据又为单位掌握,仲裁机关或人民法院应当要求单位出示,如单位拒不出示,则承担不利的法律后果。不定时工作制人员无加班收入,但是如果用人单位在法定休假日安排员工工作的,仍然应当认定为加班。综合计算工时制人员在标准工作时间内无加班收入,计件工资制在定额外安排工作的认定为"加班"。

(2) 关于工资基数的确定。要准确计算加班费,首先必须正确确定加班费的计算基数,即员工的小时工资率。而小时工资率又与月计薪天数和月工资收入有关系。月计薪天数是每年排除周末的天数除以月数 12 所得。目前我国日工资标准=月工资/21.75 天,小时工资标准=日工资标准/8 小时。② 关于月工资收入,如果劳动合同有明确约定工资数额的,按不低于劳动合同约定的工资标准确定"月工资收入",如果劳动合同没有明确约定工资数额,或者合同约定不明确时,原则上"月工资收入"以员工实际月工资为标准。

(3) 关于加班报酬倍数如何确定。《劳动法》第 44 条规定:"有下列情形之一的,用人单位应当按照下列标准支付高于劳动者正常工作时间工资的工资报酬:(一) 安排劳动者延长工作时间的,支付不低于工资的百分之一百五十的工资报酬;(二) 休息日安排劳动者工作又不能安排补休的,支付不低于工资的百分之二百的工资报酬;(三) 法定休假日安排劳动者工作的,支付不低于工资的百分之三百的工资报酬。"

(4) 关于法定假日加班是否可补休。根据规定,单位在法定节假日安排员工加班的,应当按照不低于员工本人日或小时工资的 300%的标准支付加班工资,而不得以调休等方式代替。而在休息日加班的则应当调休,不能调休的再发放加班工资。

(5) 关于加班时间限定。法律规定,用人单位由于生产经营需要,经与工会和员工协商后可以延长工作时间,一般每日不得超过 1 小时;因特殊原因需要延长工作时间的,在保障员工身体健康的条件下延长工作时间每日不得超过 3 小时,但是每月不得超过 36 小时。

【疑难问题】

如何从法律角度解决拖欠农民工工资的问题?

---

① 参见中顾网:《法定节假日加班费案例》,见 http://www.9ask.cn,2011-07-27。

② 参见劳动和社会保障部 2008 年《关于职工全年月平均工作时间和工资折算问题的通知》。

解答思路：

1. 明确农民工取得劳动报酬的权利，增加欠薪单位的责任，特别是要采取惩罚性措施，例如对涉及欠薪人数多、数额较大的单位实行要求其退出市场的措施。

2. 加强劳动监察，在处理这类问题时要特别坚持便民、利民原则，及时有效地帮助农民工解决问题。

3. 在劳动仲裁和诉讼程序中要注意及时审结、先予执行、免费受理、司法援助等问题。

四、就业促进与职业培训法律制度

【知识要点】

（一）就业促进法律制度

就业促进是指政府实施积极的就业政策并采取措施帮助公民实现就业的一系列政策、措施的总称。我国坚持劳动者自主择业、市场调节就业、政府促进就业的就业促进方针，多渠道扩大就业。

1. 就业促进主体

（1）责任主体

政府是就业促进的主要责任主体，用人单位、人力资源市场中介机构、职业教育和培训机构以及相关的社会团体也是重要的责任主体。将劳动关系的建立完全交给市场调节是不现实的，在自由市场里由于信息的不对称（产生摩擦性失业）①、劳资双方强弱势地位差距等不仅使劳动者难以保障自己的权利，而且造成用人单位也无法获得想要的劳动者。因此政府以及市场中介机构应当担负起促进公民就业的责任，促进社会的稳定、健康发展。

（2）权利主体

就业促进的权利主体既包括与用人单位建立劳动关系的劳动者，也包括自主创业者和自谋职业者。各级人民政府和有关部门应当简化程序，提高效率，为劳动者自主创业、自谋职业提供便利。

2. 政府促进就业的措施

（1）促进公平就业的政策措施

政府应创造公平就业的环境消除就业歧视，具体而言要规范用人单位和职业中介机构的行为，保障妇女、少数民族劳动者、残疾人、传染病病原携带者、进城就业的农村劳动者的平等就业权。实行就业监督，对劳动者遭受就业歧视进行法律救济。同时加强法律责任，《就业促进法》没有具体规定就业歧视的法律责任，对此可借鉴美国反就业歧视的经验，规定禁止令、复职、积欠工资、晋升以及损害赔偿等

① 参见［美］萨缪尔森、诺德豪斯：《经济学》，高鸿业等译，349～350页，北京，中国发展出版社，1992。

救济方式来有效保护劳动者。[①] 此外，如果就业歧视给受害者造成精神损害的，受害人还可以主张精神损害赔偿。[②]

（2）就业服务与管理方面的政策措施

政府培育和完善统一开放、竞争有序的人力资源市场，为劳动者就业提供服务；鼓励社会各方面依法开展就业服务活动，加强对公共就业服务和职业中介服务的指导和监督，逐步完善覆盖城乡的就业服务体系；加强人力资源市场信息网络及相关设施建设，建立健全人力资源市场信息服务体系，完善市场信息发布制度；建立健全公共就业服务体系，加强对职业中介机构的管理；建立健全就业援助制度，采取税费减免、贷款贴息、社会保险补贴、岗位补贴等办法，通过公益性岗位安置等途径，对就业困难人员实行优先扶持和重点帮助。

（二）职业培训法律制度

职业培训通常又称职业技能培训，是指根据社会职业的需求和劳动者从业的意愿及条件，由国家、社会或用人单位对劳动者进行的旨在培养和提高其职业技能的教育训练活动。职业培训法律制度主要包括以下内容：

1. 职业培训的管理

政府应当把发展职业培训纳入社会经济发展的规划，鼓励和支持有条件的企业、事业组织、社会团体和个人进行各种形式的职业培训。同时，劳动行政部门制定职业培训的政策、规章、规则、标准等规范，统一制作有关证件和通用标准；对职业培训实体的开办、职业技能鉴定机构的设立等进行审查和批准；对整个培训活动实行全面监督；组织和领导对培训实体的评估工作，奖励先进，倡导和组织开展技能竞赛。

2. 职业技能资格鉴定

国家确定职业分类，对规定的职业制定职业技能标准，实行职业资格证书制度，由经过政府批准的考核鉴定机构负责对劳动者实施职业技能考核鉴定。满足职业技能要求的劳动者，国家可授予职业资格证书。

【案例评析】

某 IT 公司拒绝录用乙肝“小三阳”求职者案

1. 案情简介

小周是应届大学毕业生，由于成绩优异，其班主任把他推荐给一家 IT 企业做网络编辑。经过一番笔试，小周不负众望以第一名的成绩进入最后的面试。可令他

① 参见王全兴主编：《劳动法学》，2 版，373 页，北京，高等教育出版社，2008。

② 参见林嘉：《论我国就业歧视的法律调控》，载《河南社会科学》，2006（5）。

没有想到的是，IT 公司以他有乙肝“小三阳”为由，拒绝录用他。[①]

2. 基本问题

IT 公司因为小周有乙肝“小三阳”而拒绝录用小周的做法是否合法？

3. 知识内容

《就业促进法》第 30 条规定：“用人单位招用人员，不得以是传染病病原携带者为由拒绝录用。但是，经医学鉴定传染病病原携带者在治愈前或者排除传染嫌疑前，不得从事法律、行政法规和国务院卫生行政部门规定禁止从事的易使传染病扩散的工作。”其中，传染病病原携带者是相对于传染病病人、疑似传染病病人的概念，指感染传染病病原体，无临床症状但能排出病原体的人，例如乙型病毒性肝炎（简称“乙肝”）病原携带者。《就业促进法》第 30 条作出不得歧视传染病病原携带者就业的规定，其立法目的就是：一方面要保护传染病病原携带者的平等就业权；另一方面又要保护公众的安全和健康。小周应聘的是这家公司的网络编辑职位，并不属于特别限制传染病的岗位，因此案例中公司以乙肝“小三阳”为由拒绝招用小周是不合法的。

【疑难问题】

如何预防或消除就业歧视？

解答思路：

1. 扩大《劳动法》中关于就业歧视的认定范围，把身份、年龄、容貌、健康状况等列为禁止歧视的对象。[②]

2. 在法律中明确各种就业歧视的判断标准。

3. 完善我国就业歧视的救济程序或建立专门机构消除就业歧视。

4. 明确违反法律义务应承担的责任。

5. 适时制定《反就业歧视法》。

五、劳动法律救济制度

【知识要点】

（一）劳动争议处理

劳动争议指劳动关系当事人之间因劳动权利和劳动义务所发生的争议。《劳动争议调解仲裁法》明确规定了劳动争议的受案范围包括：因确认劳动关系发生的争议；因订立、履行、变更、解除和终止劳动合同发生的争议；因除名、辞退和辞职、离

① 参见《〈就业促进法〉给了您哪些权利》，见 http://www.bjld.gov.cn/tszl/ldzcalydp/201001/t20100120-17837.html。

② 参见曹可安主编：《中华人民共和国劳动合同法——实务 100 讲》（中国劳动法学研究会组织编写），31 页，杭州，京华出版社，2007。

职发生的争议；因工作时间、休息休假、社会保险、福利、培训以及劳动保护发生的争议；因劳动报酬、工伤医疗费、经济补偿或者赔偿金等发生的争议；法律、法规规定的其他劳动争议。劳动争议的处理应坚持自愿调解、及时便民、依法公正的原则，切实为劳动者排忧解难，解决纠纷。

劳动争议的解决需要公正合理的程序来保障，根据《劳动争议调解仲裁法》第4、5条规定，一般而言，劳动争议的处理有下列几个程序：协商解决程序、调解程序、仲裁程序、诉讼程序。其中前两者不是必经的法律程序，下文就劳动争议仲裁程序和劳动争议诉讼程序予以介绍。

1. 仲裁程序

劳动争议仲裁是处理劳动争议的必经程序，也即人民法院在受理劳动争议案件之前，必须先由劳动争议仲裁委员会进行仲裁。劳动争议仲裁主要包括以下内容：

（1）仲裁机构的组成。劳动争议仲裁委员会依法设立并处理劳动争议案件，它由劳动行政部门代表、工会代表和企业方面代表组成，也即“三方原则”。这一做法使劳动争议当事人双方都有自己的代表参与，有利于保持公正、查清事实。

（2）仲裁时效问题。之前理论界及实务界对仲裁时效仅有60天多持异议[①]，现在生效的《劳动争议调解仲裁法》将时效延长到1年，并且自当事人知道或应当知道其权利受损害之日起计算。解除或终止劳动关系纠纷，以劳动者收到“书面通知时间”作为争议发生之日，否则以“劳动者主张权利之日”为标准。解除或终止劳动关系发生的欠薪和补偿纠纷，推定“解除合同之日”为劳动者应当知道权利受损害的日期，但用人单位承诺了支付日期的，以期日届满之日为标准。为了解决欠薪追索的问题，法律规定劳动关系存续期间因拖欠劳动报酬发生争议的，劳动者申请仲裁不受1年期限的限制。这一规定充分考虑了在职劳动者不敢主张权利的现状，对维护其权益有积极的作用。

2. 诉讼程序

最高人民法院有三个司法解释[②]对劳动争议诉讼中的受案范围、管辖、举证责任、裁决等问题作出了规定，下文专门分析比较有实践意义的举证责任倒置问题。此处所讲的举证责任倒置是指在劳动者作为申诉人或原告的劳动争议案件中，与案件有关的部分事实由用人单位来承担举证责任。这实际上突破了“谁主张，谁举证”的民事诉讼基本举证原则，符合劳动争议双方当事人强弱有别的特点，有利于保护劳动者的权益。

具体而言，劳动争议中的举证责任倒置主要包括以下内容[③]：（1）发生劳动争议，当事人对自己提出的主张，有责任提供证据。与争议事项有关的证据属于用人

---

① 参见陈彬：《论我国劳动争议处理制度的重构》，载《现代法学》，2005（6）。

② 具体是指《最高人民法院关于审理劳动争议案件适用法律若干问题的解释》、《最高人民法院关于审理劳动争议案件适用法律若干问题的解释（二）》、《最高人民法院关于审理劳动争议案件适用法律若干问题的解释（三）》。

③ 参见《劳动争议调解仲裁法》、《最高人民法院关于审理劳动争议案件适用法律若干问题的解释》、《关于确立劳动关系有关事项的通知》。

单位掌握管理的，用人单位应当提供；用人单位不提供的，应当承担不利后果。（2）因用人单位作出的开除、除名、辞退、解除劳动合同、减少劳动报酬、计算劳动者工作年限等决定而发生的劳动争议，用人单位负举证责任。（3）用人单位未与劳动者签订劳动合同，认定双方存在劳动关系时可参照下列凭证：①工资支付凭证或记录（职工工资发放花名册）、缴纳各项社会保险费的记录；②用人单位向劳动者发放的"工作证"、"服务证"等能够证明身份的证件；③劳动者填写的用人单位招工招聘"登记表"、"报名表"等招用记录；④考勤记录；⑤其他劳动者的证言等。其中，①、③、④项的有关凭证由用人单位负举证责任。

（二）劳动监督检查与法律责任

劳动监督检查，又称劳动法监督检查，是指法定监督主体为保护劳动者合法权益，依法对用人单位和劳动服务主体遵守劳动法的情况，实行检查、督促、纠偏、处罚等一系列监督检查活动。[①] 我国的劳动监督体系由行政监督和社会监督相结合而构成。其中，行政监督由劳动监察和相关行政监督所组成，社会监督主要由工会监督和群众监督所组成。

在劳动监督检查中，监督主体是依法享有劳动监督权的行政机关、社会团体、有关单位和劳动者个人，其中，劳动行政部门和工会组织在劳动监督体制中的地位尤为重要。监督的目的是保护劳动者的合法权益，实现劳动法的主旨。监督客体是用人单位的用人行为和劳动服务主体的劳动服务行为。监督方式表现为依法行使监督权的各项措施，其中主要是对劳动法的执行情况进行检查，对检查发现的违反劳动法的行为及时制止和纠正，依法追究违法行为人的法律责任等。

劳动法中的法律责任，即违反劳动法的法律责任，指用人单位和各种劳动法主体因违反劳动法而依法应当承担的法律后果。就责任形式而言包括多种形式，以法定责任为主，以约定责任为辅。对用人单位而言，劳动法上多采用无过错责任的归责原则，而且劳动法上的责任多采用惩罚性赔偿方式，如《劳动合同法》第 87 条规定："用人单位违反本法规定解除或者终止劳动合同的，应当依照本法第四十七条规定的经济补偿标准的二倍向劳动者支付赔偿金。"就责任主体而言，用人单位、劳动者、工会、劳动行政管理部门都是劳动法的责任主体。

【案例评析】

某公司解除员工劳动合同后不支付经济补偿金案

1. 案情简介

陈某于 2007 年 4 月 2 日到某公司工作，双方签订了劳动合同，合同约定陈某工

---

① 参见王全兴：《劳动法学》，2 版，408 页，北京，法律出版社，2004。

作岗位是高压电工维修，月工资 1 500 元，合同至 2008 年 11 月 30 日终止。2008 年 9 月 7 日某公司以陈某不胜任工作为由提出与陈某解除劳动合同。陈某认为，公司与其解除劳动合同，应支付其解除劳动合同经济补偿金。某公司则认为，陈某在履行工作中，不能按公司规定完成工作任务，因而不同意支付经济补偿金。陈某首先向所在公司工会要求帮助其与公司协商解决，公司断然拒绝了陈某的请求。而后陈某又向劳动争议调解组织要求调解，结果还是无法达成协议。无奈之下，陈某向劳动争议仲裁部门提出申请，劳动争议仲裁委员会对陈某要求某公司支付其解除劳动合同经济补偿金的请求予以支持。公司不服，向人民法院提起诉讼要求撤销仲裁裁决。最终人民法院维持了仲裁委的仲裁裁决。①

2. 基本问题

解决劳动争议有哪些途径?

3. 知识内容

该案例清晰地反映了劳动争议解决的具体程序，一般而言，劳动争议的解决有当事人和解、第三方主持调解、劳动争议仲裁机构的仲裁程序、诉讼程序。本案例中陈某先是与公司协商无果，而后请求劳动争议调解组织主持调解，未能达成协议。陈某再向劳动争议仲裁机构提起仲裁，公司不服仲裁裁决向法院提起诉讼。在经过这几个程序后，陈某与用人单位的劳动争议终告结束。

【疑难问题】

某公司招聘条件为“男工具有高中以上学历，女工具有本科以上学历”，女青年小张只有大专学历，到该公司应聘遭拒，小张于是和公司发生争议。那么以此为例，如何区分劳动争议中的权利之争和利益之争?

解答思路：所谓权利争议，又称实现既定权利的争议，是指因实现劳动法、集体劳动合同和劳动合同所规定的权利和义务而发生的争议。比如，用人单位在劳动合同中约定的报酬未能兑现，劳动者由此与用人单位发生权利争议。而本案例中小张还没与用人单位签订劳动合同，也未形成劳动关系，她与该公司的争议只是利益争议。所谓利益争议，又称确定权利的争议，是指因为确定或变更劳动条件而发生的争议，即当事人对未来构成彼此间权利义务的劳动条件，主张继续保持现存条件或应予变更调整而发生的争议。利益争议较多的表现为订立、变更集体劳动合同的集体谈判陷入僵局或者失败。利益之争如果不属于权利之争，通常不能通过仲裁、诉讼途径获得救济，而是由双方自行协商或由第三者协调解决。

---

① 参见北京人力资源与社会保障局网站：《调解仲裁案例与点评》，见 http://www.bjld.gov.cn/tszl/ldzcalydp/201007/t20100730_23644.html，2011-07-30。

六、社会保障法基本问题

【知识要点】

（一）社会保障法的含义

社会保障指政府依据法律法规，通过实行强制性的社会保险、社会救济等措施，对国民收入进行再分配，对本国那些暂时或永久失去劳动能力以及因遭遇疾病、伤残、失业等各种原因而面临生活困难的公民给予物质帮助，使其能维持最基本的生活或生存条件，并帮助其逐步摆脱生活困境。社会保障法是调整社会保障关系的法律规范的总称。

（二）社会保障法的基本原则

1. 基本保障原则

基本保障原则，是指国家和社会给予公民的保障首先是满足基本生活需要的保障，是提供基本生存条件的保障，即生存权的保障。人们会因为疾病、年老而缺乏劳动能力，也可能因为失业丧失收入来源，或者因其他因素面临物质的匮乏和生存的危机。社会保障法以解决社会成员面临的生存问题为己任，通过政府干预为面临生存问题的社会成员提供帮助。

2. 普遍保障原则

普遍保障原则是 1942 年贝弗里奇在《社会保险及相关服务》的政策报告中提出的一项基本原则[①]，指社会保障的实施范围应包括所有公民，强调一切公民都享有社会保障的权利。该原则符合人类对公平的追求，因此为国际社会所公认，是各国社会保障立法所共同遵循的一条基本原则。

3. 公平与效率兼顾原则

从社会保障的对象来讲，公平首先是人人平等。对社会保障的待遇安排而言应力求平衡，对处于社会不利地位的人群应给予特别的倾斜保护。社会保障坚持公平的同时还应兼顾效率，不能简单地“杀富济贫”，而应当着重于激励机制的建设，使权利义务的安排能够激发社会人群的潜力，为社会潜能的开发提供良好的平台，实现社会保障的经济调节作用，促进经济增长，从而实现社会更高层次的公平发展。

4. 保障水平与经济发展水平相适应的原则

社会保障的水平必须与本国的经济发展水平相适应。高于经济发展水平的社会保障常常阻碍经济的发展，如西方国家在上个世纪出现了“福利国家危机”、“福利困境”，为国民经济发展带来明显的负面影响。低于经济发展水平的社会保障则不仅难以发挥预期的保障作用，而且还会引发一些社会矛盾。因此，社会保障的项目、

---

① 参见［英］内维尔·哈里斯等：《社会保障法》，李西霞、李凌译，93 页，北京，北京大学出版社，2006。

范围、标准等应与本国经济发展水平相适应并适时调整，保持平衡。

(三) 社会保障法的功能

1. 建立和发展市场经济

市场经济的竞争机制难免会导致财富分配的“弱肉强食”，所以建立市场经济必须有社会保障法律的支持，才能避免社会过度分化。市场的不完全、不普遍、外部性等内在缺陷导致严重的社会问题，通过国家参与解决社会上大量存在的失业、贫困、疾病等社会问题的社会保障法成为国家干预的重要手段，社会保障法成为克服市场失灵的重要法律制度。

2. 维护社会公平

在市场经济体制下，自由放任的市场会导致贫富差别。为了解决这一社会问题，需要运用国家和社会力量对经济活动进行干预，将社会共同创造的价值和社会共同负担的责任在全体公民中合理分配。其主要方式就是强制推行社会保障制度，调节收入分配机制，将高收入者的一部分收入适当转移给低收入者，形成高、低收入阶层之间的互助，适当缩小贫富差别。

3. 保障社会安全

社会保障法通过对没有生活来源者、贫困者、遭遇不幸者和失业者等提供帮助，保障其生活需要，消除其不安全感，从而保障整个社会及统治秩序的稳定。因此，西方国家把社会保障制度誉为“社会安全网”和“社会减震器”[①]。

(四) 社会保障法的体系结构

就社会保障法的调整对象而言，分为社会保险法、社会救助法、社会福利法三个领域。在结构上，现阶段的社会保障法是以劳动法为基础，以社会救助法为底线，以社会保险法为核心，以社会福利法为辅助。[②] 鉴于社会保险法的核心地位，我们将在下一专题重点介绍。在此先介绍社会救助与社会福利制度。

社会救助在我国又称为社会救济，是国家与社会面向贫困人口与不幸者组成的社会脆弱群体提供款物接济和扶助的一种社会保障制度。社会救助对象具有选择性和动态性，权利义务具有单向性，社会救助的保障标准具有低层次性和地域差别性。按照社会救助的模式，分为民间救助、官方救助、官方与民间相结合的救助模式，所涉及的基本法律问题包括社会救助的当事人、社会救助的标准、社会救助资金的筹集与管理、社会救助待遇享受资格管理等。

社会福利指国家和社会通过举办各种福利事业和采取各种福利措施，为社会成员提供基本生活保障并不断改善生活状况的一种社会保障制度。社会福利保障对象指向全民，具有普遍性、权利义务不一致性、单向性等特点。福利由国家免费或优惠提供，具有高层次性，能够保证社会成员过上体面而有尊严的生活。按照性质及

---

① 黎建飞：《劳动与社会保障法教程》，412 页，北京，中国人民大学出版社，2007。

② 参见蒋月：《社会保障法》，1 页，厦门，厦门大学出版社，2004。

服务对象，社会福利可分为公共福利、职业福利、社会弱势群体福利等。社会救助、社会保险和社会福利共同筑起社会安全的坚固网络。

【案例评析】

吉林导游员社会保障缺失案

1. 案情简介

2010年3月—5月，吉林省财贸工会对长春、吉林、通化和延边4个地区的旅游行业，83家旅行社，约1900名导游员的社会保障状况进行了专题调研。调查结果显示，处在一线的导游员社会保障状况堪忧，各地区旅行社缴纳社会保险情况参差不齐。长春地区多数企业为签订了劳动合同的导游员缴纳了"五险一金"。而在吉林市，几乎没有导游员能够全部享受到"五险一金"待遇。有的企业参加社会保险也只限于养老保险和工伤保险，保险对象也主要是企业管理人员和业务骨干。①

2. 基本问题

在中国，为何会出现社会保障制度供给不足?

3. 知识内容

社会保障制度供给不足是指在一定的宪法秩序下，权力中心或制度供给主体提供制度安排的数量和质量都无法满足人民群众的需要，不能适应和促进社会、政治、经济发展要求的现象，其主要表现为社会保障覆盖范围的供给不足、社会保障基金的供给不足、社会保障法制的供给不足、社会保障管理体制的供给不足。引起社会保障制度供给不足的原因是相当复杂的，主要有以下几个方面的因素：其一，在宏观层面，社会整体制度供给不足决定了社会保障制度供给的不足。其二，在社会法则层面，宪法秩序、文化背景与意识形态也会在一定时期内、在一定程度上导致社会保障制度供给的不足。其三，在经济利益层面，制度安排的成本、财政收支与分利集团化也同样会影响社会保障的制度供给，导致供给不足。其四，在供给主体层面，制度供给主体的意愿、能力执行力也同样会影响社会保障的制度供给，导致供给不足。②

【疑难问题】

经济发展程度与社会保障水平是什么样的关系?

---

① 参见杜广勤、黄宇、黄明：《工时长工资低，吉林一线导游员社会保障状况堪忧》，见http://china.findlaw.cn/info/baozhangfa/shbzdt/125694.html，2011-08-20。

② 参见王晓芳、潘信林：《社会保障制度供给不足的表现、原因及对策》，见http://www.studa.net/nongcun/081215/15450084.html，2011-08-15。

解答思路：有人认为，要想经济发展得好就应当减轻国家和企业的负担，实行社会保障制度会加重国家和企业负担；也有人认为我们是社会主义国家，就应当搞全民福利国家制度。上述两种观点都是错误的，经济和社会应当是相互协调、共同发展的，经济发展为社会进步提供物质基础，社会进步为经济发展提供动力，既不能使社会保障影响经济发展，也不能经济发展了却忽视社会保障建设，因为没有对公民基本的社会保障，经济的可持续发展是难以想象的。

七、工伤保险法律制度

【知识要点】

工伤保险，又称职工伤害赔偿保险，是指职工因工致伤、致死或病死，依法获得经济赔偿和物质帮助的一种社会保险制度。通过对工伤职工及其亲属提供医疗救治、生活保障、经济补偿，工伤保险可以减轻工伤职工所遭受的经济损害，并减轻用人单位的负担。工伤保险的赔付以工伤认定为前提，通过劳动争议仲裁的前置程序，最终确定赔付金额。

（一）工伤保险事故的认定

工伤保险中的保险事故属于广义的工伤，包括狭义工伤和职业病。工伤即因工负伤。其中的“工”指职工在劳动过程中执行职务（业务）的行为，既可能实施于工作地点和工作时间之内，也可能实施于其他地点或时间；其中的“伤”指职工在劳动过程中所受到的各种急性伤害（即伤亡），包括负伤、致残、死亡。职业病是指企业、事业单位和个体组织的劳动者在职业活动中，因接触粉尘、放射性物质和其他有毒、有害物质等因素而引起的疾病。关于工伤的具体情形可参见 2011 年 1 月开始施行的新《工伤保险条例》第 14 条至第 16 条的规定。

（二）劳动能力鉴定

职工发生工伤，经治疗伤情相对稳定后存在残疾、影响劳动能力的，应当进行劳动能力鉴定。劳动能力鉴定指劳动功能障碍程度和生活自理障碍程度的等级鉴定。劳动功能障碍分为十个伤残等级，其中最重的为一级，最轻的为十级。生活自理障碍分为三个等级：生活完全不能自理、生活大部分不能自理和生活部分不能自理。劳动能力鉴定由用人单位、工伤职工或者其直系亲属向设区的市级劳动能力鉴定委员会提出申请，并提供工伤认定决定和职工工伤医疗的有关资料。

（三）工伤保险待遇的内容及其支付

职工因工作原因受到事故伤害或者患职业病，且经工伤认定的，享受工伤保险待遇，具体包括工伤医疗待遇、因工伤残待遇、因工死亡抚恤、暂时失能补助金。工伤保险待遇按照支付主体的不同，可以分为三类：第一类是职工所在用人单位依法缴纳了工伤保险费，发生工伤事故的，工伤保险待遇由国家和用人单位共同支付。第二类是职工所在用人单位未依法缴纳工伤保险费，发生工伤事故的，工伤保险待遇由用人单位支付。只有当用人单位不支付的时候，国家才从工伤保险基金中先行支付。但是先行支付的工伤保险待遇由用人单位偿还。用人单位不偿还的，社会保险经办机构可以依法予以追偿。第三类是对由于第三人的原因造成工伤，第三人不支付工伤医疗费用或者无法确定第三人的，由工伤保险基金先行支付。工伤保险基金先行支付后，有权向第三人追偿。

工伤职工有下列情形之一的，停止享受工伤保险待遇：（1）丧失享受待遇条件的；（2）拒不接受劳动能力鉴定的；（3）拒绝治疗的。

【案例评析】

某驾驶员充话费期间发生车祸被用人单位否认工伤案

1. 案情简介

自 2003 年 11 月 1 日起，任某将其资产苏 BE—××××的货车挂靠在金×公司经营。同时聘用李某为该车驾驶员，并由其向李某支付工资。李某于 2006 年 8 月 2 日驾驶苏 BE—××××货车，前往无锡送货，途中李某发现手机停机，于是下高速到市区充话费，在这期间发生车祸，李某小腿受伤骨折。李某就该事故向劳动和社会保障局要求工伤认定。劳动和社会保障局受理后，依照工伤认定程序向金×公司发出了《工伤认定举证责任通知书》，但金×公司未在规定的 15 日举证期限内提出异议，亦未提供任何证据材料。劳动和社会保障局于 2006 年 9 月 28 日作出了工伤认定决定，于 10 月 19 日将该决定书分别邮寄送达李某及金×公司。金×公司不服，提出行政复议申请，复议机关作出了维持劳动和社会保障局的工伤认定决定。金×公司不服，向法院提起行政诉讼。①

2. 基本问题

李某是否构成工伤？

3. 知识内容

工伤认定需要遵循以下步骤：

工伤认定部门在认定“因工受伤”前首先确定受伤者与所涉单位是否构成劳动关系。而根据《工伤保险条例》第 18 条规定，劳动关系包括事实劳动关系。另外，参照劳动和社会保障部发（2005）12 号《关于确立劳动关系有关事项的通知》关于“用人单位招用劳动者未订立书面劳动合同，但同时具备下列情形的，劳动关系成立。（一）用人单位和劳动者符合法律、法规规定的主体资格；

① 参见正义网：《江苏省法院公布劳动争议十大案例》，见 http://news.jcrb.com/jxsw/201104/t20110429_536241.html。

（二）用人单位依法制定的各项劳动规章制度适用于劳动者，劳动者受用人单位的劳动管理，从事用人单位安排的有报酬的劳动；（三）劳动者提供的劳动是用人单位业务的组成部分”的规定，李某与金×公司之间的关系符合第一项，虽然第二项从表象看似乎并不相符，但可以推定为间接地适用于作为劳动者的司机李某。① 因为虽然司机李某为车辆所有人任某聘用，但实际上任某并没有从事交通运输的主体资格，任某以挂靠在金×名义下对外运营，实际上车辆所有人在车辆运营中雇佣的李某，应视为实际为金×公司提供服务。李某肯定受到金×公司各项规章制度的制约，而李某也间接从事金×公司安排的有报酬的劳动（尽管由任某负责向李某支付报酬）。因此，李某与金×公司构成事实劳动关系。

在双方具备劳动关系这一要件的前提下，需要认定李某是不是因工受伤。在本案中，虽然金×公司认为李某下高速充话费不属于因工作原因受伤，而实际上，尽管李某改变行车路线，但其目的是充上话费方便和公司、客户联系，这是工作态度积极的体现，显然属于工作原因。李某的受伤情况符合《工伤保险条例》第 14 条“因工外出期间，由于工作原因受到伤害或者发生事故下落不明的”之规定，应当认定为工伤。

【疑难问题】

第三人侵权损害赔偿与工伤赔偿竞合时，劳动者能否获得双重赔偿?

解答思路：因用人单位以外的第三人侵权造成劳动者人身损害，构成工伤的，劳动者因工伤事故享有工伤保险赔偿请求权，因第三人侵权享有人身损害赔偿请求权。二者虽然基于同一损害事实，但存在于两个不同的法律关系之中，互不排斥。首先，基于工伤事故的发生，劳动者与用人单位之间形成工伤保险赔偿关系。国家设置工伤保险制度，目的是为了保障因工作遭受事故伤害或者患职业病的职工获得医疗救治和经济补偿。只要客观上存在工伤事故，就会在受伤职工和用人单位之间产生工伤保险赔偿关系，确认该法律关系成立与否，无须考查工伤事故发生的原因，即使工伤事故系因用人单位以外的第三人侵权所致，或者是由于受伤职工本人的过失所致，都不影响受伤职工向用人单位主张工伤保险赔偿。其次，基于侵权事实的存在，受伤职工作为被侵权人，与侵权人之间形成侵权之债的法律关系，有权向侵权人主张人身损害赔偿。侵权之债成立与否，与被侵权人是否获得工伤保险赔偿无关，即使用人单位已经给予受伤职工工伤保险赔偿，也不能免除侵权人的赔偿责任。综上，因用人单位以外的第三人侵权造成劳动者人身损害，构成工伤的，劳动者具有双重主体身份——工伤事故中的受伤职工和人身侵权的受害人。基于双重主体身份，劳动者有权向用人单位主张工伤保险赔偿，同

---

① 参见《最高人民法院行政审判庭关于车辆挂靠其他单位经营车辆实际所有人聘用的司机工作中伤亡能否认定为工伤问题的答复》（［2006］行他字第 17 号）。

时还有权向侵权人主张人身损害赔偿，即有权获得双重赔偿。在这种情形下，用人单位和侵权人应当依法承担各自所负的赔偿责任，不因受伤职工（受害人）先行获得一方赔偿、实际损失已得到全部或部分补偿而免除或减轻另一方的责任。[①]

八、养老保险法律制度

【知识要点】

养老保险是指在劳动者达到法定老年年龄并从事某种劳动达到法定年限后，由国家和社会依法给予一定物质帮助，以维持其年老生活的一种社会保险法律制度。[②]养老保险具有普遍性和年金保险的特点。在人们面临的养老、工伤、失业、疾病以及生育风险中，后四者对社会成员而言都属偶然性风险，而因年老而丧失劳动能力并失去收入却是每个人都不能回避的现实，所以养老保险应尽可能将更多的社会成员纳入其中，保证每个人年老的基本生活。

世界银行在《防止老龄危机》研究报告中建议各国的养老保险体系应包括三个层次：第一个层次是公共支柱，即基本养老保险；第二个层次是企业年金，即企业补充养老保险；第三个层次是个人储蓄养老保险。我国目前还是一个发展中国家，养老保险在发挥保障生活和社会安定作用的同时，又应当有利于提高劳动生产率，所以在制度上应按照这三个层次进行设计。

（一）基本养老保险的覆盖范围

基本养老保险覆盖范围包括国有企业、城镇集体企业、外商投资企业、城镇私营企业和其他城镇企业及其职工。《社会保险法》规定，无雇工的个体工商户、未在用人单位参加基本养老保险的非全日制从业人员以及其他灵活就业人员也属于基本养老保险的对象。

（二）养老保险费的缴纳

基本养老保险基金实行三方负担原则，由用人单位和个人缴费以及政府补贴等组成。

用人单位应当按照国家规定的本单位职工工资总额的比例缴纳基本养老保险费，记入基本养老保险统筹基金。职工应当按照国家规定的本人工资的比例缴纳基本养老保险费，记入个人账户。

无雇工的个体工商户、未在用人单位参加基本养老保险的非全日制从业人员以

① 参见《中华人民共和国最高人民法院公报》，2006（8）（总第118期）。

② 参见黎建飞：《劳动与社会保障法教程》，425页，北京，中国人民大学出版社，2007。

及其他灵活就业人员参加基本养老保险的，应当按照国家规定缴纳基本养老保险费，分别记入基本养老保险统筹基金和个人账户。

国有企业、事业单位职工参加基本养老保险前，视同缴费年限期间应当缴纳的基本养老保险费由政府承担。基本养老保险基金出现支付不足时，政府给予补贴。

（三）养老保险待遇条件及其支付

参加基本养老保险的个人，达到法定退休年龄时累计缴费满 15 年的，按月领取基本养老金。

参加基本养老保险的个人，达到法定退休年龄时累计缴费不足 15 年的，可以缴费至满 15 年，按月领取基本养老金；也可以转入新型农村社会养老保险或者城镇居民社会养老保险，按照国务院规定享受相应的养老保险待遇。

参加基本养老保险的个人，因病或者非因工死亡的，其遗属可以领取丧葬补助金和抚恤金；在未达到法定退休年龄时因病或者非因工致残完全丧失劳动能力的，可以领取病残津贴，所需资金从基本养老保险基金中支付。

个人跨统筹地区就业的，其基本养老保险关系随本人转移，缴费年限累计计算。个人达到法定退休年龄时，基本养老金分段计算、统一支付。

【案例评析】

农民工于振坤诉长安大学补缴社会保险案

1. 案情简介

1980 年，江苏省沛县农民于振坤带着弟弟外出打工，当年 3 月经熟人介绍，于家兄弟俩成了西安公路学院计划外的临时工，在该院伙食科任木工，但未签订用工合同。1989 年，由于他们工作勤恳，多次被评为先进工作者，遂于当年经该院院长特批，与学院总务处签订了聘用计划外工人合同，约定期限为 5 年，即从 1989 年元月 1 日到 1993 年 12 月 31 日。合同期满后，尽管没有续签合同，于振坤仍在原岗位工作。1998 年 10 月 6 日，在工作中安装玻璃时，于振坤不慎摔伤，致使左腿粉碎性骨折，学校为他报销了全部医药费并支付了 3 个月共 600 元的生活费，但没有进行工伤认定及级别鉴定。1999 年 8 月，伙食科领导口头通知于振坤解除劳动关系，同年 9 月 1 日，于振坤又被西安公路学院附属幼儿园录用，干些小木工活和简单的水电维护工作，仍没有签订用工合同。2006 年 2 月，幼儿园一位领导告诉他“后勤集团认为你年龄大了，身体又不好，要解聘你”，很快在工资结清后，他完全丢了在长安大学（西安公路学院于 2000 年与其他两所大学合并为长安大学）的工作，6 个月后，他接到通知要求搬出在学校的住房。

随后于振坤向西安市雁塔区劳动争议仲裁委员会提起申诉，要求长安大学为其办理社会保险、支付工伤待遇和支付解除劳动合同的经济补偿金以及拖欠经济补偿金的赔偿金。雁塔区仲裁委于2006年5月17日作出裁决，不采纳于振坤要求落实工伤待遇的诉请。5个月后，雁塔区法院受理了于振坤的民事诉讼。一审判决长安大学支付于振坤解除劳动合同经济补偿金5 880元及额外经济补偿金1 225元，共计7 105元。和仲裁结果类似，养老和工伤的争议仍没有解决。无奈之下，于振坤不得不向西安市中级人民法院提起上诉，但等待他的结果是：维持一审判决。①

2. 基本问题

农民工参加社会保险面临哪些困难，应当如何解决？

3. 知识内容

"农民工因其亦工亦农的特征，身份上属于农民，职业劳动属于工人劳动，使得这些劳动者在适用劳动法及相关法律时多有不便。"② 正因为如此，农民工的社会保险存在许多障碍。以农民工参加养老保险为例，目前主要有两难：一是缴费难。农民工工资收入普遍较低，使用农民工集中的企业经济承受能力也普遍较低；而现行城保制度规定缴费标准较高（用人单位缴纳工资总额的20%，个人缴纳工资的8%），许多农民工及使用农民工集中的企业感到难以承受，因而导致大量的农民工没有参保。二是转移难。农民工就业的流动性很强，而且转移目标地不确定；现行城保制度规定养老保险关系转移时只转移个人账户资金，不转移用人单位缴纳的社会统筹基金，许多参加了城保的农民工不能肯定自己现在缴了费今后能不能领到养老金，因而在离开一个就业城市时往往选择退保，只把个人账户的钱领出来，这实际上损害了农民工的养老保险权益。

《农民工参加基本养老保险办法》（以下简称《办法》）对这一问题是这样解决的。首先，针对农民工收入普遍偏低的特点，该《办法》规定用人单位缴费比例为工资总额的12%，比目前规定的平均缴费率低了8个百分点；农民工个人缴费比例为4%—8%，可以根据本人的收入情况合理选择，以最大限度地将农民工纳入养老保险制度覆盖范围。其次，针对农民工就业流动性强的特点，《办法》明确了农民工养老保险关系转移和权益累计、接续的政策。农民工离开就业城市时，当地社会保险经办机构一方面要为其开具参保缴费凭证，证明他在本地参保的时间和累计缴费情况；另一方面暂时封存其权益记录和个人账户。农民工回到原就业城市就业并继续参保的，其权益记录和个人账户自然解封，养老保险权益得以延续；农民工到其他城市就业并继续参保的，只要向新就业地社会保险经办机构出示参保缴费凭证并提出转移申请，就可以转移接续养老保险关系，其养老保险权益累计计算；农民工

① 参见《陕西西安：农民工于振坤诉长安大学补缴社会保险案，终审败诉》，见 http://www.chinahr-law.com/page_huodong.asp?id=15，2011-08-10。

② 郑尚元：《劳动合同法的制度与理念》，39页，北京，中国政法大学出版社，2008。

由于各种原因未能继续参保的，其权益记录和个人账户一直封存，个人账户继续按国家规定计息，直到其继续参保或达到领取待遇年龄，已经参保缴费的权益不受损失。采取以上措施后，农民工离开就业城市、中断参保缴费的，原则上不再办理“退保”。

【疑难问题】

养老保险个人账户是什么性质?[①]

解答思路：

1. 这一问题来源于养老保险筹资模式的讨论，目前国际上主要有三种模式：现收现付式、完全积累式和部分积累式。而在三种模式中个人账户又有不同的作用。

2. 对个人账户的理论分歧实质反映了国家福利理论和个人储蓄理论的两种不同认识。个人账户更多反映的是其记录功能，同时具有储蓄功能。

九、其他社会保险法律制度

【知识要点】

除了工伤保险、养老保险之外，我国社会保险制度还包括失业保险、医疗保险和生育保险，下文一一进行介绍。

（一）失业保险法律制度

失业保险是指国家通过建立失业保险金，对因失业而暂时中断生活来源的劳动者在法定期间内给予失业保险金，以维持其基本生活需要的一项社会保险制度。失业保险有利于保障失业劳动者的基本生活，促进失业劳动者再就业。

1. 失业保险的覆盖范围和享受失业保险待遇的条件

根据《失业保险条例》相关规定，失业保险仅仅覆盖了城镇企业、事业单位的职工并且不包括城镇企业的农民合同制工人。享受失业保险待遇要求具备以下条件：第一，年龄条件，即失业者必须处于法定劳动年龄（男 16—60 周岁，女 16—55 周岁）；第二，身份条件，即失业保险的享受对象必须是失业前用人单位和本人已经缴纳失业保险费满 1 年的；第三，主观条件，即必须非因本人意愿而中断就业，并且主观上具备就业意愿和要求，已经进行了失业登记。具有下列情形的，停止领取失业保险金，并同时停止享受其他失业保险待遇：①重新就业的；②应征服兵役的；③移居境外的；④享受基本养老保险待遇的；⑤无正当理由，拒不接受当地人民政府指定部门或者机构介绍的适当工作或者提供的培训的。

---

① 相关理论及实践问题可参见郑尚元：《劳动法与社会保障法前沿问题》，174 页，北京，清华大学出版社，2011；林嘉：《社会保障法的理念、实践与创新》，170～176 页，北京，中国人民大学出版社，2002；郑秉文、和春雷主编：《社会保障分析导论》，64～65 页，北京，法律出版社，2000。

2. 失业保险待遇的内容及其领取期限

失业保险待遇的内容，由多个项目组成。我国现行立法规定的失业保险待遇主要有：失业保险金、医疗补助金、丧葬补助金和抚恤金以及接受职业培训、职业介绍的补贴等。

失业人员只能在法定期间内享受失业保险待遇，该期限因失业前用人单位和劳动者本人累计缴纳失业保险费的时间的不同而有所区别。失业人员失业前所在单位和本人按照规定累计缴费时间满 1 年不足 5 年的，领取失业保险金的期限最长为 12 个月；累计缴费时间满 5 年不足 10 年的，领取失业保险金的期限最长为 18 个月；累计缴费时间 10 年以上的，领取失业保险金的期限最长为 24 个月。重新就业后，再次失业的，缴费时间重新计算。再次失业领取失业保险金的期限可以与前次失业应领取而尚未领取的失业保险金的期限合并计算，但是最长不得超过 24 个月。

（二）基本医疗保险法律制度

医疗保险，是指保障劳动者及其供养亲属非因工伤病后从国家和社会获得医疗帮助的社会保险制度。我国基本医疗保险法律制度主要包括以下内容：

1. 城镇职工基本医疗保险制度

建立城镇职工基本医疗保险制度要坚持保险水平与社会主义初级阶段生产力发展水平相适应。城镇所有用人单位及其职工都要参加基本医疗保险，实行属地管理。基本医疗费用由用人单位和职工双方共同负担，基本医疗保险基金实行社会统筹和个人账户相结合。①

城镇职工基本医疗保险基金主要来源于用人单位和职工共同缴纳的基本医疗保险费，由统筹基金和个人账户所构成。用人单位缴费率控制在职工工资总额的 6% 左右，职工缴费率一般为本人工资收入的 2%。无雇工的个体工商户、未在用人单位参加职工基本医疗保险的非全日制从业人员以及其他灵活就业人员参加职工基本医疗保险的，由个人按照国家规定缴纳基本医疗保险费。

2. 农村合作医疗保险制度

中国新型农村合作医疗保险制度是一个在旧农村合作医疗制度逐渐退出后，旨在为解决占全国近 2/3 农村人口的医疗保障问题而设计的新型制度。这一制度由政府主导，农民自愿参加，并由政府、集体和个人多方筹资，实行社会统筹与个人账户相结合、以大病统筹为主的模式。

3. 城镇居民医疗保险制度

为实现基本建立覆盖城乡全体居民的医疗保障体系的目标，国务院 2007 年 7 月 10 日发布了《国务院关于开展城镇居民基本医疗保险试点的指导意见》，决定从 2007 年起开展城镇居民基本医疗保险试点。通过试点，探索和完善城镇居民基本医疗保险的政策体系，形成合理的筹资机制、健全的管理体制和规范的运行机制，逐步建立以大病统筹为主的城镇居民基本医疗保险制度。

---

① 参见陈信勇主编：《劳动与社会保障法》，269 页，杭州，浙江大学出版社，2007。

（三）生育保险法律制度

生育保险是通过国家立法，在女职工因生育子女而暂时中断劳动时由国家和社会及时给予生活保障和物质帮助的一项社会保险制度。

《社会保险法》规定，职工应当参加生育保险，由用人单位按照国家规定缴纳生育保险费，职工不缴纳生育保险费。用人单位已经缴纳生育保险费的，其职工享受生育保险待遇；职工未就业配偶按照国家规定享受生育医疗费用待遇。所需资金从生育保险基金中支付。其中生育保险待遇包括生育医疗费用和生育津贴。

【案例评析】

某失业保险部门不发放职工失业保险金案

1. 案情简介

李某是新疆某石油公司的职工。2009 年 8 月，企业为减员增效，号召职工与企业解除劳动合同（有偿解除劳动合同），李某与企业的劳动合同已到期，就响应公司号召，解除了劳动合同（还有一部分职工也与企业解除了劳动合同）。按照《失业保险条例》规定，职工与企业解除劳动合同后，失业保险管理部门应当及时向失业人员发放失业保险金。新疆某石油公司按时按规定向失业保险部门缴纳了失业保险金。但当地失业保险部门不予发放，理由是：企业有偿解除劳动合同，已经支付了生活费，失业保险部门不再发放失业保险金了。

2. 基本问题

当地失业保险部门的做法是否合法？

3. 知识内容

根据劳部发［1995］309 号《关于贯彻执行〈中华人民共和国劳动法〉若干问题的意见》第 43 条规定：“劳动合同解除后，用人单位对符合规定的劳动者支付经济补偿金。不能因劳动者领取了失业救济金而拒绝或克扣经济补偿金，失业保险机构也不得以劳动者领取了经济补偿金为由，停发或减发失业救济金。”失业保险金与企业的经济补偿金性质不同，两者不能相互替代。所以失业保险部门的拒绝理由是非法的。

【疑难问题】

失业保险待遇发放标准与劳动者本人工资有无关系？

解答思路：

1. 按《失业保险条例》规定失业保险的标准是“按照低于当地最低工资标准、高于城市居民最低生活标准的水平，由省、自治区、直辖市人民政府确定”。因此失业保险待遇的发放与劳动者本人工资并无关系。

2. 国际上更多采用按照失业人员失业前一定时间的工资作为计发失业保险金的标准。

十、社会保险基金法律制度

【知识要点】

社会保险基金是指通过国家立法向劳动者及其用人单位强制征缴，或由国家拨款筹集而成，专门用于社会保险待遇开支的资金。社会保险基金的本质是劳动者新创造价值的一部分，是专门用于补偿丧失劳动能力或失去工作机会的劳动者的经济损失、保障劳动者基本生活的那一部分剩余产品。[①] 社会保险基金按照其用途和保险项目的设置，分为养老保险基金、医疗保险基金、工伤保险基金、失业保险基金和生育保险基金。社会保险基金法律制度包括基金的筹集、基金的运营、基金的管理等方面的法律制度。

（一）社会保险基金的筹集

社会保险基金的来源经历了最初由劳动者单一缴费，到劳动者个人与用人单位共同缴费，再到国家、劳动者个人和用人单位三方负担的过程。从我国社会保障基金筹集的立法实践来看，三方负担原则主要体现在：1. 个人在养老、医疗和失业保险三个方面承担一部分社会保险费用；2. 企业承担了包括养老、医疗、失业、工伤和生育保险在内的部分社会保险费用；3. 同时国家也负担了相当比例的社会保险费用，它主要通过成本列支、税收优惠、财政预算来弥补社会保险费用的不足。

（二）社会保险基金的运营

社会保险基金的运营包括社会保险基金的运用、保值和增值。对我国而言，社会保险基金的运营方式仅限于购买特种定向债券、其他国家债券和专户存款方式。社会保险基金的性质决定了对其投资必须以安全作为前提，但仅有安全还不够，还必须实现保值增值的目的。

（三）社会保险基金的管理

社会保险基金的管理是指社会保障管理机构在其职责权限范围内，依法管理社会保险基金的各种行为和措施。社保基金的监管规则有数量限制规则和谨慎人监管规则，国外在资本市场日益成熟、金融衍生品逐渐增多、防范风险能力逐渐提高的情况下逐渐向谨慎人规则转变。[②] 而我国，须待资本市场和中介市场发展到比较成

---

① 参见陈信勇主编：《劳动与社会保障法》，213页，杭州，浙江大学出版社，2007。

② 参见徐卫东、祝杰：《关于完善我国社保基金运用监管制度的法律思考》，载冯彦君主编：《和谐社会建设与社会法保障》，357页，北京，中国劳动社会保障出版社，2008。

熟、法制比较完善、基金管理水平比较高后，方可放松限量的规定性要求，逐步转变为谨慎人监管。

【案例评析】

上海市劳动和社会保障局原局长祝均一非法使用社保基金案

1. 案情简介

2007年9月23日上午，“上海社保案”核心人物、上海市劳动和社会保障局原局长祝均一因受贿、挪用公款以及滥用职权三宗罪名，被长春市中级法院一审判处有期徒刑18年。据检方指控，祝均一涉嫌受贿金额约160万元，其中大多数来自张荣坤。当年，张荣坤从上海市社保局获得的30亿元资金曾分三次审批，其中两笔约20亿元经会议集体讨论通过，另一笔10亿元则因“张荣坤要得比较急”，祝均一直接指派下属为其办理手续，没有开会讨论。作为总额300亿元的上海社保基金的掌管人，祝均一亦被控滥用职权。期间，上海社保局进行了规模浩大的投资，既有制度滞后于实践的历史背景，也有决策人与执行者的冒险，以及交织其中的权力寻租“灰幕”。上世纪90年代后期，上海社保投资东海广场、万都中心和明天广场等项目，接连陷入困境；本世纪初，上海社保基金又大肆进入股市，也一度遭人诟病。2004年以后，伴随着房地产行业宏观调控，银行贷款收紧，上海社保基金成为上海乃至华东地区某些房地产公司重要融资来源之一。①

2. 基本问题

如何对社保基金的运营实施有效监管？

3. 知识内容

对社保基金的监管可从以下几个方面入手：1. 完善管理体制，建立有效的专门监管制度；2. 完善社会监督制度，提升公众监督的效果；3. 建立安全预警机制，减少重大风险；4. 完善信息披露制度，提高市场约束的效果。通过上述制度措施的应用，可以在一定程度上减少社保基金管理的漏洞。

【疑难问题】

在社保基金的管理、运营中，如何实现安全与效率的目标？

解答思路：

1. 一定要考虑本国社会保险基金的筹集情况与本国金融市场的发育状况。

---

① 参见《原上海社保局长祝均一一审被判18年》，见世界财经报道：http：//finance.icxo.com/htmlnews/2007/09/24/1194620.htm，2011-08-16。

2. 借鉴国外经验，结合我国社会保险基金运用的现状，鼓励社会保险基金投资多元化，积极推动社会保险基金的投资入市，谨慎稳妥推进社保基金投资海外市场，对社保基金投资运用绩效进行有效监管。

实务训练

1. 甲与乙是同乡，2001 年 12 月乙投资新办公司，邀请甲加盟新公司担任副总经理，约定月薪为 5 000 元。碍于情面，甲与乙未签订正式劳动合同，只由乙出具了一份“关于工资的说明”，在说明里简单地列了甲到公司的日期、月薪、担任的职务，公司落款盖章。为了偷避个人所得税，甲每月以个人的名义在公司工资单上签领工资 800 元，其余的 4 200 元甲分别以多个朋友的名义（事实上与公司不存在任何关系）签领工资。同时，乙以“为甲偷避了个人所得税”为由，要求甲自行承担全部的社会保险费（包括本应由企业承担的部分）。甲默许。

2003 年 5 月，公司因业务拓展不力、资金短缺而陷入经营困境，乙决定裁减员工以减少日常开支，于 5 月中旬通知甲自 6 月 1 日起解除双方劳动关系。甲要求公司给予相当于两个月工资额度的经济补偿金。乙方不允。甲遂向所在地劳动争议仲裁委员会提起劳动仲裁，要求：(1) 公司给予 10 000 元的经济补偿金（相当于两个月工资）；(2) 按《违反和解除劳动合同的经济补偿办法》规定再给予 5 000 元的额外经济补偿金；(3) 支付本应由公司承担的部分社会保险费。本案中双方争执的焦点在于：以何工资标准支付经济补偿金？甲要求按 5 000 元/月的标准支付，乙只同意按 800 元/月的标准支付。①

解析：(1) 根据《劳动合同法》相关规定，建立劳动关系应当订立劳动合同。用人单位故意拖延不订立劳动合同的，应责令限期改正，逾期不改的应给予通报批评；给劳动者造成损害的还应赔偿劳动者损失。

(2) 事实劳动关系在法律上虽不属于规范的劳动关系，但我国现行立法将事实劳动关系也纳入劳动法的保护范畴，因此甲与乙公司间的劳动关系仍然受劳动法的保护。

(3) 根据《违反和解除劳动合同的经济补偿办法》第 9 条和第 10 条的规定，用人单位裁减人员应按被裁减人员在本单位工作的年限支付经济补偿金，在本单位工作时间每满 1 年，发给相当于 1 个月工资的经济补偿，未满 1 年的按 1 年计；用人单位解除劳动合同后，未按规定给予劳动者经济补偿的，除全额发给经济补偿金外，还须按经济补偿金数额的 50% 支付额外经济补偿金。因此，上述案例中甲要求公司给予 10 000 元的经济补偿金和 5 000 元的额外经济补偿是有法律依据的，应当给予支持。

---

① 参见《劳动法案例分析》，见 http：//www.sdbys.cn/art/2009/2/19/art_9_17352.html，2011-08-20。

2. 1998年4月，刘某等4人应聘到某公司，公司在待遇方面提出如果职工坚持要求办理社会保险的话，从职工工资中每月扣除300元。刘某等觉得还是多拿点工资好，至于办不办社会保险，也没什么关系。于是双方签订了3年的劳动合同，在合同中规定每月工资2 000元，对社会保险事宜公司不予负责。1999年12月，劳动保障部门在进行检查中发现该单位没有依法为签订劳动合同的职工办理社会保险，遂对其下达限期整改指令书，要求该公司为刘某等办理参加社会保险手续。该公司则认为，公司不负责社会保险是经双方协商同意，在劳动合同中已明确约定的，故不愿为刘某等办理参加社会保险手续。①

解析：国家制定了一系列法律法规保障职工依法参加社会保险。《劳动法》规定："用人单位和劳动者必须依法参加社会保险，缴纳社会保险费。"《社会保险法》第4条也明确规定了用人单位缴纳社会保险费的义务。由于社会保险是国家强制保险，为职工办理社会保险是用人单位的法定义务，因此，刘某所在单位有义务为其办理社会保险。而本案中，双方约定公司不负责为刘某等办理社会保险，虽然是双方在自愿基础上的约定，但是约定内容与法律、法规的规定相抵触，自愿签订并不能改变其违法性质，因此该条款是无效条款，对合同双方没有法律约束力，并且应当依法予以纠正。

课后练习

1. 下列哪些说法违反劳动法的规定？（　　）

A. 我国公民未满16岁的，用人单位一律不得招用

B. 双方当事人不可以约定周六加班

C. 劳动合同期限约定为2年的，试用期应在半年以上

D. 双方当事人可就全部合同条款作出违约金约定

2. 关于非全日制用工的说法，下列哪一选项不符合《劳动合同法》规定？（　　）

A. 从事非全日制用工的劳动者与多个用人单位订立劳动合同的，后订立的合同不得影响先订立合同的履行

B. 非全日制用工合同不得约定试用期

C. 非全日制用工终止时，用人单位应当向劳动者支付经济补偿

D. 非全日制用工劳动报酬结算支付周期最长不得超过15日

3. 某公司从事出口加工，有职工500人。因国际金融危机影响，订单锐减陷入困境，拟裁减职工25人。公司决定公布后，职工提出异议。下列哪些说法缺乏法律依据？（　　）

A. 职工甲：公司裁减决定没有经过职工代表大会批准，无效

① 参见《互有约定用人单位就可以不为职工办理社会保险吗?》，见 http://china.findlaw.cn/info/baozhangfa/bzal/81275.html，2011-08-26。

B. 职工乙：公司没有进入破产程序，不能裁员

C. 职工丙：我一家4口，有70岁老母10岁女儿，全家就我有工作，公司不能裁减我

D. 职工丁：我在公司销售部门曾连续3年被评为优秀，对公司贡献大，公司不能裁减我

4. 关于社会保险制度，下列哪些说法是正确的？（　）

A. 国家建立社会保险制度，是为了使劳动者在年老、患病、工伤、失业、生育等情况下获得帮助和补偿

B. 国家设立社会保险基金，按照保险类型确定资金来源，实行社会统筹

C. 用人单位和职工都有缴纳社会保险费的义务

D. 劳动者死亡后，其社会保险待遇由遗属继承

5. 邓某系K制药公司技术主管。2008年2月，邓某私自接受Y制药公司聘请担任其技术顾问。5月，K公司得知后质问邓某。邓某表示自愿退出K公司，并承诺5年内不以任何直接或间接方式在任何一家制药公司任职或提供服务，否则将向K公司支付50万元违约金。2009年，K公司发现邓某已担任Y公司的副总经理，并持有Y公司20%股份，而且Y公司新产品已采用K公司研发的配方。K公司以Y公司和邓某为被告提起侵犯商业秘密的诉讼。请回答下列题。

（1）关于Y公司和邓某的行为，下列说法正确的是：（　　）

A. Y公司的行为构成侵犯他人商业秘密

B. 邓某的行为构成侵犯他人商业秘密

C. Y公司的行为构成违反竞业禁止义务

D. 邓某的行为构成违反竞业禁止义务

（2）案件审理期间邓某提出，本案纠纷起因于自己与K公司的劳动关系，应属劳动争议案件，故K公司应向劳动争议仲裁机构提起仲裁申请，遂请求法院裁定驳回起诉。关于该主张，下列说法正确的是：（　　）

A. 侵犯商业秘密本质上属于侵权，违反竞业禁止本质上属于违约

B. 本案存在法律关系竞合，K公司有选择权

C. 劳动关系优先于商事关系

D. 邓某的主张应予支持

6. 哪些属于我国劳动法调整的劳动关系？

7. 职工预告辞职的条件及其限制？

8. 劳动者主动要求加班，并且用人单位也认可的，用人单位用不用支付加班费？如何平衡劳动者获得更多加班报酬与劳动者休息的关系？

9. 针对“广州丰田员工罢工”事件谈一下如何保障劳动者的经济权利，工会在保障劳动者权益方面如何发挥更大作用？

10. 熟悉劳动争议解决的程序，并掌握劳动争议仲裁程序。

11. 劳动者跨地域就业，如何解决其社保基金的跨地域安排？

12. 书写一份工伤认定申请书并注意其中的要点。

13. 分析第三人侵权同时构成工伤的“双重赔偿”问题。

14. 结合各地“红十字会”存在的资金管理问题，谈一下社会救助资金如何加强监管。

法律法规

1.《中华人民共和国劳动法》
2.《中华人民共和国就业促进法》
3.《中华人民共和国劳动合同法》
4.《中华人民共和国劳动合同法实施条例》
5.《中华人民共和国职业病防治法》
6.《中华人民共和国安全生产法》
7.《中华人民共和国劳动争议调解仲裁法》
8.《关于贯彻执行〈中华人民共和国劳动法〉若干问题的意见》
9.《劳动部关于〈劳动法〉若干条文的说明》
10.《劳动和社会保障部关于非全日制用工若干问题的意见》、
11.《违反〈劳动法〉有关劳动合同规定的赔偿办法》
12.《中华人民共和国社会保险法》
13.《中华人民共和国工伤保险条例》
14.《工伤认定办法》
15.《中华人民共和国失业保险条例》
16.《中华人民共和国伤残鉴定办法》
17.《公民权利和政治权利国际公约》
18.《经济、社会和文化权利国际公约》
19.《男女工人同工同酬公约》
20.《消除就业和职业歧视公约》
21.《职业安全和卫生公约》

延伸阅读

1. 王全兴主编．劳动法学．2版．北京：高等教育出版社，2008
2. 黎建飞．劳动与社会保障法教程．2版．北京：中国人民大学出版社，2007
3. 关怀主编．劳动法学．北京：法律出版社，2007
4. 金福海主编．劳动法案例教程．2版．北京：北京大学出版社，2011
5. 郑尚元．劳动法与社会保障法前沿问题．北京：清华大学出版社，2011
6. [德] W. 杜茨．劳动法．张国文译．北京：法律出版社，2005
7. 常凯．劳权论——当代中国劳动关系的法律调整研究．北京：中国劳动社会保障出版社，2004
8. 林嘉主编．劳动法评论．第1卷．北京：中国人民大学出版社，2005

9. 黄越钦．劳动法新论．北京：中国政法大学出版社，2003

10. 叶静漪，周长征主编．社会正义的十年探索——中国与国外劳动法制改革比较研究．北京：北京大学出版社，2007

11. 冯彦君主编．和谐社会建设与社会法保障．北京：中国劳动社会保障出版社，2008

12. 蒋月主编．劳动法与社会保障法．杭州：浙江大学出版社，2010

13. 常凯．劳动合同立法理论难点解析．北京：中国劳动社会保障出版社，2008

14. 李国光主编．劳动合同法教程．北京：人民法院出版社，2007

15. 李国光主编．劳动合同争议的仲裁与诉讼．北京：人民法院出版社，2007

16. 郑尚元．工伤保险法律制度研究．北京：北京大学出版社，2004

17. 董保华等．社会保障的法学观．北京：北京大学出版社，2005

18. 张新民．养老金法律制度研究．北京：人民出版社，2007

19. [英] 内维尔·哈里斯等．社会保障法．李西霞，李凌译．北京：北京大学出版社，2006

20. 郑云瑞．社会保险法论．北京：北京大学出版社，2010

21. 常凯．论劳动合同法的立法依据和法律定位．法治论坛，2008 (2)

22. 郑尚元．我国劳动派遣现状与劳动者权益保护——兼谈《劳动合同法》(草案) 中“劳动派遣”之立法规制．国家行政学院学报，2007 (2)

23. 陈彬．论我国劳动争议处理制度的重构．现代法学，2005 (6)

24. 郭捷．论社会保险权的司法救济．法治论坛，2009 (4)

图书在版编目（CIP）数据

经济法实务教程/岳彩申，卢云华主编．—北京：中国人民大学出版社，2012.7
应用型高级法律人才系列教材
ISBN 978-7-300-16114-3

Ⅰ.①经… Ⅱ.①岳…②卢… Ⅲ.①经济法-中国-研究生-教材 Ⅳ.①D922.29

中国版本图书馆 CIP 数据核字（2012）第 161997 号

应用型高级法律人才系列教材
经济法实务教程
主　编　岳彩申　卢云华
Jingjifa Shiwu Jiaocheng

出版发行	中国人民大学出版社		
社　　址	北京中关村大街 31 号	**邮政编码**	100080
电　　话	010－62511242（总编室）		010－62511398（质管部）
	010－82501766（邮购部）		010－62514148（门市部）
	010－62515195（发行公司）		010－62515275（盗版举报）
网　　址	http://www.crup.com.cn		
	http://www.ttrnet.com(人大教研网)		
经　　销	新华书店		
印　　刷	北京东君印刷有限公司		
规　　格	185 mm×260 mm　16 开本	**版　　次**	2012 年 7 月第 1 版
印　　张	21 插页 1	**印　　次**	2012 年 7 月第 1 次印刷
字　　数	445 000	**定　　价**	39.80 元

《　　　　　　》※任课教师调查问卷

为了能更好地为您提供优秀的教材及良好的服务，也为了进一步提高我社法学教材出版的质量，希望您能协助我们完成本次小问卷，完成后您可以在我社网站中选择与您教学相关的 1 本教材作为今后的备选教材，我们会及时为您邮寄送达！如果您不方便邮寄，也可以申请加入我社的**法学教师 QQ 群：83961183（申请时请注明法学教师）**，然后下载本问卷填写，并发往我们指定的邮箱（cruplaw@163.com）。

邮寄地址：北京市海淀区中关村大街 31 号中国人民大学出版社 411 室

邮　　编：100080

再次感谢您在百忙中抽出时间为我们填写这份调查问卷，您的举手之劳，将使我们获益匪浅！

基本信息及联系方式：※

姓名：______________ 性别：______________ 课程：______________________________

任教学校：______________________________ 院系（所）：________________________

邮寄地址：______________________________ 邮编：____________________________

电话（办公）：______________ 手机：______________ 电子邮件：________________

调查问卷：※

1. 您认为图书的哪类特性对您选用教材最有影响力？（　　）（可多选，按重要性排序）

   A. 各级规划教材、获奖教材　　B. 知名作者教材

   C. 完善的配套资源　　D. 自编教材

   E. 行政命令

2. 在教材配套资源中，您最需要哪些？（　　）（可多选，按重要性排序）

   A. 电子教案　　B. 教学案例

   C. 教学视频　　D. 配套习题、模拟试卷

3. 您对于本书的评价如何？（　　）

   A. 该书目前仍符合教学要求，表现不错，将继续采用

   B. 该书的配套资源需要改进，才会继续使用

   C. 该书需要在内容或实例更新再版后才能满足我的教学，才会继续使用

   D. 该书与同类教材差距很大，不准备继续采用了

4. 从您的教学出发，谈谈对本书的改进建议：____________________________________

____

____

选题征集：如果您有好的选题或出版需求，欢迎您联系我们：

联系人：黄　强　联系电话：010-62515955/65

索取样书：书名：____

书号：____

备注：※ 为必填项。